혼자서도 쉽게 익힐 수 있는

자기주도 C언어

프로그래밍

김 동 규 저

복두출판사

개정 11판을 내면서

2010년 처음으로 이 책을 출간하면서 과연 이런 형태의 프로그래밍서가 얼마나 긍정적인 반응을 보일 수 있을지 무척 걱정스러웠지만 어느 덧 개정 11판을 내게 되니 참으로 감회가 새롭다. 영국을 비롯한 주요 선진국에서 일찌감치 프로그래밍 코딩 교육이 주요과목으로 자리 잡은 마당에 늦긴 했지만 우리나라도 2018년 교육과정부터 소프트웨어가 정규 과목으로 교육이 진행되고 있는 시점이라 더욱 그렇다.

필자가 처음으로 C언어에 대한 교육을 시작하게 된 것은 정보올림피아드에 도전하는 학생들을 지도하기 위해서였다. 당시 초등학생과 중학생 몇 명을 대상으로 프로그래밍 수업을 하기 위한 교재를 선정하기 위해 대형서점에 들러서 그곳에 있는 C언어 책을 하루 종일 분석했던 것 같다. 아쉽게도 초 · 중학생이 쉽게 이해할 수 있도록 구성된 책은 찾지 못했고 그나마 좀 쉬워 보이는 책을 구해서 교재로 사용하였다.

그런데 책에서 주어진 순서대로 학습을 하면서 진도를 나가다가 간혹 이해도를 점검하기 위해 학생들에게 간단한 문제를 한 번씩 제시해 주면 예상과 달리 쉽게 해결하지 못하고 힘겨워 하는 모습을 보면서 역시 초 · 중학생들에게 프로그래밍을 지도하는 일은 쉬운게 아니라는 생각을 하게 되었다.

그러면서 여러 가지 방법을 시도한 끝에 결국은 교재의 진도를 맞추어 단체로 수업하는 방식을 포기하기로 했다. 그리고 교재의 의존도를 낮추고 각 단원마다 다양한 문제들을 제시하여 그것을 완벽하게 작성해야만 다음 단원으로 넘어가도록 하는 자기주도 수업 방식으로 전환하였다. 또한 프로그램 작성을 위해서 꼭 필요하지 않은 복잡한 문법들은 과감하게 생략하고 쉽고 편하게 사용할 수 있는 방법을 중심으로 익혀 나가도록 했다.

그랬더니 진도는 조금씩 늦어지긴 했지만 일단 한번 넘어간 단원의 내용들은 완전하게 활용하여 주어진 과제를 해결해 나가는 것은 물론, 프로그램이 어렵다던 학생들이 이제는 거리낌 없이 프로그램이 재미있다고 말하게 되었다. 그 해에 이 학생들 전원이 정보올림피아드 본선에서 입상을 하였고 일부는 전국대회까지 진출하여 입상하는 등 예상 밖의 성과를 내면서 자신감을 갖게 되었다.

이듬해부터는 학생들이 보다 쉽게 학습을 익힐 수 있도록 전체적인 내용을 새롭게 구성하여 독자적인 커리큘럼에 의한 프린트 물을 만들어 나갔다. 어느 정도 데이터가 축적이 되자 체계적인 관리의 필요성을 느끼게 되어 그 자료들을 온라인으로 탑재하여 관리를 시작하였다. 이렇게 하니 교육내용의 관리는 잘 되는데 형성평가 문제를 여전히 수동으로 채점하는 것이 마음에 걸렸다. 시간이 오래 걸리는 것은 둘째로 하고 소스의 무결성을 완전하게 검증하는 것이 쉽지가 않았다. 생각 끝에 정보올림피아드에서 채점하는 방식의 온라인 자동채점 시스템을 개발하기에 이르렀고 내친김에 학습관리 시스템까지 개발하여 탑재하고 나니 완전한 C언어 프로그래밍 학습시스템이 탄생하였다.

그 후 수년에 걸쳐 실제 수업을 진행하면서 보다 효과적인 방법을 찾아 커리큘럼과 문제들을 바꾸어 나가다 보니 최적의 상태로 체계가 갖추어지고 다른 어떤 교재나 시스템에서도 찾아볼 수 없는 명실상부한 최적의 학습도구로 정착이 되었다.

새로움에 도전하려는 초등학생부터 프로그램 작성을 두려워하는 대학생에 이르기까지 C언어를 제대로 익히고자 하는 모든 이들에게 이 시스템은 확실한 학습 성과를 보여주었고, IOI(국제 정보올림피아드), KOI(한국 정보올림피아드) 등에서 수많은 입상실적을 통해 이를 확실하게 입증하였다.

그러한 성과를 바탕으로 이러한 자기주도 프로그램을 교재로 발간하고 동영상 강의와 온라인 채점시스템을 결합하면 더 많은 학생들이 어려움에서 벗어나 손쉽게 프로그램에 접할 수 있게 되지 않을까 생각하기에 이르러 지난 2010년에 초판을 발행하였고 어느덧 개정 11판을 내기에 이르렀다.

그동안 이 책을 사랑해 주시고 성원을 보내주신 많은 분들게 진심으로 감사드리고, 프로그래밍에 도전하는 모든 분들에게 부디 말문이 확 트이는 실전 프로그래밍 실습서로서 좋은 길잡이가 되었으면 하는 바람이다.

이 책을 교재로 채택하여 수업하시는 교수님 또는 선생님!!

이 책의 동영상 강의 사이트인 컴스쿨(www.comschool.co.kr)을 통해 이 책을 효율적으로 활용하기 위해 저자에게 문의사항이나 요청사항을 말씀해 주시면 최대한 반영하고 협조할 것을 약속드립니다.

이 책은 어떤 책인가?

이 책은 C언어의 다양한 문법을 속속들이 파헤치는 문법서가 아니라 누구나 쉽게 프로그램을 작성할 수 있도록 이끌어주기 위한 실습서이다. 우리나라 학생들이 10년 이상 영어를 배우고도 막상 외국인과 의사소통이 안 되는 것과 마찬가지로, C언어 역시 어려운 문법책을 독파하고도 막상 간단한 문법만 알아도 처리할 수 있는 프로그램조차 제대로 작성하지 못하는 학생들이 의외로 많은게 현실이다. 이 책은 이러한 학생들에게 복잡한 문법에 매달리지 말고 그냥 순서대로 따라 하면서 간단한 과제만 수행해 나가다 보면 자신도 모르는 사이에 프로그래밍 작성의 고수가 되어 있는 자신의 모습을 확인할 수 있기를 바라는 마음으로 쓰인 책이다.

이 책은 누구를 위한 것인가?

이 책은 C언어를 처음 배우는 초보자를 위해 쓰였다. 물론 이미 C언어를 어느 정도 익히긴 했지만 아직도 프로그램을 작성하라는 과제만 주어지면 겁부터 먹는 많은 학생들에게도 이 책은 매우 유용할 것이다. 정보올림피아드나 정보영재 등에 도전하려는 초 · 중 · 고등학생들에게도 이 책은 입문서로서 매우 훌륭한 길잡이가 될 것이다.

이 책에서 다루는 버전은 어떻게 바뀌었나?

이 책의 모든 소스는 C언어 표준 및 C++ 표준에 맞추어 작성되었다. 따라서 초판에서 마이크로소프트의 "Visual studio"에서만 지원이 되었던 일부 함수나 문법 등은 개정판부터 제외되었다. IDE는 기본적으로 윈도우에서는 "Visual Studio 2019", 리눅스(우분투)에서는 "code::blocks 17.12"을 기준으로 설명이 되었고, 각각에서 모든 소스를 실행해 보아 무결성을 확인한 만큼 어떤 에디터나 컴파일러에서도 호환이 가능하도록 하였다. 한편 이 책은 기본적으로 C언어의 문법을 기준으로 작성되었다(예 : (scanf, printf), ~~cin, cout~~). C++의 문법을 알면 보다 간단하게 처리할 수 있는 부분이 있기는 하지만 기본적인 프로그램의 원형을 알아두는 것이 향후 다양한 응용에 도움이 될 것으로 생각했기 때문이다. 하지만 굳이 C언어의 문법을 알 필요 없이 C++의 문법만으로도 충분하다고 생각되는 부분은 과감하게 그것을 도입하였다. (예 : ~~malloc~~, (new)) 물론 이런 경우에도 C언어로 사용하는 문법과 방법을 제시하였다.

이 책의 구성 및 활용법

이 책은 각 단원마다 따라하면서 쉽게 익힐 수 있는 기본학습과 온라인을 통한 동영상강의, 각 단원마다 마무리 평가를 위한 형성평가 등 3단계 학습을 통해 학습자 스스로가 자기 주도적으로 프로그램을 익혀나갈 수 있도록 구성되어 있다.

기본학습

각 단원마다 8개 내외의 과제를 해결해 나가는 형식으로 구성되었다. 각 과제를 해결해 나가는 과정은 다음과 같다.

1. 과제제시

- 해결해야 하는 과제가 문제 형식으로 주어지고 입력과 출력의 예가 제시된다.
- 기존에 자신이 알던 방법으로 이 과제를 해결하기 위해 무엇이 부족한지를 생각해보아야 한다.
- 새로 익히게 될 문법이나 형식에 대하여 호기심과 동기를 유발하고자 함이다.

2. 소스

- 위 과제를 해결하기 위한 소스 파일을 제시한다.
- 전체적인 내용을 보면서 자신이 모르는 생소한 부분을 찾아서 그 내용이 자신이 위에서 생각했던 것과 연관지어 어떤 역할을 하는지를 개략적으로 유추하게 한다.

3. 설명

- 위 소스에서 새로운 문법이나 형식에 대하여 자세한 풀이를 한다.
- 위에서 이미 생소한 부분에 대하여 일차적으로 생각을 했다면 그냥 문법을 제시하고 설명하는 것보다 훨씬 강하게 의미가 전달될 수 있다.
- 과제를 해결하기 위해서 새로운 문법의 도입 필요성을 인식하고 구체적으로 활용사례를 익힘으로써, 문법을 먼저 이해하고 예제에 적용하는 방법보다 훨씬 효과적으로 새로운 내용을 익히게 될 것이다.

4. 자가진단

위 과제와 거의 유사한 문제를 제시하여 반복학습과 약간의 응용을 통해 새로운 문법이나 형식을 확실하게 적용할 수 있도록 한다.

기타 필요할 경우 "따라하기"와 "Tip" 등을 두어 보충설명을 하였다.

형성평가

모든 과제에 대한 학습이 완료되면 단원을 마무리하기 위해 5~10개의 형성평가 문제가 제시된다.

동영상강의

각 단원의 전반적인 중요 학습내용을 언제 어디서든 온라인을 통하여 저자직강 동영상 강의로 수강할 수 있다.

자가진단, 형성평가 등 이 책에서 주어지는 모든 문제는 온라인상에서 처점을 받을 수 있도록 되어 있다. 채점 시에는 대소문자 구분이나 띄어쓰기 등의 사소한 실수도 용납되지 않는다.
또한 문제에서 제시된 예제가 완벽하게 실행이 되어도 여러 가지 예제를 바꾸어서 입력했을 때 항상 정확한 결과가 나오지 않는다면 결코 100점을 받을 수 없다.
채점을 받을 때마다 그 결과가 항상 기록이 되므로 자신 혹은 선생님이 늘 학습을 관리할 수 있다. 그러므로 각 단원에서 주어진 모든 문제를 완벽하게 맞히지 않고 다음 단원으로 넘어가서는 안된다.
이 책으로 공부하여 프로그래밍의 고수가 되는 열쇠는 바로 이 채점프로그램을 통해 스스로 프로그램 작성능력을 확실하게 키워나가는 데에 있다.

동영상 강의 수강 방법과 온라인 채점 방법은 마지막장(406~407페이지)에 자세하게 설명되어 있다.

CONTENTS

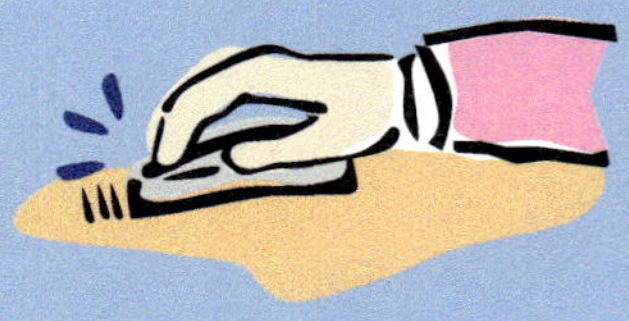

C언어란?

언어라는 것은 의사소통을 위한 도구이다.
한국어, 영어, 중국어, 일본어와 같이 사람끼리 대화하기 위한 언어가 있는 반면 사람과 컴퓨터가 대화하기 위한 언어가 있는데 이것을 프로그래밍 언어라고 한다.
C언어 역시 이러한 프로그래밍 언어의 하나이다.

이 책은 프로그램 실습서로서 따분할지도 모르는 이론적인 부분은 가능한 생략하려 했지만 최소한 내가 배우려는 것이 무엇인지는 기본적으로 알고 시작하는 것이 예의일 것 같아 간단하게 C언어에 대한 소개를 하려고 한다. 하지만 이 단원에서 무슨 뜻인지 이해되지 않는 부분이 있다 하더라도 크게 개의치 말고 가벼운 마음으로 '아, 대충 그런 거구나'하고 넘어가기 바란다.

C언어는 사람이 알아보기 쉽도록 서로 약속된 명령어 또는 함수의 집합이라고 생각하면 된다. 이 명령어들을 조합하여 작성된 프로그램을 원시파일 또는 소스파일이라고 한다.
그런데, 컴퓨터는 0과 1의 조합으로 이루어진 이진코드만을 이해할 수 있기 때문에 C언어로 작성된 소스파일을 이해할 수 없다. (참고로 컴퓨터가 이해할 수 있도록 이진코드로 작성된 프로그램을 기계어라고 한다.)
따라서 C언어로 작성된 소스파일을 컴퓨터가 이해할 수 있도록 하려면 기계어로 번역을 해 주어야 하는데 이러한 역할을 하는 것을 "컴파일러"라고 하고 이러한 작업을 "컴파일 한다."라고 한다.

C언어는 1972년 UNIX 운영체제를 만들 목적으로 벨(Bell) 연구소의 데니스리치(Dennis Ritchie)에 의해 개발되었다. 수많은 프로그래밍 언어들이 새로 만들어지고 사라지기도 하면서 오늘에 이르렀지만 유독 C언어는 탄생된 지 40년이 넘도록 변함없이 사랑받으며 지금도 프로그래밍에 입문하는 모든 학생들이 배워야 하는 필수과목으로 자리매김하고 있는 것을 보면 아마도 C언어가 갖는 특별함이 있기 때문일 것이다.

그렇다면 그러한 특별함이 무엇인지 C언어의 특징을 간략하게 살펴보자.

① 이식성
C언어로 작성된 프로그램은 어떤 기종의 컴퓨터에서도 정상적으로 컴파일 되고 실행될 수 있다.

② 다양성
C언어는 과학 계산은 물론, OA(사무자동화), GUI(Graphics User Interface), 시스템 프로그램(system program), 응용 프로그램(application program) 등과 같이 컴퓨터의 모든 분야에서 사용할 수 있도록 설계된 효율적인 프로그램 언어이다.

③ 유연성
C언어는 함수를 사용해서 프로그램을 기능별로 분할하여 구조적인 프로그램을 작성할 수 있으며 모듈화가 가능하다.

④ 기타
코드가 간결하고 다른 프로그램 언어와 함께 혼합되어 사용될 수 있어 확장성이 높다.

한편 프로그램을 작성하기 위해서는 에디터가 있어야 하는데 소스를 입력하고 편리하게 컴파일 및 실행을 해볼 수 있도록 제작된 툴(IDE)을 사용하는 것이 편리하다.
참고로 한국정보올림피아드 대회에서는 2012년까지 마이크로소프트의 "Visual C/C++컴파일러"를 공식 언어로 채택하여 주로 "Visual studio 6.0"으로 프로그램을 작성하였으나 2013년부터는 리눅스(우분투)의 "GCC/C++ 컴파일러"를 채택함으로써 "Code::Blocks" 또는 "Eclips"를 사용하여 프로그램을 작성하도록 하고 있다.
따라서 가능하다면 정보올림피아드에서 주로 사용되고 있는 "Code::Blocks"를 설치하여 사용할 것을 추천하며 "Visual C++"와 "Code::Blocks"의 설치방법은 이 책의 공식 채점사이트인 정올(www.jungol.co.kr)사이트에 자세하게 소개되어 있다.

자기주도

C·H·A·P·T·E·R

01

출력

01
CHAPTER

출력

01 Question

화면에 다음과 같이 출력하는 프로그램을 작성하시오.

출력 예　　첫 번째 프로그램입니다.

소스

```
#include <stdio.h>

int main()
{
        printf("첫 번째 프로그램입니다.");
        return 0;
}
```

따라하기 〈code::blocks〉

1 시작-CodeBlocks-CodeBlocks 또는 바탕화면에서 코드블록 아이콘을 더블클릭하여 프로그램을 실행한다.

2 "File" → "New" → "Project"를 선택하거나 초기화면에서 "Create a new project"를 클릭하고 "Console application"을 선택한다.

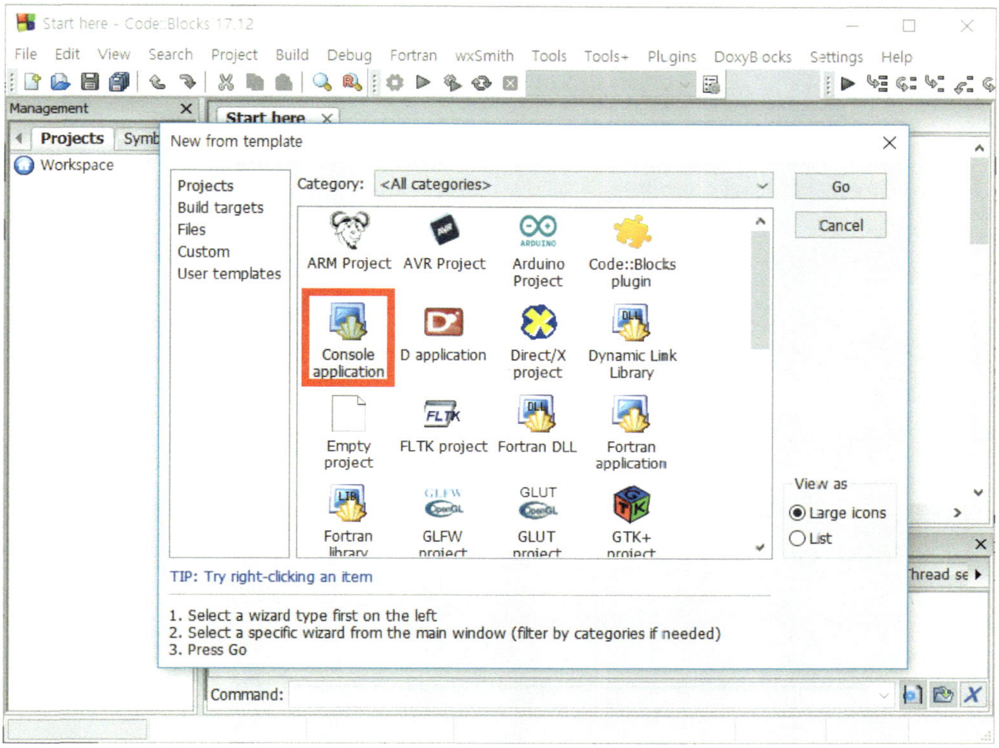

3 다음과 같은 창이 뜨면 체크하고 "Next" → "C++" 선택하고 "Next"를 클릭한다.

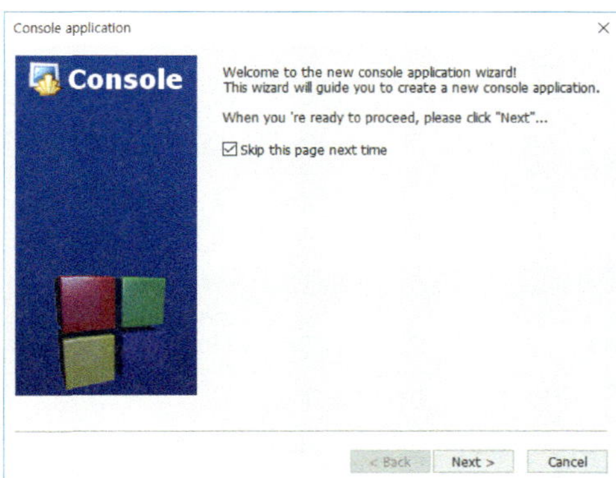

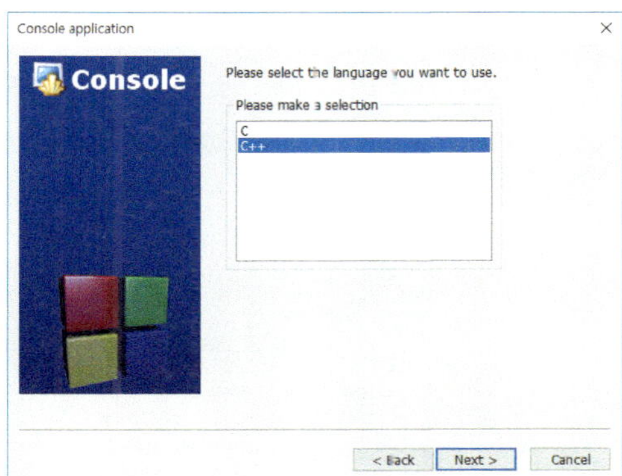

4 프로젝트 이름과 저장위치를 정하고 "Next" → "GNU GCC Compiler" 선택하고 "Finish"를 클릭한다. 여기서는 프로젝트 이름을 "1001"로 했다. 프로젝트 이름은 일관성있게 정해서 관리하는 것이 좋다.

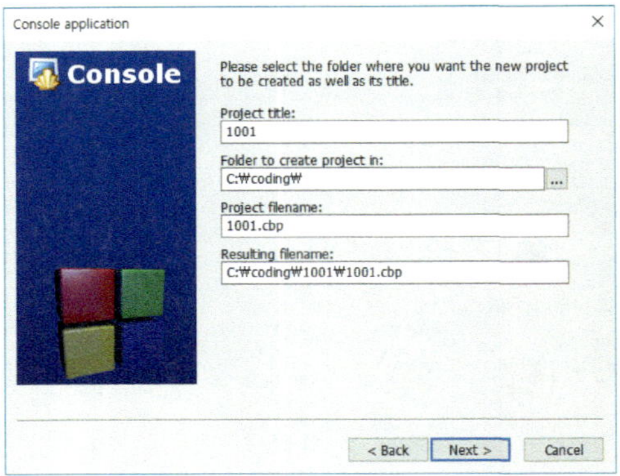

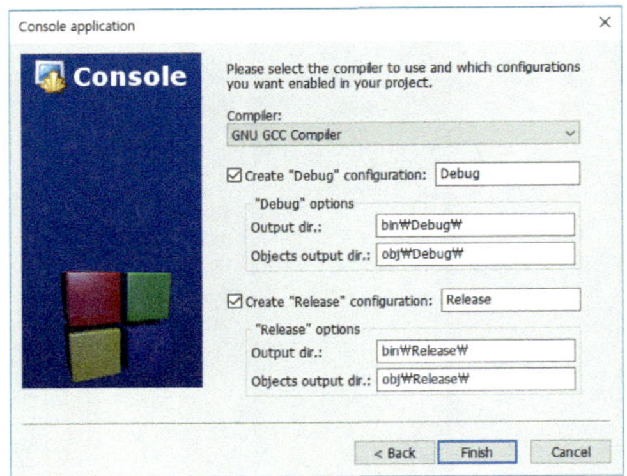

5 왼쪽 "Management" – "Projects"창에서 "Sources"–"main.cpp"를 더블 클릭하면 오른쪽 에디터 화면에 기본 소스가 나오는데 모두 지우고 위에 적혀진 소스를 입력한다.

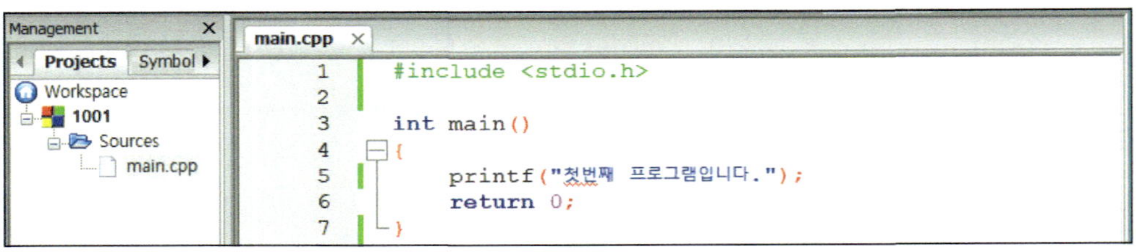

6 메뉴에서 "Build" → "Build" 또는 Ctrl+F9 또는 "Build" 단추( )를 눌러서 빌드를 실행한다. 빌드의 의미에 대해서는 별도로 설명할 것이다.

7 하단 "Build log"창에 "0 errors, 0 warnings"라고 뜨면 빌드에 성공하고 실행파일이 생성된 것이다. 그렇지 않다면 문법적으로 오류가 발생한 것이므로 찾아서 수정을 해야 한다.

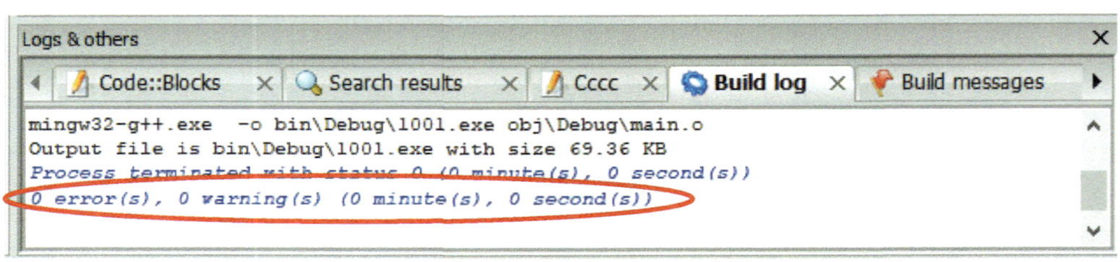

8 완성된 프로그램을 실행해보자. 메뉴 중 "Build" → "Run" 또는 Ctrl+F10키 또는 "Run" 단추 ()를 누른다.

9 결과가 콘솔 창에 나타난다. 이때 둘째 줄부터 실행정보가 함께 출력되는데 윈도우 운영체제가 출력한 메시지이므로 우리가 작성한 프로그램과는 무관하다.

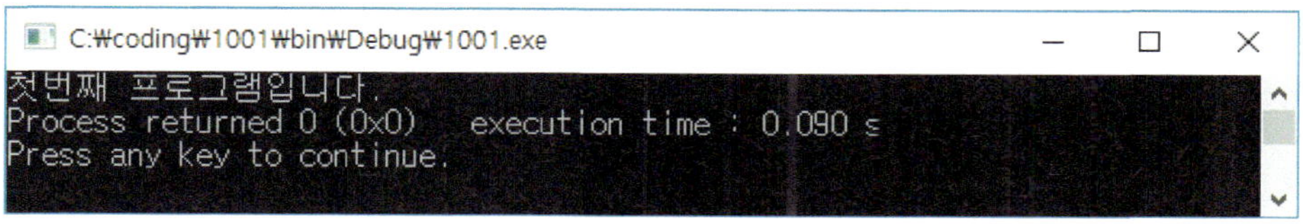

10 Enter↵ 키를 누르면 출력화면이 사라지고 원래의 편집화면으로 돌아온다.

따라하기 〈Visual Studio〉

1 "시작" → "모든 프로그램" → "Visual Studio 2019"를 실행한다.

2 "새프로젝트 만들기" 를 클릭한다.

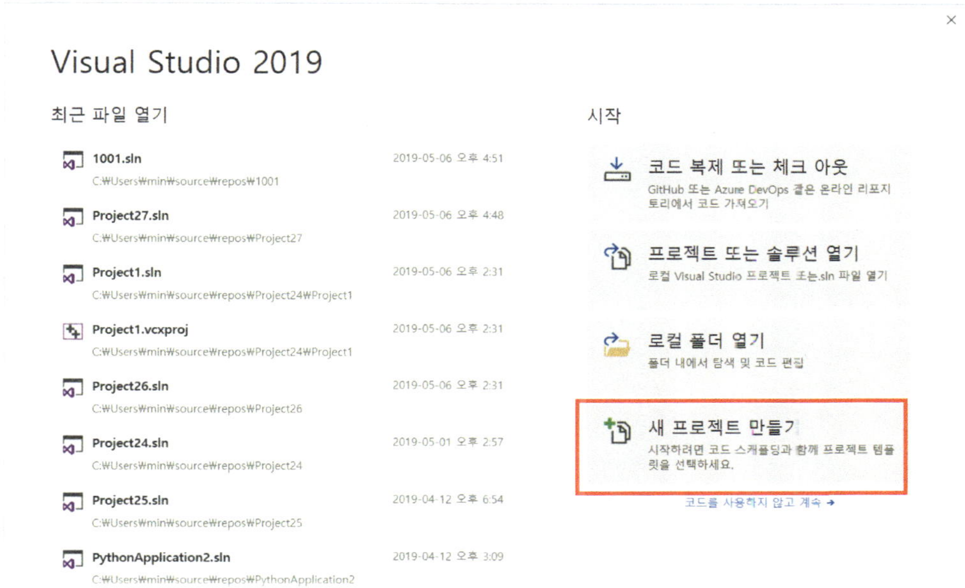

3 "빈 프로젝트"를 선택하고 다음을 클릭한다.

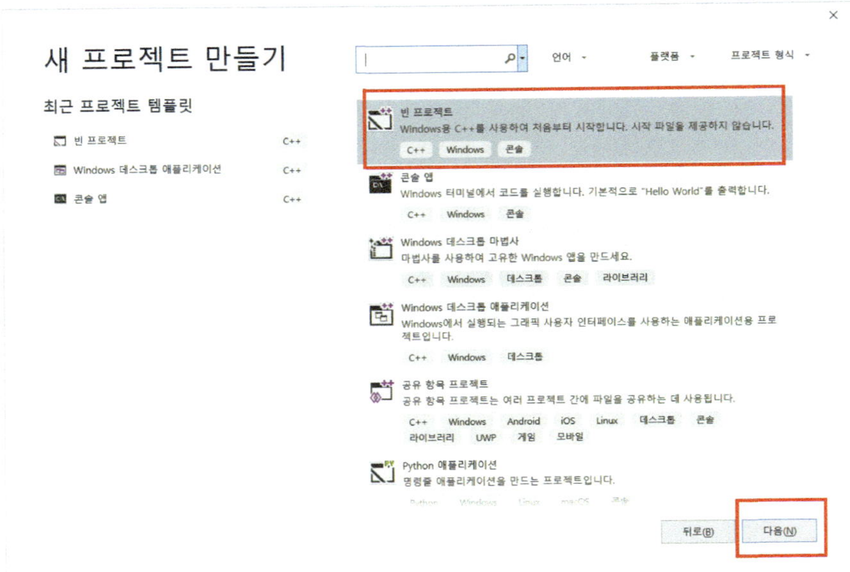

4 폴더의 위치와 프로젝트 이름을 입력하고 만들기를 클릭한다. 여기서는 프로젝트 이름을 "1001"로 한다. 프로젝트 이름은 일관성있게 정해서 관리하는 것이 좋다. "솔루션과 프로젝트를 같은 디렉토리에 배치"를 선택하면 1001 폴더안에 솔루션과 프로젝트가 같이 배치되고 선택하지 않으면 솔루션 폴더내에 다시 프로젝트 폴더가 생성된다.

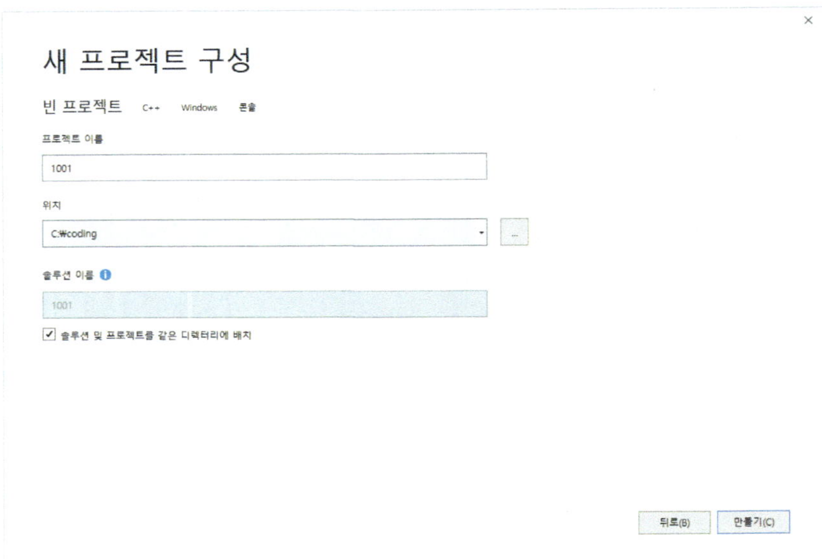

5 "소스파일" 에서 마우스 오른쪽 클릭하고, "추가" → "새항목" 을 선택한다.

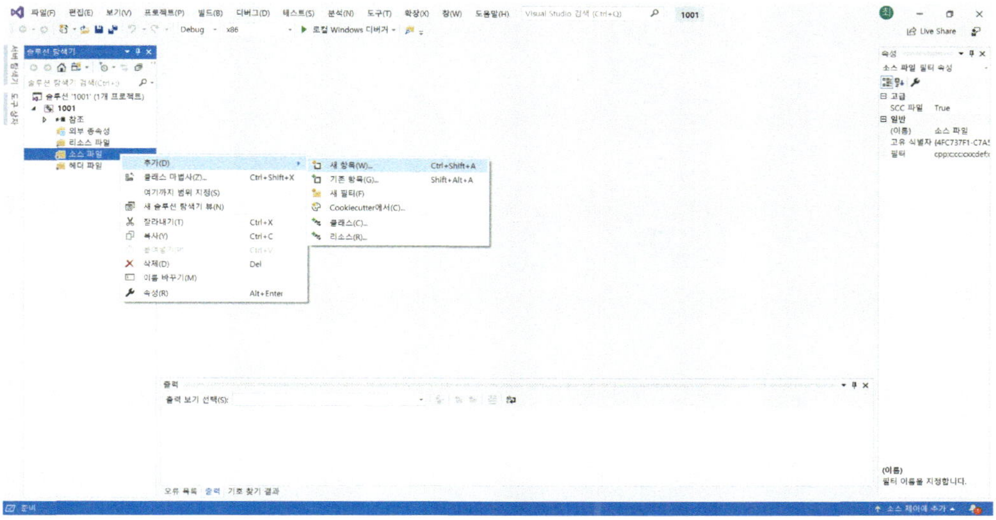

6 "C++파일" 선택 후, 파일의 이름을 정해주고 "추가"를 클릭한다. (여기서는 파일 이름을 프로젝트 이름과 같이 "1001"로 정했다.)

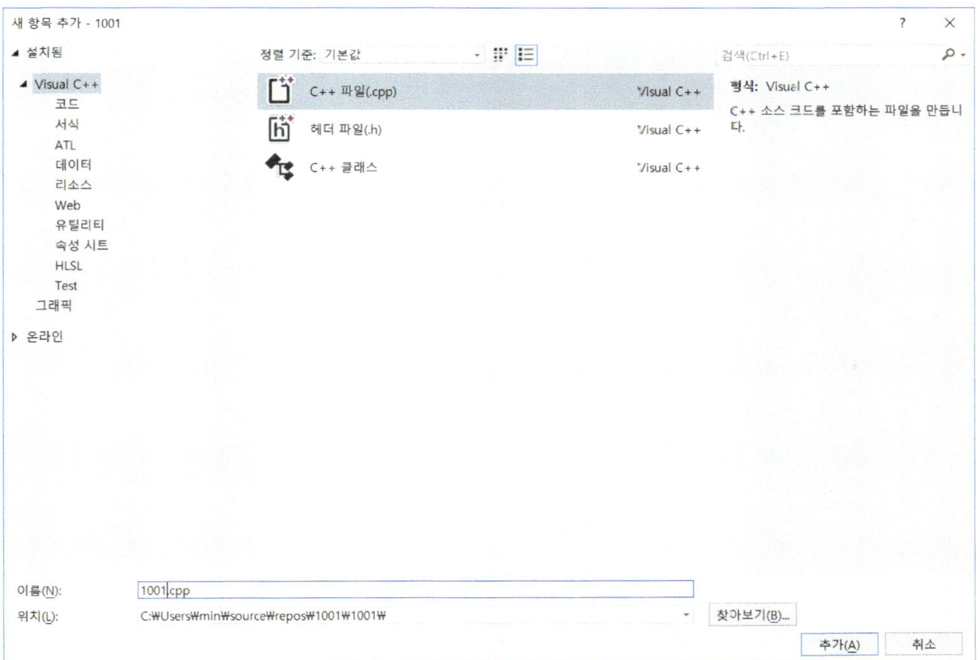

7 "프로젝트" → "1001속성" 또는 Alt + F7 을 누르고 "C/C++" → "SDL검사"를 "아니오"로 설정한 후 확인을 클릭한다.

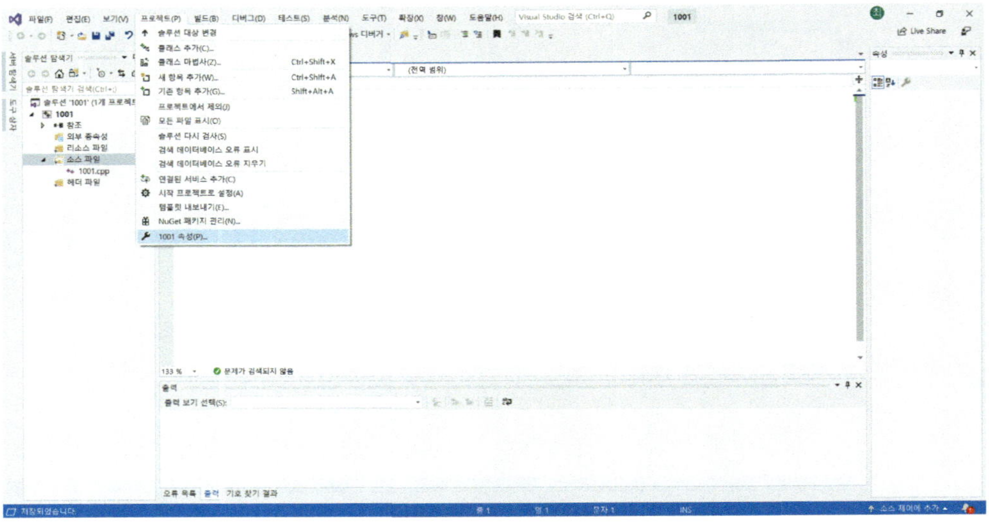

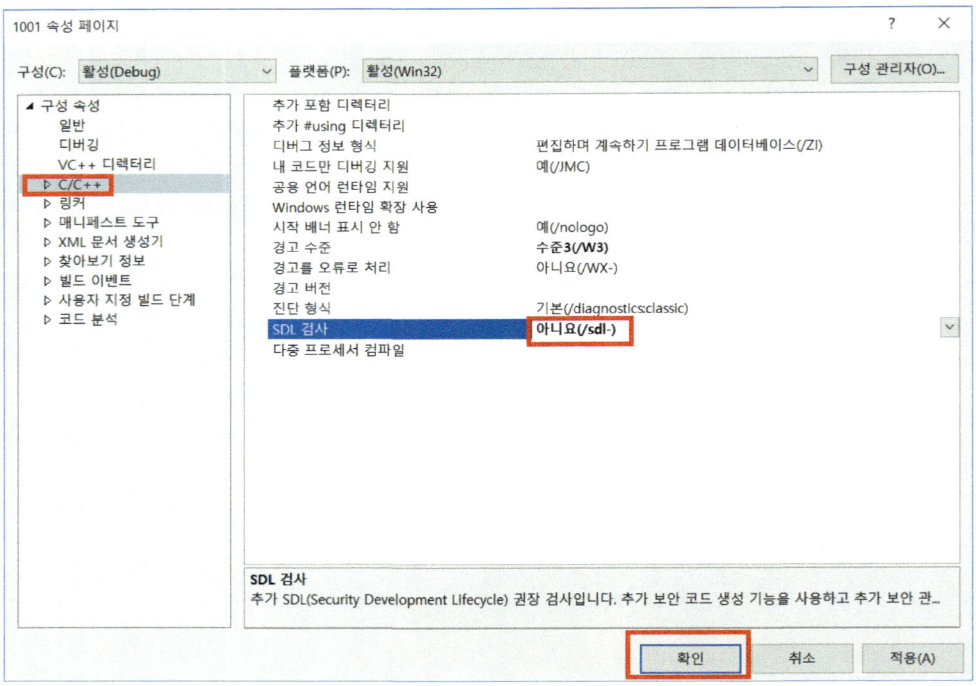

8 생성된 파일을 열어서 위에 적혀진 소스를 입력한 후, 메뉴에서 "빌드" → "솔루션 빌드" 또는 F7키를 사용하여 빌드를 실행한다. 빌드의 의미에 대해서는 별도로 설명할 것이다.

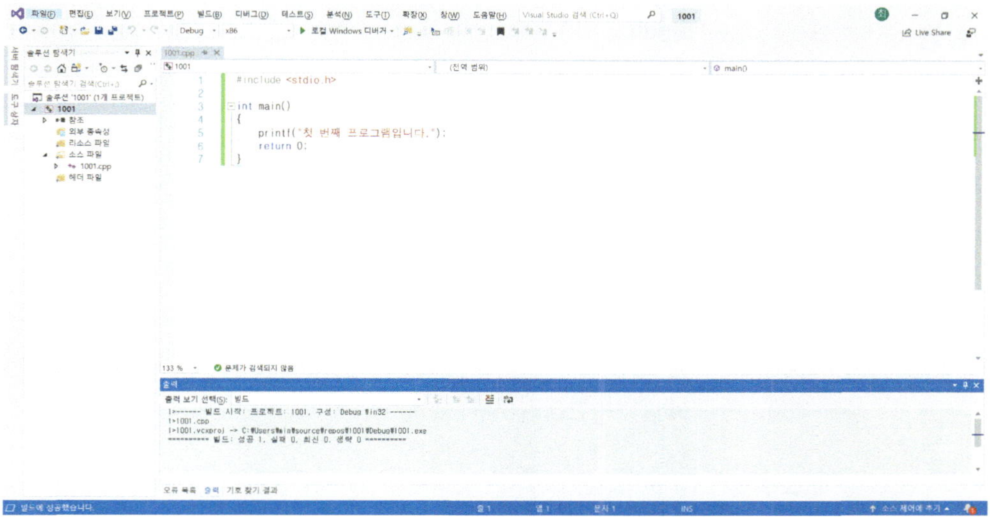

9 하단 출력 창에 "빌드: 성공 1, 실패 0, 최신 0, 생략 0"이라고 뜨면 빌드에 성공하고 실행파일이 생성된 것이다. 그렇지 않다면 문법적으로 오류가 발생한 것이므로 찾아서 수정을 해야 한다. 실패일 때 F4키를 누르면 오류가 발생된 위치로 커서가 이동한다.

10 완성된 프로그램을 실행해보자. 메뉴 중 "디버그" → "디버깅하지 않고 시작" 또는 Ctrl+F5키를 누른다.

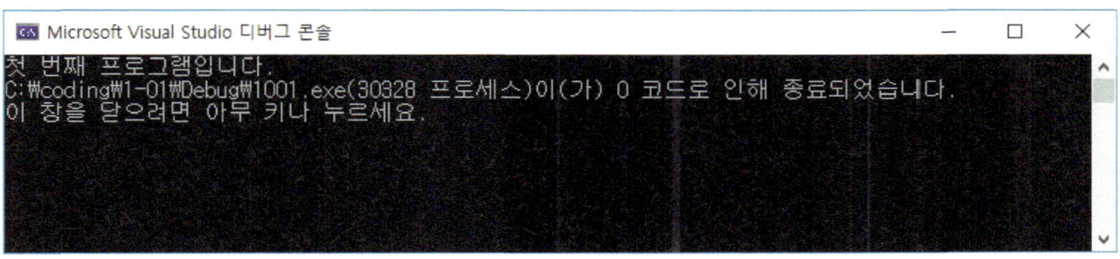

11 결과가 콘솔 창에 나타난다. 이때 "이 창을 닫으려면 아무 키나 누르세요."라는 문구가 함께 출력되는데 윈도우가 출력한 메시지이므로 우리가 작성한 프로그램과는 무관하다. 아무 키나 누르면 출력화면이 사라지고 원래의 편집화면으로 돌아온다.

설명

- #include <stdio.h>

"선 처리부"라고 하며 "stdio.h" 파일을 프로그램에 포함시키라는 의미이다. "stdio.h"에는 표준입출력(standard input output) 함수(명령)들이 들어있는데 프로그램에서 입력과 출력은 반드시 필요하므로 프로그램 첫머리에 꼭 써주는 것이라고 생각하면 된다.

- int main()

메인함수의 "머릿부"라고 하는데 C언어는 프로그램을 시작할 때 메인함수를 찾아서 실행하게 된다. 따라서 위의 선처리부와 함께 꼭 써주는 것이라고 생각하자.

- { ... }

메인함수의 시작과 끝부분을 나타내며 그 사이에 실제 실행해야 할 명령들이 들어가는 곳이다.

- printf("첫 번째 프로그램입니다.");

이것이 바로 명령을 실행하는 문장이다. printf("...")는 " " 안에 있는 문자열을 출력하라는 명령(함수)이다. 명령의 끝에는 항상 세미콜론(";")으로 마무리를 해 주어야 한다. printf 명령(함수)은 선처리부에서 포함시킨 "stdio.h"에 정의되어 있다.

- return 0;

프로그램을 종료하고 정상적으로 종료되었다는 의미로 운영체제에 0을 돌려준다.

* 앞으로 각 줄마다의 의미를 자세히 알게 될 것이니 지금은 어떤 식으로 실행되는지만 알고 기본적인 형식에 맞추어 작성하도록 하자.

자가진단 1

다음과 같이 출력되는 프로그램을 작성하라.

출력 예

```
Fun Programming!
```

자가진단은 반드시 정올(jungol.co.kr) 사이트에서 채점을 받고 다음 예제로 넘어가야 합니다.

쉬어가기

C언어는 컴퓨터에게 작업을 시키기 위한 프로그램을 작성하는 도구이지만 이것은 우리 사람끼리 약속된 언어일 뿐 컴퓨터가 인식하지는 못한다. 컴퓨터는 0과 1로 구성된 기계어만 인식할 수 있기 때문이다. 그래서 우리가 C언어로 작성한 프로그램을 컴퓨터에게 인식시키기 위해서는 기계어로 변환을 해 주어야 한다. 이러한 역할을 하는 것을 "컴파일러(Compiler)"라고 하고 이 "컴파일러"가 원시(소스)파일을 컴퓨터가 인식할 수 있도록 변환하는 작업을 "컴파일한다."고 한다. 그리고 이렇게 만들어진 파일들로 실행파일을 만들어 주어야 하는데 이것을 링크(link)라고 한다. 이렇게 컴파일과 링크를 해야 비로소 실행이 가능한 "exe" 파일이 생성되는데 이러한 일련의 작업을 빌드(Build)라고 한다.

02 Question

화면에 다음과 같이 출력하는 프로그램을 작성하시오.

출력 예　두 번째 프로그램입니다. 한 줄에 여러 문장을 출력합니다.

소스

```
#include <stdio.h>

int main()
{
        printf("두 번째 프로그램입니다. ");
        printf("한 줄에 여러 문장을 출력합니다.");
        return 0;
}
```

설명

printf() 문장을 위의 소스와 같이 여러 줄로 나누어 작성해도 결과는 한 줄로 이어서 출력된다. 줄을 바꾸어 출력하는 방법은 다음 예제에서 배울 것이다.

자가진단 2

위의 소스와 같은 방식으로 다음과 같이 출력되는 프로그램을 작성하라.

출력 예

Programming! It's fun.

03 Question

아래와 같이 문장을 여러 줄에 출력하는 프로그램을 작성하시오.

출력 예

세 번째 프로그램입니다.
줄을 바꾸어 출력합니다.
여기까지 출력하고
줄을 바꿉니다.

소스

```
#include <stdio.h>

int main()
{
        printf("세 번째 프로그램입니다. \n");
        printf("줄을 바꾸어 출력합니다. \n");
        printf("여기까지 출력하고 \n줄을 바꿉니다.\n");
        return 0;
}
```

설명

"\n"

줄바꿈 문자라고 하고 글을 쓰다가 행(줄)을 바꾸고 싶을 때 사용한다.
여러 줄을 띄우고 싶을 때는 "\n"을 여러 번 사용하면 된다. 예) "\n\n\n\n"
'\'는 한글 키보드에서 원표시문자('₩')를 누르면 입력된다.

'\'는 "이스케이프" 문자라고 하며 화면에는 표시되지 않고 다른 문자와 함께 쓰여서 특수한 동작을 수행한다. 이러한 문자들을 "이스케이프 시퀀스(escape sequence)"라고 한다. 이스케이프 문자는 글꼴에 따라 '\' 또는 '₩' 이렇게 두 가지 모양으로 표시되지만 어떤 모양으로 표시되든 그 역할은 같다.

이스케이프 시퀀스	동작
\n	행바꿈 (Enter)
\t	탭(Tab)
\\	화면에 '\'를 표시
많이 있지만 우선은 이 정도만 알아두세요.	

자가진단 3

다음과 같이 출력되는 프로그램을 작성하라.

출력 예

```
My name is Hong Gil Dong.
I am 13 years old.
```

04 Question

화면에 다음과 같이 출력하는 프로그램을 작성하시오.

출력 예

```
   @@
  @  @
 @    @
@      @
 @    @
  @  @
   @@
```

소스

```
#include <stdio.h>

int main()
{
        printf("   @@   \n");
        printf("  @  @  \n");
        printf(" @    @ \n");
        printf("@      @\n");
        printf(" @    @ \n");
        printf("  @  @  \n");
        printf("   @@   \n");
        return 0;
}
```

설명

printf()에서 " "의 내용은 소스 그대로 출력이 된다. 공백도 문자이므로 공백을 넣은 개수만큼 띄어서 출력이 된다. (위의 예제는 '@'의 앞뒤로 첫째줄에 3 + 0개, 둘째줄에 2 + 2개, 셋째줄에 1 + 4개, 넷째줄에 0 + 6개의 공백이 각각 출력된 것이다.)

자가진단 4

다음과 같이 출력되는 프로그램을 작성하라.

출력 예

(@) (@)

(=^.^=)

(-m-m-)

※ 주의 : 첫 번째 줄 중간에 공백 하나가 포함되어 있다.

05 Question

서식문자를 이용하여 출력하는 프로그램을 작성하시오.

출력 예

서식 문자로 출력하는 방법입니다.
이것은 문자열을 나타냅니다.

소스

```
#include <stdio.h>

int main()
{
        printf("%s \n", "서식 문자로 출력하는 방법입니다.");
        printf("%s \n", "이것은 문자열을 나타냅니다.");
        return 0;
}
```

설명

- printf("포맷문자열" , [인수])

여기서 포맷 문자열은 일반 문자열과 변환지정으로 구성된다. 일반 문자는 화면에 그대로 출력된다. 서식문자는 '%'와 출력형식을 나타내는 문자가 더해져서 구성되는데 그 자리에는 해당되는 인수가 출력된다. 그러므로 서식문자의 형식과 인수의 형식은 같아야 한다. 위의 소스에서 "%s"는 문자열 형식이므로 인수가 문자열임을 확인할 수 있다.
다음의 문장은 "우리나라는 대한민국입니다."가 출력된다.

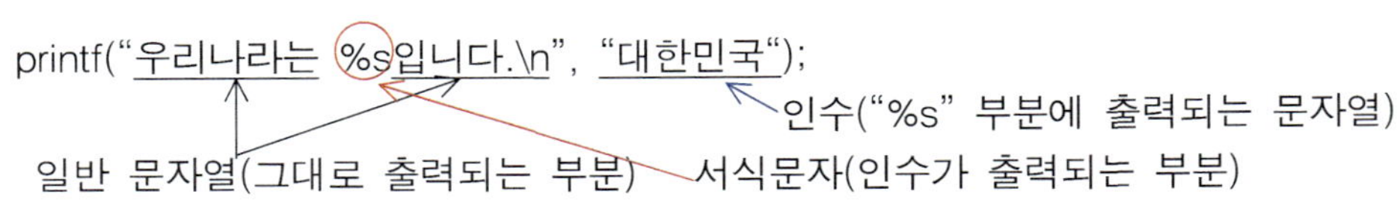

- 주로 사용되는 서식문자는 다음과 같다. 기타의 형식은 부록에 정리하였다.

서식문자	출력 내용
%d	10진 정수 (digit)
%f	실수 (float, double)
%c	문자 (character)
%s	문자열 (string)

- 정수는 소수점이 없는 수로 양의 정수, 0, 음의 정수가 있다. 실수는 소수점으로 표현되는 수들로 근사값으로 나타내게 된다.
- 문자는 1byte 한 개의 문자만을 나타내는 것으로 작은 따옴표로 표시하며(예 : 'A') 문자열은 한 개 이상의 문자가 모여서 이루어진 단어나 문장으로 큰 따옴표로 표시한다. (예 : "ABC")

자가진단 5

서식 문자를 사용하여 다음과 같이 출력되는 프로그램을 작성하라.

출력 예

```
I can program well.
Dreams come true.
```

06 Question

화면에 다음과 같이 출력하는 프로그램을 작성하시오.

출력 예

수를 출력할 때는 따옴표를 생략합니다.
123
6.500000

소스

```
#include <stdio.h>

int main()
{
        printf("%s \n", "수를 출력할 때는 따옴표를 생략합니다.");
        printf("%d \n", 123);
        printf("%f \n", 6.5);
        return 0;
}
```

설명

- "%s" → 문자열 서식, "%d" → 정수 서식, "%f" → 실수 서식
- printf("%f \n", 6.5)

실수의 경우 기본적으로 소수 7자리에서 반올림하여 소수 6자리까지 출력된다.

자가진단 6

다음과 같이 출력되는 프로그램을 작성하라.

출력 예

My height
170
My weight
68.600000

07 Question

화면에 다음과 같이 출력하는 프로그램을 작성하시오.

출력 예

```
수식을 출력하면 계산 결과가 출력됩니다.
10 + 5 = 15
내 생일은 2005년 6월 17일 입니다.
```

소스

```
#include <stdio.h>

int main()
{
	printf("수식을 출력하면 계산 결과가 출력됩니다. \n");
	printf("%d + %d = %d\n", 10, 5, 10 + 5);
	printf("내 생일은 %d년 %d월 %d일 입니다. \n", 2019 - 14, 6, 17);
	return 0;
}
```

설명

- printf("%d + %d = %d\n", 10, 5, 10 + 5);

맨 처음 "%d"에는 첫 번째 인수인 10이, 두 번째 "%d"에는 두 번째 인수 5가 각각 출력되고, 세 번째 "%d"에는 세 번째 인수인 10 + 5의 계산결과인 15가 출력된다. (인수의 내용이 계산식이면 계산결과가 대입된다.)

- printf("내 생일은 %d년 %d월 %d일 입니다. \n", 2019 - 14, 6, 17);

첫 번째 "%d"에는 2019 - 14의 계산결과인 2005가 출력되고 다음에는 6과 17이 각각 대입되어 출력된다.

자가진단 7

다음과 같이 출력되는 프로그램을 작성하라.

출력 예

```
5 Dan
5 * 2 = 10
```

08 Question

화면에 다음과 같이 출력하는 프로그램을 작성하시오.

출력 예

```
 subject score
========================
  korean    90
 english   100
computer    80
```

소스

```
#include <stdio.h>

int main()
{
	printf("%8s%6s \n", "subject", "score");
	printf("=================\n");
	printf("%8s%6d \n", "korean", 90);
	printf("%8s%6d \n", "english", 100);
	printf("%8s%6d \n", "computer", 80);
	return 0;
}
```

설명

- "%6d"

인수의 내용을 출력하기 위해 6칸의 공백을 확보하고 오른쪽으로 정렬하여 출력된다.

printf("%6d", 90);

				9	0

printf("%6s", "asdf");

		a	s	d	f

- 만약 지정한 자리보다 출력 값의 자리가 더 큰 경우 숫자는 무시하고 출력된다.

자가진단 8

다음과 같이 출력되는 프로그램을 작성하라.(각 요소들은 10칸씩 공간을 확보하여 오른쪽으로 정렬하여 출력한다.)

출력 예

```
      item     count     price
       pen        20       100
      note         5        95
    eraser       110        97
```

● *Hint*

공백도 한 칸을 차지한다. "%10s %10s …" 이렇게 하면 두 번째 요소는 공백을 포함하여 11칸을 확보하게 되므로 틀린 결과가 된다.

형성평가

형성평가는 반드시 정올(jungol.co.kr) 사이트에서 채점을 받고 다음 단원으로 넘어가야 합니다.

1. 다음과 같이 출력하는 프로그램을 작성하시오.

출력 예

```
My name is Hong
```

2. 다음과 같이 출력되는 프로그램을 작성하시오.

출력 예

```
My hometown
Flowering mountain
```

3. 다음과 같이 출력되는 프로그램을 작성하시오.

출력 예

```
TTTTTTTTTT
TTTTTTTTTT
    TT
    TT
    TT
```

• Hint : 첫 줄의 'T'는 10자이다. 글꼴에 따라 모양이 약간 다르게 보일 수도 있다.

4. 다음과 같이 출력되는 프로그램을 작성하시오. (합계는 수식을 이용할 것)

출력 예

```
kor 90
mat 80
eng 100
sum 270
```

• Hint : 합계를 구하는 수식은 다음과 같다.
합계 = 90+80+100

5. 다음과 같이 각 열의 크기를 15칸씩 오른쪽에 맞추어 출력하는 프로그램을 작성하시오.

출력 예

```
          Seoul     10,312,545        +91,375
          Pusan      3,567,910         +5,868
        Incheon      2,758,296        +64,888
          Daegu      2,511,676        +17,230
        Gwangju      1,454,636        +29,774
```

Tip

','나 '+'와 같은 기호가 포함되어 있으므로 숫자가 아닌 문자열로 처리한다.
공백도 한 칸을 차지하게 됨을 주의하라.
("%15s %15s %15s" 이렇게 표시하면 두 번째와 세 번째는 16칸이 되므로 "%15s%15s%15s"와 같이 공백없이 표시해야 된다.)

C•H•A•P•T•E•R

02

입 력

02
CHAPTER

입력

01 Question

변수를 선언한 후 값을 대입하여 다음과 같이 출력하는 프로그램을 작성하시오.

출력 예

```
a = 10
b = A
```

소스

```
#include <stdio.h>

int main()
{
	int a;
	char b;

	a = 10;
	b = 'A';

	printf("a = %d \n", a);
	printf("b = %c \n", b);

	return 0;
}
```

설명

- int a;

정수를 저장하기 위한 변수를 선언하고 변수의 이름을 a로 정한다.
변수란 "변경이 가능한 수"를 의미하며 위와 같이 선언을 하면 메모리에 정수를 저장할 수 있는 공간을 할당하고 그 메모리 공간의 이름을 a라고 정하게 된다.
int는 선언하는 변수의 형식이 정수임을 나타낸다.

- char b;

문자를 저장하기 위한 변수를 선언하고 변수의 이름을 b로 정한다.
char는 선언하는 변수의 형식이 문자임을 나타내며 1개의 문자만을 저장할 수 있다.

- a = 10;

변수에는 해당되는 형식의 값을 넣을 수 있는데 이를 "대입"이라고 하고, "변수 a에 10을 대입한다."라고 말한다. 위에서 선언된 a라는 이름의 메모리 공간에 10이 저장된다.

- b = 'A';

b라는 이름의 메모리 공간에 문자 'A'가 저장된다. 문자의 경우는 그대로 쓰면 변수와 구분을 할 수 없기 때문에 반드시 ' '로 표시해야 함을 유의하자.

- printf("a = %d \n", a);

"%d"의 위치에 변수 a에 저장된 값인 10이 대입되어 출력된다.

- printf("b = %c \n", b);

"%c"의 위치에 변수 b에 저장된 값인 'A'가 대입되어 출력된다. "%c"는 문자를 표현하기 위한 서식이다.

- 변수는 종류에 따라서 크게 숫자형 변수와 문자형 변수로 나눌 수 있다. 또, 숫자형 변수는 숫자의 형태에 따라 정수형 변수와, 실수형 변수로 나눌 수 있다.

- 지금 꼭 알아두어야 할 자주 사용되는 변수의 종류는 다음과 같다. 기타 여러 가지 변수형은 부록에 정리하였다.

종 류	선언문	메모리크기	사용범위 및 특징
정수형 변수	int	4byte	−2147483648 ~ +2147483647
실수형 변수	float	4byte	유효자리 약 6자리 (3.4E−38 ~ 3.4E+38)
	double	8byte	유효자리 약 15자리 (1.7E−308 ~ 1.7E+308)
문자형 변수	char	1byte	한 개의 문자만 저장

- 변수이름은 프로그램을 작성하는 사람이 마음대로 정할 수 있지만 반드시 아래의 규칙을 지켜야 한다.

1) 변수이름은 알파벳, 숫자, under bar('_')의 조합으로 선언할 수 있다. 공백을 포함한 기타의 특수문자('+', '-', '*', '/', '&'....)들은 사용할 수 없다.
2) 첫 글자에는 숫자를 사용할 수 없다. (알파벳 또는 '_' 문자만 가능하다.)
3) 대문자와 소문자는 다른 문자로 인식되므로 구분하여 사용한다.
4) keyword("int", "void", "if", "return"과 같이 파란색으로 표시되는 단어)는 변수이름으로 사용할 수 없다.

※ 변수의 이름을 정할 때에는 어떤 용도로 사용할 것인지에 따라 알아보기 쉽도록 의미있게 정하는 것이 좋다.

예) 합계를 저장할 변수 : sum, total, hap 등
평균을 저장할 변수 : avg(average의 약자), pyung 등

자가진단 1

정수형 변수를 선언하고 −100을 대입하여 출력하는 프로그램을 작성하라.

출력 예

```
-100
```

02 Question

두 개의 변수를 선언하여 각각 10과 20을 대입한 후 아래와 같이 숫자를 바꾸어 출력하는 프로그램을 작성하시오.

출력 예 20 10

소스

```
#include <stdio.h>

int main()
{
        int a;
        int b;

        a = 10;
        b = 20;
        printf("%d %d \n", b, a);

        return 0;
}
```

설명

- `int a; int b;`

정수형 변수 a와 b를 선언한다.
같은 종류의 변수를 2개 이상 선언할 경우 다음과 같이 선언한다.

```
int a;
int b;        또는      int a, b, c;
int c;
```

어떤 방법으로 선언을 해도 된다.

- `a = 10; b = 20;`

정수형 변수 a와 b에 각각 10과 20을 대입한다.

- printf("%d %d \n", b, a);

서식문자를 이용하여 변수 b와 a의 값을 출력한다. b가 먼저 출력됨을 주의하자.

자가진단 2

정수형 변수 2개를 선언하여 −1과 100을 대입한 후 아래와 같이 출력하는 프로그램을 작성하라.

출력 예

```
-1
100
```

03 Question

두 개의 변수를 선언하여 각각 10과 20을 대입하여 그 합을 나타내는 식을 출력한 후, 각각의 값을 30과 40으로 변경하여 다시 식을 출력하는 프로그램을 작성하시오.

출력 예

```
10 + 20 = 30
30 + 40 = 70
```

소스

```
#include <stdio.h>

int main()
{
        int a, b;

        a = 10;
        b = 20;
        printf("%d + %d = %d \n", a, b, a+b);

        a = 30;
        b = 40;
        printf("%d + %d = %d \n", a, b, a+b);

        return 0;
}
```

설명

- printf("%d + %d = %d \n", a, b, a+b);

첫 번째 "%d" 부분에 a의 값, 두 번째 "%d" 부분에 b의 값 그리고 마지막 "%d" 부분에는 a와 b의 합이 출력된다. 똑같은 문장이 두 개이지만 각각의 문장이 실행될 때 a와 b의 값이 다르므로 출력되는 결과 역시 다르게 된다.

- 변수는 변경이 가능한 수이다. 처음에 변수 a와 b에 10과 20을 대입하면 변경하기 전까지는 그 값을 유지하다가, 새로운 수를 대입하면 그 전에 저장되어 있던 값은 사라지고 새로 대입한 값으로 저장된다.

자가진단 3

두 개의 정수형 변수를 선언하고 값을 대입하여 아래와 같이 출력되는 프로그램을 작성하라.

출력 예

```
55 - 10 = 45
2008 - 1999 = 9
```

04 Question

화면에 다음과 같이 출력하는 프로그램을 작성하시오.

출력 예

```
원주 = 5 * 2 * 3.140000 = 31.400000
넓이 = 5 * 5 * 3.140000 = 78.500000
```

소스

```c
#include <stdio.h>

int main()
{
        int r = 5;
        double pi = 3.14;

        printf("원주 = %d * 2 * %f = %f \n", r, pi, r * 2 * pi);
        printf("넓이 = %d * %d * %f = %f \n", r, r, pi, r * r * pi);
        return 0;
}
```

설명

- int r = 5;

정수형 변수를 선언하고 초기값으로 5를 대입한다.
다음과 같은 두 문장을 합한 것과 같다.

```
int r;
r = 5;
```

- double pi = 3.14;

실수형 변수를 선언하고 초기값으로 3.14를 대입한다.

3.14는 실수이므로 double이나 float로 선언해야 하며 만약 int로 선언을 하면 잘못된 결과가 나오게 된다.

- printf("원주 = %d * 2 * %f = %f \n", r, pi, r * 2 * pi);

실수형 자료를 "%f" 형식으로 출력하면 소수 7자리에서 반올림하여 소수점 이하 6자리까지 출력된다. 정수와 실수의 혼합계산 결과는 실수가 된다.

자가진단 4

다음 두 값을 변수에 저장하고 곱셈 계산식을 출력하는 프로그램을 작성하라.
추의 무게 = 49 , 중력의 비율 = 0.2683

출력 예

```
49 * 0.268300 = 13.146700
```

05 Question

화면에 다음과 같이 출력하는 프로그램을 작성하시오.

출력 예

```
전체 7자리로 맞추고 소수 4자리까지 출력
x =  1.2340
y = 10.3459

소수 2자리까지 출력(반올림)
x = 1.23
y = 10.35
```

소스

```c
#include <stdio.h>

int main()
{
	double x = 1.234;
	double y = 10.3459;

	printf("전체 7자리로 맞추고 소수 4자리까지 출력 \n");
	printf("x = %7.4f \n", x);
	printf("y = %7.4f \n", y);
	printf("\n");

	printf("소수 2자리까지 출력(반올림) \n");
	printf("x = %.2f \n", x);
	printf("y = %.2f \n", y);

	return 0;
}
```

설명

- "%7.4f"

여기서 7은 소수점을 포함한 전체 자릿수, 4는 소수점 이하 자릿수를 나타낸다.

즉, | | | . | | | | |와 같은 형태로 출력이 된다. 소수점 앞부분에 숫자가 없는 경우에는 공백을 출력하고 소수점 뒷부분은 0을 출력한다.
전체 글자수가 7을 넘어가면 무시하고 출력하며 소수점 뒷부분이 넘어가면 반올림하여 출력된다.

출력 예

입력								
1.234		1	.	2	3	4	0	
123	1	2	3	.	0	0	0	0
0.012356		0	.	0	1	2	4	

- "%.2f"

전체 자릿수는 실제대로 출력하고 소수점 이하는 소수 3자리에서 반올림하여 소수 2자리까지 출력한다.

자가진단 5

> 1야드(yd)는 91.44cm이고 1인치(in)는 2.54cm이다.
> 2.1야드와 10.5인치를 각각 cm로 변환하여 다음 형식에 맞추어 소수 첫째자리까지 출력하시오.

출력 예

```
 2.1yd = 192.0cm
10.5in =  26.7cm
```

- *Hint*

printf("%4.1fyd = %5.1fcm\n", 변수, 식)

06 Question

나이를 키보드로 입력 받아서 다음과 같이 출력하시오.

입력 예 *당신의 나이는 몇 살입니까?* 14

출력 예 당신의 나이는 14살이군요.

소스

```
#include <stdio.h>

int main()
{
        int age;

        printf("당신의 나이는 몇 살입니까? ");
        scanf("%d", &age);

        printf("당신의 나이는 %d살 이군요. \n", age);

        return 0;
}
```

설명

- scanf("%d", &age);

키보드를 통해 변수 age의 값을 입력받는다. printf()와 같이 자료형의 형식이 같아야 한다. 입력에서는 변수 앞에 반드시 '&' 문자를 붙여 주어야 하는데 해당 변수가 위치한 메모리에 입력 값을 넣으라는 의미이다.

- 혹시 위의 소스를 그대로 입력하고 실행을 했는데 "당신의 나이는 몇 살입니까? "라고만 출력되고 프로그램이 멈추었다고 고민하는 중이라면 지금 즉시 키보드로 14를 입력하고 Enter 키를 눌러보자.

- 위의 입력 예에서 이태릭체로 나타낸 부분("당신의 나이는 몇 살입니까? ")은 입력받기 전에 먼저 출력을 해야 하는 문자열을 의미한다.

자가진단 6

키를 입력받아 출력하는 프로그램을 작성하라.

입력 예　　height = 170

출력 예　　Your height is 170cm.

• *hint*

"height = " 은 출력을 하는 부분으로 printf("height = "); 을 먼저 실행한 후 입력을 받아야 한다.

07 Question

두 개의 정수를 입력 받아 합과 곱을 출력하시오.

입력 예　　*두 수를 입력하시오. 3 5*

출력 예　　3 + 5 = 8

3 * 5 = 15

소스

```
#include <stdio.h>

int main()
{
	int a, b;

	printf("두 수를 입력하시오. ");
	scanf("%d %d", &a, &b);
	printf("%d + %d = %d \n", a, b, a+b);
	printf("%d * %d = %d \n", a, b, a*b);

	return 0;
}
```

설명

- scanf("%d %d", &a, &b);

두 개 이상의 변수를 입력받을 때에도 printf()에서와 마찬가지로 변환지정 형식과 개수를 인수의 형식과 개수에 맞추어서 사용하면 된다.

자가진단 7

두 개의 정수를 입력 받아 곱과 몫을 출력하시오.
(먼저 입력 받는 수가 항상 크며 입력되는 두 정수는 1이상 500이하이다.)

입력 예

```
16 5
```

출력 예

```
16 * 5 = 80
16 / 5 = 3
```

08 Question

키와 몸무게 영문이름의 첫 자를 입력 받아 출력하는 프로그램을 작성하시오. (몸무게는 반올림하여 소수 첫째자리까지 출력한다.)

입력 예

키를 입력하세요. 175
몸무게를 입력하세요. 76.36
이름을 입력하세요. K

출력 예

키 = 175
몸무게 = 76.4
이름 = K

소스

```
#include <stdio.h>

int main()
{
	int height;
	double weight;
	char name;

	printf("키를 입력하세요. ");
	scanf("%d", &height);

	printf("몸무게를 입력하세요. ");
	scanf("%lf", &weight);

	printf("이름을 입력하세요. ");
	scanf(" %c", &name);

	printf("키 = %d \n", height);
	printf("몸무게 = %.1f \n", weight);
	printf("이름 = %c \n", name);

	return 0;
}
```

설명

- scanf("%lf", &weight);

한 개의 실수를 입력받아 weight에 저장한다. double로 선언된 변수를 입력받기 위해서는 "%lf"를 지정해야 한다. (출력은 "%f"로 되지만 입력은 반드시 "%lf"로 해야 한다.

- scanf(" %c", &name);

한 개의 문자를 입력받아 name에 저장한다.
"%c" 앞에 공백을 넣어 준 것에 유의해야 한다. 일반적인 자료형의 경우에는 이전에 입력된 Enter↵나 공백문자, 탭문자(⭾) 등을 입력구분자로 처리하여 무시하지만 문자형 자료(char)의 경우에는 모든 문자를 입력으로 처리하게 된다. 만약 공백을 생략하게 되면 위에서 weight를 입력받은 후 누른 Enter↵가 버퍼에 저장되어 있다가 위의 입력명령을 만나면 name에 저장되어 엉뚱한 결과가 출력된다.
문자형 자료에서 위와 같은 특수문자를 입력구분자로 처리하기 위하여 "%c" 앞에 공백을 넣어준 것이며 이렇게 하면 버퍼에 저장된 특수문자를 무시하고 새로운 문자를 입력으로 받게 되는 것이다.

- 문자형 자료(char)는 1byte로 구성되어 있어서 영문자나 숫자 등의 문자 한 개만을 입력받아 처리할 수 있다. 한글은 한 글자가 2byte(또는 3byte)이므로 입력받을 수 없다. 한글을 포함하여 단어나 문장과 같은 문자열을 입력받아 처리하는 방법은 뒤에서 배울 것이다.

자가진단 8

실수 2개와 한 개의 문자를 입력 받아 출력하되 실수는 소수 셋째자리에서 반올림하여 소수 둘째자리까지 출력하는 프로그램을 작성하시오.

입력 예

```
12.2536
526.129535
A
```

출력 예

```
12.25
526.13
A
```

09 Question

두 개의 실수를 입력 받아 반올림하여 소수 둘째자리까지 출력하는 프로그램을 작성하시오.

입력 예

두 개의 실수를 입력하시오.
2.9402
415.23968125

출력 예

x = 2.94
y = 415.24

소스

```
#include <stdio.h>

int main()
{
	double x, y;
	printf("두 개의 실수를 입력하시오.\n");
	scanf("%lf %lf", &x, &y);
	printf("x = %.2f \n", x);
	printf("y = %.2f \n", y);
	return 0;
}
```

설명

- scanf("%lf %lf", &x, &y);

실수는 근사값으로 나타내는 자료형으로 float와 double이 있지만 float형은 전체의 길이가 6자리를 넘어가게 되면 정확한 결과를 기대할 수 없다.
따라서 특별한 경우가 아니라면 실수형은 double형을 사용해야 보다 정확한 결과를 얻을 수 있다.

자가진단 9

세 개의 실수를 입력 받아 소수 4자리에서 반올림하여 소수 3자리까지 출력하는 프로그램을 작성하시오.

입력 예

1.2568
95.21438
526.851364

출력 예

1.257
95.214
526.851

형성평가

1. 세 개의 정수형 변수를 선언하고 각 변수에 10, 20, 30을 대입한 후 그 변수를 이용하여 다음과 같이 출력하는 프로그램을 작성하시오.

출력 예

```
10 + 20 = 30
```

2. 실수형 변수 2개를 선언하고 각각에 80.5, 22.34를 대입한 후 두 수의 합을 구하여 각각의 숫자를 10칸씩 오른쪽에 맞추어 소수 둘째자리까지 출력하는 프로그램을 작성하시오.

출력 예

```
     80.50     22.34    102.84
```

- *hint* : 공백을 넣을 경우 1칸을 차지한다.

3. 정수형 변수 한 개를 선언하여 50을 대입하고 실수형 변수 한 개를 선언하여 100.12를 대입한 후 "출력 예"와 같이 출력하는 프로그램을 작성하시오. (결과값은 소수점 이하에서 반올림)

출력 예

```
100.12 * 50 = 5006
```

4. 세 개의 정수를 입력받아 합계를 출력하는 프로그램을 작성하시오.

입력 예

```
20 50 100
```

출력 예

```
sum = 170
```

5. 실수의 yard(야드)를 입력받아 cm(센티미터)로 환산한 값을 반올림하여 소수 첫째자리까지 출력하는 프로그램을 작성하시오. (단, 1야드 = 91.44cm이다.)

입력은 "yard? "라고 먼저 출력하고, 실수를 입력받는다. 실수는 "double"로 한다.

입력 예 yard? 10.1

출력 예 10.1yard = 923.5cm

● *hint*

입력을 받기 위한 지문 뒤에는 꼭 공백을 넣어준다. ("... yard? ")

C·H·A·P·T·E·R

03

연산자

03 CHAPTER

연산자

01 Question

두 개의 정수를 입력받아 다음과 같이 출력하는 프로그램을 작성하시오.

입력 예 *두 개의 수를 입력하시오. 7 5*

출력 예

```
7 + 5 = 12
7 - 5 = 2
7 * 5 = 35
7 / 5 = 1
7 % 5 = 2
```

소스

```
#include <stdio.h>

int main()
{
        int a, b;
        int plus, minus, multi, div, rest;

        printf("두 개의 수를 입력하시오. ");
        scanf("%d %d", &a, &b);

        plus = a + b;
        minus = a - b;
        multi = a * b;
        div = a / b;
        rest = a % b;

        printf("%d + %d = %d \n", a, b, plus);
        printf("%d - %d = %d \n", a, b, minus);
        printf("%d * %d = %d \n", a, b, multi);
```

```
    printf("%d / %d = %d \n", a, b, div);
    printf("%d %% %d = %d \n", a, b, rest);

    return 0;
}
```


설명

- **대입연산자**

이미 배운 것처럼 변수에 값을 대입하는 연산자를 "대입 연산자"라고 한다. '='의 왼쪽에 오른쪽의 내용을 대입하는 것이다. "a = b + c"라고 하면 b + c의 결과를 a에 저장하는 것이다. 따라서, 왼쪽에는 수식이나 상수를 사용할 수 없으며 반드시 한 개의 변수만을 사용할 수 있다. 오른쪽에는 왼쪽 변수와 같은 자료형의 변수, 상수, 수식이 모두 사용 가능하다.

- **산술연산자**

계산식으로 나타내어 결과 값을 돌려주는 연산자를 "산술연산자"라고 하며 다음과 같은 종류가 있다.

연산자	기능	사용법	의미
+	덧셈	a = b + c	b와 c를 더한 결과를 a에 대입한다.
−	뺄셈	a = b − c	b에서 c를 뺀 결과를 a에 대입한다.
*	곱셈	a = b * c	b와 c를 곱한 결과를 a에 대입한다.
/	몫	a = b / c	b를 c로 나눈 몫을 a에 대입한다.
%	나머지	a = b % c	b를 c로 나눈 나머지를 a에 대입한다.

* 정수의 연산에서 '/' 은 소수 이하를 모두 버린 몫만을 돌려주며 실수의 경우에는 소수점 이하를 모두 계산하여 돌려준다.
* '%' 연산자는 정수의 연산에서만 사용된다.
* '/'나 '%' 연산에서 제수(c)가 0이 되는 경우에는 에러가 발생하므로 사용시 주의해야 한다.
* 정수와 실수가 혼합된 연산은 실수의 연산으로 처리된다.

- **printf(" %% ")**

'%'는 바로 뒤의 문자(열)과 합쳐져서 자료의 형을 나타내기 위한 문자로 사용된다. 만약 '%' 문자를 화면에 출력하려면 "%%"로 해주어야 된다.

자가진단 1

세 개의 정수를 입력 받아서 합계와 평균을 출력하는 프로그램을 작성하시오. (단, 평균은 소수 이하를 버리고 정수부분만 출력한다.)

입력 예 10 25 33

출력 예 sum : 68
avg : 22

02 Question

5개의 정수를 입력 받아 각각의 수에 + 3, − 3, × 3, / 3, % 3의 연산을 실행하여 그 값을 저장한 후 차례대로 출력하는 프로그램을 작성하시오.

입력 예 *5개의 수를 입력하시오.* 10 5 7 9 10

출력 예 13 2 21 3 1

소스1

```
#include <stdio.h>

int main()
{
        int a, b, c, d, e;

        printf("5개의 수를 입력하시오. ");
        scanf("%d %d %d %d %d", &a, &b, &c, &d, &e);

        a = a + 3;
        b = b - 3;
        c = c * 3;
        d = d / 3;
        e = e % 3;

        printf("%d %d %d %d %d \n", a, b, c, d, e);

        return 0;
}
```

설명

- a = a + 3;

만약 수학식이라면 위의 식은 성립되지 않는다. 프로그램에서는 위 문장의 의미는 "a변수의 값에 3을 더하여 a변수에 대입(저장)하라."는 의미가 된다. 즉, 변수 a의 값이 3증가하는 것이다.

소스2

```
#include <stdio.h>

int main()
{
        int a, b, c, d, e;

        printf("5개의 수를 입력하시오.");
        scanf("%d %d %d %d %d", &a, &b, &c, &d, &e);

        a += 3;
        b -= 3;
        c *= 3;
        d /= 3;
        e %= 3;

        printf("%d %d %d %d %d \n", a, b, c, d, e);

        return 0;
}
```

설명

- a += 3;

"왼쪽의 변수(a)에 3을 더하여 다시 왼쪽의 변수에 대입(저장)하라."는 의미로써 "a = a + 3"의 식과 같은 표현이다. 이와 같이 대입 연산자와 산술 연산자를 함께 사용하여 값을 변화시키는 연산자를 복합 대입연산자라고 한다.

연산자	사용법	의미
+=	a += b	"a + b" 의 결과를 a에 대입. "a = a + b" 와 같다.
-=	a -= b	"a - b" 의 결과를 a에 대입. "a = a - b" 와 같다.
*=	a *= b	"a * b" 의 결과를 a에 대입. "a = a * b" 와 같다.
/=	a /= b	"a / b" 의 결과를 a에 대입. "a = a / b" 와 같다.
%=	a %= b	"a % b" 의 결과를 a에 대입. "a = a % b" 와 같다.

자가진단 2

정수 2개를 입력받아서 첫 번째 수에는 100을 증가시켜 저장하고, 두 번째 수는 10으로 나눈 나머지를 저장한 후, 두 수를 차례로 출력하는 프로그램을 작성하시오.

입력 예 20 35

출력 예 120 5

03 Question

정수형 변수 a와 b를 만들고 각각 10으로 초기화한 후 다음과 같이 출력하는 프로그램을 작성하시오.

출력 예

```
최초값 a = 10, b = 10

a++ = 10, ++b = 11
실행후 a = 11, b = 11

a-- = 11, --b = 10
실행후 a = 10, b = 10
```

소스

```c
#include <stdio.h>

int main()
{
	int a = 10, b = 10;

	printf("최초값 a = %d, b = %d \n\n", a, b);

	printf("a++ = %d, ++b = %d \n", a++, ++b);
	printf("실행후 a = %d, b = %d \n\n", a, b);

	printf("a-- = %d, --b = %d \n", a--, --b);
	printf("실행후 a = %d, b = %d \n", a, b);

	return 0;
}
```

설명

- int a = 10, b = 10;

정수형 변수 a와 b를 선언하고 각각 10으로 초기화 한다. (변수를 선언하고 즉시 값을 대입하는 것을 "초기화한다."고 한다.)

- printf("%d %d", a++, ++b);

"a++"와 "++a"는 둘 다 a의 값을 1 증가시킨다. 즉 "a = a + 1" 또는 "a += 1"과 같다. "a++"는 먼저 a의 값을 출력한 후 값을 증가시키고 "++b"는 b의 값을 먼저 증가시킨 후 출력한다. 따라서 위의 식에서 출력되는 값은 10과 11이 되지만, 출력한 후 a, b의 값은 모두 11이 된다.

"a++"와 같이 연산자가 뒤에 붙은 것을 "후치 증가 연산자"라고 하고 "++b"와 같이 연산자가 앞에 붙은 것을 "전치 증가 연산자"라고 한다. "a--"와 "--b"의 경우도 같은 방법으로 사용되며 각각 "후치 감소 연산자", "전치 감소 연산자"라고 한다.

결과적으로 위의 문장은 다음 세 문장을 한 개의 문장으로 표현한 것과 같다.

```
b = b + 1;
printf("%d %d", a, b);
a = a + 1
```

연산자	이름	기능
a++	후치 증가 연산자	작업을 끝내고 a의 값을 1증가시킴
++a	전치 증가 연산자	a의 값을 1 증가시킨 후 작업을 실시
a--	후치 감소 연산자	작업을 끝내고 a의 값을 1감소시킴
--a	전치 감소 연산자	a의 값을 1 감소시킨 후 작업을 실시

- **전치(++a)와 후치(a++) 증가 연산자의 사용 예**

예1)

```
a = 1;
b = ++a; //a가 1증가하고 b에 값을 저장
printf("%d", b); // 2 출력
printf("%d", a); // 2 출력
```

예2)

```
a = 1;
b = a++; //b에 a의 값을 저장하고 a가 1증가
printf("%d", b); // 1 출력
printf("%d", a); // 2 출력
```

자가진단 3

한 개의 정수를 입력 받아서 후치증가 연산자를 사용하여 출력한 후, 전치 증가 연산자를 사용하여 출력하는 프로그램을 작성하시오.

입력 예

```
5
```

출력 예

```
5
7
```

04 Question

정수 변수 a와 b를 입력받아서 a는 전치 증가 연산자를 사용하고, b는 후치 감소 연산자를 사용하여 두 수의 합을 c에 저장한 후 각각을 출력하는 프로그램을 작성하시오.

입력 예 5 6

출력 예 a = 6, b = 5, c = 12

소스

```
#include <stdio.h>

int main()
{
	int a, b, c;

	scanf("%d %d", &a, &b);

	c = ++a + b--;
	printf("a = %d, b = %d, c = %d \n", a, b, c);

	return 0;
}
```

설명

- c = ++a + b--;

a가 먼저 1 증가한 후 a와 b의 합을 c에 저장하고 나서 b가 1이 감소한다.
증감연산자의 이해를 위해 위와 같이 작성은 했지만 별로 바람직한 방법은 아니다.
위의 결과를 여러 개의 식으로 나타내면 다음과 같다.

a = a + 1; (또는 a++;)

c = a + b;

b = b - 1; (또는 b--;)

자가진단 4

두 개의 정수를 입력받아 각각 후치 증가 연산자와 전치 감소 연산자를 사용하여 두 수의 곱을 새로운 변수에 저장한 후 각각의 값을 출력하는 프로그램을 작성하시오.

입력 예 10 20

출력 예 11 19 190

05 Question

3개의 정수 a, b, c를 입력받아서 a와 b, b와 c를 각각 비교하여 같으면 1, 같지 않으면 0을 출력하고, 다음에는 같지 않으면 1, 같으면 0을 출력하는 프로그램을 작성하시오.

입력 예 10 20 20

출력 예 0 1 1 0

소스

```
#include <stdio.h>

int main()
{
	int a, b, c;
	int result1, result2, result3, result4;

	scanf("%d %d %d", &a, &b, &c);

	result1 = (a == b);
	result2 = (b == c);
	result3 = (a != b);
	result4 = (b != c);

	printf("%d %d %d %d \n", result1, result2, result3, result4);

	return 0;
}
```

설명

- result1 = (a == b);

"a == b"는 "a와 b가 같은가?"라는 의미이며 참(True)이면 1, 거짓(False)이면 0을 돌려준다. 따라서 result1에는 a와 b가 같으면 1, 아니면 0이 대입된다.
a=10, b=20이면 result1에는 0이 대입된다.

- result3 = (a != b);

"a != b"는 "a와 b가 같지 않은가?"라는 의미이며 참(True)이면 1, 거짓(False)이면 0을 돌려준다.

result3에는 a와 b가 같지 않으면 1, 아니면 0이 대입된다.

입력의 예에서 a와 b는 같지 않으므로 result3에는 1이 대입된다.

자가진단 5

두 개의 정수를 입력받아서 두 정수의 값이 같으면 1, 아니면 0을 출력하고 두 번째 줄에는 같지 않으면 1, 아니면 0을 출력하는 프로그램을 작성하시오.

입력 예 5 5

출력 예

```
1
0
```

06 Question

3개의 정수 a, b, c를 입력받아서 a가 b보다 큰지, b가 c보다 크거나 같은지, a가 b보다 작거나 같은지, b가 c보다 작은지를 비교하여 참이면 1, 거짓이면 0을 각각 출력하는 프로그램을 작성하시오.

입력 예 1 2 2 **출력 예** 0 1 1 0

소스

```
#include <stdio.h>

int main()
{
        int a, b, c;
        int result1, result2, result3, result4;

        scanf("%d %d %d", &a, &b, &c);

        result1 = (a > b);
        result2 = (b >= c);
        result3 = (a <= b);
        result4 = (b < c);

        printf("%d %d %d %d \n", result1, result2, result3, result4);

        return 0;
}
```

설명

- **관계연산자**

변수나 숫자 등의 값을 비교하여 참인지 거짓인지를 판단하는 연산자를 관계연산자 또는 비교연산자라고 한다. 조건이 맞으면 "참(True)", 맞지 않으면 "거짓(False)"이라고 하고, 참이면 1, 거짓이면 0 값을 갖게 된다.
관계연산자의 종류는 다음과 같다.

연산자	읽는법	사용법	의 미
==	같다.	a == b	a와 b는 같다
!=	같지 않다.	a != b	a와 b는 같지 않다
〈	작다.(미만)	a 〈 b	a가 b보다 작다
〉	크다.(초과)	a 〉 b	a가 b보다 크다
〈=	작거나 같다.(이하)	a 〈= b	a가 b보다 작거나 같다
〉=	크거나 같다.(이상)	a 〉= b	a가 b보다 크거나 같다

- a가 b보다 작고 b는 c보다 작은지 확인하려고 할 때 2개 이상의 관계 연산자를 동시에 사용하여 **result = a 〈 b 〈 c;** 와 같이 작성하면 전혀 다른 의미가 되므로 다음번 예제에서 익히게 될 논리연산자를 사용해야 한다.

자가진단 6

두 개의 정수를 입력받아서 다음과 같이 4가지 관계연산자의 결과를 출력하시오.

입력 예 4 5

출력 예

4 〉 5 --- 0
4 〈 5 --- 1
4 〉= 5 --- 0
4 〈= 5 --- 1

07 Question

3개의 정수 a, b, c를 선언하여 각각 0, 1, 2로 초기화한 후 a와 b가 모두 참인지, a 또는 b가 참인지, b와 c가 모두 참인지, a가 참이 아닌지를 확인하여 참이면 1, 거짓이면 0을 각각 출력하는 프로그램을 작성하시오.

출력 예 0 1 1 1

소스

```
#include <stdio.h>

int main()
{
        int a = 0, b = 1, c = 2;
        int result1 = (a && b);
        int result2 = (a || b);
        int result3 = (b && c);
        int result4 = !a;

        printf("%d %d %d %d \n", result1, result2, result3, result4);

        return 0;
}
```

설명

- **논리연산자**

두 개 이상의 조건을 조합하여 논리적인 결과를 확인할 수 있는 연산자를 논리연산자라고 하며 다음과 같은 종류가 있다.

연산자	읽는법	사용법	의미
&&	그리고(and), 논리곱	a && b	a도 참이고 b도 참이다. (모두 참이라야 참)
||	또는(or), 논리합	a || b	a가 참이거나 b가 참이다. (둘 중 어느 하나라도 참이면 참)
!	~가 아니다.(not)	!a	a가 참이 아니다. (a가 참이면 거짓, 거짓이면 참이 된다.)

• result1 = (a && b);

둘 다 참이어야 하는데 a가 거짓(0)이므로 결과값은 거짓(0)이 된다.
참고로 0은 거짓이며 0을 제외한 모든 값은 참이다.
결과를 저장할 때에는 거짓이면 0으로 참이면 1로 저장된다.

• result2 = (a || b);

둘 중 하나인 b가 참(1)이므로 결과값은 참(1)이 된다.
'|' 표시는 키보드에서 "Shift + 원문자(₩)"를 누르면 입력된다.

• result3 = (b && c);

b와 c가 모두 참이므로 결과값은 참(1)이다.

• result4 = !a;

a는 원래 거짓(0)이므로 결과값은 참(1)이 된다.

자가진단 7

2개의 정수를 입력 받아서 논리곱과 논리합의 결과를 출력하는 프로그램을 작성하시오.

입력 예 2 0

출력 예 0 1

08 Question

3개의 정수 a, b, c를 선언하여 각각 0, 1, 2로 초기화 한 후 아래 소스와 같은 다양한 논리 연산 결과를 출력하는 프로그램을 작성하시오.

출력 예 1 1 0 1

소스

```
#include <stdio.h>

int main()
{
        int a = 0, b = 1, c = 2;
        int result1 = (a < b) && (b < c);
        int result2 = (a && b) || (b && c);
        int result3 = (a || !c);
        int result4 = (a != b) && (b != c);

        printf("%d %d %d %d \n", result1, result2, result3, result4);

        return 0;
}
```

설명

- result1 = (a 〈 b) && (b 〈 c);

논리연산자에는 변수뿐 아니라 상수, 수식, 관계식, 논리식 등이 모두 사용될 수 있다. (a 〈 b) 가 참이고 (b 〈 c) 도 참이므로 (True && True) 논리연산의 결과는 참이 된다.

- result2 = (a && b) || (b && c);

(a && b)는 a가 거짓이므로 거짓, (b && c)는 둘 다 참이므로 참. 따라서 (False || True) 논리연산의 결과는 참이 된다.

- result3 = (a || !c);

a는 거짓, !c는 거짓(c가 참이기 때문에)이므로 (False || False) 논리연산의 결과는 거짓이 된다.

- result4 = (a != b) && (b != c);

a와 b는 같지 않으므로 참, b와 c도 같지 않으므로 참이므로 (True && True) 논리연산의 결과는 참이 된다.

자가진단 8

3개의 정수를 입력 받아 첫 번째 수가 가장 크면 1, 아니면 0을 출력하고 세 개의 수가 모두 같으면 1, 아니면 0을 출력하는 프로그램을 작성하시오.

입력 예 10 9 9

출력 예 1 0

형성평가

1. 국어, 영어, 수학, 컴퓨터 과목의 점수를 입력받아서 총점과 평균을 구하는 프로그램을 작성하시오. (단, 평균의 소수점 이하는 버림한다.)

입력 예
```
70 95 63 100
```
출력 예
```
sum 328
avg 82
```

2. 두 정수를 입력받아서 나눈 몫과 나머지를 다음과 같은 형식으로 출력하는 프로그램을 작성하시오.

입력 예
```
35 10
```
출력 예
```
35 / 10 = 3...5
```

3. 직사각형의 가로와 세로의 길이를 입력받은 후 가로의 길이는 5 증가시키고, 세로의 길이는 2배하여 저장한 후 가로의 길이, 세로의 길이, 넓이를 차례로 출력하는 프로그램을 작성하시오.

입력 예
```
20 15
```
출력 예
```
width = 25
length = 30
area = 750
```

4. 두 수를 입력받아 첫 번째 수는 전치증가연산자를 사용하고 두 번째 수는 후치감소연산자를 사용하여 출력하고 바뀐 값을 다시 출력하는 프로그램을 작성하시오.

입력 예
```
10 15
```
출력 예
```
11 15
11 14
```

5. 민수와 기영이의 키와 몸무게를 입력받아 민수가 키도 크고 몸무게도 크면 1, 그렇지 않으면 0을 출력하는 프로그램을 작성하시오.

입력 예 150 35
145 35

출력 예 0

• *hint*

관계 연산자와 논리 연산자를 함께 이용한다.

C•H•A•P•T•E•R

04

주석문과 디버깅

04 CHAPTER

주석문과 디버깅

01 Question

실수형 변수 두 개를 입력받아서 두 수의 합을 정수로 변환한 결과값과 두 수를 각각 정수로 변환하여 합을 구한 결과값을 출력하는 프로그램을 작성하고 프로그램 내용에 관한 설명을 주석으로 표시하시오.

입력 예　3.4 5.65

출력 예　9 8

소스

```
/*
이 프로그램은 주석의 사용에 대해 학습하기 위해 작성한 것입니다.
주석은 프로그램 작성자가 프로그램을 이해하기 쉽도록 하기 위해 작성하는 것입니다.
주석으로 표시된 부분은 프로그램을 컴파일 할 때 무시하고 처리합니다.
따라서 실제 프로그램에는 없는 것과 마찬가지입니다.
*/

#include <stdio.h>

int main()
{
	int a, b; /* 정수형 변수 두 개를 선언한다. */
	double d, e;  /* 실수형 변수 두 개를 선언한다. */

	scanf("%lf %lf", &d, &e); /* 실수형 변수 두 개를 입력받는다. */

	a = d + e; /* 실수 두개를 더해서 정수 변수에 대입한다. */
```

```
        b = (int)d + (int)e; /* 두개의 실수를 각각 정수로 변환하여 정수 변수에 대입한다. */
        printf("%d %d \n", a, b);  /* 결과값을 출력하고 비교해 본다. */

        return 0;
}

/************************************
여러 줄을 주석 처리하는 방법입니다.
************************************/
```


설명

- /* 프로그램이나 코드에 대한 설명 */

↑ 주석의 시작 　　　↑ 주석의 끝

주석의 시작부분부터 끝부분 사이의 모든 문자열을 주석이라고 하며 이 부분은 실제 프로그램의 실행과는 전혀 상관이 없이 사용자가 프로그램의 구조나 의미등을 알아보기 쉽도록 표시하는 것이다. 여러 줄에 걸쳐 주석이 필요할 때에도 시작과 끝만 표시되면 모두 주석으로 인식한다.

- a = d + e;

실수를 정수 변수에 대입을 하면 자료형을 변환하여 소수 부분을 버리고 정수 부분만 저장된다. d와 e는 실수이므로 입력의 예에서 먼저 합을 구하면 9.05가 되며 정수형 변수인 a에 저장을 하면 형변환을 하여 9가 저장된다.

- b = (int)d + (int)e;

(int)d는 실수 d의 값을 정수로 변환하는 형변환 연산으로 d의 값 3.4에서 정수부분 3을 반환한다. 3 + 5의 값 8이 정수형 변수 b에 저장된다.

자가진단 1

2개의 실수를 입력 받아서 두 수의 곱을 정수로 변환한 결과값과 두 수를 각각 정수로 변환하여 곱을 구한 결과값을 출력하는 프로그램을 작성하고 프로그램 내용에 관한 설명을 주석으로 표시하시오.

입력 예 　3.4 5.65

출력 예 　19 15

02 Question

한 개의 정수를 입력받아 정수 4로 나눈 몫과 실수 4.0으로 나눈 결과값을 각각 출력하는 프로그램을 작성하고 프로그램 내용에 관한 설명을 주석으로 표시하시오. (단, 실수는 반올림하여 소수 둘째자리까지 출력한다.)

입력 예 5

출력 예 5 / 4 = 1
5 / 4.0 = 1.25

소스

```
// 이것은 한줄을 주석처리하는 방법입니다.
// 주석처리 하고자 하는 줄마다 "//" 표시를 해주어야 합니다.

#include <stdio.h>

int main()
{
        int a; // 정수형 변수 한 개를 선언한다.
        scanf("%d", &a); // 정수를 입력받는다.

        printf("%d / 4 = %d \n", a, a / 4);
        // 입력받은 정수를 정수 4로 나눈 몫을 출력한다.

        printf("%d / 4.0 = %.2f \n", a, a / 4.0);
        // 입력받은 정수를 실수 4.0으로 나눈 결과값을 출력한다.

        return 0;
}
```

설명

- // 주석내용

한 줄만 주석처리 할 때 사용하는 방법이며 "//" 표시부터 줄의 끝까지가 주석이 된다. 여러 줄의 주석을 처리하려면 줄마다 "//" 표시를 해야 한다.

- printf("%d / 4.0 = %.2f \n", a, a / 4.0);

정수와 실수가 혼합된 연산을 실행하면 정수는 자동으로 실수로 형변환을 하여 연산이 된다. 예를 들어 a의 값이 5라고 하면 5.0 / 4.0을 하여 1.25가 된다.
(double)a / 4와 같이 작성을 해도 똑같은 결과가 된다.

자가진단 2

2개의 정수를 입력받아서 첫 번째 수를 두 번째 수로 나눈 몫을 출력하고 첫 번째 수를 double로 변환하여 두 번째 수로 나눈 값을 구한 후 반올림하여 소수 둘째자리까지 출력하는 프로그램을 작성하고 프로그램 내용에 관한 설명을 주석으로 표시하시오.

입력 예 11 3

출력 예 3 3.67

03 Question

디버깅

아래 소스를 입력하고 한 줄씩 실행하면서 디버깅을 해 보시오.

소스

```
/***********************************************************************
디버깅은 프로그램에서 논리적인 에러를 찾아내기 위해 사용합니다.
***********************************************************************/

#include <stdio.h>

int main()
{
        int a = 10;
        int b;
        int c;
        scanf("%d", &b);
        c = a + b;
        printf("%d \n", c);
        return 0;
}
```

설명

- 프로그램에서 문법적인 에러는 컴파일 과정에서 에러가 발생하므로 즉시 확인하고 수정할 수 있지만 논리적인 에러는 쉽게 찾아내기 어렵다.
- 문법적인 에러란 프로그램 형식이 잘못 되어 아예 컴파일 과정에서 에러가 발생하여 프로그램이 실행되지 않는 경우를 말하며
- 논리적인 에러란 사용자가 부호를 잘못 쓰거나 순서를 잘못 정하는 등의 실수로 프로그램은 잘 실행되지만 원하는 결과값이 나오지 않는 경우를 말한다.
- 이러한 논리적 에러를 찾아내어 수정하는 작업을 디버깅이라 한다.

따라하기 〈Code::blocks〉

1 메뉴에서 "Debug" – "Step into" 또는 Debugger Toolbars 에서 단추를 누른다.

※ Debugger Toolbars 모양 

그리고 "Debug" – "Debugging windows" – "Watches"를 체크하거나 단추를 누르고 "Watches"를 선택하면 "Watches" 창이 생기는데 이를 드래그하여 적당한 위치에 배치하고 "Locals"를 열어보면 변수의 값을 확인할 수 있다.

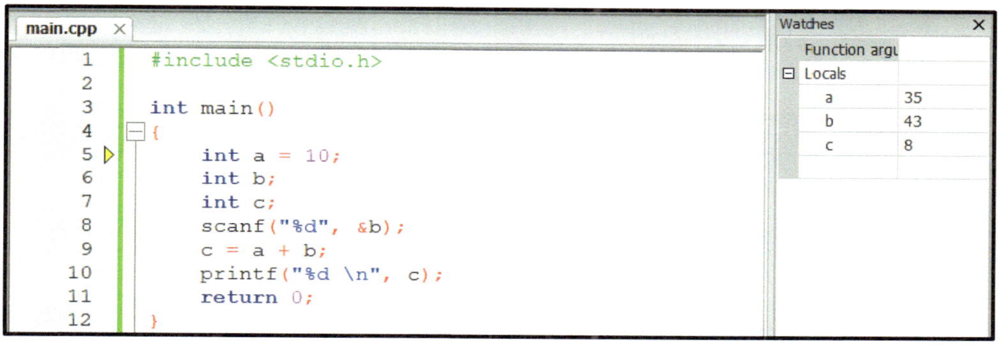

노란 화살표가 있는 부분이 다음에 실행하려는 위치이다.
아직 아무것도 실행이 되지 않았으므로 변수의 값은 아직 쓰레기값이다.
쓰레기값이란 아무런 의미 없는 수를 의미하며 0이 되는 경우도 있기는 하지 만 전혀 쓸모없는 값으로 저장이 되어 있는 것이다.

2 계속해서 "Debug" – "Step into" 또는 단축키 Shift+F7 또는 단추를 누르면 a = 10; 이 실행되어 a의 값이 바뀌고 화살표는 다음 실행위치로 이동한 것을 알 수 있다. ("Step into" 대신 "Next line" 또는 단축키 F7 또는 단추를 눌러도 동일한 결과를 수행한다. "Step into"와 "Next line"은 여기에서는 같지만 함수를 호출할 때에는 서로 다른 동작을 한다. 이 부분은 함수 단원에서 다룰 것이다.)

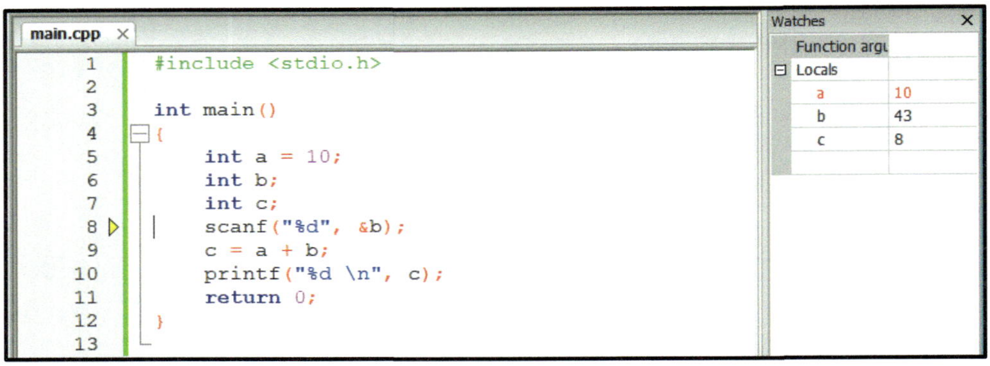

3 같은 키를 다시 한 번 누르면 입력창에서 커서가 깜박이며 입력을 기다린다. 값을 입력하면 b의 값이 입력된 값으로 바뀌고 화살표가 이동한다.

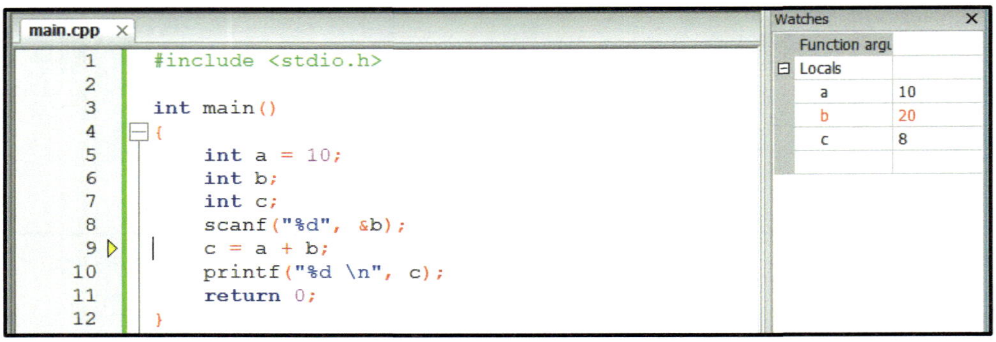

4 같은 키를 다시 누르면 "c = a + b;"를 실행하여 c의 값이 a와 b의 합으로 바뀌는 것을 확인할 수 있다.

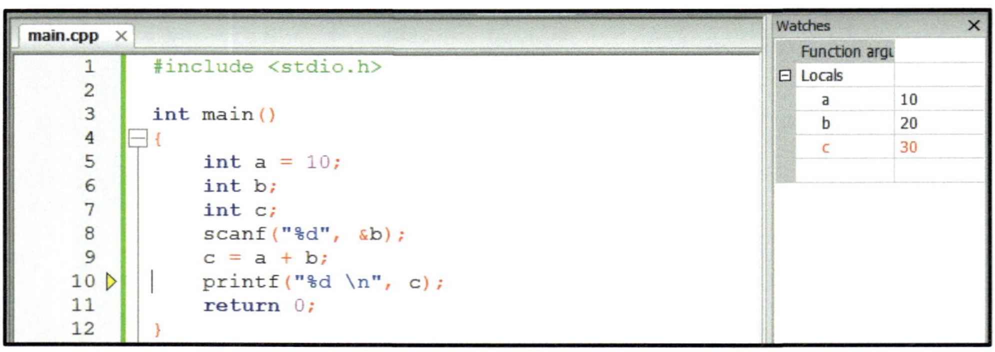

5 "Run to cursor" 또는 F4 또는 단추를 누르면 커서 이전까지의 행이 실행되고 커서가 있는 위치로 화살표가 이동한다.

6 "Stop debugger" 또는 Shift+F8 또는 단추를 누르면 디버깅 모드가 끝난다.

따라하기 〈Visual Studio〉

1 F10을 두 번 누른다. 화살표가 다음에 실행할 행에 위치해 있고 지역창에 a, b, c의 값이 표시된다. 현재까지는 각 변수의 값이 정해지지 않았으므로 쓰레기값이 들어있다.

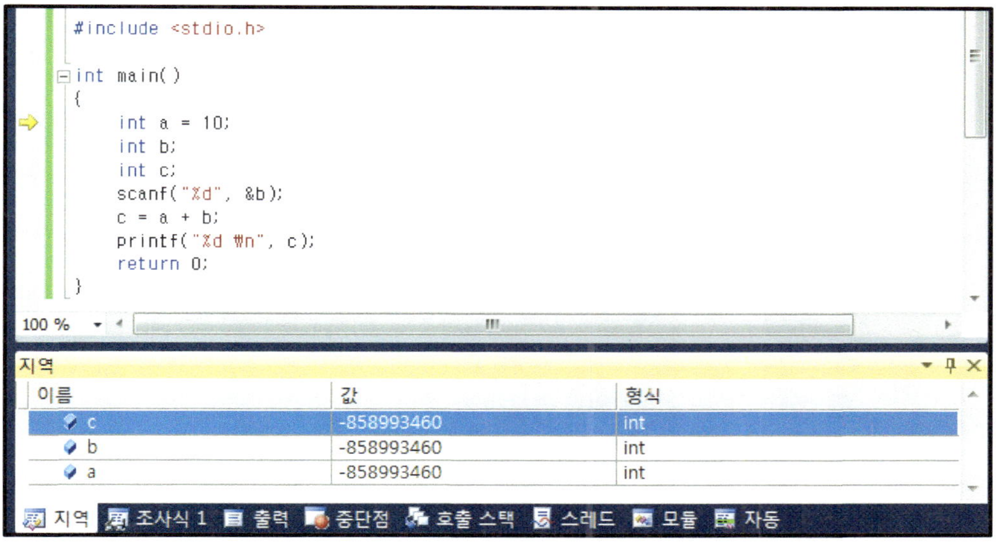

2 조사식 창에 a, b, c를 적어 넣어도 같은 내용을 확인할 수 있다. 지역창이나 조사식 창은 메뉴의 "디버그" → "창"에서 추가할 수 있으며 드래그하여 위치를 변경할 수도 있다.

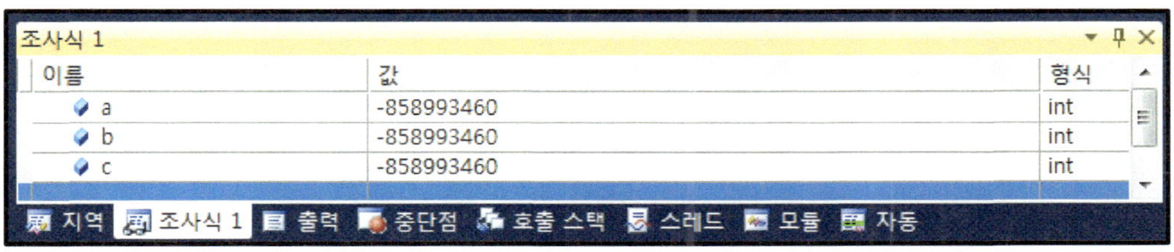

3 다시 F10을 누르면 a = 10; 이 실행되어 a의 값이 10으로 바뀌고 화살표가 이동한 모습이 보인다.

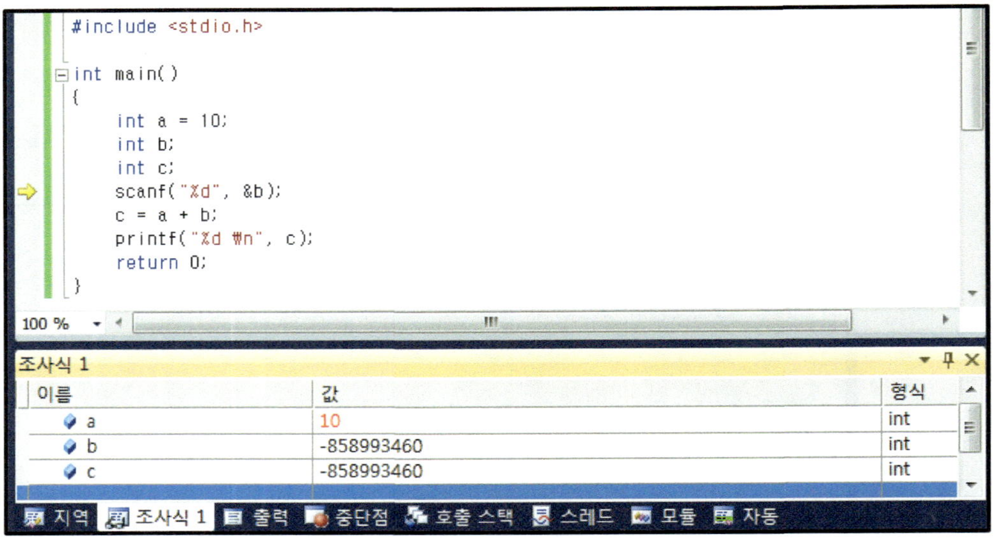

4 F10을 누르면 입력창에서 커서가 깜박이며 입력을 기다린다. 값을 입력하면 b의 값이 입력된 값으로 바뀌는 것을 확인할 수 있다.

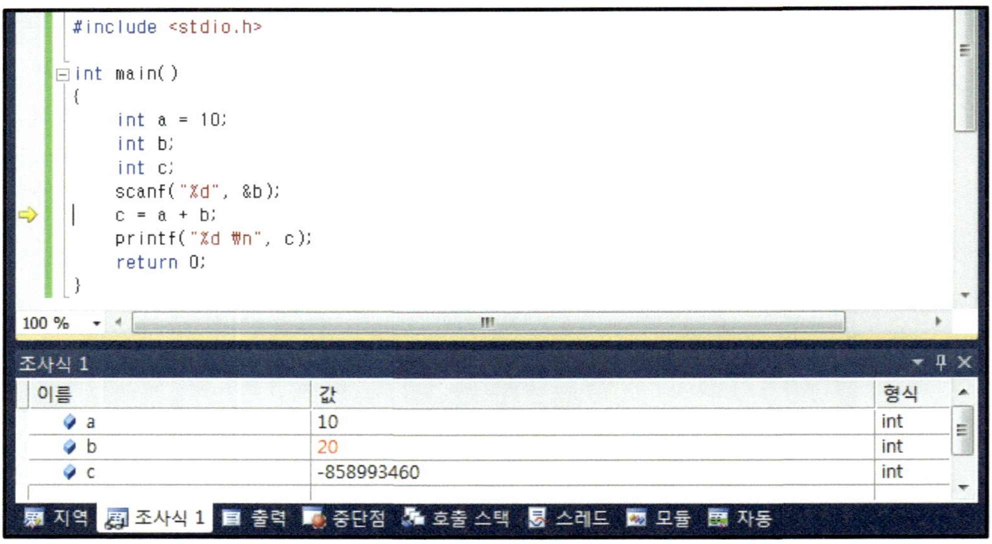

5 다시 F10을 누르면 "c = a + b;" 를 실행하여 c의 값이 a와 b의 합으로 바뀌는 것을 확인할 수 있다.

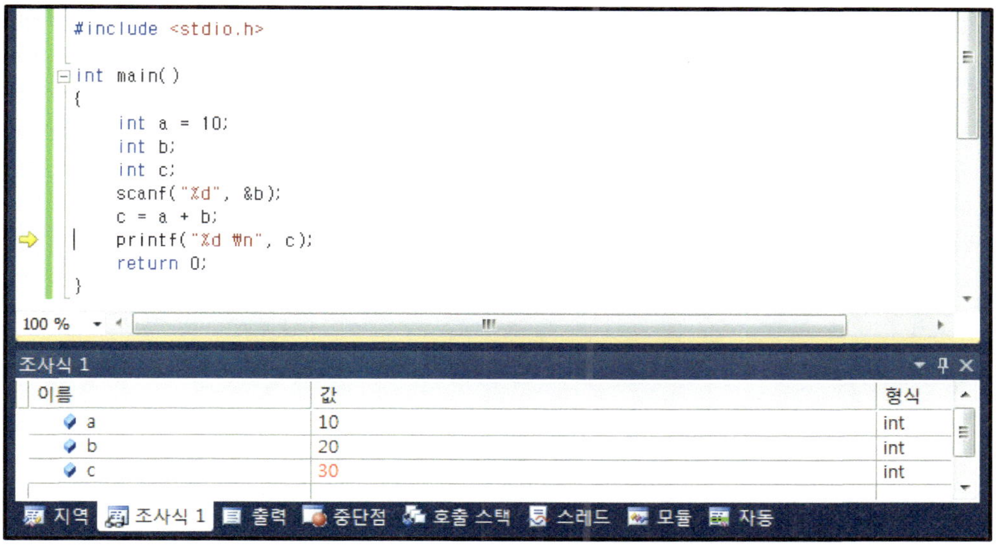

6 Ctrl+F10을 누르면 커서 이전까지의 행이 실행되고 커서가 있는 위치로 화살표가 이동한다.

7 Shift+F5를 누르면 디버깅 모드가 끝난다.

자가진단 3

4과목의 점수를 입력받아 합계와 평균을 구하는 프로그램을 작성하고 디버깅을 해 보시오.

* 채점은 받지 않습니다.

형성평가

1. 정수로 된 3과목의 점수를 입력받아 평균을 구한 후 반올림하여 소수 첫째자리까지 출력하는 프로그램을 작성하시오.

입력 예	70 95 65
출력 예	76.7

2. 실수로 된 3과목의 점수를 입력받아 총점은 정수부분의 합계를 출력하고, 평균은 실수의 평균을 구한 뒤 정수부분만 출력하는 프로그램을 작성하시오.

입력 예	70.5 95.5 68.5
출력 예	sum 233 avg 78

3. 아래의 프로그램을 작성하여 디버깅을 하면서 디버깅 창에서 화살표가 ① 위치에 있을 때 a의 값이 얼마인지 출력하시오.

```
#include <stdio.h>
int main()
{
        int a = 5;

        a += 10;
        a = a - 1;      // ---------------- ①

        printf("%d\n", 1); // 여기에서 출력될 1을 ①위치에서의 a 값으로 바꾸어 준다.

        return 0;
}
```

4. 다음의 프로그램을 작성하여 같은 방법으로 ①, ②, ③ 위치에서 디버깅 창에 표시된 a의 값을 각각 출력하시오.

```
#include <stdio.h>
#include <time.h>
int main()
{
        int a = 0;
        struct tm tt;

        time_t now;
        time(&now);
        tt = *localtime(&now);
        a = tt.tm_year;  // ———————————————— ①
        a += tt.tm_mon; // ———————————————— ②
        a += tt.tm_mday;

        printf("%d %d %d\n", 1, 2, 3); // ———————— ③
        // 위 문장에서 출력될 값들을 각각 ①②③위치에서의 a의 값으로 바꾸어 준다.

        return 0;
}
```

C·H·A·P·T·E·R

05

선택제어문

05 CHAPTER

선택제어문

01 Question

한 개의 정수를 입력 받은 후, 입력받은 수를 출력하고 그 수가 10보다 크면 다음 줄에 "10보다 큰 수를 입력하셨습니다."라는 메시지를 출력하는 프로그램을 작성하시오.

입력 예

```
15
```

출력 예

```
15
10보다 큰 수를 입력하셨습니다.
```

소스

```c
#include <stdio.h>

int main()
{
        int a;

        scanf("%d", &a);

        printf("%d\n", a);
        if (a > 10) {
                printf("10보다 큰 수를 입력하셨습니다. \n");
        }

        return 0;
}
```

설명

- if (a 〉 10) { ... }

if문은 조건선택문이라고 하며 ( ) 안의 조건이 참이면 { } 안의 문장을 실행하고 거짓이면 실행하지 않고 건너뛴다. 위의 경우에는 a의 값이 10보다 크면 내용을 출력하고 그렇지 않은 경우에는 아무 작업도 하지 않는다.

- 조건이 참일 때 실행하는 문장이 위와 같이 1개일 때는 { }를 생략해도 되지만 혼동을 줄이기 위해 써주는 것이 좋다.

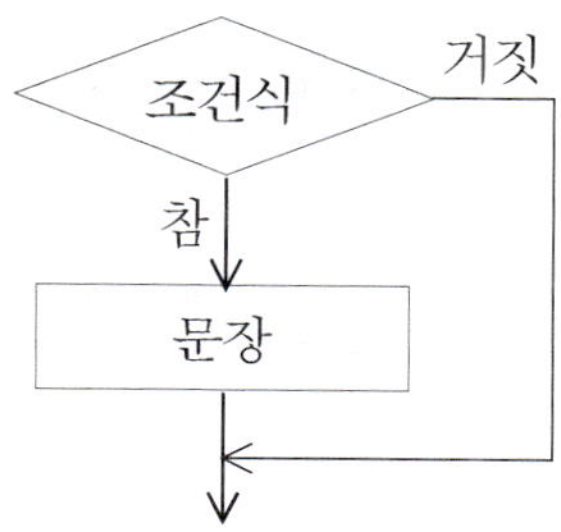

자가진단 1

정수를 입력받아 첫 줄에 입력받은 숫자를 출력하고 음수이면 "minus" 라고 출력하는 프로그램을 작성하시오.

입력 예 -5

출력 예 -5
minus

입력 예 5

출력 예 5

02 Question

정수 2개를 입력받아서 큰 수와 작은 수를 차례로 출력하는 프로그램을 작성하시오.

입력 예 2 9

출력 예 입력받은 수 중 큰 수는 9이고 작은 수는 2입니다.

소스

```
#include <stdio.h>

int main()
{
	int a, b, c;

	scanf("%d %d", &a, &b);

	if (a < b) {
		c = a;
		a = b;
		b = c;
	}

	printf("입력받은 수 중 큰 수는 %d이고 ", a);
	printf("작은 수는 %d입니다. \n", b);

	return 0;
}
```

설명

- ```
  if (a < b) {
  	c = a;
  	a = b;
  	b = c;
  }
  ```

  a의 값이 b의 값보다 작으면 a와 b를 바꾼다.

  a의 값이 b보다 작지 않다면 위 문장을 실행하지 않으므로 위 과정을 거치고 나면 a의 값이 항상 b보다 크거나 같게 된다.
  ```

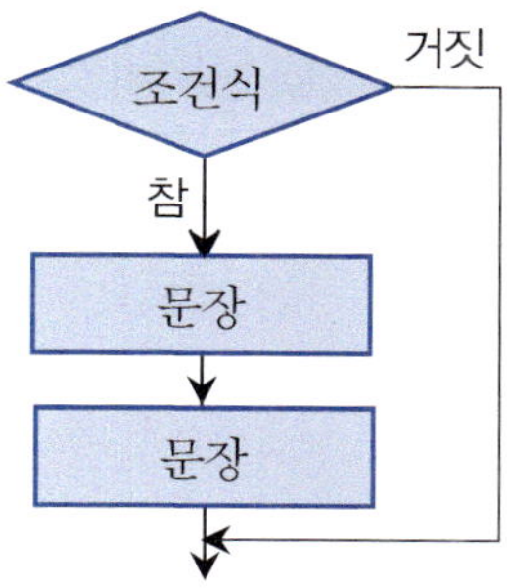

- 참고로 두 변수의 값을 바꾸는 과정을 살펴보자.

만약 a와 b를 바꾸려고

```
a = b;
b = a;
```

이렇게 작성하면 어떻게 될까?

첫 번째 a = b; 문장에서 a에 b의 값을 대입하게 되므로 a에 있던 값은 사라지게 된다. 따라서 두 번째 b = a;는 아무 의미가 없는 문장이 된다.

그러므로 a = b;를 실행하기 전에 반드시 a에 있는 값을 다른 곳으로 복사해 놓아야 한다. 그리고 b에 있는 것을 a에 대입한 후 다른 곳에 복사된 값을 b에 대입하면 된다.

a는 사이다가 들어있는 컵, b는 콜라가 들어있는 컵, c는 빈 컵이라고 생각하고 사이다와 콜라를 바꾸어 담는 과정을 아래의 그림을 잘 살펴보면서 생각해 보자.

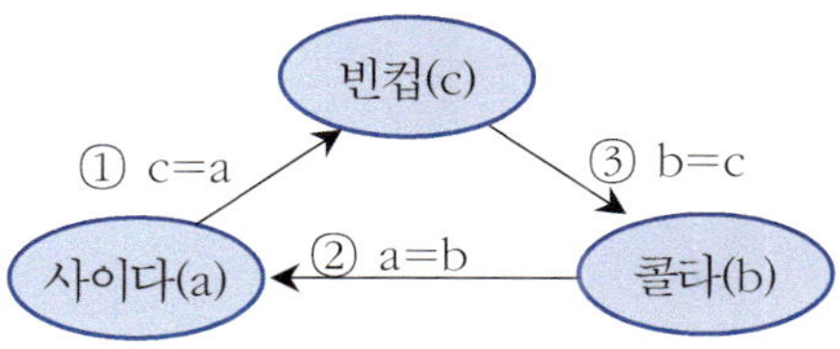

자가진단 2

"몸무게 + 100 – 키"를 비만수치 공식이라고 하자.
키와 몸무게를 입력받아 첫 번째 줄에 비만수치를 출력하고, 비만수치가 0보다 크면 다음 줄에 비만("Obesity")이라는 메시지를 출력하는 프로그램을 작성하시오. (출력형식은 아래 출력 예를 참고하세요.)

입력 예 155 60

출력 예 5
Obesity

03 Question

점수를 입력받아 80점 이상이면 합격 아니면 불합격을 출력하는 프로그램을 작성하시오.

입력 예　　*점수를 입력하세요. 89*

출력 예　　축하합니다. 합격입니다.

소스

```
#include <stdio.h>

int main()
{
        int score;

        printf("점수를 입력하세요. ");
        scanf("%d", &score);

        if (score >= 80) {
                printf("축하합니다. 합격입니다. \n");
        }
        else {
                printf("죄송합니다. 불합격입니다. \n");
        }

        return 0;
}
```

설명

- if (score >= 80) { ... }
  else { ... }

if ( ) 안의 조건이 참이면 바로 다음 { } 안의 문장을 실행하고, 거짓이면 else 다음 { } 안의 문장을 실행한다.

위의 문장에서는 점수가 80점 이상이면 첫 번째 블록을 실행하여 합격메시지를 출력하고, 그렇지 않으면 두 번째 블록을 실행하여 불합격 메시지를 출력하게 된다.

그러므로 위와 같은 형태는 두 블록 중 반드시 한 블록을 실행하게 된다.

- else는 "그렇지 않으면"이라는 뜻으로 전체 문장을 다음과 같이 생각하자.

만약 (이 조건이 참이면) { 여기 있는 문장을 실행하고 }
그렇지 않으면 { 여기 있는 문장을 실행한다. }

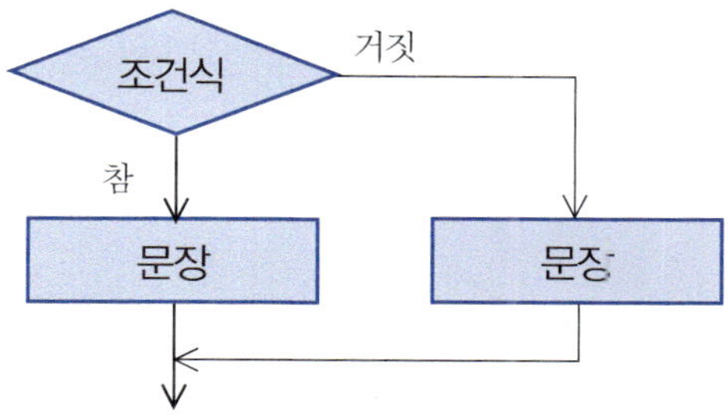

자가진단 3

나이를 입력받아 20살 이상이면 "adult" 라고 출력하고 그렇지 않으면 몇 년후에 성인이 되는지를 "○ years later" 라는 메시지를 출력하는 프로그램을 작성하시오.

입력 예 18

출력 예 2 years later

04 Question

입력받은 점수를 "ABCDF"로 평가하는 프로그램을 작성하시오.

입력 예 *점수를 입력하세요. 89*

출력 예 B

소스

```
#include <stdio.h>

int main()
{
	int score;

	printf("점수를 입력하세요. ");
	scanf("%d", &score);

	if (score >= 90) {
		printf("A \n");
	}
	else if (score >= 80) {
		printf("B \n");
	}
	else if (score >= 70) {
		printf("C \n");
	}
	else if (score >= 60) {
		printf("D \n");
	}
	else {
		printf("F \n");
	}

	return 0;
}
```

설명

- if (score >= 90) { … }

점수가 90 이상이면 조건을 만족하여 참이 되므로 "A"를 출력한다.

- else if (score >= 80) { … }

  :

첫 번째 if( ) 안의 조건이 맞지 않으면 else if( ) 안의 조건을 확인하여 참이면 블록 내의 문장을 실행한다. 80점 이상이면 "B"를 출력한다. else if()는 "앞의 조건이 아니고 만약"이라는 의미로 해석하여 이전에 맞는 조건이 없을 경우에만 조건을 확인한다. 예를 들어 95점이라면 이미 이전에 if(score >= 90)에서 먼저 실행이 되었으므로 비록 조건이 맞더라도 실행되지 않는다.
else if()는 계속하여 조건을 나열할 수 있다.

- else { … }

마지막의 else는 이전의 어떤 조건에도 맞지 않은 경우 블록 내의 문장을 실행한다.

- 위의 프로그램은 점수를 입력받아 4가지 조건("ABCD") 중 맞는 조건에 해당하는 1개의 블록을 실행하고 맞는 조건이 없다면 마지막 else에 해당하는 "F"를 출력한다.

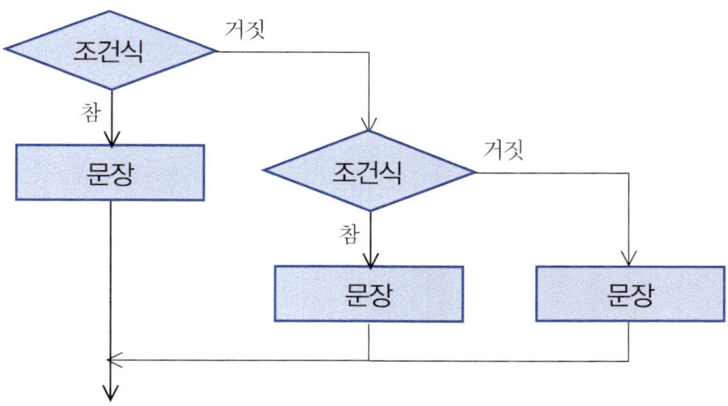

자가진단 4

복싱체급은 몸무게가 50.80kg 이하를 Flyweight, 61.23kg 이하 Lightweight, 72.57kg 이하 Middleweight, 88.45kg 이하 Cruiserweight, 88.45kg을 초과할 경우 Heavyweight라고 하자. 몸무게를 입력받아 체급을 출력하는 프로그램을 작성하시오.

입력 예 87.3

출력 예 Cruiserweight

05 Question

주사위를 두 번 던져서 나온 수를 입력받아 두 수가 모두 4 이상이면 "이겼습니다." 한 개만 4 이상이면 "비겼습니다." 모두 4 미만이면 "졌습니다." 라고 출력하는 프로그램을 작성하시오.

입력 예 *주사위를 던진 결과를 입력하세요. 3 4*

출력 예 비겼습니다.

소스

```
#include <stdio.h>

int main()
{
	int a, b;

	printf("주사위를 두 번 던진 결과를 입력하세요. ");
	scanf("%d %d", &a, &b);

	if (a >= 4 && b >= 4) {
		printf("이겼습니다. \n");
	}
	else if (a >= 4 || b >= 4) {
		printf("비겼습니다. \n");
	}
	else {
		printf("졌습니다. \n");
	}

	return 0;
}
```

설명

- if (a >= 4 && b >= 4) { ... }

a가 4 이상이고 b가 4 이상이면, 즉 두 조건이 모두 참이면 블록 내의 문장을 실행한다.

- else if (a >= 4 || b >= 4) { ... }

첫 번째 if 문이 거짓인 경우에만 조건을 확인한다. a가 4 이상이거나 b가 4 이상이면, 즉 두 조건 중 어느 하나가 참이면 블록 내의 문장을 실행한다.

- else { ... }

위 두 조건이 모두 거짓이면 블록 내의 문장을 실행한다.

자가진단 5

두 개의 실수를 입력받아 모두 4.0 이상이면 "A", 모두 3.0 이상이면 "B", 아니면 "C" 라고 출력하는 프로그램을 작성하시오.

입력 예1 4.3 3.5
출력 예1 B

입력 예2 4.0 2.9
출력 예2 C

06 Question

정수 3개를 입력 받아 그중 가장 큰 수를 출력하는 프로그램을 작성하시오.

입력 예 *세 수를 입력하세요.* 1 5 4

출력 예 입력받은 수중 가장 큰 수는 5입니다.

소스

```
#include <stdio.h>

int main()
{
	int a, b, c, max;

	printf("세 수를 입력하세요. ");
	scanf("%d %d %d", &a, &b, &c);

	if (a > b) {
		if (a > c) {
			max = a;
		}
		else {
			max = c;
		}
	}
	else {
		if (b > c) {
			max = b;
		}
		else {
			max = c;
		}
	}

	printf("입력받은 수 중 가장 큰 수는 %d입니다. \n", max);

	return 0;
}
```

설명

- if (a 〉 b) {

```
if (a > b) {
        if( a > c) {
                max = a;
        }
        else {
                max = c;
        }
}
```

조건문 내에 다시 조건문이 포함되는 경우를 다중 조건문이라 한다.
a〉b 조건이 참이면 블록 안에서 다시 a〉c 조건이 참인지 확인하여 참이면 첫 번째 블록을 실행하여 max에 a값을 대입하고 그렇지 않으면 else의 블록을 실행하여 max에 c값을 대입한다.

- else { … }

  a〉b 조건이 참이 아니면 큰 else 블록 안에서 다시 조건문을 확인하게 된다.

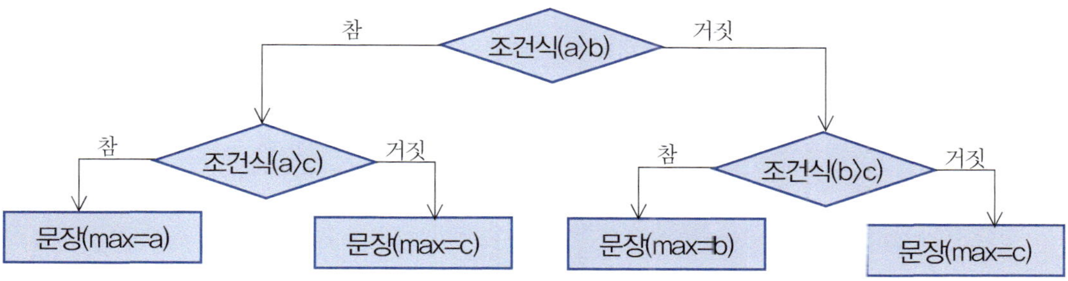

다중 if문

자가진단 6

남자는 'M', 여자는 'F'로 나타내기로 하고, 18세 이상을 성인이라고 하자.
성별과 나이를 입력받아 "MAN" (성인남자), "WOMAN" (성인여자), "BOY" (미성년남자), "GIRL" (미성년여자)을 구분하여 출력하는 프로그램을 작성하시오.

입력 예 F 15 **출력 예** GIRL

- *hint*

'M' 과 'F'는 문자형으로 입력받아야 하며(예 - char gender;) 문자형 자료의 데이터는 반드시 작은 따옴표(' ')로 표시하여야 한다. (예 - if(gender == 'M') ...)

07 Question

아래의 메뉴에서 선택한 메뉴를 알려주는 프로그램을 작성하시오.

> *1. 삽입*
> *2. 수정*
> *3. 삭제*
> *숫자를 선택하세요.*

입력 예 2

출력 예 수정을 선택하셨습니다.

소스

```
#include <stdio.h>

int main()
{
	int num;

	printf("1. 삽입 \n");
	printf("2. 수정 \n");
	printf("3. 삭제 \n");
	printf("숫자를 선택하세요. ");
	scanf("%d", &num);

	switch (num)
	{
	case 1:
		printf("삽입을 선택하셨습니다. \n");
		break;
	case 2:
		printf("수정을 선택하셨습니다. \n");
		break;
	case 3:
		printf("삭제를 선택하셨습니다. \n");
		break;
	default :
		printf("잘못 입력하셨습니다. \n");
	}
	return 0;
}
```

설명

- switch()~case

() 안의 결과값과 일치하는 값을 case에서 찾아 그 이후의 문장부터 실행한다. 만약 일치하는 값이 없으면 default 이후부터 실행한다.

- switch (num)

num의 값을 분기하기 위한 값으로 지정한다. ( )안에 들어가는 값은 정수 또는 문자만 가능하다.

- case 1:

```
        printf("삽입을 선택하셨습니다. \n");
        break;
```

위 조건값(num)이 1이면 case 1과 같으므로 위 문장을 출력한다.
break는 switch문 전체 블록{ }을 빠져나가게 한다. 만약 이것이 없다면 그 아래 있는 case에 해당하는 문장들까지 모두 실행이 되게 된다. 그러므로 한 개의 case에는 반드시 한 개의 break를 적어주어야 한다.

- default :

case에 맞는 값이 없을 경우에 이곳으로 이동하여 이후의 문장들을 실행하게 된다. 만약 case에 맞는 값이 없는데 이 문장이 없다면 아무 작업도 하지 않고 블록을 나가게 된다.

자가진단 7

영문 대문자를 입력받아 'A'이면 "Excellent", 'B'이면 "Good", 'C'이면 "Usually", 'D'이면 "Effort", 'F'이면 "Failure", 그 외 문자이면 "error"라고 출력하는 프로그램을 작성하시오.

입력 예 B

출력 예 Good

08 Question

입력받은 점수를 "ABCDF"로 평가하는 프로그램을 작성하시오.

입력 예 *점수를 입력하세요. 92*

출력 예 A

소스

```
#include <stdio.h>

int main()
{
        int score;
        printf("점수를 입력하세요. ");
        scanf("%d", &score);

        switch (score / 10)
        {
        case 10:
        case 9:
                printf("A \n");
                break;
        case 8:
                printf("B \n");
                break;
        case 7:
                printf("C \n");
                break;
        case 6:
                printf("D \n");
                break;
        default :
                printf("F \n");
        }

        return 0;
}
```

설명

- switch (score / 10)

score가 int형이므로 점수를 10으로 나눈 몫을 구하고, 그 몫과 일치하는 case 문장을 찾아서 실행하도록 한다.

score가 100점인 경우 score/10의 결과는 10이 되므로 case 10: 이후부터 break;를 만날 때까지 실행되므로 "A"를 출력한다. 95점인 경우도 score/10의 결과가 9이므로 case 9: 이후의 "A"를 출력한다.

자가진단 8

4.5 이하의 평점을 입력받아 그 값에 따라 다음과 같이 출력하는 프로그램을 작성하시오.
4.0 이상 : scholarship
3.0 이상 : next semester
2.0 이상 : seasonal semester
2.0 미만 : retake

입력 예 3.5

출력 예 next semester

- *hint*

실수를 정수형(int)으로 변환하여 분기한다. (예 - switch((int)score))

09 Question

두 개의 정수를 입력받아 조건연산자를 이용하여 두 수중 큰 수를 출력하는 프로그램을 작성하시오.

입력 예 89 100

출력 예 100

소스

```
#include <stdio.h>

int main()
{
        int a, b;
        int max_data;

        scanf("%d %d", &a, &b);

        max_data = (a > b) ? a : b;

        printf("%d\n", max_data);

        return 0;
}
```

설명

- max_data = (a 〉 b) ? a : b;

( ) 안의 조건이 참이면 max_data에 a를 대입하고 거짓이면 b를 대입한다.

조건식 ? 식1 : 식2

이러한 형식의 연산자를 조건연산자라 하며 C언어의 연산자중 유일하게 피연산자가 3개이기 때문에 3항 연산자라고도 한다. 조건식이 참이면 식1, 거짓이면 식2를 실행하게 된다. 기존의 if문을 이용하면 아래와 같은 식이 된다.

```
if (조건식) {
        식1;
```

```
}
else {
        식2;
}
```

위의 예제를 if문으로 나타내면 다음과 같다.

```
if (a > b) {
        max_data = a;
}
else {
        max_data = b;
}
```

위의 소스에서 큰 값을 max_data에 저장하지 않고 아래와 같이 직접 출력을 해도 결과는 같다.

```
printf("%d\n", (a > b) ? a : b);
```

조건연산자는 소스를 짧고 간결하게 해주는 장점 때문에 사용은 하지만 위에서 보는 것처럼 if문으로 더욱 알기 쉽게 표현할 수 있기 때문에 많이 사용하지는 않는다.

자가진단 9

3개의 정수를 입력받아 조건연산자를 이용하여 입력받은 수들 중 최소값을 출력하는 프로그램을 작성하시오.

입력 예 18 -5 10

출력 예 -5

● *hint*

두 수중 먼저 작은 값을 구한 후 나머지 수와 비교하여 구하면 된다.

예) min = (a < b) ? a : b;
    min = (min < c) ? min : c;

또는 아래 예와 같이 조건연산자를 중첩하여 한 번에 구하는 방법도 있지만 식이 너무 복잡해지므로 참고는 하되 프로그램을 작성할 때에는 가능한 쉬운 방법으로 작성할 것을 권장한다.

예) (a < b) ? ((a < c) ? a : c) : ((b < c) ? b : c); 또는
    (a < b && a < c) ? a : (b < c) ? b : c;

형성평가

1. 두 개의 정수를 입력받아 큰 수에서 작은 수를 뺀 차를 출력하는 프로그램을 작성하시오.

입력 예　50 85

출력 예　35

2. 정수를 입력받아 0이면 "zero", 양수이면 "plus", 음수이면 "minus"라고 출력하는 프로그램을 작성하시오.

입력 예　0

출력 예　zero

3. 연도를 입력받아 윤년인지 평년인지 판단하는 프로그램을 작성하시오.(윤년 : leap year, 평년 : common year)

입력 예　2008

출력 예　leap year

• hint

400으로 나누어 떨어지면 윤년이다.
4로 나누어 떨어지고 100으로 나누어 떨어지지 않으면 윤년이다.
나머지는 모두 평년이다.

4. 1번은 개, 2번은 고양이, 3번은 병아리로 정하고 번호를 입력하면 번호에 해당하는 동물을 영어로 출력하는 프로그램을 작성하시오. 해당 번호가 없으면 "I don't know." 라고 출력한다.

입력 예　Number? 2

출력 예　cat

• hint　개 - dog,　고양이 - cat,　병아리 - chick

5. 1 ~ 12 사이의 정수를 입력받아 평년의 경우 입력받은 월의 날수를 출력하는 프로그램을 작성하시오.

입력 예 2

출력 예 28

● hint

평년의 경우 1월부터 12월까지 일수는 각각 31, 28, 31, 30, 31, 30, 31, 31, 30, 31, 30, 31일이다. switch case문을 사용할 경우 2월 28일을 처리하고 30일에 해당하는 월을 묶어서 처리하고 default 31을 출력하면 소스가 매우 간단하게 처리된다.

C·H·A·P·T·E·R

06

반복제어문 1

06
CHAPTER

반복제어문 1

01 Question

알파벳 'A'부터 'Z'까지 출력하는 프로그램을 작성하시오.

출력 예 ABCDEFGHIJKLMNOPQRSTUVWXYZ

소스

```
#include <stdio.h>

int main()
{
	char alpha = 'A';

	while (alpha <= 'Z') {
		printf("%c", alpha++);
	}
	printf("\n");

	return 0;
}
```

설명

- while문은 if문과 같이 ( ) 안의 조건을 확인하여 조건이 참이면 실행을 하는데 if문은 단 한 번만 실행을 하고 끝나지만, while문은 한 번 실행을 하고나서 다시 조건을 확인하여 조건이 거짓이 될 때까지 계속 실행을 반복하는 것이다.

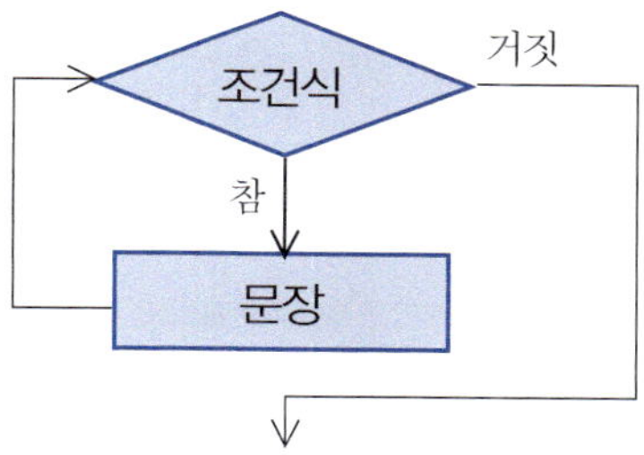

- char alpha = 'A';

문자변수를 선언하고 초기값으로 'A'를 대입한다.

- while (alpha <= 'Z') { .. }

조건이 참인 동안 블록내의 문장을 실행한다.
위 문장은 변수의 값이 'Z' 이하인 동안 계속 반복 실행하게 된다.

- printf("%c", alpha++);

변수의 값을 출력한 후 증가시킨다. (처음에는 alpha에 초기값으로 저장된 'A'를 출력하고 alpha의 값을 'B'로 변경한다.)

자가진단 1

1부터 15까지 차례로 출력하는 프로그램을 작성하시오.

출력 예 1 2 3 4 5 6 7 8 9 10 11 12 13 14 15

- *hint*

int 변수를 선언하고 초기값으로 1을 대입한다.

02 Question

정수 변수 num을 선언하여 1을 대입한 후 1씩 증가시키면서 10까지의 누적 합을 구하는 프로그램을 while문을 이용하여 작성하고, 1부터 10까지의 합과 while문이 끝난 후의 num의 값을 출력하는 프로그램을 작성하시오.

출력 예

```
1부터 10까지의 합 = 55
while문이 끝난 후의 num의 값 = 11
```

소스

```c
#include <stdio.h>

int main()
{
	int sum = 0, num = 1;

	while (num <= 10) {
		sum += num;
		num++;
	}

	printf("1부터 10까지의 합 = %d \n", sum);
	printf("while문이 끝난 후의 num의 값 = %d \n", num);

	return 0;
}
```

설명

- `int sum=0, num=1;`

합계를 저장할 변수 sum을 선언하고 초기값 0을 대입한다.
합계에 더해질 값을 저장할 변수 num을 선언하고 초기값 1을 대입한다.

- ```c
  while (num <= 10) {
  	sum += num;
  	num++;
  }
  ```
  ```

num을 합계(sum)에 더한 후에 값이 증가된다.
위 작업을 반복하다가 조건을 벗어나면(num이 10보다 커지면) while 문을 벗어난다.
num과 sum 값의 변화를 표로 살펴보면 다음과 같다.

while문 조건확인시 num의 값	1	2	3	4	5	6	7	8	9	10	11
sum += num 실행후 sum값	1	3	6	10	15	21	28	36	45	55	while문 탈출
num++ 실행후 num의 값	2	3	4	5	6	7	8	9	10	11	

자가진단 2

100 이하의 정수를 입력받아 while 문을 이용하여 1부터 입력받은 정수까지의 합을 구하여 출력하는 프로그램을 작성하시오.

입력 예 10

출력 예 55

03 Question

점수를 입력받아 80점 이상이면 합격메시지를 그렇지 않으면 불합격 메시지를 출력하는 작업을 반복하다가 0~100점 이외의 점수가 입력되면 종료하는 프로그램을 작성하시오.

입·출력 예

점수를 입력하세요. 50
죄송합니다. 불합격입니다.
점수를 입력하세요. 95
축하합니다. 합격입니다.
점수를 입력하세요. 101

소스

```
#include <stdio.h>

int main()
{
	int score;

	while (1) {
		printf("점수를 입력하세요. ");
		scanf("%d", &score);

		if (score < 0 || score > 100) break;
		if (score >= 80) {
			printf("축하합니다. 합격입니다. \n");
		}
		else {
			printf("죄송합니다. 불합격입니다. \n");
		}
	}

	return 0;
}
```

설명

- while (1) { }

조건이 항상 참이므로 이러한 while문을 무한 반복문이라고 한다.
무한 반복문의 경우에는 블록 내에서 while문을 탈출할 수 있는 명령이 없으면 프로그램이 종료되지 않는다.

- if (score 〈 0 || score 〉 100) break;

만약 점수가 음수 또는 100보다 큰 값이 입력되면 while문을 강제로 종료하도록 한다.
break; 는 반복문을 탈출(종료)하는 명령이다.

자가진단 3

한 개의 정수를 입력받아 양수(positive integer)인지 음수(negative number)인지 출력하는 작업을 반복하다가 0이 입력되면 종료하는 프로그램을 작성하시오.

입·출력 예

```
number? 10
positive integer
number? -10
negative number
number? 0
```

04 Question

정수를 계속 입력을 받다가 0이 입력되면 0을 제외하고 이전에 입력된 자료의 수와 합계, 평균을 출력하는 프로그램을 작성하시오. (평균은 반올림하여 소수 둘째자리까지 출력한다.)

입력 예

```
15 88 97 0
```

출력 예

```
입력된 자료의 개수 = 3
입력된 자료의 합계 = 200
입력된 자료의 평균 = 66.67
```

소스

```
#include <stdio.h>

int main()
{
        int num;
        int sum = 0, cnt = 0;
        double avg;

        while (1) {
                scanf("%d", &num);
                if (num == 0) break;
                sum += num;
                cnt++;
        }
        avg = (double)sum / cnt;

        printf("입력된 자료의 개수 = %d \n", cnt);
        printf("입력된 자료의 합계 = %d \n", sum);
        printf("입력된 자료의 평균 = %.2f \n", avg);

        return 0;
}
```

설명

- 입력받을 값(num), 합계(sum), 자료의 수(cnt), 평균(avg)을 저장할 변수를 선언하고 합계와 자료의 수를 0으로 초기화한다.

- while (1) { ... }

블록 내의 문장을 무한 반복하다가 break;을 만나면 벗어난다.

- scanf("%d", &num);
  if (num == 0) break;

num을 입력받아서 값이 0이면 while문을 벗어난다.

- sum += num;
  cnt++;

입력받은 값을 합계에 누적시키고 개수를 증가시킨다.
만약 입력받은 값이 0이라면 앞에서 while문을 벗어날 것이므로 0이 아닌 경우에만 실행하게 된다.

- avg = (double)sum / cnt;

평균을 구한다.
sum과 cnt가 정수이므로 소수점 이하까지 값을 구하기 위해서는 두 값중 하나 이상을 실수로 형 변환을 해주어야 한다.
위에서는 sum을 double형으로 변환을 하였는데 이를 생략하면 계산결과의 정수부분만 avg에 저장이 된다.

- printf ("입력된 자료의 평균 = %.2f \n", avg);

%.2f는 평균을 소수 세째 자리에서 반올림하여 소수 둘째자리까지 출력한다.

자가진단 4

정수를 계속 입력받다가 100 이상의 수가 입력이 되면 마지막 입력된 수를 포함하여 합계와 평균을 출력하는 프로그램을 작성하시오. (평균은 반올림하여 소수 첫째자리까지 출력한다.)

입력 예 1 2 3 4 5 6 7 8 9 10 100

출력 예
155
14.1

- *hint*

입력을 받으면 먼저 누적을 시킨 후에 조건을 확인한다.

05 Question

정수를 계속 입력 받다가 0이 입력되면 입력된 수중 홀수의 합과 평균을 출력하는 프로그램을 작성하시오. (정수 미만은 버림)

입력 예 5 8 17 6 31 0

출력 예 홀수의 합 = 53
홀수의 평균 = 17

소스1

```
#include <stdio.h>

int main()
{
        int num;
        int sum = 0, cnt = 0;
        int avg;

        while (1) {
                scanf("%d", &num);
                if (num == 0) break;
                if (num % 2 == 0) continue;
                sum += num;
                cnt++;
        }
        avg = sum / cnt;
        printf("홀수의 합 = %d \n", sum);
        printf("홀수의 평균 = %d \n", avg);
        return 0;
}
```

설명

- `if (num == 0) break;`

입력된 수가 0이면 반복문(while)을 종료한다.

- `if (num % 2 == 0) continue;`

continue;는 그 이후의 문장을 실행하지 않고 반복문(while)의 처음으로 돌아가서 다시 실행하는 명령이다. 위의 문장은 입력된 수(num)가 짝수이면 sum += num; cnt++;를 실행하지 않고 처음으로 돌아가서 다시 입력을 받게 된다.

소스2

```
#include <stdio.h>

int main()
{
        int num;
        int sum = 0, cnt = 0;
        int avg;

        do {
                scanf("%d", &num);
                if (num % 2 == 1) {
                        sum += num;
                        cnt++;
                }
        } while (num != 0);
        avg = sum / cnt;
        printf("홀수의 합 = %d \n", sum);
        printf("홀수의 평균 = %d \n", avg);
        return 0;
}
```

설명

- while문의 경우는 처음부터 조건을 확인하여 만약 조건에 맞지 않으면 한 번도 실행하지 않는 경우도 있다.
- do ~ while문은 while문과 같지만 조건에 상관없이 반드시 한 번은 실행을 한다는 점이 다르다. do 다음의 내용을 실행하고 while()의 조건을 확인한다. 조건이 참이면 do부터 다시 실행하고 거짓이면 다음 줄로 이동한다.

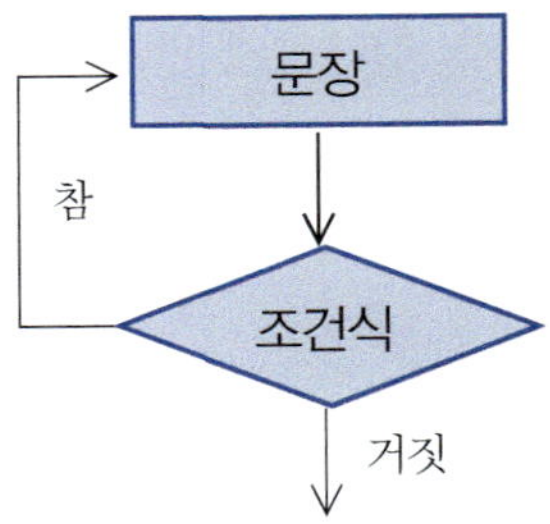

do ~ while 문

자가진단 5

정수를 입력받아서 3의 배수가 아닌 경우에는 아무 작업도 하지 않고 3의 배수인 경우에는 3으로 나눈 몫을 출력하는 작업을 반복하다가 −1이 입력되면 종료하는 프로그램을 작성하시오. (아래 입출력 예에서 이태릭체는 입력 받은 것이고 진한 것이 출력된 것이다.)

입·출력 예

5
12
4
21
7
100
-1

● *hint*
3의 배수는 3으로 나눈 나머지가 0이다.

06 Question

아래 예와 같이 메시지를 출력하고 숫자를 입력받아 선택한 번호에 해당하는 메시지를 출력하는 작업을 반복하다가 4가 입력되면 메시지 출력 후 종료하는 프로그램을 작성하시오. (1~4 이외의 수가 입력되면 "잘못 선택하였습니다." 라고 출력한다.)

입·출력 예

```
1. 입력하기
2. 출력하기
3. 삭제하기
4. 끝내기
작업할 번호를 선택하세요. 2

출력하기를 선택하였습니다.

1. 입력하기
2. 출력하기
3. 삭제하기
4. 끝내기
작업할 번호를 선택하세요. 5

잘못 선택하였습니다.

1. 입력하기
2. 출력하기
3. 삭제하기
4. 끝내기
작업할 번호를 선택하세요. 4


끝내기를 선택하였습니다.
```

소스

```
#include <stdio.h>

int main()
{
	int num;
```

```
    do {
            printf("1. 입력하기 \n");
            printf("2. 출력하기 \n");
            printf("3. 삭제하기 \n");
            printf("4. 끝내기 \n");

            printf("작업할 번호를 선택하세요. ");
            scanf("%d", &num);

            switch (num) {
            case 1:
                    printf("\n입력하기를 선택하였습니다. \n\n");
                    break;
            case 2:
                    printf("\n출력하기를 선택하였습니다. \n\n");
                    break;
            case 3:
                    printf("\n삭제하기를 선택하였습니다. \n\n");
                    break;
            case 4:
                    printf("\n끝내기를 선택하였습니다. \n\n");
                    break;
            default:
                    printf("\n잘못 입력하였습니다. \n\n");
            }
    } while (num != 4);

    return 0;
}
```

설명

- do { ... } while (num != 4);

블록 안의 내용을 실행한 후 num이 4가 아니면 계속 반복 실행한다. 처음에 한 번은 무조건 실행을 한다.

자가진단 6

아래와 같이 나라 이름을 출력하고 숫자를 입력받아 해당하는 나라의 수도를 출력하는 작업을 반복하다가 해당하는 번호 이외의 숫자가 입력되면 "none"이라고 출력한 후 종료하는 프로그램을 작성하시오.

입·출력 예

```
1. Korea
2. USA
3. Japan
4. China
number? 1

Seoul

1. Korea
2. USA
3. Japan
4. China
number? 5

none
```

• hint

각 나라의 수도 : 대한민국(Korea)-서울(Seoul), 미국(USA)-워싱턴(Washington), 일본(Japan)-동경(Tokyo), 중국(China)-북경(Beijing)

형성평가

1. 정수를 입력받아 1부터 입력받은 정수까지를 차례대로 출력하는 프로그램을 작성하시오.

입력 예 5

출력 예 1 2 3 4 5

2. 정수를 입력받다가 0이 입력되면 그 때까지 입력받은 홀수의 개수와 짝수의 개수를 출력하는 프로그램을 작성하시오.

입력 예 9 7 10 5 33 65 0

출력 예 odd : 5
even : 1

3. 0부터 100까지의 점수를 계속 입력받다가 범위를 벗어나는 수가 입력되면 그 이전까지 입력된 자료의 합계와 평균을 출력하는 프로그램을 작성하시오. (평균은 반올림하여 소수 첫째자리까지 출력한다.)

입력 예 55 100 48 36 0 101

출력 예 sum : 239
avg : 47.8

4. 0이 입력될 때까지 정수를 계속 입력받아 3의 배수와 5의 배수를 제외한 수들의 개수를 출력하는 프로그램을 작성하시오.

입력 예 1 2 3 4 5 6 7 8 9 10 0

출력 예 5

5. 삼각형의 밑변의 길이와 높이를 입력받아 넓이를 출력하고, "Continue?" 에서 'Y'나 'y'를 입력하면 작업을 반복하고 다른 문자를 입력하면 종료하는 프로그램을 작성하시오. (넓이는 반올림하여 소수 첫째 자리까지 출력한다.)

입력과 출력 예

Base = 11

Height = 5

Triangle width = 27.5

Continue? Y

Base = 10

Height = 10

Triangle width = 50.0

Continue? N

• hint

문자를 입력받을 때에는 %c 앞에 공백을 넣어 주어야 엔터, 공백과 같은 구분자를 입력받지 않고 한 개의 문자를 입력받을 수 있다. 예 : scanf(" %c", &문자변수);

C·H·A·P·T·E·R

07

반복제어문 2

07
CHAPTER

반복제어문 2

01 Question

10 이하의 정수를 입력받아 입력받은 정수만큼 "C언어 프로그래밍" 이라고 출력하는 프로그램을 작성하시오.

입력 예 5

출력 예
C언어 프로그래밍
C언어 프로그래밍
C언어 프로그래밍
C언어 프로그래밍
C언어 프로그래밍

소스

```
#include <stdio.h>

int main()
{
        int n, i;

        scanf("%d", &n);

        for (i = 1; i <= n; i++) {
                printf("C언어 프로그래밍 \n");
        }

        return 0;
}
```

설명

- for문은 while문과 같이 블록 내의 문장을 반복하여 실행하는 제어문이다.
- for문의 구조는 다음과 같다.

```
for ( 초기식① ; 조건식② ; 증감식④ )
{
        실행문장 ③
}
이후 실행문장 ⑤
```

① 초기식 : for문을 시작할 때 처음 단 한 번만 실행되는 식으로 어떤 변수의 초기값을 정해주는 식이다.

② 조건식 : 조건이 참이면 for문 블록 내의 문장을 실행하고, 거짓이면 for문을 끝내고 블록을 벗어난다. 처음 실행할 때와 for문 내의 실행문장을 모두 처리하고 증감식이 실행될 때마다 이 식을 검사한다.

④ 증감식 : for문 내의 실행문장이 처리될 때마다 실행하며 초기식에 지정된 변수의 값을 변화시키는 데 주로 사용된다.

- 위 for문의 실행순서는 다음과 같다.

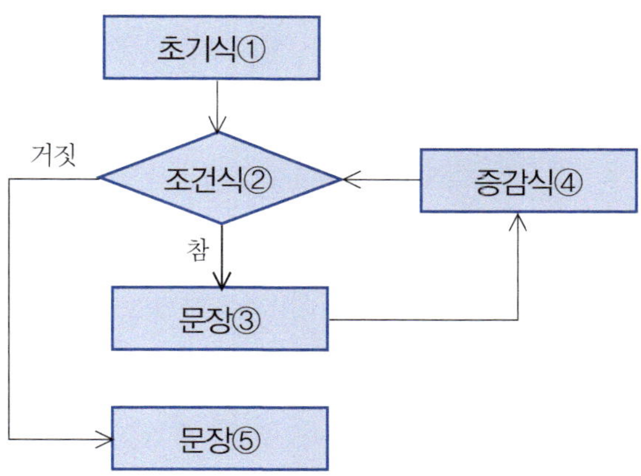

for문

- for (i = 1; i <= n; i++) { }

변수 i의 초기값을 1로 지정하고 그 값이 n보다 작거나 같은 동안 블록 내의 문장을 실행한다. 블록 내의 문장이 한 번 실행 완료될 때마다 i값을 1씩 증가시키고 다시 조건을 검사한다. 결국 이 문장은 i가 1부터 n까지 증가되면서 블록 내의 문장을 n번 반복하여 실행하게 된다.

- 위의 for문은 다음과 같이 while문으로 수정하여도 결과는 같다. 초기식은 while문 시작하기 전에, 증감식은 블록의 마지막 부분에 넣으면 같은 식이 된다.

```
i = 1;
while ( i <= n ) {
        printf("C언어 프로그래밍 \n");
        i++;
}
```

자가진단 1

문자를 입력받아서 입력받은 문자를 20번 반복하여 출력하는 프로그램을 작성하시오.

입력 예 A

출력 예 AAAAAAAAAAAAAAAAAAAA

02 Question

대문자를 'A'부터 'Z'까지 차례로 출력하는 프로그램을 작성하시오.

출력 예 ABCDEFGHIJKLMNOPQRSTUVWXYZ

소스

```
#include <stdio.h>

int main()
{
        char i;

        for (i = 'A'; i <= 'Z'; i++) {
                printf("%c", i);
        }

        printf("\n");

        return 0;
}
```

설명

- char i;

for문에서 영문자를 사용하기 위해 i를 문자형으로 선언한다.

- for (i = 'A'; i <= 'Z'; i++)

i = 'A' : i변수에 초기값으로 'A'를 저장한다.
i <= 'Z' : i변수의 값이 'Z'보다 작거나 같은 동안 블록 내의 문장을 반복하여 실행한다.
i++ : 블록 내의 문장이 실행완료될 때마다 i의 값을 1씩 증가시킨다. ('A'에서 1을 증가하면 'B'가 된다.)

자가진단 2

10부터 20까지의 숫자를 차례대로 출력하는 프로그램을 작성하시오.

출력 예 10 11 12 13 14 15 16 17 18 19 20

03 Question

1부터 20까지의 홀수를 차례대로 출력하는 프로그램을 작성하시오.

출력 예 1 3 5 7 9 11 13 15 17 19

소스1

```
#include <stdio.h>

int main()
{
	int i;

	for (i = 1; i <= 20; i++) {
		if (i % 2 == 1) {
			printf("%d ", i);
		}
	}

	printf("\n");

	return 0;
}
```

설명

- for (i = 1; i <= 20; i++)

i의 값을 1부터 20까지 1씩 증가시키면서 반복하여 실행한다.

- if (i % 2 == 1) {
      printf ("%d ", i);
  }

i의 값이 홀수이면 출력한다. 결과적으로 1부터 20까지 차례대로 실행하되 i가 홀수인 경우에만 출력을 한다.

소스2

```
#include <stdio.h>

int main()
{
	int i;

	for (i = 1; i <= 20; i += 2) {
		printf("%d ", i);
	}

	printf("\n");

	return 0;
}
```

설명

- for (i = 1; i <= 20; i += 2)

i의 값을 1부터 20까지 2씩 증가시키면서 반복하여 실행한다.
2씩 증가하게 되므로 홀수만 실행이 된다. (1, 3, 5, 7, 9, …)
따라서 블록 내에서 홀수인지 아닌지 판단하는 if문은 필요가 없다.
i += 2는 i = i + 2와 같다.

자가진단 3

한 개의 수를 입력받아 1부터 입력받은 수까지의 짝수를 차례대로 출력하는 프로그램을 작성하시오. (입력받는 수는 2 이상 50 이하의 정수이다.)

입력 예 10

출력 예 2 4 6 8 10

04 Question

자연수를 입력받아서 1부터 입력받은 수까지의 합을 출력하는 프로그램을 작성하시오.

입력 예 10

출력 예 55

소스

```
#include <stdio.h>

int main()
{
        int i, n;
        int sum = 0;

        scanf("%d", &n);

        for (i = 1; i <= n; i++) {
                sum += i;
        }

        printf("%d \n", sum);

        return 0;
}
```

설명

- int i, n;

for문에서 사용할 변수 i와 입력받을 변수 n을 선언한다. i는 for문 안에서 초기값을 지정하고 n은 입력을 받으면서 값이 지정되므로 초기값은 지정하지 않아도 된다.

- int sum = 0;

합계를 저장할 변수 sum을 선언하고 초기값으로 0을 저장한다. 처음에는 아무것도 더하지 않은 상태이므로 반드시 0으로 초기화해야 한다.

```
• for (i = 1; i <= n; i++) {
          sum += i;
  }
```

i값을 1부터 n까지 1씩 증가시켜 가면서 그 값을 sum에 누적하여 더한다.
sum += i; 는 sum = sum + i;와 같다.

자가진단 4

정수를 입력받아서 입력받은 정수부터 100까지의 합을 출력하는 프로그램을 작성하시오. (입력받는 정수는 100 이하의 자연수이다.)

입력 예 95

출력 예 585

05 Question

10개의 정수를 입력받아 그 수들 중 짝수의 개수가 몇 개인지 출력하는 프로그램을 작성하시오.

입력 예 15 22 3 129 66 81 35 1 46 888

출력 예 입력받은 짝수는 4개입니다.

소스

```
#include <stdio.h>

int main()
{
        int i, num;
        int count = 0;
        for (i = 1; i <= 10; i++) {
                scanf("%d", &num);
                if (num % 2 == 0) count++;
        }
```

```
        printf("입력받은 짝수는 %d개입니다. \n", count);
        return 0;
}
```

설명

- `int count = 0;`

짝수의 개수를 저장할 변수를 선언하고 0으로 초기화한다.

-
```
for (i = 1; i <= 10; i++) {
        scanf("%d", &num);
        if (num % 2 == 0) count++;
}
```

i가 1부터 10을 벗어날 때까지 1씩 증가하면서 블록 내의 문장 즉, 입력을 받고 입력받은 값이 짝수이면 count를 1 증가시키는 작업을 10번 반복하여 실행하게 된다.

- `printf("입력받은 짝수는 %d개 입니다. \n", count);`

for문이 끝나면 count에는 입력받은 짝수의 개수가 저장되어 있다.

자가진단 5

10개의 정수를 입력받아 3의 배수의 개수와 5의 배수의 개수를 각각 출력하는 프로그램을 작성하시오.

입력 예 10 15 36 99 100 19 46 88 87 13

출력 예 Multiples of 3 : 4
Multiples of 5 : 3

- *hint*

3의 배수의 개수와 5의 배수의 개수를 저장할 변수를 각각 선언하여 처리한다.
if(3의 배수) ~ else if(5의 배수)와 같이 사용하게 되면 3의 배수이면서 5의 배수인 경우(예:15) 3의 배수만 증가하고 5의 배수는 누락이 된다. 따라서 각각 if문으로 확인해야 한다.

06 Question

5명의 성적을 입력받아서 총점과 평균을 출력하는 프로그램을 작성하시오. (평균은 반올림하여 소수 첫째자리까지 출력한다.)

입력 예　90 85 100 66 88

출력 예　총점 : 429
평균 : 85.8

소스

```
#include <stdio.h>

int main()
{
	int i, score;
	int sum = 0;
	double avg;

	for (i = 1; i <= 5; i++) {
		scanf("%d", &score);
		sum += score;
	}
	avg = (double)sum / 5;

	printf("총점 : %d \n", sum);
	printf("평균 : %.1f \n", avg);

	return 0;
}
```

설명

- ```
  for (i = 1; i <= 5; i++) {
  	scanf("%d", &score);
  	sum += score;
  }
  ```
  ```

블록 내의 문장을 5번 반복하여 실행한다. 성적(score)을 입력받고 입력받은 값을 sum에 누적하여 더한다.

- avg = (double)sum / 5;

평균을 구한다. sum이 정수(int)이므로 실수(double)로 형변환을 해야 한다.
avg = sum / 5.0; 과 같이 써도 된다.

주의 평균은 총점이 구해진 후에 한 번만 실행하는 것이므로 반드시 for문이 끝난 후에 구해야 한다.

자가진단 6

10 이하의 과목수 n을 입력받은 후 n개 과목의 점수를 입력받아서 평균을 구하여 출력하고 평균이 80점 이상이면 "pass", 아니면 "fail"이라고 출력하는 프로그램을 작성하시오. 평균은 반올림하여 소수 첫째자리까지 출력한다.

입력 예

```
4
75 80 85 90
```

출력 예

```
avg : 82.5
pass
```

07 Question

아래 출력예와 같이 출력하는 프로그램을 작성하시오.

출력 예

```
1 1 1 1 1
2 2 2 2 2
3 3 3 3 3
4 4 4 4 4
5 5 5 5 5

1 2 3 4 5
1 2 3 4 5
1 2 3 4 5
1 2 3 4 5
1 2 3 4 5
```

소스

```c
#include <stdio.h>

int main()
{
	int i, j;

	for (i = 1; i <= 5; i++) {
		for (j = 1; j <= 5; j++) {
			printf("%d ", i);
		}
		printf("\n");
	}
	printf("\n");

	for (i = 1; i <= 5; i++) {
		for (j = 1; j <= 5; j++) {
			printf("%d ", j);
		}
		printf("\n");
	}

	return 0;
}
```

설명

- 반복문 내에 또 다른 반복문이 들어있는 것을 다중반복문이라 한다.

-
```
for (i = 1; i <= 5; i++) {
        for (j = 1; j <= 5; j++) {
                printf("%d ", i);
        }
        printf("\n");
}
```

밖에 있는 for문에서 i가 1일 때의 동작을 살펴보자.

① for문 내의 또 다른 for문에서 j가 1부터 5까지 5번 반복 실행하여 i값 1을 5번 출력하게 된다.

② for문을 빠져나오면 줄을 바꾸어 줌으로써 첫 번째 줄의 출력이 끝난다.

③ 다시 바깥 for문의 처음으로 돌아가서 i값을 증가시킨다.

i값이 2가 되면 다시 위와 같은 작업을 반복하여 2를 5번 출력하고 줄을 바꾼 후 i를 3으로 바꾼다. 이러한 작업이 반복되다가 i값이 5가 되면 5를 5번 출력하고 줄을 바꾼 후 i를 6으로 증가시키는데 이 때 i <= 5의 조건이 거짓이 되므로 바깥의 for문을 벗어나게 된다.

- 위 문장에서 i는 5줄을 반복하게 하는 반복횟수를 나타내는 역할과 각 줄마다에 출력할 값을 정해주는 두 가지 역할을 하고 있으나 j는 단순하게 5번을 반복하게 하는 역할만을 하고 있다.

-
```
for (i = 1; i <= 5; i++) {
        for (j = 1; j <= 5; j++) {
                printf("%d ", j);
        }
        printf("\n");
}
```

이 구조는 위의 경우와 똑같지만 출력할 때 j값을 출력하는 것이 다르다.

i가 1일 때 j가 1부터 5까지 5번 실행되면서 j값을 출력하게 되므로 1부터 5까지가 차례대로 출력되게 된다.

위의 경우는 i는 단순하게 5줄을 반복하는 횟수를 지정하는 역할만 하지만 j는 5번 반복하는 일과 출력값을 나타내는 두 가지 역할을 하고 있다. 이렇게 for문에 사용되는 변수는 횟수를 나타내기 위한 역할을 하면서 동시에 어떠한 작업을 위해 값으로 사용되는 두 가지 역할이 있음을 잘 이해하여야 한다.

자가진단 7

아래와 같이 출력되는 프로그램을 작성하시오.

출력 예

```
2 3 4 5 6
3 4 5 6 7
4 5 6 7 8
5 6 7 8 9
6 7 8 9 10
```

• Hint

i와 j값을 둘 다 활용하여 식을 만들어 본다.

08 Question

아래와 같이 2단부터 4단까지의 구구단을 출력하는 프로그램을 작성하시오.

출력 예

```
2 * 1 =  2   3 * 1 =  3   4 * 1 =  4
2 * 2 =  4   3 * 2 =  6   4 * 2 =  8
2 * 3 =  6   3 * 3 =  9   4 * 3 = 12
2 * 4 =  8   3 * 4 = 12   4 * 4 = 16
2 * 5 = 10   3 * 5 = 15   4 * 5 = 20
2 * 6 = 12   3 * 6 = 18   4 * 6 = 24
2 * 7 = 14   3 * 7 = 21   4 * 7 = 28
2 * 8 = 16   3 * 8 = 24   4 * 8 = 32
2 * 9 = 18   3 * 9 = 27   4 * 9 = 36
```

소스

```c
#include <stdio.h>

int main()
{
	int i, j;

	for (i = 1; i <= 9; i++) {
		for (j = 2; j < 5; j++) {
			printf("%d * %d = %2d    ", j, i, j * i);
		}
		printf("\n");
	}
	return 0;
}
```

설명

- 각 줄마다 바뀌는 것이 무엇인지 확인해 보자.

첫 번째 줄은 곱하는 값이 1이고 두 번째 줄은 곱하는 값이 2, 세 번째 줄은 3, … 이렇게 곱하는 값이 1부터 9까지 달라지게 된다. 따라서 곱하는 값 i를 1부터 9까지 먼저 정해주었다.

• i가 1일 때의 동작을 살펴보자.
왼쪽부터 차례대로 2단부터 4단까지 출력을 해야 한다.
j를 2부터 4까지 증가시키면서 j단 * 1을 출력한다.

• for문이 끝나면 줄을 바꾼 다음에 i를 2로 바꾸어 다시 2단부터 4단까지 * 2를 출력한다.
이렇게 반복하여 * 9가 끝나면 i가 10이 되어 프로그램을 끝내게 된다.

자가진단 8

구구단의 일부를 다음과 같이 출력하는 프로그램을 작성하시오.
(곱셈의 결과는 오른쪽으로 맞추어 출력을 하고 결과 값 사이의 공백은 3칸으로 한다.)
출력형식 예) 2_*_1_=__2___ (_는 공백을 나타내는 것임)

출력 예

```
2 * 1 =  2   2 * 2 =  4   2 * 3 =  6   2 * 4 =  8   2 * 5 = 10
3 * 1 =  3   3 * 2 =  6   3 * 3 =  9   3 * 4 = 12   3 * 5 = 15
4 * 1 =  4   4 * 2 =  8   4 * 3 = 12   4 * 4 = 16   4 * 5 = 20
```

형성평가

1. 10 이하의 자연수 n을 입력받아 아래와 같이 "JUNGOL"을 n번 출력하는 프로그램을 작성하시오.

입력 예
```
4
```
출력 예
```
JUNGOL
JUNGOL
JUNGOL
JUNGOL
```

2. 두 개의 정수를 입력받아 작은 수부터 큰 수까지 차례대로 출력하는 프로그램을 작성하시오. (입력으로 주어지는 정수는 100이하의 자연수이다.)

입력 예
```
10 5
```
출력 예
```
5 6 7 8 9 10
```

3. 정수를 입력받아서 1부터 입력받은 정수까지의 5의 배수의 합을 구하여 출력하는 프로그램을 작성하시오.

입력 예
```
20
```
출력 예
```
50
```

4. 100 이하의 자연수 n을 입력받고 n개의 정수를 입력받아 평균을 출력하는 프로그램을 작성하시오. (평균은 반올림하여 소수 둘째자리까지 출력하도록 한다.)

입력 예
```
3
99 65 30
```
출력 예
```
64.67
```

5. 10개의 정수를 입력받아 입력받은 수들 중 짝수의 개수와 홀수의 개수를 각각 구하여 출력하는 프로그램을 작성하시오.

입력 예
10 20 30 55 66 77 88 99 100 15

출력 예
even : 6
odd : 4

6. 두 개의 정수를 입력받아 작은 수부터 큰 수까지 3의 배수이거나 5의 배수인 수들의 합과 평균을 출력하는 프로그램을 작성하시오. (평균은 반올림하여 소수 첫째자리까지 출력한다.)

입력 예
10 15

출력 예
sum : 37
avg : 12.3

7. 한 개의 자연수를 입력받아 그 수의 배수를 차례로 10개 출력하는 프로그램을 작성하시오.

입력 예
5

출력 예
5 10 15 20 25 30 35 40 45 50

8. 행과 열의 수를 입력받아 다음과 같이 출력하는 프로그램을 작성하시오.

입력 예
3 4

출력 예
1 2 3 4
2 4 6 8
3 6 9 12

9. 정수를 입력받아 다음과 같이 순서쌍을 출력하는 프로그램을 작성하시오.

입력 예
4

출력 예
(1, 1) (1, 2) (1, 3) (1, 4)
(2, 1) (2, 2) (2, 3) (2, 4)
(3, 1) (3, 2) (3, 3) (3, 4)
(4, 1) (4, 2) (4, 3) (4, 4)

• Hint

','와 숫자 사이, 그리고 ')'와 '(' 사이에 각각 공백이 1칸 있다.
(1,_1)_ 처럼 출력한다. : '_'은 공백

10. 2부터 9까지의 정수 a와 b를 입력받아 a단부터 b단까지의 구구단을 차례대로 출력하는 프로그램을 작성하시오. 구구단 사이의 공백은 3칸이다.

입력 예

```
5 3
```

출력 예

```
5 * 1 =  5   4 * 1 =  4   3 * 1 =  3
5 * 2 = 10   4 * 2 =  8   3 * 2 =  6
5 * 3 = 15   4 * 3 = 12   3 * 3 =  9
5 * 4 = 20   4 * 4 = 16   3 * 4 = 12
5 * 5 = 25   4 * 5 = 20   3 * 5 = 15
5 * 6 = 30   4 * 6 = 24   3 * 6 = 18
5 * 7 = 35   4 * 7 = 28   3 * 7 = 21
5 * 8 = 40   4 * 8 = 32   3 * 8 = 24
5 * 9 = 45   4 * 9 = 36   3 * 9 = 27
```

C·H·A·P·T·E·R

08

반복제어문 3

08
CHAPTER

반복제어문 3

01 Question

1부터 차례로 누적하여 합을 구하다가 합이 입력받은 수를 넘으면 중단하고 마지막으로 더해진 값과 그 때까지의 합을 출력하는 프로그램을 작성하시오.

입력 예	1000
출력 예	45 1035

- 출력결과 설명

1 + 2 + 3 + ······ + 45 = 1035

소스

```
#include <stdio.h>

int main()
{
        int N, i;
        int sum = 0;

        scanf("%d", &N);

        for (i = 1; ; i++){
                sum += i;
                if (sum > N) break;
        }

        printf("%d %d\n", i, sum);

        return 0;
}
```

설명

- for (i = 1; ; i++) { ... }

초기식과 증감식은 있으나 조건식이 없는 무한반복문이다. 블록 내에서 break를 만날 때까지 지속적으로 반복실행하게 된다. 조건식 부분에 (sum <= N)을 넣은 것과 같이 sum이 N 이하인 동안 실행이 되지만 마지막에 i가 증가하지 않고 종료하는 부분이 다르다.

- sum += i;

  if (sum > N) break;

sum에 i값을 누적하여 더한 후 그 값이 N을 넘으면 for문을 종료한다.

- printf("%d %d\n", i, sum);

for문에서 마지막으로 더해진 i값과 그 때까지 누적된 sum 값을 출력한다.

자가진단 1

자연수 n을 입력받고 1부터 홀수를 차례대로 더해 나가면서 합이 n 이상이면 그 때까지 더해진 홀수의 개수와 그 합을 출력하는 프로그램을 작성하시오.

입력 예　100

출력 예　10 100

02 Question

아래 모양과 같이 출력하는 프로그램을 for문을 이용하여 작성하시오.

출력 예

```
*
**
***
```

소스

```
#include <stdio.h>

int main()
{
        int i, j;

        for (i = 1; i <= 3; i++){
                for (j = 1; j <= i; j++){
                        printf("*");
                }
                printf("\n");
        }

        return 0;
}
```

설명

- for (i = 1; i <= 3; i++) { ... }

i는 1부터 3까지 3줄을 반복한다는 의미와 각 줄에 출력해야 하는 별의 개수를 나타내는 두 가지 역할을 한다.

```
for (j = 1; j <= i; j++) {
        printf("*");
}
```

i개만큼 별을 출력한다. 처음에는 i가 1이므로 1개를, 두 번째 줄에는 i가 2이므로 2개를, 세 번째 줄은 i가 3이므로 3개를 출력하게 된다.

- `printf("\n");`

해당 줄에 별의 출력이 모두 끝나면 즉, 작은 for문이 끝나면 다음 줄에 출력하기 위해 줄을 바꾸어 준다.

자가진단 2

자연수 n을 입력받아서 n줄만큼 다음과 같이 출력하는 프로그램을 작성하시오.

입력 예

```
5
```

출력 예

```
*
**
***
****
*****
```

03 Question

아래 모양과 같이 출력하는 프로그램을 for문을 이용하여 작성하시오.

출력 예

```
*
**
***
***
**
*
```

소스

```
#include <stdio.h>

int main()
{
        int i, j;

        for (i = 1; i <= 3; i++){
                for (j = 1; j <= i; j++){
                        printf("*");
                }
                printf("\n");
        }

        for (i = 3; i >= 1; i--){
                for (j = 1; j <= i; j++){
                        printf("*");
                }
                printf("\n");
        }

        return 0;
}
```

설명

- 위쪽 3줄을 출력하는 부분은 예제 2와 같다. 즉 i가 1부터 3까지 바뀌면서 내부에서 i개의 별을 출력하도록 작성되어 있다.

- for (i = 3; i >= 1; i--) { ... }

i가 3부터 1까지 3번 실행되므로 실행되는 횟수는 1부터 3까지 할 때와 같다.
i의 또 다른 역할이 별의 개수를 나타내는 것이므로 처음에 i가 3부터 시작하여 첫 번째 줄에 3개를 출력하고 다음 줄에 2개 마지막 줄에 1개를 출력하게 된다. 블록 내의 출력하는 부분은 위쪽 부분과 같다. 이렇게 모양을 거꾸로 출력하기 위해서는 내부의 코드는 그대로 두고 줄을 나타내는 i의 순서만 바꾸어 주면 간단하게 처리할 수 있다.

자가진단 3

자연수 n을 입력받아서 다음과 같이 출력하는 프로그램을 작성하시오.

입력 예

```
3
```

출력 예

```
***
**
*
*
**
***
```

04 Question

자연수 n을 입력받아 n줄만큼 다음과 같이 출력하는 프로그램을 작성하시오.

입력 예 5

출력 예

```
    *
   **
  ***
 ****
*****
```

소스

```
#include <stdio.h>

int main()
{
        int i, j;
        int n;

        scanf("%d", &n);

        for (i = 1; i <= n; i++){
                for (j = 1; j <= n - i; j++){
                        printf(" ");
                }
                for (j = 1; j <= i; j++){
                        printf("*");
                }
                printf("\n");
        }

        return 0;
}
```

설명

- 앞의 예제와 같지만 별을 출력하기 전에 공백을 먼저 출력하는 부분이 추가되었다.

- ```
  for (j = 1; j <= n - i; j++) {
          printf(" ");
  }
  ```

  공백을 출력하는 부분이다. 한 줄에 출력하는 전체 개수는 n개이므로 공백의 개수는 n개에서 별의 개수 i를 뺀 n - i개가 된다.

자가진단 4

자연수 n을 입력받아서 다음과 같이 출력하는 프로그램을 작성하시오.

입력 예

```
3
```

출력 예

```
***
 **
  *
```
```

05 Question

아래와 같이 출력하는 프로그램을 작성하시오.

출력 예

```
    *
   ***
  *****
 *******
*********
```

소스1

```
#include <stdio.h>

int main()
{
	int i, j;

	for (i = 1; i <= 5; i++){
		for (j = 1; j <= 5 - i; j++){
			printf(" ");
		}
		for (j = 1; j <= i * 2 - 1; j++){
			printf("*");
		}
		printf("\n");
	}

	return 0;
}
```

설명

- 먼저 각 줄에 출력하는 공백의 개수와 별의 개수를 구하여 식으로 나타낼 수 있어야 한다.

줄	i	공백의 개수	별의 개수
첫 번째 줄	1	4	1
두 번째 줄	2	3	3
세 번째 줄	3	2	5
네 번째 줄	4	1	7
다섯 번째 줄	5	0	9
식	i	5 – i	i * 2 – 1

- 공백의 개수는 전체 줄 수(여기서는 5)에서 i를 뺀 값과 같다.
- 별의 개수는 i의 2배보다 한 개 적다.

소스2

```
#include <stdio.h>

int main()
{
	int i, j, k;

	for (i = 4, j = 1; i >= 0; i--, j += 2) {
		for (k = 1; k <= i; k++){
			printf(" ");
		}
		for (k = 1; k <= j; k++) {
			printf("*");
		}
		printf("\n");
	}

	return 0;
}
```

설명

- 이 방법은 공백과 별의 개수를 아예 for문의 초기식과 증감식을 이용하여 지정해 주는 방식이다. i는 공백의 개수, j는 별의 개수를 나타낸다.

- for (i = 4, j = 1; i >= 0; i--, j += 2)

초기식과 증감식은 여러 개를 지정할 수 있는데 이 때 각 식의 사이는 "," 부호로 구분한다.

초기식 : 첫 번째 줄에 공백이 4개이고 별이 1개이므로 "i = 4, j = 1"로 설정하였다.

조건식 : 마지막 줄에 공백이 0개이므로 공백이 0 이상인 동안 즉 "i >= 0" 조건을 만족하는 동안 실행하도록 하였다. (j를 이용하여 조건식을 지정할 수도 있다.)

증감식 : 한 줄의 출력이 끝날 때마다 공백은 한 개씩 줄어들고 별은 2개씩 늘어나므로 "i--, j += 2"로 하였다.

- 블록 내에서는 한 번 실행할 때마다 다음과 같은 일을 반복한다.

① 지정된 i 개수만큼 공백을 출력한다.
② 지정된 j 개수만큼 별을 출력한다.
③ 줄을 바꾼다.

자가진단 5

자연수 n을 입력받아서 다음과 같이 출력하는 프로그램을 작성하시오.

입력 예
```
3
```

출력 예
```
*****
 ***
  *
```

06 Question

자연수 n을 입력받아 n줄만큼 다음과 같이 출력하는 프로그램을 작성하시오.

입력 예

```
5
```

출력 예

```
1
2 3
4 5 6
7 8 9 10
11 12 13 14 15
```

소스

```
#include <stdio.h>

int main()
{
	int i, j;
	int n, num = 1;

	scanf("%d", &n);

	for (i = 1; i <= n; i++){
		for (j = 1; j <= i; j++) {
			printf("%d ", num++);
		}
		printf("\n");
	}

	return 0;
}
```

설명

- 위의 첫 번째 예제에서 별을 숫자로 바꾼 것과 같다.
- int n, num=1;

입력받을 수 n과 출력할 숫자 num을 선언하고 처음 출력할 숫자 1을 num에 대입한다.

- `for (i = 1; i <= n; i++)`

1부터 n까지 n개의 줄을 처리하도록 하며 i값은 해당 줄에서 출력해야 할 숫자의 개수를 나타내기도 한다.

-
```
for (j = 1; j <= i; j++) {
        printf("%d ", num++);
}
```

각 줄에 i개만큼 숫자를 출력한다. 숫자를 출력하면 다음에 출력할 숫자는 1씩 커지므로 출력할 때마다 num값을 1씩 증가시킨다.

자가진단 6

자연수 n을 입력받아 다음과 같이 영문자를 출력하는 프로그램을 작성하시오.

입력 예 3

출력 예

```
ABC
DE
F
```

07 Question

for문을 이용하여 다음과 같이 출력하는 프로그램을 작성하시오.

출력 예

```
a 1 2 3 4
b c 5 6 7
d e f 8 9
g h i j 10
```


소스

```
#include <stdio.h>

int main()
{
        int i, j;
        int num = 1;
        char alpha = 'a';

        for (i = 1; i <= 4; i++){
                for (j = 1; j <= i; j++) {
                        printf("%c ", alpha++);
                }

                for (j = 1; j <= 5 - i; j++) {
                        printf("%d ", num++);
                }
                printf("\n");
        }

        return 0;
}
```

설명

- 위의 별을 출력하는 예제에서 공백 대신 문자로, 별 대신 숫자로 바꾸어 주면 같은 형식이 된다.

- `int num = 1;`

출력할 숫자를 선언하고 초기값으로 1을 저장한다.

- `char alpha = 'a';`

출력할 문자를 선언하고 초기값으로 'a'를 저장한다.

- `for (i = 1; i <= 4; i++) { ... }`

1부터 4까지 4줄을 처리하게 한다. 또한 i값은 각 줄에 출력하는 문자의 개수를 의미하기도 한다.

```
for (j = 1; j <= i; j++) {
        printf("%c ", alpha++);
}
```

알파벳을 i개만큼 출력한다. 한 개를 출력하면 다음에 출력할 문자는 현재 문자의 다음 문자이므로 출력할 때마다 1씩 증가시킨다.

```
for (j = 1; j <= 5 - i; j++) {
        printf("%d ", num++);
}
```

각 줄마다 문자와 숫자를 합하여 5개를 출력해야 하므로 5에서 문자의 개수 i를 뺀 값이 숫자의 개수가 된다. 해당되는 개수만큼 num을 출력하고 출력할 때마다 값을 1씩 증가시킨다.

자가진단 7

자연수 n을 입력받아서 n개의 줄에 n + 1개의 숫자와 문자로 채워서 다음과 같이 출력하는 프로그램을 작성하시오.

입력 예

```
3
```

출력 예

```
1 2 3 A
4 5 B C
6 D E F
```

형성평가

1. 정수 20개를 입력받아서 그 합과 평균을 출력하되 0이 입력되면 20개 입력이 끝나지 않더라도 그 때까지 입력된 합과 평균을 출력하는 프로그램을 작성하시오. (0은 입력된 개수에 포함시키지 않는다. 평균은 소수 부분은 버리고 정수만 출력한다.)

입력 예　5 9 6 8 4 3 0

출력 예　35 5

2. 1부터 100까지의 정수 중 한 개를 입력받아 100보다 작은 배수들을 차례로 출력하다가 10의 배수가 출력되면 프로그램을 종료하도록 프로그램을 작성하시오.

입력 예　7

출력 예　7 14 21 28 35 42 49 56 63 70

3~10. 자연수 n을 입력받아 각 문제의 출력예와 같이 출력되는 프로그램을 작성하시오.

3. 입력 예　3

출력 예
```
*
**
***
**
*
```

4. 입력 예　3

출력 예
```
*****
 ***
  *
 ***
*****
```

5. **입력 예** 3

출력 예

```
    *
   ***
  *****
```

6. **입력 예** 3

출력 예

```
    1
  1 2
1 2 3
```

7. **입력 예** 3

출력 예

```
A B C
D E 0
F 1 2
```

8. **입력 예** 3

출력 예

```
1 2 3
  4 5
    6
```

9. **입력 예** 3

출력 예

```
#
# #
# # #
  # #
    #
```

10. **입력 예** 3

출력 예

```
1 3 5
7 9 1
3 5 7
```

▶ 설명

10 미만의 홀수만 출력

```
num += 2;
if (num > 10) num -= 10;
```

또는

```
num = (num + 2) % 10;
```

C·H·A·P·T·E·R

09

배열 1

09 CHAPTER

배열 1

01 Question

5개의 정수를 입력받은 후 차례로 출력하는 프로그램을 작성하시오.

입력 예 5 10 9 3 2

출력 예 5 10 9 3 2

소스1

```
#include <stdio.h>

int main()
{
        int a, b, c, d, e;

        scanf("%d %d %d %d %d", &a, &b, &c, &d, &e);

        printf("%d %d %d %d %d\n", a, b, c, d, e);

        return 0;
}
```

설명

- 5개의 정수를 입력받기 위해서 그 동안 배웠던 방법으로는 위와 같이 5개의 변수를 선언해야만 한다. 만약 우리 학교 학생 500명의 점수를 이런 방법으로 입력받으려면 어떻게

해야 할까? 당연히 500개의 변수를 선언해야 할 것이다.

• 이렇게 똑같은 성격을 가진 여러 개의 자료를 처리하기 의해서 필요한 개수만큼 변수를 선언하여 사용하는 것은 매우 비효율적이며 그 수가 더욱 많아진다면 프로그램을 작성하기가 거의 불가능할 수도 있다.

소스2

```
#include <stdio.h>

int main()
{
	int a[5];

	scanf("%d %d %d %d %d", &a[0], &a[1], &a[2], &a[3], &a[4]);

	printf("%d %d %d %d %d\n", a[0], a[1], a[2], a[3], a[4]);

	return 0;
}
```

설명

• 같은 이름으로 여러 개의 자료를 처리할 수 있도록 하는 것을 배열이라고 한다. 하나의 배열은 똑같은 자료형(int, char, float, double, …)을 모아 놓은 변수라 할 수 있다.

• int a[5];

a라는 이름으로 5개를 사용할 수 있는 정수형 변수를 선언한다. 그 동안 사용했던 변수가 단독주택이었다면 이것은 한 층짜리 아파트라고 생각하면 된다.
아파트의 경우 이름은 같지만 호수를 이용하여 구분할 수 있다. 예를 들어 현대아파트라고 이름은 붙어있지만 호수에 따라 사는 사람이 모두 다른 것처럼 위의 경우도 변수이름은 a로 같지만 뒤에 붙는 호수에 따라 값을 달리 저장하여 사용할 수 있는 것이다.

• 위와 같이 선언하면 변수 a에 저장할 수 있는 공간을 5개 만들어 놓고 각각의 호수를 0번부터 4번까지 붙여준다.

a 배열 =

a[0]	a[1]	a[2]	a[3]	a[4]

이같은 배열 형식을 1차원 배열이라고 한다.

- scanf("%d", &a[0]);

  scanf("%d", &a[1]);

  :

  a배열의 0번, 1번, …에 차례로 입력을 받는다.

- printf("%d", a[0]);

  printf("%d", a[1]);

  :

  a배열의 0번, 1번, …에 저장된 값을 차례로 출력한다.

- 위와 같이 같은 자료를 여러 개 만들어서 사용하기 위해 배열을 만들면 이름을 정하는 고민은 덜어주지만 많은 자료를 입력받아서 처리하기 위해서는 그 개수만큼 문장을 적어주어야 하므로 역시 불편하다.

소스3

```
#include <stdio.h>

int main()
{
        int a[5], i;
        for (i = 0; i < 5; i++) {
                scanf("%d", &a[i]);
        }

        for (i = 0; i < 5; i++) {
                printf("%d ", a[i]);
        }
        printf("\n");
        return 0;
}
```

설명

- ```
  for (i = 0; i < 5; i++) {
          scanf("%d", &a[i]);
  }
  ```

소스2에서 입력받는 문장을 보면 모두 똑같은데 배열의 번호만 다르다는 것을 알 수 있다. 따라서 for문을 이용해서 배열의 번호만 변경되도록 하여 반복하게 하면 입력을 한 문장으로 간단하게 처리할 수 있다.

i는 0부터 4까지 차례로 바뀌면서 i가 0일 때는 a[0]번에 입력을 받고 i가 1일 때는 a[1]번에 입력을 받고... 이런 식으로 a[4]번까지를 입력을 받게 되는 것이다.

- ```
  for (i = 0; i < 5; i++) {
          printf("%d ", a[i]);
  }
  ```

같은 방법으로 a[0]번부터 a[4]번까지를 차례로 출력하게 된다.

> **Tip**
> 모든 예제는 반드시 디버깅 모드에서 한 줄씩 실행하면서 값이 어떻게 변화하는지 살펴보도록 하자. 아마도 훨씬 이해하기가 쉬울 것이다.

자가진단 1

문자 10개를 저장할 수 있는 배열을 만들고 10개의 문자를 입력받아 입력받은 문자를 이어서 출력하는 프로그램을 작성하시오.

입력 예 A B C D E F G H I J

출력 예 ABCDEFGHIJ

- hint

문자를 입력받을 때는 %c 앞에 반드시 공백이 필요함을 잊지 말자.

02 Question

26개의 문자배열을 선언하고 'A'부터 'Z'까지의 대문자를 차례로 대입 시킨 후 배열의 마지막부터 처음까지 각 문자를 출력하는 프로그램을 작성하시오.

출력 예 Z Y X W V U T S R Q P O N M L K J I H G F E D C B A

소스

```
#include <stdio.h>

int main()
{
	char c[26];
	int i;

	for (i = 0; i < 26; i++) {
		c[i] = 'A' + i;
	}

	for (i = 25; i >= 0; i--) {
		printf("%c ", c[i]);
	}
	printf("\n");

	return 0;
}
```

설명

- char c[26];

문자 26개를 저장할 수 있는 배열을 선언한다. c[0]부터 c[25]까지 사용할 수 있다.

- for (i = 0; i < 26; i++) {

```
        c[i] = 'A' + i;
}
```

c 배열에 'A'부터 'Z'까지를 차례로 대입한다.
i가 0일 때는 c[0] = 'A' + 0; 하면 c[0]에 'A'가 저장된다.
i가 1일 때는 c[1] = 'A' + 1; 하면 c[1]에 'B'가 저장된다.
:
i가 25일 때는 c[25] = 'A' + 25; 하면 c[25]에 'Z'가 저장된다.

- for (i = 25; i >= 0; i--) {

```
        printf("%c ", c[i]);
}
```

25부터 0까지 26회가 반복 실행된다.
처음에는 i가 25이므로 c[25]에 저장되어 있는 'Z'가 출력된다.
다음은 i가 24이므로 c[24]에 저장된 'Y', 다음은 c[23]의 'X', … 마지막으로 c[0]에 있는 'A'가 출력이 된다.

자가진단 2

정수 10개를 저장할 수 있는 배열을 만들어서 1부터 10까지를 대입하고 차례대로 출력하는 프로그램을 작성하시오.

출력 예 1 2 3 4 5 6 7 8 9 10

03 Question

정수 10개를 입력받은 후 세 번째, 다섯 번째와 마지막으로 입력받은 정수를 차례로 출력하는 프로그램을 작성하시오.

입력 예 5 3 9 6 8 4 2 8 10 1

출력 예 9 8 1

소스

```
#include <stdio.h>

int main()
{
        int num[10], i;

        for (i = 0; i < 10; i++) {
                scanf("%d", &num[i]);
        }

        printf("%d %d %d\n", num[2], num[4], num[9]);
        return 0;
}
```

설명

- ```
  for (i = 0; i < 10; i++) {
          scanf("%d", &num[i]);
  }
  ```

  num[0]부터 num[9]까지 차례로 입력을 받는다.
  첫 번째 입력받은 것은 num[0]에, 두 번째는 num[1]에, 세 번째는 num[2]에, … 마지막 자료는 num[9]에 각각 입력받게 된다.

- `printf("%d %d %d\n", num[2], num[4], num[9]);`

  세 번째와 다섯 번째 그리고 마지막에 입력받은 자료를 출력한다.
  세 번째 받은 것은 num[2]에, 마지막 입력받은 것은 num[9]에 각각 저장되어 있다.
  ```

자가진단 3

10개의 문자를 입력받아서 첫 번째, 네 번째, 일곱 번째 입력받은 문자를 차례로 출력하는 프로그램을 작성하시오.

입력 예 A B C D E F G H I J

출력 예 A D G

04 Question

최대 100개까지의 정수를 차례로 입력받다가 0이 입력되면 입력을 중단하고 짝수 번째에 입력된 정수를 모두 출력하는 프로그램을 작성하시오.

입력 예 11 25 3 9 15 6 8 7 12 0

출력 예 25 9 6 7

소스

```
#include <stdio.h>

int main()
{
        int num[100], i, count;

        for (i = 0; i < 100; i++) {
                scanf("%d", &num[i]);
                if (num[i] == 0 ) {
                        break;
                }
        }

        count = i;
        for (i = 1; i < count; i += 2) {
                printf("%d ", num[i]);
        }
        printf("\n");

        return 0;
}
```

설명

- int num[100], i, count;

정수 100개를 저장할 배열(num)을 선언하고 for문에 사용될 i와 입력된 자료의 개수를 저장할 변수 count를 선언한다.

- for (i = 0; i < 100; i++) {

```
for (i = 0; i < 100; i++) {
        scanf("%d", &num[i]);
        if (num[i] == 0 ) {
                break;
        }
}
```

num[0]부터 차례로 입력을 받다가 입력받은 값이 0이면 for문을 종료한다.

- count = i;

지금까지 입력받은 개수를 count에 저장한다. 한 개를 입력받을 때마다 i가 증가하므로 입력받은 전체 개수는 i와 같다.

- for (i = 1; i < count; i += 2) {

```
for (i = 1; i < count; i += 2) {
        printf("%d ", num[i]);
}
```

두 번째 입력받은 자료부터 짝수번째 입력받은 자료를 모두 출력한다.
i가 1일 때는 두 번째 입력받은 자료 num[1]을 출력하고, 다음은 i가 2 증가하여 네 번째 입력받은 num[3]을 출력하는 작업을 반복하다가 i가 입력받은 자료의 개수인 count가 되면 끝낸다. 이 때 num[count - 1]에 마지막으로 입력된 자료가 저장되어 있고 num[count]에는 0이 들어 있으므로 조건식이 i < count와 같이 지정되어 있음을 유의하여야 한다.

자가진단 4

100개의 정수를 저장할 수 있는 배열을 선언하고 정수를 차례로 입력받다가 0이 입력되면 0을 제외하고 그 때까지 입력된 정수를 가장 나중에 입력된 정수부터 차례대로 출력하는 프로그램을 작성하시오.

입력 예 3 5 10 55 0

출력 예 55 10 5 3

05 Question

연도와 월을 입력받아 해당 월의 날 수를 출력하다가 월이 0이면 종료하는 프로그램을 작성하시오. (월이 잘못 입력되면 "잘못 입력하였습니다."를 출력한다.)

출력 예

```
YEAR = 2000
MONTH = 2
입력하신 달의 날 수는 29일입니다.

YEAR = 2010
MONTH = 13
잘못 입력하였습니다.

YEAR = 0
MONTH = 0
```

소스

```
#include <stdio.h>

int main()
{
	int days[13] = {0, 31, 28, 31, 30, 31, 30, 31, 31, 30, 31, 30, 31};
	int year, month;

	while(1) {
		printf("YEAR = ");
		scanf("%d", &year);
		printf("MONTH = ");
		scanf("%d", &month);

		if (month == 0) {
			break;
		}
		else if (month <= 0 || month > 12) {
			printf("잘못 입력하였습니다.\n\n");
		}
		else {
			if (year % 400 == 0) days[2] = 29;
			else if (year % 4 == 0 && year % 100 != 0) days[2] = 29;
			else days[2] = 28;
```

```
                printf("입력하신 달의 날 수는 %d일입니다.\n\n", days[month]);
            }
        }

        return 0;
}
```

설명

- `int days[13] = {0, 31, 28, 31, 30, 31, 30, 31, 31, 30, 31, 30, 31};`

정수 배열을 선언하고 해당 월의 날짜를 초기값으로 지정한다.
위와 같이 하면 days[0]부터 차례로 값이 대입되어 days[0] = 0; days[1] = 31; … days[12] = 31; 이렇게 넣은 것과 같다.

- ```
  if (month == 0) {
          break;
  }
  ```

month가 0이 입력되면 while 반복문을 종료한다.

- ```
  else if (month <= 0 || month > 12) {
          printf("잘못 입력하였습니다.\n\n");
  }
  ```

month가 범위를 벗어나면 해당 메시지를 출력한다.

- ```
  if (year % 400 == 0) days[2] = 29;
  else if (year % 4 == 0 && year % 100 != 0) days[2] = 29;
  else days[2] = 28;
  ```

만약 윤년이면 days[2] 즉 2월 달의 날수에 29일을, 아니면 28일을 대입한다.
초기값이 28이므로 else days[2] = 28;은 생략해도 될 것 같지만 여러 번 반복하는 과정에서 29로 변경되어 있을 경우도 있으므로 반드시 처리해야 한다.
  ```

> **Tip**
>
> <윤년과 평년을 판단하는 방법>
> 연도가 400의 배수이면 윤년이다.
> 연도가 4의 배수이면서 100의 배수가 아니면 윤년이다.
> 나머지는 평년이다.

- printf("입력하신 달의 날짜는 %d일입니다.\n\n", days[month]);

days[month]에는 입력받은 달의 날 수가 저장되어 있다. 만약 1월을 입력받았다면 month = 1이므로 days[1]의 값인 31을 출력하게 된다.

자가진단 5

1반부터 6반까지의 평균점수를 저장한 후, 두 반을 입력받아 두 반 평균점수의 합을 출력하는 프로그램을 작성하시오. 반별 평균점수는 초기값으로 1반부터 차례로 "85.6, 79.5, 83.1, 80.0, 78.2, 75.0"으로 초기화하고 출력은 소수 첫째자리까지 한다.

입력 예 1 3

출력 예 168.7

06 Question

10개의 자연수를 입력받아 그 중 가장 큰 수를 출력하는 프로그램을 작성하시오.

입력 예 5 10 8 55 6 31 12 24 61 2

출력 예 61

소스

```
#include <stdio.h>

int main()
{
	int num[10];
	int max = 0;
	int i;

	for (i = 0; i < 10; i++) {
		scanf("%d", &num[i]);
	}

	for (i = 0; i < 10; i++) {
		if (max < num[i]) {
			max = num[i];
		}
	}

	printf("%d\n", max);

	return 0;
}
```

설명

- `int max = 0;`

최대값을 저장할 변수를 선언하고 초기값으로 0을 대입한다.
최대값을 구하기 위해서는 큰 값이 나올 때마다 새로운 값으로 변경해야 하므로 처음에는 입력 가능한 최소값 이하로 지정해야 한다.

```
• if (max < num[i]) {
        max = num[i];
  }
```

배열에 있는 현재값(num[i])이 이전까지의 최대값(max)보다 크면 최대값을 현재값으로 바꾸어 준다. 배열의 처음부터 끝까지 이 작업을 반복하게 되면 max에는 배열의 값 중 가장 큰 값이 저장되게 된다.

자가진단 6

10개의 정수를 입력받아 그 중 가장 작은 수를 출력하는 프로그램을 작성하시오.
(입력으로 주어지는 정수는 1000을 넘지 않는다.)

입력 예 5 10 8 55 6 31 12 24 61 2

출력 예 2

• Hint

최소값 변수(예:min)의 초기값으로는 입력 받을 값보다 큰 값을 지정해야 한다.

07 Question

4자리 이하의 10개의 정수를 입력받아 짝수 중 가장 큰 값과 홀수 중 가장 작은 값을 출력하는 프로그램을 작성하시오.

입력 예 -5 10 -8 55 6 -31 12 -24 61 2

출력 예 -31 12

소스

```
#include <stdio.h>

int main()
{
        int num[10];
        int max = -10000, min = 10000;
        int i;

        for (i = 0; i < 10; i++) {
                scanf("%d", &num[i]);
        }

        for (i = 0; i < 10; i++) {
                if (num[i] % 2 == 0) {
                        if (max < num[i]) {
                                max = num[i];
                        }

                }
                else {
                        if (min > num[i]) {
                                min = num[i];
                        }
                }
        }

        printf("%d %d\n", min, max);

        return 0;
}
```

설명

- int max = -10000, min = 10000;

최대값 변수(max)를 선언하고 입력받을 수 있는 최소값 -9999보다 작은 -10000을 초기값으로 대입한다. 최소값 변수(min)을 선언하고 입력받을 수 있는 최대값 9999보다 큰 10000을 초기값으로 대입한다.

- ```
  if (num[i] % 2 == 0) {
          if (max < num[i]) {
                  max = num[i];
          }
  }
  ```

현재값이 짝수이면 max와 비교하여 더 큰 값이면 max 값을 현재값으로 바꾸어준다.

- ```
  else {
          if (min > num[i]) {
                  min = num[i];
          }
  }
  ```

짝수가 아니면(즉 홀수이면) min과 비교하여 더 작은 값이면 min 값을 바꾸어준다.

자가진단 7

10개의 정수를 입력받아 100 미만의 수 중 가장 큰 수와 100 이상의 수 중 가장 작은 수를 출력하는 프로그램을 작성하시오. (입력되는 정수의 범위는 1이상 10000미만이다. 만약 해당하는 수가 없을 때에는 100을 출력한다.)

입력 예 88 123 659 15 443 1 99 313 105 48

출력 예 99 105

- *Hint*

100 미만의 수로 입력 가능한 범위는 1~99, 100 이상의 수로 입력 가능한 범위는 100~9999이다.
입력값보다 큰수(작은수)를 초기값으로 정하고 작업이 끝난 후 초기값이 그대로 있다면 해당하는 수가 없는 것이다.

08 Question

10명의 컴퓨터 점수를 입력받아 배열에 저장하고 총점과 평균을 구하여 출력하는 프로그램을 작성하시오.. (평균은 반올림하여 소수 첫째자리까지 출력한다.)

입력 예 95 100 88 65 76 89 58 93 77 99

출력 예 총점 = 840
평균 = 84.0

소스

```
#include <stdio.h>

int main()
{
	int score[10];
	int sum = 0;
	double avg;
	int i;

	for (i = 0; i < 10; i++) {
		scanf("%d", &score[i]);
	}

	for (i = 0; i < 10; i++) {
		sum += score[i];
	}
	avg = sum / 10.0;

	printf("총점 = %d\n", sum);
	printf("평균 = %.1f\n", avg);

	return 0;
}
```

설명

- ```
  int sum = 0;
  double avg;
  ```

총점을 저장할 변수 sum을 선언하고 0으로 초기화한다. 평균을 저장할 변수 avg를 선언한다. 계산식을 대입할 것이므로 초기화를 할 필요는 없다

- ```
  for (i = 0; i < 10; i++) {
          sum += score[i];
  }
  ```

입력받은 값을 차례로 sum에 누적하여 더한다.
위의 두 개의 반복문을 통합하여 다음과 같이 작성해도 된다.

```
for (i = 0; i < 10; i++) {
        scanf("%d", &score[i]);
        sum += score[i];
}
```

sum += score[i];는 sum = sum + score[i];와 같다.

- ```
  avg = sum / 10.0;
  ```

평균을 구한다. 평균은 총점이 구해진 후에 구할 수 있으므로 for문 내에서 실행을 하면 안되고 반드시 총점이 구해진 후 즉, for문이 종료된 후에 실행되도록 해야 한다. sum이 정수이므로 실수인 10.0으로 나누어 주어야 형변환을 통해 실수값이 구해진다. (double)sum / 10;으로 해도 결과는 같다.

자가진단 8

10개의 정수를 입력받아 배열에 저장한 후 짝수 번째 입력된 값의 합과 홀수 번째 입력된 값의 평균을 출력하는 프로그램을 작성하시오. 평균은 반올림하여 소수 첫째자리까지 출력한다.

입력 예

```
95 100 88 65 76 89 58 93 77 99
```

출력 예

```
sum : 446
avg : 78.8
```
```

09 Question

5개의 정수를 {95, 75, 85, 100, 50}로 초기화하고 오름차순으로 정렬하여 출력하는 프로그램을 작성하시오.

출력 예 50 75 85 95 100

소스

```
#include <stdio.h>

int main()
{
	int a[5] = {95, 75, 85, 100, 50};
	int i, j, tmp;

	for (i = 0; i < 4; i++) {
		for (j = i + 1; j < 5; j++) {
			if (a[i] > a[j]){
				tmp = a[i];
				a[i] = a[j];
				a[j] = tmp;
			}
		}
	}

	for (i = 0; i < 5; i++) {
		printf("%d ", a[i]);
	}

	return 0;
}
```

설명

- 변수의 값은 서로 직접 교환할 수 없기 때문에 임의의 변수를 선언해서 사용해야 한다. 다음은 위의 프로그램에서 a[0]의 95와 a[1]의 75가 교환되는 과정을 보여준다.

```
tmp = a[0];  // tmp = 95
a[0] = a[1]; // a[0] = 75
a[1] = tmp;  // a[1] = 95
```

a[0]과 a[1]의 값이 바뀐 것을 확인할 수 있다.

- 데이터의 크기를 기준으로 순서를 맞추어 나열하는 것을 "정렬"이라고 한다.
- 크기가 커지는 순서로 정렬시킬 경우를 "오름차순 정렬", 작아지는 순서로 정렬시킬 경우를 "내림차순 정렬"이라고 한다.

원래 주어진 수				
95	75	85	100	50

↓ ↓

오름차순정렬				
50	75	85	95	100

내림차순정렬				
100	95	85	75	50

- 정렬 방법에 따라 선택정렬, 버블정렬, 삽입정렬 등이 있는데, 위 정렬방식은 선택정렬로 프로그래밍 되어있다.

- 정렬의 이해

a[0]	a[1]	a[2]	a[3]	a[4]
95	75	85	100	50

원래 주어진 수

- 1단계 : 가장 작은 수가 a[0]에 오도록 둘씩 비교하고 필요시 교환한다.

a[0]	a[1]	a[2]	a[3]	a[4]
95	75	85	100	50

a[0]과 a[1]을 비교한다.
a[1]이 더 작으므로
a[0]과 교환한다.

a[0]	a[1]	a[2]	a[3]	a[4]
75	95	85	100	50

a[0]과 a[2]를 비교한다.
a[0]이 더 작으므로
교환하지 않는다.

a[0]	a[1]	a[2]	a[3]	a[4]
75	75	85	100	50

a[0]과 a[3]을 비교한다.
a[0]이 더 작으므로
교환하지 않는다.

a[0]	a[1]	a[2]	a[3]	a[4]
75	75	85	100	50

a[0]과 a[4]를 비교한다.
a[4]가 더 작으므로
a[0]과 교환한다.

- 2단계 : 그 다음으로 작은 수가 a[1]에 오도록 둘씩 비교하고 필요시 교환한다.

a[0]	a[1]	a[2]	a[3]	a[4]
50	95	85	100	75

a[1]과 a[2]를 비교한다.
a[2]가 더 작으므로
a[1]과 교환한다.

a[0]	a[1]	a[2]	a[3]	a[4]
50	85	95	100	75

a[1]과 a[3]를 비교한다.
a[1]이 더 작으므로
교환하지 않는다.

a[0]	a[1]	a[2]	a[3]	a[4]
50	85	95	100	75

a[1]과 a[4]를 비교한다.
a[4]가 더 작으므로
a[1]과 교환한다.

- 3단계 : 그 다음으로 작은 수가 a[2]에 오도록 둘씩 비교하고 필요시 교환한다.

a[0]	a[1]	a[2]	a[3]	a[4]
50	75	95	100	85

a[2]와 a[3]을 비교한다.
a[2]가 더 작으므로
교환하지 않는다.

a[0]	a[1]	a[2]	a[3]	a[4]
50	75	95	100	85

a[2]와 a[4]를 비교한다.
a[4]가 더 작으므로
a[2]와 교환한다.

- 4단계 : 그 다음으로 작은 수가 a[3]에 오도록 둘씩 비교하고 필요시 교환한다.

a[0]	a[1]	a[2]	a[3]	a[4]
50	75	85	100	95

a[3]과 a[4]를 비교한다.
a[4]가 더 작으므로
a[3]과 교환한다.

- 5단계 : a[4]만 남았으므로 더 이상 진행하지 않는다. 선택정렬이 종료되었다.

a[0]	a[1]	a[2]	a[3]	a[4]
50	75	85	95	100

오름차순 선택정렬 종료

- 데이터가 N개인 배열을 선택정렬 방식으로 정렬하려면 모두 N-1단계로 이루어짐을 알 수 있다. (가장 작은 값부터 차례대로 앞에서부터 채워나가면 마지막 한 개는 처리할 필요가 없기 때문이다.)
그리고 각 단계마다 i번째의 경우 i+1부터 끝까지 비교하게 되므로 N-i번의 비교가 발생된다.

자가진단 9

10개의 정수를 입력받아 배열에 저장한 후 내림차순으로 정렬하여 출력하시오.

입력 예 95 100 88 65 76 89 58 93 77 99

출력 예 100 99 95 93 89 88 77 76 65 58

형성평가

1. 10개의 문자를 입력받아 마지막으로 입력받은 문자부터 첫 번째 입력받은 문자까지 차례로 출력하는 프로그램을 작성하시오.

입력 예　A E C X Y Z c b z e

출력 예　e z b c Z Y X C E A

2. 5개의 정수를 입력받은 후 첫 번째, 세 번째, 다섯 번째 입력받은 정수의 합을 출력하는 프로그램을 작성하시오.

입력 예　15 20 33 10 9

출력 예　57

3. 10개의 정수를 입력받아 홀수 번째 입력받은 정수의 합과 짝수 번째 입력받은 정수의 합을 출력하는 프로그램을 작성하시오.

입력 예　10 20 25 66 83 7 22 90 1 100

출력 예　odd : 141
even : 283

4. 100개의 정수를 입력받을 수 있는 배열을 선언한 후 정수를 차례로 입력받다가 −1이 입력되면 입력을 중단하고 −1을 제외한 마지막 세 개의 정수를 출력하는 프로그램을 작성하시오. (입력받은 정수가 3개 미만일 경우에는 모두 출력한다.)

입력 예　30 20 10 60 80 -1

출력 예　10 60 80

• Hint

마지막에 입력된 위치는 [입력받은 개수 - 1]이고 그 앞에 입력받은 것은 [입력받은 개수 - 2]이다.

5. 6명의 몸무게를 입력받아 평균을 출력하는 프로그램을 작성하시오. 출력은 반올림하여 소수 첫째자리까지로 한다.

입력 예 23.2 39.6 66.4 50.0 45.6 48.0

출력 예 45.5

6. 6개의 문자배열을 만들고 {'J', 'U', 'N', 'G', 'O', 'L'}이라고 초기화 한 후 문자 한 개를 입력받아 배열에서의 위치를 출력하는 프로그램을 작성하시오. 첫 번째 위치는 0번이며 배열에 없는 문자가 입력되면 "none"이라는 메시지를 출력한다.

입력 예1 L

출력 예1 5

입력 예2 B

출력 예2 none

● hint

문자를 찾았는지 여부를 기록할 변수를 만들어서 for문에서 문자를 찾았을 때 값을 바꾸어 준다. 또는 문자를 찾았을 때 break;로 for문을 종료한 후 i의 값을 확인하면 문자를 찾았는지 여부를 확인할 수 있다. (문자를 찾지 못하면 i는 조건을 벗어난다.)

7. 세 자리 이하의 정수 100개를 차례로 입력 받다가 999가 입력되면 프로그램을 종료하고 999를 제외한 그 때까지 입력된 최대값과 최소값을 출력하는 프로그램을 작성하시오.

입력 예 45 19 123 58 10 -55 16 -1 999

출력 예 max : 123
min : -55

8. 100개 이하의 정수를 입력받다가 0이 입력되면 종료하고 그 때까지 입력된 정수 중 5의 배수의 개수와 합계, 평균을 출력하는 프로그램을 작성하시오. 평균은 소수점 이하 1자리까지 출력한다

입력 예 35 10 23 100 64 51 5 0

출력 예 Multiples of 5 : 4
sum : 150
avg : 37.5

9. 100개 이하의 정수를 입력받다가 0이 입력되면 0을 제외하고 그 때까지 입력 받은 개수를 출력한 후 입력 받은 정수를 차례로 출력하되 그 수가 홀수이면 2배한 값을, 짝수인 경우에는 2로 나눈 몫을 출력하는 프로그램을 작성하시오.

입력 예
```
8 10 5 15 100 0
```

출력 예
```
5
4 5 10 30 50
```

10. 20 이하의 정수 n을 입력받고 n명의 점수를 입력받아 높은 점수부터 차례로 출력하는 프로그램을 작성하시오.

입력 예
```
5
35 10 35 100 64
```

출력 예
```
100
64
35
35
10
```

C·H·A·P·T·E·R 10

배열 2

10
CHAPTER

배열 2

01 Question

1부터 10까지의 정수를 입력받다가 입력된 정수가 범위를 벗어나면 그 때까지 1번 이상 입력된 각 숫자의 개수를 작은 수부터 출력하는 프로그램을 작성하시오.

입력 예 5 6 10 9 3 5 3 5 0

출력 예
3 : 2개
5 : 3개
6 : 1개
9 : 1개
10 : 1개

소스

```
#include <stdio.h>

int main()
{
	int num, i;
	int count[11] = {0};

	while (1) {
		scanf("%d", &num);
		if (num < 1 || num > 10) break;
		count[num]++;
```

```
        }

        for (i = 1 ; i <= 10; i++) {
                if (count[i] > 0) {
                        printf("%d : %d개\n", i, count[i]);
                }
        }

        return 0;
}
```

설명

- `int count[11] = {0};`

각 숫자의 개수를 저장하기 위해 배열을 선언하고 0으로 초기화한다.
count[1]에는 1의 개수, count[2]에는 2의 개수, …, count[10]에는 10의 개수를 저장하기 위해 만든 배열이다. 1부터 10까지의 숫자의 개수를 필요로 하므로 11개 선언을 한 것이다. (만약 count[10]으로 선언하면 배열은 count[0]부터 count[9]까지 만들어지므로 count[10]을 사용할 수 없다.)

- 배열을 초기화 할 때 선언한 개수보다 적게 넣어주면 배열의 0번부터 차례로 대입이 되다가 나머지는 모두 0으로 초기화된다.

- ```
  while (1) {
          scanf("%d", &num);
          if (num < 1 || num > 10) break;
          count[num]++;
  }
  ```

숫자를 입력받아서 그 값이 범위를 벗어나면 입력 작업을 종료한다.
그렇지 않으면 배열에서 입력받은 숫자에 해당하는 위치의 값을 증가시킨다. (만약 3이 입력되면 count[3]을 1 증가시킨다.)

- ```
  if (count[i] > 0) {
          printf("%d : %d개\n", i, count[i]);
  }
  ```

i번에 해당하는 배열의 위치의 값이 0보다 크면 그 개수를 출력한다. (만약 count[3]의 값이 2라면 3이 두 번 입력된 것이므로 3이 2개라고 출력한다.)

자가진단 1

영문 대문자를 입력받다가 대문자 이외의 문자가 입력되면 그 때까지 1번 이상 입력된 각 문자의 개수를 사전 순으로 출력하는 프로그램을 작성하시오.

입력 예 A B C F F F B Z !

출력 예

A : 1
B : 2
C : 1
F : 3
Z : 1

● Hint

'A'는 0번, 'B'는 1번, 'C'는 2번, …, 'Z'는 25번에 count 한다. 'A'는 메모리에 65로 저장된다.
따라서 입력받은 문자에서 65 또는 'A'를 빼면 해당문자의 개수를 저장할 번호가 된다. ('B' - 65 = 1 또는 'B' - 'A' = 1)
1을 다시 'B'로 바꾸어 출력하려면 (char)(1+65) 또는 (char)(1+'A')를 출력하면 된다.
예) printf("%c : %d₩n", 'A' + i, count[i]);

02 Question

정수를 입력받다가 0이 입력되면 마지막에 입력된 0을 제외하고 그 때까지 입력된 정수의 일의 자리 숫자가 각각 몇 개인지 작은 수부터 출력하는 프로그램을 작성하시오.(0개인 숫자는 출력하지 않는다.)

입력 예 10 55 123 63 85 61 125 0

출력 예
0 : 1개
1 : 1개
3 : 2개
5 : 3개

소스

```
#include <stdio.h>

int main()
{
	int num, i;
	int count[10] = {0};

	while (1) {
		scanf("%d", &num);
		if (num == 0) break;
		count[num % 10]++;
	}

	for (i = 0; i < 10; i++) {
		if (count[i] > 0) {
			printf("%d : %d개\n", i, count[i]);
		}
	}

	return 0;
}
```

설명

- int count[10] = {0};

일의 자리에 해당하는 개수를 저장하기 위해 배열을 선언하고 0으로 초기화한다.
일의 자리는 0부터 9까지이므로 count[11]로 하지 않아도 된다.

- count[num % 10]++;

일의 자리에 해당하는 배열의 위치를 1 증가시킨다.
(만약 35가 입력되면 count[35 % 10] 즉 count[5]를 증가시킨다.)

자가진단 2

100 미만의 정수를 입력받다가 0이 입력되면 마지막에 입력된 0을 제외하고 그 때까지 입력된 정수의 십의 자리 숫자가 각각 몇 개인지 작은 수부터 출력하는 프로그램을 작성하시오. (0개인 숫자는 출력하지 않는다.)

입력 예

```
10 55 3 63 85 61 85 0
```

출력 예

```
0 : 1
1 : 1
5 : 1
6 : 2
8 : 2
```

- *Hint*

10의 자리 숫자는 10으로 나눈 몫이다.

03 Question

피보나치 수열이란 첫 번째 항과 두 번째 항만 1이고 나머지 항은 바로 앞의 두 항의 합과 같은 수열을 말한다. 각 항의 값을 계산하는 다음의 예를 보고 피보나치 수열의 10, 20, 30, 40항의 값을 출력하는 프로그램을 작성하시오.

항	1	2	3	4	5	...
계산식			1 + 1	1 + 2	2 + 3	...
수열	1	1	2	3	5	...

출력 예

```
피보나치 수열 10항 : 55
피보나치 수열 20항 : 6765
피보나치 수열 30항 : 832040
피보나치 수열 40항 : 102334155
```

소스

```c
#include <stdio.h>

int main()
{
	int i;
	int fibo[41] = {0, 1, 1};

	for (i = 3; i <= 40; i++) {
		fibo[i] = fibo[i - 1] + fibo[i - 2];
	}

	for (i = 10; i <= 40; i += 10) {
		printf("피보나치 수열 %d항 : %d\n", i, fibo[i]);
	}

	return 0;
}
```

설명

- `int fibo[41] = {0, 1, 1};`

피보나치 수열의 40번째 항까지 저장하기 위해 배열을 선언하고 1항과 2항을 1로 초기화하고 나머지는 모두 0으로 초기화한다.
배열의 첫 번째는 fibo[0]이므로 fibo[1]과 fibo[2]를 초기화하기 위해서는 반드시 첫 번째 fibo[0]에 해당하는 값을 먼저 넣어야 한다.

- `fibo[i] = fibo[i - 1] + fibo[i - 2];`

I항을 채우기 위해 바로 전항과 전전항의 합을 구하여 채운다. (3항이라면 fibo[3] = fibo[2] + fibo[1]이므로 2가 저장된다.)

-
```
for (i = 10; i <= 40; i += 10) {
        printf("피보나치 수열 %d항 : %d\n", i, fibo[i]);
}
```

10항부터 10씩 증가하여 40항까지 배열에 저장된 값을 출력한다.

자가진단 3

100 이하의 자연수를 입력받아 첫 번째 항은 100으로 두 번째 항은 입력받은 수로 초기화하고 다음 항부터는 전전항에서 전항을 뺀 수로 채워나가는 수열을 작성하여 그 수가 음수가 나올 때까지 출력하는 프로그램을 작성하시오.

입력 예 62

출력 예 100 62 38 24 14 10 4 6 -2

04 Question

3행 3열의 배열을 선언하고 아래의 출력 예와 같이 초기화한 후 출력하는 프로그램을 작성하시오.

출력 예

```
3 5 4
2 6 7
8 10 1
```

소스

```
#include <stdio.h>

int main()
{
        int i, j;
        int arr[3][3] = {{3, 5, 4}, {2, 6, 7}, {8, 10, 1}};

        for (i = 0; i < 3; i++) {
                for (j = 0; j < 3; j++) {
                        printf("%d ", arr[i][j]);
                }
                printf("\n");
        }

        return 0;
}
```

설명

- int arr[3][3] = {{3, 5, 4}, {2, 6, 7}, {8, 10, 1}};

  3 * 3의 2차원 배열을 선언하고 값을 초기화한다.

- 위와 같이 선언하면 다음과 같은 배열이 생성된다.

arr[0][0]	arr[0][1]	arr[0][2]
arr[1][0]	arr[1][1]	arr[1][2]
arr[2][0]	arr[2][1]	arr[2][2]

2차원 배열을 행렬로 만들면 배열의 첫 번째 첨자는 행(줄)을 나타내고 두 번째 첨자는 열(칸)을 나타내게 된다.

2차원 배열을 아파트라고 생각하면 첫 번째 첨자는 층수, 두 번째 첨자는 호수를 구분해 주는 것과 같다. 즉 arr[2][1]은 아파트로 치면 2층 1호를 나타내고 행렬에서는 2행 1열이 된다.

```
• for (i = 0; i < 3; i++) {
        for (j = 0; j < 3; j++) {
            printf("%d ", arr[i][j]);
        }
        printf("\n");
  }
```

0행 0열부터 2행 2열까지 배열의 값을 차례로 출력한다.

큰 for문의 i는 행 번호를 나타내고 각 행마다 열을 나타내는 j가 0부터 2까지 실행되면서 i행 j열의 값을 출력한다. i행의 모든 열이 출력이 되면 줄을 바꾸고 다시 행 번호를 바꾸어 반복 실행한다.

자가진단 4

3행 5열의 배열을 아래 출력 예와 같이 초기화 한 후 형식에 맞추어 출력하는 프로그램을 작성하시오. (수 사이의 공백은 3칸으로 하고 각 수는 2칸으로 오른쪽에 맞추어 출력한다. "%2d   ")

출력 예

```
 5   8  10   6   4
11  20   1  13   2
 7   9  14  22   3
```

05 Question

3행 3열의 배열 두 개를 만들어서 입력을 받고 두 배열의 합을 구하여 출력하는 프로그램을 작성하시오.

입력 예

첫 번째 배열 1행 1 2 3
첫 번째 배열 2행 4 5 6
첫 번째 배열 3행 7 8 9
두 번째 배열 1행 9 6 3
두 번째 배열 2행 8 5 2
두 번째 배열 3행 7 4 1

출력 예

10 8 6
12 10 8
14 12 10

소스

```
#include <stdio.h>

int main()
{
	int i, j;
	int a[3][3], b[3][3], hap[3][3];

	for (i = 0; i < 3; i++) {
		printf("첫번째 배열 %d행 ", i + 1);
		for (j = 0; j < 3; j++) {
			scanf("%d", &a[i][j]);
		}
	}

	for (i = 0; i < 3; i++) {
		printf("두번째 배열 %d행 ", i + 1);
		for (j = 0; j < 3; j++) {
			scanf("%d", &b[i][j]);
		}
	}

	for (i = 0; i < 3; i++) {
```

```
            for (j = 0; j < 3; j++) {
                hap[i][j] = a[i][j] + b[i][j];
            }
        }

        for (i = 0; i < 3; i++) {
            for (j = 0; j < 3; j++) {
                printf("%d ", hap[i][j]);
            }
            printf("\n");
        }

        return 0;
}
```

설명

- ```
  for (i = 0; i < 3; i++) {
          printf("첫번째 배열 %d행 ", i + 1);
          for (j = 0; j < 3; j++) {
                  scanf("%d", &a[i][j]);
          }
  }
  ```

  입력받을 행의 정보(i+1)를 출력하고 각 열의 값을 입력받는다.
  a[0][0]부터 a[2][2]까지 차례로 입력받게 된다.

- ```
  for (i = 0; i < 3; i++) {
          for (j = 0; j < 3; j++) {
                  hap[i][j] = a[i][j] + b[i][j];
          }
  }
  ```

  입력받은 두 개의 배열 a와 b의 같은 위치의 값을 합하여 hap배열의 해당위치에 저장한다.
  hap[0][0] = a[0][0] + b[0][0]부터 hap[2][2] = a[2][2] + b[2][2]까지 실행된다.

자가진단 5

2행 4열의 배열 두 개를 만들어서 입력을 받고 두 배열의 곱을 구하여 출력하는 프로그램을 작성하시오.

입력 예

first array
1 2 3 4
5 6 7 8
second array
1 4 7 8
3 6 9 8

출력 예

1 8 21 32
15 36 63 64

06 Question

학생 3명의 국어, 영어, 수학 점수를 입력받아 학생별 총점과 과목별 합계를 아래와 같이 출력하는 프로그램을 작성하시오.

입력 예

1번째 학생의 점수 95 100 88
2번째 학생의 점수 85 60 93
3번째 학생의 점수 66 99 88

출력 예

	국어	영어	수학	총점
1번	95	100	88	283
2번	85	60	93	238
3번	66	99	88	253
합계	246	259	269	774

소스

```
#include <stdio.h>

int main()
{
	int i, j;
	int score[4][4] = {{0}};

	for (i = 0; i < 3; i++) {
		printf("%d번째 학생의 점수 ", i + 1);
		for (j=0 ; j<3 ; j++) {
			scanf("%d", &score[i][j]);
			score[i][3] += score[i][j];
			score[3][j] += score[i][j];
			score[3][3] += score[i][j];
		}
	}

	printf("    국어 영어 수학 총점\n");
	for (i = 0; i < 4; i++) {
		if (i < 3) printf(" %d번", i + 1);
		else printf("합계");
		for (j = 0; j < 4; j++) {
			printf("%4d",score[i][j]);
		}
		printf("\n");
	}

	return 0;
}
```

설명

- `int score[4][4] = {{0}};`

3명씩 3과목의 점수와 각각의 합계를 저장할 배열을 선언하고 0으로 초기화한다. 앞의 첨자는 0부터 2까지는 학생의 번호를 나타내고 3번에는 합계를 저장하기 위해 4개를 선언했다. 뒤의 첨자는 0부터 2까지는 각각 과목(국어, 영어, 수학)을 나타내고 마지막 3번에는 총점을 저장하기 위해 4개를 선언했다.

입력을 받는 변수나 배열은 초기화가 필요없지만 합계와 총점은 입력받는 것이 아니고 점수를 누적하여 더해 나갈 것이므로 처음에 0이 되어야 한다. 따라서 전체를 0으로 초기화 한 것이다. 배열에 저장되는 내용을 표로 나타내면 다음과 같다.

행 \ 열	0 (국어)	1 (영어)	2 (수학)	3 (합계)
0 (1번학생)				
1 (2번학생)				2번학생 총점
2 (3번학생)		3번학생 영어점수		
3 (합계)	국어점수 합계			전체합계

score[2][1]이라고 하면 세 번째 학생의 두 번째 과목(영어) 점수를 나타내는 것이고
score[1][3]은 두 번째 학생의 총점
score[3][0]은 첫 번째 과목(국어)의 합계
score[3][3]은 전체학생 총점의 합계를 나타내는 것이다.

```
• for (j = 0 ; j < 3; j++) {
        scanf("%d", &score[i][j]);
        score[i][3] += score[i][j];
        score[3][j] += score[i][j];
        score[3][3] += score[i][j];
  }
```

i행에서 j가 0부터 2까지 바뀌면서 3과목의 점수를 입력받는다.
입력받은 점수를 i번 학생의 총점 score[i][3]에 누적하여 더한다.
" j번 과목의 합계 score[3][j] "
" 전체 학생 총점의 합계 score[3][3] "

```
• for (i = 0; i < 4; i++) {
        if (i < 3) printf(" %d번 ", i + 1);
        else printf("합계 ");
        for (j = 0; j < 4; j++) {
              printf("%4d ", score[i][j]);
        }
        printf("\n");
  }
```

i가 0이면 "1번", 1이면 "2번", 2이면 "3번"이라고 출력하고 i가 3일 경우는 "합계"라고 출력한 후 각각의 점수를 차례로 출력한다.

자가진단 6

5명 학생의 국어, 영어, 수학, 과학 4과목의 점수를 입력 받아서 각 개인별로 평균이 80 이상이면 "pass", 그렇지 않으면 "fail"을 출력하고, 합격한 사람의 수를 출력하는 프로그램을 작성하시오.

입력 예

```
85 67 95 65
80 95 86 56
100 98 67 86
95 76 84 65
67 86 90 76
```

출력 예

```
fail
fail
pass
pass
fail
Successful : 2
```

07 Question

아래와 같은 파스칼 삼각형을 출력하는 프로그램을 작성하시오. 파스칼 삼각형은 첫 번째 줄 첫 번째 행을 1로 초기화한 후 다음 줄부터는 바로 위의 값과 바로 위 왼쪽의 값을 더한 값이 된다.

출력 예

```
1
1 1
1 2 1
1 3 3 1
1 4 6 4 1
```

소스

```
#include <stdio.h>

int main()
{
	int i, j;
```

```
    int pas[6][6] = {0};

    pas[1][1] = 1;
    for (i = 2; i < 6; i++) {
            for (j = 1; j <= i; j++) {
                    pas[i][j] = pas[i - 1][j - 1] + pas [i - 1][j];
            }
    }

    for (i = 1; i < 6; i++) {
            for (j = 1; j <= i; j++) {
                    printf("%d ", pas[i][j]);
            }
            printf("\n");
    }

    return 0;
}
```


설명

- `int pas[6][6] = {0};`
  `pas[1][1] = 1;`

행렬을 구성하여 모든 값을 0으로 초기화하고 1행 1열을 1로 초기화한다.
pas[0][0]부터 사용해도 되지만 위와 같이 하는 것이 훨씬 편리하다. 그 이유는 아래에서 설명하기로 하고 일단 pas[5][5]까지 필요하므로 6 * 6의 행렬을 구성한 것이다.

- ```
  for (i = 2; i < 6; i++) {
          for (j = 1; j <= i; j++) {
                  pas[i][j] = pas[i - 1][j - 1] + pas [i - 1][j];
          }
  }
  ```

1행은 이미 초기화되었으므로 행을 나타내는 i가 2행부터 5행까지 차례로 실행된다. 행이 정해지면 열을 나타내는 j가 1부터 i번까지 실행되면서 블록 내의 계산식을 실행한다. i행 j열의 값은 바로 위의 왼쪽 i - 1행 j - 1열의 값과, 바로 위 i - 1행 j열의 값을 더한 값이 된다.
  ```

	0열	1열	2열	3열	4열
0행	0	0	0	0	0
1행	0	1	0	0	0
2행	0	1	1	0	0
3행	0	1	2	1	0
4행	0	1	3	3	1

2행 1열은 pas[2][1] = pas[1][0] + pas[1][1]이 된다.

만약 위 파스칼 삼각형을 pas[0][0]을 1로 초기화하고 시작하였다면 어떻게 되었을까?

2행 1열은 pas[1][0]이 되고 계산식은 pas[0][-1] + pas[0][0]이 될 것이다.

첨자가 음수로 되거나 선언된 배열의 위치를 벗어나게 되면 메모리를 침범하는 심각한 에러가 발생하게 된다. 따라서 위와 같이 하려면 반드시 범위를 벗어나는지 확인하기 위해 조건문을 써야 한다. 그러한 복잡한 조건문을 쓰지 않고 간단하게 처리하기 위해서 0을 비워두고 1부터 사용하게 된 것이다.

자가진단 7

배열을 만들어서 반복문을 이용하여 아래와 같이 저장한 후 출력하는 프로그램을 작성하시오.

출력 예

```
1 1 1 1 1
1 2 3 4 5
1 3 6 10 15
1 4 10 20 35
1 5 15 35 70
```

• *Hint*

바로 위의 값과 바로 왼쪽의 값을 더한 것이다.

배열[0][1] 또는 배열[1][0]을 1로 초기화하고 배열[1][1]부터 배열[5][5]까지 식을 세워 구하면 된다.

첫 번째 행을 모두 1로 초기화하고 두 번째 행부터 채워나가도 된다.

형성평가

1. 가람이는 주사위 놀이를 하다가 주사위를 10번 던져서 각 숫자가 몇 번씩 나왔는지 알아보려고 한다. 한번 던질 때마다 나온 주사위의 숫자를 입력받아서 숫자가 몇 번씩 나왔는지 출력하는 프로그램을 작성하시오.

입력 예

```
5 6 3 4 5 5 2 2 4 6
```

출력 예

```
1 : 0
2 : 2
3 : 1
4 : 2
5 : 3
6 : 2
```

2. 학생들의 점수를 입력받다가 0이 입력되면 그 때까지 입력받은 점수를 10점 단위로 구분하여 점수대별 학생 수를 출력하는 프로그램을 작성하시오. (1명도 없는 점수는 출력하지 않는다.)

입력 예

```
63 80 95 100 46 64 88 0
```

출력 예

```
100 : 1 person
90 : 1 person
80 : 2 person
60 : 2 person
40 : 1 person
```

• *Hint*

10으로 나눈 몫을 기준으로 배열에 넣은 후 출력한다.

3. 10 미만의 자연수 두 개를 입력받아서 첫 번째 항과 두 번째 항을 입력받은 수로 초기화시킨 후 세 번째 항부터는 전전항과 전항의 합을 구하여 그 합의 1의 자리로 채워서 차례로 10개를 출력하는 프로그램을 작성하시오.

입력 예 3 5

출력 예 3 5 8 3 1 4 5 9 4 3

4. 4행 3열의 배열을 선언하고 아래와 같이 초기화한 후 차례대로 출력하고 마지막 줄에 배열의 모든 값을 더한 결과를 출력하는 프로그램을 작성하시오.

```
 3,  5,  9,
 2, 11,  5,
 8, 30, 10,
22,  5,  1
```

출력 예

```
3 5 9
2 11 5
8 30 10
22 5 1
111
```

5. 호석이네 학교는 6학년에 네 반이 있는데 각 반의 대표를 세 명씩 선발하여 제기차기 시합을 하였다. 반별로 세 명이 제기를 찬 개수를 입력받아 각 반별로 제기를 찬 개수의 합계를 출력하는 프로그램을 작성하시오. (입력 예에서 기울임꼴은 출력해야 합니다)

입력 예

1class? 15 2 35
2class? 33 1 6
3class? 5 10 19
4class? 1 8 55

출력 예

1class : 52
2class : 40
3class : 34
4class : 64

6. 2차원 배열을 선언하고 1행의 1열과 3열, 5열을 각각 1로 나머지는 모두 0으로 초기화한 후 2행부터는 바로 위행의 왼쪽과 오른쪽의 값을 더하여 채운 후 출력하는 프로그램을 작성하시오.

출력 예

```
1 0 1 0 1
0 2 0 2 0
2 0 4 0 2
0 6 0 6 0
6 0 12 0 6
```

7. 2행 3열 배열을 두 개 선언하여 각각의 값을 입력 받은 후 두 배열의 같은 위치끼리 곱하여 새로운 배열에 저장한 후 출력하는 프로그램을 작성하시오. (입력 예에서 기울임꼴은 출력해야 합니다)

입력 예

first array
3 6 9
8 5 2
second array
9 8 7
6 5 4

출력 예

27 48 63
48 25 8

8. 4행 2열의 배열을 입력받아 첫 번째 줄에는 가로평균, 두 번째 줄에는 세로평균 그리고 세 번째 줄에는 전체평균을 출력하는 프로그램을 작성하시오. (소수점 이하는 버림 한다.)

입력 예

16 27
39 100
19 88
61 20

출력 예

21 69 53 40
33 58
46

9. 행의 크기를 입력받아 파스칼 삼각형을 작성하여 마지막 행부터 첫 번째 행까지 차례로 출력하는 프로그램을 작성하시오. 단, 행의 크기는 최대 10이다.

입력 예

6

출력 예

1 5 10 10 5 1
1 4 6 4 1
1 3 3 1
1 2 1
1 1
1

10. 3행 5열의 2차원 문자배열을 선언하고 차례로 대문자를 입력받은 후 소문자로 바꾸어서 출력하는 프로그램을 작성하시오.

입력 예	출력 예
A B C D E	a b c d e
F G H I J	f g h i j
K L M N O	k l m n o

• hint

대문자 A는 65로 저장되고 소문자 a는 97로 저장된다. 즉 소문자는 대문자보다 32가 더 크다.

C·H·A·P·T·E·R

11

함수 1

11
CHAPTER

함수 1

01 Question

사용자 정의 함수를 만들어 선을 그리는 프로그램을 작성하시오.

출력 예

```
==================================
line 함수를 호출하였습니다.
line 함수를 다시 호출합니다.
==================================
```

소스1

```
#include <stdio.h>

void line()
{
	puts("==================================");
}

int main()
{
	line();

	puts("line 함수를 호출하였습니다.");
	puts("line 함수를 다시 호출합니다.");

	line();

	return 0;
}
```

설명

• 함수란, 프로그램 내에서 특정한 작업을 수행하기 위해서 독립적으로 만들어진 프로그램의 단위를 말한다. C언어는 함수의 집합으로 구성되어 있고 프로그램을 실행하면 처음으로 실행되는 함수가 바로 지금까지 작성해 온 main() 함수이다.

• **함수의 종류**

함수는 Compiler를 만든 회사에서 미리 만들어 제공하는 표준라이브러리 함수와 사용자가 직접 정의해서 사용하는 사용자 정의 함수가 있다.
표준라이브러리 함수는 printf(), scanf()와 같이 C언어에 내장되어 있는 함수로 해당 함수가 포함된 헤더파일을 #include 하면 바로 사용이 가능한 것이고
사용자 정의 함수는 위의 프로그램에서 line() 함수와 같이 사용자가 직접 정의해서 사용하는 함수를 말한다.

• void line()
```
{
        puts("==================================");
}
```

함수의 내용이 기록된 것을 함수의 정의라고 한다. line이라는 함수를 생성하여 정의한다. 호출을 하면 실행만 하고 끝내는 가장 단순한 형식의 함수이다. 함수도 변수와 같이 리턴값에 따라 자료형을 정의해 주어야 한다. 이 함수와 같이 리턴값이 없는 경우에는 void로 정의한다.

• line();

"함수의 호출"이라고 하며 함수가 호출되면 실행순서가 호출된 함수로 이동하여 함수의 내용을 실행하고 다시 호출한 곳으로 돌아온다. 위의 예제는 함수에서 선을 출력하는 단순한 작업만 하는 것으로 인수나 리턴값이 없다.

보충

- C 프로그램을 실행하게 되면 가장 먼저 main 함수를 찾아서 실행하게 된다. 그래서 main 함수는 프로그램을 작성할 때 꼭 있어야 하는 것이다.
- 그 외에 필요하다면 위와 같이 함수를 정의해서 필요할 때마다 호출하여 실행을 시킬 수 있는데 이러한 함수를 사용자정의 함수라고 한다.
- 함수도 변수와 마찬가지로 리턴값에 따라 int, double과 같은 자료형을 정의해 주어야 한다. 그런데 위의 예와 같이 리턴값이 없는 함수의 경우에는 void라고 정의해 준다.
- 디버깅을 할 때 함수를 호출하는 위치에서 F10(Visual C++)이나 (Next line, code::blocks)을 누르게 되면 함수부분에 들어가지 않고 함수 전체를 실행한 후 다음 라인으로 넘어간다.
- 만약 함수 내에 들어가서 디버깅을 실행하기 위해서는 함수호출 부분에서 F11 (Visual C++)이나 (Step into, code::blocks)를 누르면 된다. 또는 확인하고 싶은 문장에 커서를 위치하고 Ctrl+F10(Visual C++)이나 (Run to cursor, code::blocks)를 누르면 해당 위치까지 실행이 된다.

소스2

```
#include <stdio.h>

void line();

int main()
{
	line();

	puts("line 함수를 호출하였습니다.");
	puts("line 함수를 다시 호출합니다.");

	line();

	return 0;
}
```

```
void line()
{
        puts("====================================");
}
```

설명

- void line();

함수를 호출하기 위해서는 반드시 호출하려는 함수가 현재의 위치보다 앞에 정의되어 있어야 한다. main()함수에서 line() 함수를 호출하는데 line()함수는 main()함수보다 아래에 정의되어 있어서 문법적으로 에러가 발생한다. 이 때 함수의 위치를 그대로 유지하기 위해서는 main()함수 앞에 호출할 함수의 형태만 미리 선언해 주면 된다. 이것을 프로토타입(함수원형) 선언이라고 한다.

자가진단 1

문자열 "~!@#$^&*()_+|" 를 출력하는 함수를 작성하고 정수를 입력받아 입력받은 수만큼 함수를 호출하는 프로그램을 작성하시오.

입력 예

3

출력 예

~!@#$^&*()_+|
~!@#$^&*()_+|
~!@#$^&*()_+|

※ 주의 : 문자열을 잘 확인하세요.

02 Question

정수를 입력 받아 10큰 수와 10작은 수를 출력하는 프로그램을 작성하시오.

입력 예 50

출력 예 10큰수 : 60
10작은수 : 40

소스

```
#include <stdio.h>

void plusten(int su)
{
        printf("10큰수 : %d \n", su + 10);
}

void minusten(int su)
{
        printf("10작은수 : %d \n", su - 10);
}

int main()
{
        int num;

        scanf("%d", &num);

        plusten(num);
        minusten(num);

        return 0;
}
```

설명

- void plusten(int su) {...}

함수를 선언하고 정수 한 개를 매개변수로 받아서 su라는 변수에 저장한다. 이 함수를 호출할 때는 반드시 한 개의 정수를 인수로 전달해야 한다.

- plusten(num);

num을 인수로 전달하여 plusten 함수를 호출한다.

만약 num으로 입력받은 값이 100이라면 함수를 호출할 때 그 값을 함께 전달하는데 plusten 함수에서는 넘겨받은 num값 100을 새로 선언한 su 변수에 저장하고 블록 내의 문장들을 실행한다.

위와 같이 함수를 호출하면서 전달하는 값(num)을 인수라고 하고 함수에서 전달받은 값을 저장하는 변수(su)를 매개변수라고 한다. 인수와 매개변수는 위와 같이 명확하게 구분되지만 일반적으로는 같은 의미로 쓰인다.

위의 프로그램에서 num은 main 함수에서 선언된 변수이므로 main 함수 이외의 곳에서는 사용할 수 없으며, su는 plusten 함수에서 선언된 것이므로 그 함수 내에서만 사용이 가능하다.

minusten 함수에 선언된 변수 su는 plusten에 같은 이름으로 선언된 것이 있지만 그것과는 전혀 다른 것으로 인식하여 작동하게 된다.

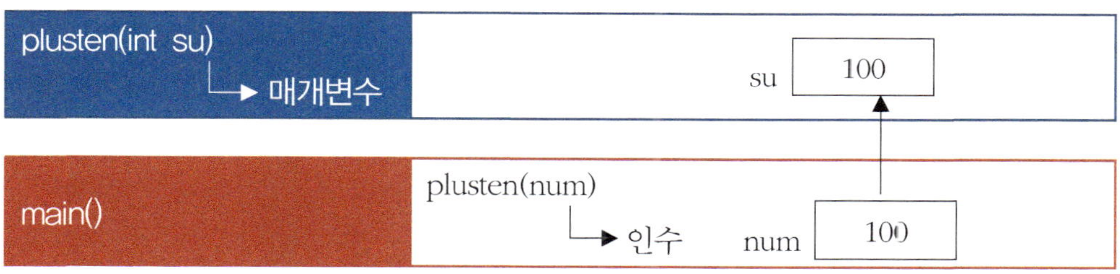

자가진단 2

반지름의 길이를 전달받아 넓이를 출력하는 함수를 작성하고 반지름의 길이를 입력받아 함수를 호출하여 넓이를 출력하는 프로그램을 작성하시오. (원주율은 3.14로 하고 반올림하여 소수 둘째자리까지 출력한다. 원의 넓이 = 반지름 * 반지름 * 원주율이다.)

입력 예

10

출력 예

314.00

03 Question

정수를 전달받아 출력 예와 같이 '*'로 이루어진 직각삼각형을 출력하는 함수를 작성하고 입력받은 정수를 전달하여 출력하는 프로그램을 작성하시오.

입력 예 5

출력 예

```
*
**
***
****
*****
```

소스

```
#include <stdio.h>

void star(int n)
{
	int i, j;

	for (i = 1; i <= n; i++ ) {
		for (j = 1; j <= i; j++) {
			printf("*");
		}
		printf("\n");
	}
}

int main()
{
	int n;

	scanf("%d", &n);
	star(n);

	return 0;
}
```

설명

- void star(int n) {...}

정수를 넘겨받아 변수 n에 저장하고 n행에 해당하는 삼각형을 출력한다.
이 때 메인에서 넘겨받아 이 함수 내에 저장된 n은 메인에서 입력받은 n과는 다른 변수이다.

자가진단 3

정수를 전달받아 다음과 같이 숫자 정사각형을 출력하는 함수를 작성하고 함수를 호출하여 입력받은 정수를 함수로 전달하여 출력하는 프로그램을 작성하시오.

입력 예

```
4
```

출력 예

```
1 2 3 4
5 6 7 8
9 10 11 12
13 14 15 16
```

04 Question

합과 차를 각각 리턴하는 함수를 작성한 후 두 정수를 입력받아 함수를 호출하여 두 수의 합과 차를 출력하는 프로그램을 작성하시오.

입력 예 30 50

출력 예 두 수의 합 = 80
두 수의 차 = 20

소스

```
#include <stdio.h>

int add(int x, int y)
{
	return x + y;
}

int sub(int x, int y)
{
	int cha = x - y;
	if (cha < 0) cha *= -1;
	return cha;
}

int main()
{
	int a, b, sum;

	scanf("%d %d", &a, &b);

	sum = add(a, b);
	printf("두 수의 합 = %d \n", sum);
	printf("두 수의 차 = %d \n", sub(a,b));

	return 0;
}
```

설명

- int add(int x, int y)
```
{
        return x + y;
}
```
두 정수를 x와 y로 받아서 저장했다가 두수의 합을 리턴한다. 이 때 리턴값을 함수의 결과값이라고 하며 함수의 이름앞에 표시되는 자료형은 바로 이 리턴값의 자료형과 일치해야 한다. 위에서 리턴되는 x + y값이 정수이므로 int add(...) 라고 선언한 것이다. 리턴값이 없을 때는 void를 사용하게 된다.

- if (cha < 0) cha *= -1;

변수 cha의 값이 음수인 경우 -1을 곱하여 양수로 바꾼다.

- sum = add(a, b);

a와 b를 전달하여 add함수를 실행하고 리턴되는 결과값을 sum에 저장한다.

- printf("두 수의 차 = %d \n", sub(a, b));

sub(a, b)함수를 실행하고 리턴되는 값을 바로 출력한다.

자가진단 4

세 개의 정수를 전달받아 최대값을 구하여 리턴하는 함수를 작성하고 세 정수를 입력받아 최대값을 출력하는 프로그램을 작성하시오.

입력 예

-10 115 33

출력 예

115

- *hint*

3개의 매개변수가 a, b, c라고 할 때 a가 b보다 크고 c보다도 크다면 a를 리턴하고, 그렇지 않을 경우에는 b와 c 중 큰 것을 리턴하면 된다.

05 Question

평균을 구하는 함수를 작성한 후 세과목의 점수를 입력받아 평균을 구하여 소수 둘째자리까지 반올림하여 출력하는 프로그램을 작성하시오.

입력 예 *세과목의 점수를 입력하세요.* 80 65 95

출력 예 평균 : 80.00

소스1

```
#include <stdio.h>

double pyung(int a, int b, int c)
{
	int sum = a + b + c;
	return sum / 3.0;
}

int main()
{
	int kor, eng, mat;
	double avg;

	printf("세과목의 점수를 입력하세요. ");
	scanf("%d %d %d", &kor, &eng, &mat);

	avg = pyung(kor, eng, mat);

	printf("평균 : %.2f \n", avg);

	return 0;
}
```

설명

- double pyung(int a, int b, int c)

```
{
	int sum = a + b + c;
```

```
        return sum / 3.0;
    }
```

정수 3개를 전달 받아 평균을 구하여 리턴한다.
리턴값이 실수이므로 함수를 double로 정의하였다.

- avg = pyung(kor, eng, mat);

함수를 호출하여 세 값을 보내서 리턴되는 값을 avg에 저장한다.

소스2

```
#include <stdio.h>

double pyung(int a, int b, int c)
{
        return (a + b + c) / 3.0;
}

int main()
{
        int kor, eng, mat;

        printf("세과목의 점수를 입력하세요. ");
        scanf("%d %d %d", &kor, &eng, &mat);

        printf("평균 : %.2f \n", pyung(kor, eng, mat));

        return 0;
}
```

설명

- 앞의 소스와 같으나 함수에서 중간 계산과정을 거치지 않고 직접 리턴하였고 main에서도 리턴값을 저장하지 않고 즉시 출력하였다.

자가진단 5

10 이하의 두 정수 m과 n을 입력 받아서 m을 n만큼 거듭제곱하여 나온 값(m^n)을 리턴하는 함수를 작성하여 다음과 같이 출력하는 프로그램을 작성하시오.

입력 예

2 10

출력 예

1024

● *hint*

2^{10} = 2*2*2*2*2*2*2*2*2*2 = 1024

06 Question

정수의 연산식을 입력받아 연산을 위한 함수를 호출하여 사칙연산의 결과를 출력하는 프로그램을 작성하시오. ('/'의 경우는 정수 부분만 출력하고 사칙연산 이외의 연산 결과는 0으로 한다.)

입력 예 10 + 20

출력 예 10 + 20 = 30

소스

```
#include <stdio.h>

int gesan(int x, int y, char op)
{
        switch(op){
        case '+' :
                return x + y;
        case '-' :
                return x - y;
        case '*' :
                return x * y;
        case '/' :
                return x / y;
        }
        return 0;
```

```
}

int main()
{
        int a, b;
        char c;

        scanf("%d %c %d", &a, &c, &b);
        printf("%d %c %d = %d \n", a, c, b, gesan(a, b, c));

        return 0;
}
```

설명

- int gesan(int x, int y, char op)

연산을 위한 두 개의 정수와 연산자 한 개를 문자로 전달 받는 함수를 정의한다.

- switch (op)

op 변수의 연산자에 따라 위치를 분기한다.

- case '+':

```
        return x + y;
```

op 연산자가 '+'이면 두 정수의 합을 리턴한다.
return 문장을 만나면 함수를 종료하고 호출한 위치로 돌아가므로 break; 문은 필요가 없다.

- return 0;

switch 문장에서 case의 어느 하나를 만나게 되면 리턴이 된다. 이 문장을 만나기 위해서는 case의 어느 것도 만나지 않아야 한다. 즉, 위 4가지 연산자 이외의 문자일 경우에 0을 리턴하는 것이다.

자가진단 6

위 소스에서 함수 내의 switch 문을 if~ else if~ else 문으로 바꾸어 실행해보자.

07 Question

두 수를 입력받아 아래 예와 같이 순서를 바꾸어 출력하는 프로그램을 작성하시오.

입력 예 *두 수를 입력하세요. 35 15*

출력 예
첫 번째 함수 실행중 x = 15, y = 35
첫 번째 함수 실행후 a = 35, b = 15
두 번째 함수 실행중 x = 15, y = 35
두 번째 함수 실행후 a = 15, b = 35

소스

```
#include <stdio.h>

void swapvalue(int x, int y)
{
        int tmp;

        tmp = x;
        x = y;
        y = tmp;

        printf("첫 번째 함수 실행중 x = %d, y = %d \n", x, y);
}

void swapreference(int &x, int &y)
{
        int tmp;

        tmp = x;
        x = y;
        y = tmp;

        printf("두 번째 함수 실행중 x = %d, y = %d \n", x, y);
}

int main()
{
        int a, b;
```

```
    printf("두 수를 입력하세요. ");
    scanf("%d %d", &a, &b);

    swapvalue(a,b);
    printf("첫 번째 함수 실행후 a = %d, b = %d \n", a, b);

    swapreference(a,b);
    printf("두 번째 함수 실행후 a = %d, b = %d \n", a, b);

    return 0;
}
```

설명

- void swapvalue(int x, int y) { ... }

지금까지 배운 것과 같은 전달방식을 값에 의한 전달(call–by–value)이라고 한다. main() 함수에서 swapvalue(a, b)를 호출하게 되면 a와 b의 값을 가져와서 새로운 변수 x, y를 생성하여 값을 저장하게 된다. 이후 x와 y의 값을 아무리 바꾸어도 main()함수에 있는 a와 b의 값은 변화가 없다.

- void swapreference(int &x, int &y) { ... }

매개변수(x, y) 앞에 '&'를 붙여주는 것을 참조에 의한 전달(call–by–reference)이라고 한다. 참조에 의한 전달은 main() 함수에서 swapreference(a, b)를 호출하게 되면 a와 b의 값을 가져오는 것이 아니라 a와 b가 저장되어 있는 위치를 전달하여 그 위치의 이름을 x와 y로 새롭게 붙여주는 것이다. 즉 x와 y는 새로운 변수가 아니라 main()에 있는 a와 b의 별명이라고 생각하면 된다.

- swapvalue(a, b);
  printf("첫 번째 함수 실행후 a = %d, b = %d \n", a, b);

a, b의 값을 전달하여 swapvalue 함수 내에서 두 값을 교환했지만 main()함수의 a,b의 값은 변하지 않는다.

- swapreference(a, b);
  printf("두 번째 함수 실행후 a = %d, b = %d \n", a, b);

a, b의 위치를 전달하여 두 위치의 값을 교환했으므로 a, b의 값은 서로 바뀐다.

위와 같은 참조에 의한 전달 방식은 C++에서 추가된 문법이므로 소스의 확장자를 반드시 ".cpp"로 저장해야 하며 ".c"로 저장하면 오류가 발생된다. 순수 C언어의 문법으로 참조에 의한 전달을 하는 방법은 포인터 단원에서 다루도록 한다.

자가진단 7

두 개의 정수를 입력받아 큰 수는 2로 나눈 몫을 저장하고 작은 수는 2를 곱하여 저장한 후 출력하는 프로그램을 작성하시오. (참조에 의한 전달을 이용한 함수를 작성하여 값을 수정하고 출력은 메인함수에서 한다.)

입력 예

100 500

출력 예

200 250

08 Question

두 정수를 입력받아 합과 곱을 출력하는 프로그램을 구조화하여 작성하시오.

입력 예 두 수를 입력하세요. 35 26

출력 예 합 : 61

곱 : 910

소스

```
#include <stdio.h>

int a, b;
int hap, gop;

void input()
{
        printf("두 수를 입력하세요. ");
        scanf("%d %d", &a, &b);
}

void gesan()
{
        hap = a + b;
        gop = a * b;
}

void output()
{
        printf("합 : %d \n", hap);
        printf("곱 : %d \n", gop);
}

int main()
{
        input();
        gesan();
        output();
        return 0;
}
```

설명

- ```
  int a, b;
  int hap, gop;
  ```

변수를 선언한 위치가 어떤 함수에도 속하지 않고 있다.
특정한 함수 내에 선언된 변수는 그 함수 내에서만 사용이 가능하며 그 함수가 종료되면 그 안에서 선언된 변수도 모두 자동적으로 소멸된다. 이렇게 함수 내에서 선언된 변수를 지역변수라고 한다.
위와 같이 어떤 함수에도 속하지 않고 독립적으로 선언된 변수를 전역변수라고 한다. 전역변수는 변수가 선언된 위치 이후의 어떤 함수에서도 접근과 사용이 가능하다.

- ```
  int main()
  {
          input();
          gesan();
          output();
          return 0;
  }
  ```

위의 문제를 잘 분석하여 프로그램에서 해야 할 일을 순서대로 나열해보면 입력 → 계산 → 출력 이렇게 3가지 작업을 하게 된다.
따라서 이 3가지 작업을 각각 함수로 작성한 후 메인에서는 순서대로 함수만 호출하면 된다. 이러한 방법으로 프로그램을 작성하는 것을 구조화한다고 하며 이렇게 작성된 프로그램은 분석이 쉽고 작성이 간단하며 디버깅을 통해 잘못된 점을 찾아내기도 훨씬 수월해진다.

> 위와 같이 전역변수를 선언해 놓고 여러 함수에서 그 값을 공유하는 방법은 완전한 구조화 프로그램이라고 하기에는 다소 문제가 있다. 프로그램이 조금만 복잡해지면 예기치 않은 결과를 초래할 수도 있기 때문이다. 다소 복잡해 보일지는 몰라도 진정한 구조화 프로그래밍은 다음과 같은 것이다.

```
#include <stdio.h>

void input(int &x, int &y)
{
	printf("두 수를 입력하세요. ");
	scanf("%d %d", &x, &y);
}

int plus(int x, int y)
{
	return x + y;
}

int multi(int &x, int &y)
{
	return x * y;
}

void output(int x, int y)
{
	printf("합 : %d \n", x);
	printf("곱 : %d \n", y);
}

int main()
{
	int a, b;
	int hap, gop;

	input(a, b);
	hap = plus(a, b);
	gop = multi(a, b);
	output(hap, gop);

	return 0;
}
```

입력은 해당위치에 받아야 하므로 반드시 참조에 의한 전달을 해야 하지만, 나머지 경우는 값에 변화가 없으므로 두 가지 방법이 모두 가능하다.
프로그램 분석은 각자 해보도록 하자.

자가진단 8

10 이하의 두 개의 정수를 입력받아서 작은 수부터 큰 수까지의 구구단을 차례대로 출력하는 프로그램을 구조화하여 작성하시오. (곱한 결과는 오른쪽에 맞추어 출력한다.)

입력 예

```
3 5
```

출력 예

```
== 3dan ==
3 * 1 =  3
3 * 2 =  6
3 * 3 =  9
3 * 4 = 12
3 * 5 = 15
3 * 6 = 18
3 * 7 = 21
3 * 8 = 24
3 * 9 = 27

== 4dan ==
4 * 1 =  4

      :
      :
      :

5 * 8 = 40
5 * 9 = 45
```

• *hint*

main 함수 작성예

```
int main()
{
    int a, b, i;
    input(a, b);
    for (i = a; i <= b; i++) {
        output(i);
    }
    return 0;
}
```

input() 함수에서는 두 수를 참조에 의한 전달로 받아서 입력받은 후 작은 수를 a에 큰 수를 b에 저장하도록 한다. output() 함수에서는 전달받은 값에 해당하는 구구단을 출력한다.

형성평가

1. '@'문자를 10개 출력하는 함수를 작성한 후 함수를 세 번 호출하여 아래와 같이 출력하는 프로그램을 작성하시오.

출력 예

```
first
@@@@@@@@@@
second
@@@@@@@@@@
third
@@@@@@@@@@
```

2. 1부터 전달받은 수까지의 합을 출력하는 함수를 작성하고 1000 이하의 자연수를 입력받아 작성한 함수로 전달하여 출력하는 프로그램을 작성하시오.

입력 예

```
100
```

출력 예

```
5050
```

3. 자연수를 입력받아 아래와 같은 사각형을 출력하는 프로그램을 작성하시오. (출력하는 부분은 함수로 작성한다.)

입력 예

```
3
```

출력 예

```
1 2 3
2 4 6
3 6 9
```

4. 두 개의 정수를 입력받아 큰 수의 제곱에서 작은 수의 제곱을 뺀 결과값을 출력하는 프로그램을 작성하시오. (두 정수를 전달받아 제곱의 차를 리턴하는 함수를 이용할 것)

입력 예

8 10

출력 예

36

5. 3명 학생의 3과목 점수를 입력받아 각 과목별, 학생별 총점을 출력하는 구조화된 프로그램을 작성하시오.

입력 예

50 80 100
96 88 66
100 85 90

출력 예

50 80 100 230
96 88 66 250
100 85 90 275
246 253 256 755

C·H·A·P·T·E·R

12

함수 2

12
CHAPTER

함수 2

01 Question

6개의 정수를 입력 받아 오름차순으로 정렬하여 출력하는 프로그램을 작성하시오.

입력 예　9 2 6 8 3 4

출력 예　2 3 4 6 8 9

소스

```
#include <stdio.h>

void input(int a[], int cnt)
{
        int i;
        for (i = 0; i < cnt; i++) {
                scanf("%d", &a[i]);
        }
}

void output(int a[], int cnt)
{
        int i;
        for (i = 0; i < cnt; i++) {
                printf("%d ", a[i]);
        }
        printf("\n");
}
```

```
void swap(int &x, int &y)
{
        int tmp = x;
        x = y;
        y = tmp;
}

void sort(int a[], int cnt)
{
        int i, j;
        for (i = 0; i < cnt - 1; i++) {
                for (j = i + 1; j < cnt; j++) {
                        if (a[i] > a[j]) {
                                swap(a[i], a[j]);
                        }
                }
        }
}

int main()
{
        int arr[6];

        input(arr, 6);
        sort(arr, 6);
        output(arr, 6);

        return 0;
}
```


설명

- void input(int a[], int cnt) { ... }

메인에서 전달받은 배열의 이름을 a라 정하고 a배열의 개수를 전달받아 cnt에 저장한다. 배열을 함수로 전달하는 방법은 호출하는 곳에서는 배열의 이름을, 함수를 선언하는 곳에서는 배열이름 뒤에 "[]"를 붙여주면 된다. 이렇게 하면 새로운 배열을 생성하는 것이 아니라 배열의 시작위치를 전달하게 되어 참조에 의한 전달과 똑같이 작동하게 된다. 즉 함수 내에서 배열의 값에 변화를 주면 원래 배열의 값이 변하게 되는 것이다. 배열을 인수로 전달하게 되면 그 배열의 위치만 전달이 되므로 전달받은 함수측에서는 배열의 크기를 알 수가 없다. 따라서 배열을 전달할 때에는 크기도 함께 전달하는 경우가 많은데 위 함수에서 cnt가 바로 배열의 크기를 나타내는 것이다.

- void swap(int &x, int &y) { ... }

두 개의 정수를 전달받아 값을 바꾸어주기 위해 작성된 함수이다. 참조에 의해 전달되었기 때문에 이 함수 내에서 바꾸어주면 호출한 위치에서의 값이 바뀌게 된다.

- void sort(int a[], int cnt) { ... }

배열을 받아서 크기순으로 정렬하기 위해 작성된 함수이다. 정렬방식은 선택정렬을 사용하였다.

- input(arr, 6);

arr 배열에 6개의 자료를 입력받기 위해 배열의 시작 위치(arr)와 처리해야할 개수(6)를 전달하여 input 함수를 호출한다.

자가진단 1

10 이하의 자연수 n을 입력받고 n개의 정수를 입력받아 내림차순으로 정렬하여 출력하는 프로그램을 작성하시오. (배열을 전달하는 함수를 이용한다.)

입력 예	출력 예
4 10 9 2 15	15 10 9 2

02 Question

3과목의 점수를 입력 받아서 평균이 60 미만이거나 1과목이라도 40점 미만이 있으면 "불합격", 아니면 "합격"이라는 메시지를 아래와 같이 출력하는 프로그램을 작성하시오.

입력 예 *3과목의 점수를 입력하세요. 95 77 80*

출력 예 축하합니다. 합격입니다.

소스

```
#include <stdio.h>

void input(int a[], int cnt)
{
        int i;

        printf("%d과목의 점수를 입력하세요. ", cnt);
        for (i = 0; i < cnt; i++) {
                scanf("%d", &a[i]);
        }
}

bool pass(int a[], int cnt)
{
        int i, sum = 0, avg;

        for (i = 0; i < cnt; i++) {
                if (a[i] < 40) return false;
                sum += a[i];
        }
        avg = sum / cnt;

        if (avg < 60) return false;
        return true;
}

int main()
{
        int score[3];
```

```
        input(score, 3);
        if (pass(score, 3)) {
                printf("축하합니다. 합격입니다.");
        }
        else {
                printf("죄송합니다. 불합격입니다.");
        }

        return 0;
}
```

설명

- bool pass (int a[], int cnt)

bool은 리턴되는 값이 참(true 또는 1)과 거짓(false 또는 0) 중 1개이다.

- if (a[i] < 40) return false;

과목 중 하나라도 40보다 작은 것이 있으면 다른 내용과는 관계없이 불합격이므로 즉시 false를 리턴한다.

- if (avg < 60) return false;

평균이 60보다 작으면 불합격이므로 false를 리턴한다.

- return true;

위에서 어떤 조건도 만족하지 않으면(즉, 불합격 요인이 없으면) true를 리턴한다.

자가진단 2

2016년의 날짜를 월 일로 입력받아서 입력된 날짜가 존재하면 "OK!", 그렇지 않으면 "BAD!"라고 출력하는 프로그램을 작성하시오.

입력 예

2 30

출력 예

BAD!

03 Question

두 정수를 입력받아 차를 구하고, 두 실수를 입력받아 차를 구하는 프로그램을 작성하시오.

입력 예
58 62
1.25 52.23

출력 예
두 정수의 차 : 4
두 실수의 차 : 50.980000

소스

```
#include <stdio.h>
#include <stdlib.h>
#include <math.h>

int main()
{
        int a, b;
        double c, d;

        scanf("%d %d", &a, &b);
        scanf("%lf %lf", &c, &d);

        printf("두 정수의 차 : %d \n", abs(a - b));
        printf("두 실수의 차 : %f \n", fabs(c - d));

        return 0;
}
```

설명

- #include 〈stdio.h〉

지금까지 사용자가 직접 함수를 작성하여 놓고 필요한 곳에서 호출하여 사용하는 방법을 알아보았다. 그런데 우리는 그 동안 printf, scanf와 같은 함수를 호출하여 사용하면서도 그 함수를 작성한 적이 없다. 이 함수는 C프로그램에 미리 정의도어 기본적으로 제공되는 함수이며 이러한 함수를 표준라이브러리 함수라고 한다. 표준라이브러리 함수를 저장해 놓은 파일을 헤더파일이라고 하며 printf와 같은 함수는 〈stdio.h〉라는 헤더파일에 포함되어 있다. 따라서 이 함수를 사용하기 위해 우리는 항상 위와 같이 프로그램에 〈stdio.h〉 파일을 포함시켰던 것이다.

- #include 〈stdlib.h〉

기본적인 표준 라이브러리(Standard library) 함수들을 모아놓은 헤더파일이다. abs() 함수를 사용하기 위해 포함시켰다.

- #include 〈math.h〉

여러 가지 수학함수를 정의해 놓은 헤더파일로 절대값(fabs), 제곱근(sqrt), 거듭제곱(pow), 올림(ceil), 버림(floor), 삼각비(sin, cos, tan), 로그(log) 등이 정의되어 있다.

- abs(a - b)

abs는 ()안 정수의 절대값을 구하는 함수이다. 〈stdlib.h〉에 포함되어 있다. Visual C++에서는 〈math.h〉에도 포함되어 있다.

- fabs(c - d)

fabs는 ()안 실수의 절대값을 구하는 함수이다. 〈math.h〉에 포함되어 있다.

자가진단 3

두 개의 정수를 입력받아 절대값이 더 큰 수를 출력하고, 두 개의 실수를 입력받아 절대값이 작은 수를 출력하는 프로그램을 작성하시오.

입력 예	출력 예
-50 40	-50
-12.34 5.67	5.67

04 Question

정사각형의 넓이를 입력받아서 한 변의 길이를 구하고, 밑과 지수를 입력받아 거듭제곱의 결과를 출력하는 프로그램을 작성하시오.

입력과 출력의 예

정사각형의 넓이 : 36
정사각형의 한 변의 길이 : 6.000000
밑과 지수 : 4 2
4.000000의 2.000000승은 16.000000입니다.

소스

```
#include <stdio.h>
#include <math.h>

int main()
{
        double area;    // 넓이
        double base;    // 밑
        double exp;     // 지수(exponent를 줄여서 나타냄)

        printf("정사각형의 넓이 : ");
        scanf("%lf", &area);
        printf("정사각형의 한 변의 길이 : %f \n", sqrt(area));

        printf("밑과 지수 : ");
        scanf("%lf %lf", &base, &exp);
        printf("%f의 %f승은 %f입니다. \n", base, exp, pow(base, exp));

        return 0;
}
```

설명

- sqrt(area)

sqrt는 제곱근을 구하는 함수로 sqrt(area)는 $\sqrt{area}$ 를 구하여 double형으로 리턴한다.

- pow(base, exp)

pow는 거듭제곱을 구하는 함수로 pow(base, exp)는 $base^{exp}$를 double형으로 리턴한다. area, base, exp에는 실수와 정수를 모두 사용할 수 있지만 함수 내에서는 double로 처리하여 리턴값은 항상 double임을 주의하자.

자가진단 4

원의 넓이를 입력받아 반지름의 길이를 소수 둘째자리까지 출력하는 프로그램을 작성하시오. (원의 넓이 = 반지름 * 반지름 * 3.14 식을 이용하시오.)

입력 예	출력 예
314	10.00

- *hint*

원의 넓이 / 3.14 의 제곱근을 구하면 된다.

보충

a * a = a^2 으로 표현할 수 있으며
a^2 = b의 식에서 b는 a의 제곱이라 하고, a는 b의 제곱근이라 한다.
제곱근은 루트(root)라고 하며 $\sqrt{\ }$ 기호로 표시한다.
위의식 a^2 = b라면 a = $\sqrt{b}$ 가 된다.
C언어의 루트함수는 sqrt이며 sqrt(b)라고 하면 $\sqrt{b}$를 나타내는 것이다.
정사각형의 넓이 = 한변의 길이 * 한변의 길이 이므로 sqrt(정사각형의 넓이) = 한변의 길이가 된다.

거듭제곱은 한 개의 값을 여러번 곱하는 연산을 의미하며
a^b 이란 a를 b번 곱하는 것을 의미한다.
5^3 이라고 표시하면 5 * 5 * 5를 나타내며 값은 125가 된다.
이때 곱해지는 수 a를 밑이라 하고 곱하는 횟수를 나타내는 b를 지수라 한다.

05 Question

반지름의 길이를 입력받아서 원의 넓이를 구하되, 소수 이하를 버림한 경우, 반올림한 경우, 올림한 경우를 각각 출력하는 프로그램을 작성하시오. (원주율은 3.14로 한다.)

입력 예 *원의 반지름 : 6*

출력 예 원의 넓이
버림 : 113
반올림 : 113
올림 : 114

소스

```
#include <stdio.h>
#include <math.h>

int main()
{
        double radius, area, pi = 3.14;

        printf("원의 반지름 : ");
        scanf("%lf", &radius);

        area = pow(radius, 2) * pi;

        printf("원의 넓이\n");
        printf("버림 : %.0f \n", floor(area));
        printf("반올림 : %.0f \n", round(area));
        printf("올림 : %.0f \n", ceil(area));

        return 0;
}
```

설명

- floor(area)

floor()함수는 ()안 실수의 소수점 이하를 버림한 결과를 리턴한다. 여기에서 버림이란 주어진 값보다 크지 않은 최대의 정수 값을 의미한다. 예를 들어 floor(-2.5)는 -2가 아니라 -3이 된다는 것이다. (-2는 -2.5보다 큰 수이므로)

- round(area)

round()함수는 ()안 실수의 소수점 이하를 반올림한 결과를 리턴한다. 반올림이란 소수 첫째 자리가 5 이상이면 작지 않은 최소 정수 값, 아니면 크지 않은 최대 정수 값을 의미한다.

- ceil(area)

ceil()함수는 ()안 실수의 소수점 이하를 올림한 결과를 리턴한다. 여기에서 올림이란 주어진 값보다 작지 않은 최소의 정수 값을 의미한다.
다음의 표는 floor와 ceil함수의 사용 결과에 대한 예시이다.

사용예	결과	사용예	결과
floor(1.0)	1	ceil(1.0)	1
floor(1.1)	1	ceil(1.1)	2
floor(1.9)	1	ceil(1.9)	2
floor(2.5)	2	ceil(2.5)	3
floor(−2.5)	−3	ceil(−2.5)	−2
floor(−3.0)	−3	ceil(−3.0)	−3

자가진단 5

세 개의 실수를 입력받아 가장 큰 수를 올림한 정수를 출력하고 가장 작은 수를 버림한 정수를 출력한 후 남은 수를 반올림한 정수를 출력하는 프로그램을 작성하시오.
입력되는 실수는 −1000 이상 1000 이하이다.

입력 예

3.45 51.48 -100.1

출력 예

52 -101 3

06 Question

반지름의 길이를 입력받아서 원의 둘레의 길이를 구하여 출력하는 프로그램을 작성하시오. (원주율은 3.14로 하고 반올림하여 소수 둘째자리까지 출력한다.)

입력 예 5.5

출력 예 34.54

소스1

```
#include <stdio.h>

int main()
{
        double r, ci;    // 반지름(radius), 원주(circumference)
        const double PI = 3.14;
        scanf("%lf", &r);
        ci = r * 2 * PI;
        printf("%.2f\n", ci);

        return 0;
}
```

설명

- const double PI = 3.14;

double형 상수 PI를 선언하고 3.14를 대입한다. 상수란 변경이 불가능한 고정된 값을 말한다. 변수를 선언할 때 앞에 const를 붙여주면 이는 이 변수에 값을 넣어서 상수로 사용하겠다는 의미가 되며 따라서 이 때 선언된 변수는 더 이상 값을 변경시킬 수 없는 상수가 된다.

이렇게 const로 상수 자료형을 선언할 때는 선언과 동시에 값을 대입해 주어야 하며 프로그램 중간에 값을 변경시킬 수 없다. 만약 const로 선언된 값을 변경시키는 코드가 프로그램 내에 존재하면 컴파일 에러가 발생된다.

즉, 위의 문장을

```
const double PI;
PI = 3.14;
```

이렇게 작성을 하고 컴파일을 하려고 하면 에러가 발생된다.
이러한 변수형 상수는 값이 고정되어 있어야 하는 경우 프로그램 작성 중간에 값을 변경하는 실수를 방지하고자 주로 사용된다.

소스2

```
#include <stdio.h>
#define PI 3.14
#define SIK r * 2 * PI

int main()
{
	double r, ci;    // 반지름, 원주
	scanf("%lf", &r);
	ci = SIK;
	printf("%.2f\n", ci);

	return 0;
}
```

설명

- **#define PI 3.14**

컴파일을 할 때 프로그램 내에 존재하는 모든 PI 를 3.14로 변환한다.
'#'로 시작되는 문장을 전처리기 지시자라고 하며 그동안 늘 써왔던 #include〈헤더파일이름〉은 컴파일할 때 〈〉안의 헤더파일을 이 프로그램에 포함을 시키라는 의미이다.

- **반면에**

#define 첫 번째 두 번째

와 같은 문장은 이 프로그램 내에서 첫 번째와 같은 것을 모두 찾아서 두 번째와 같이 치환하라는 것이다. 여기에서 첫 번째 영역을 매크로라고 한다.
소스1과 결과는 같지만 소스1에서는 PI라는 변수명을 사용하여 메모리를 확보하고 그 위치에 상수 3.14를 저장하여 사용하는 것이지만, 매크로를 사용하게 되면 메모리가 필요하지 않고 프로그램에 직접 값을 입력한 것과 같게 되는 것이다.

- ci = SIK;

SIK은 매크로이므로 r * 2 * PI로 치환된다.
그런데 PI 역시 매크로이므로 3.14로 치환이 되어 이 문장은 최종적으로
ci = r * 2 * 3.14;로 변환이 되어 컴파일 된다.

자가진단 6

main 함수 내에는 숫자를 사용하지 말고 1, 2, 3 세 개의 숫자를 조합하여 가능한 한 모든 합을 출력하는 프로그램을 작성하시오.

출력 예

```
1 + 1 = 2
1 + 2 = 3
1 + 3 = 4
2 + 1 = 3
2 + 2 = 4
2 + 3 = 5
3 + 1 = 4
3 + 2 = 5
3 + 3 = 6
```

- hint

#define one 1....

07 Question

5개의 정수를 입력받아 오름차순으로 정렬하여 출력하는 프로그램을 작성하시오.

입력 예 9 2 6 8 3

출력 예 2 3 6 8 9

소스

```
#include <stdio.h>
#define N 5
#define SWAP(x, y) {int z = x; x = y; y = z;}

void input(int a[])
{
        int i;
        for (i = 0; i < N; i++) {
                scanf("%d", &a[i]);
        }
}

void sort(int a[])
{
        int i, j;
        for (i = 1; i < N; i++) {
                for (j = 0; j < N - i; j++) {
                        if (a[j] > a[j + 1]) {
                                SWAP(a[j], a[j + 1]);
                        }
                }
        }
}

void output(int a[])
{
        int i;
        for (i = 0; i < N; i++) {
                printf("%d ", a[i]);
        }
}

int main()
{
```

```
    int arr[N];

    input(arr);
    sort(arr);
    output(arr);

    return 0;
}
```

설명

- #define N 5

매크로 정의를 통해 프로그램 내의 모든 N을 5로 바꾸어 컴파일한다. 이렇게 사용하는 주된 목적은 프로그램 작성 중 자료의 개수를 변경하려면 본문 내에서 여러 곳을 찾아서 변경해야 하므로 매우 불편할 뿐 아니라 실수로 누락시킬 우려가 많기 때문이다. 이렇게 매크로를 사용하여 숫자 하나만 수정함으로써 프로그램 내에서 자료의 개수로 사용된 모든 곳을 찾아내어 수정하는 불편을 덜 수 있다.
또한 자료의 개수가 너무 커서 디버깅을 하기가 어려울 때 디버깅하는 동안 숫자를 작게 하였다가 최종 컴파일할 때는 원래의 숫자로 바꾸어주는 방법으로도 자주 사용된다.

- #define SWAP(x, y) {int z = x; x = y; y = z;}

매크로에서 ()는 일반적인 함수의 ()처럼 매개변수와 같은 역할을 한다.
이렇게 함수처럼 사용되는 것을 매크로 함수라고 한다.
위 sort함수 내에서 사용된 코드가 어떻게 치환되어 컴파일 되는지를 살펴보자.

```
SWAP(a[j], a[j + 1]); → {int z = a[j]; a[j] = a[j + 1]; a[j + 1] = z;}
```

매크로 함수에서 x라고 된 부분은 모두 a[j]로, y라고 된 부분은 모두 a[j + 1]로 치환되는 것을 알 수 있다.
이러한 매크로 함수가 일반적인 함수와 다른 점은 프로그램 실행시에 함수로 작동되는 것이 아니라 컴파일 시에 코드 자체를 바꾸어 주는 것이므로 전달하는 과정에서 자료형을 정의할 필요가 없고 실행 속도도 빠르다는 것이다.
하지만 내용이 복잡해지면 코드의 크기가 지나치게 커질 수 있으며 실수에 의한 에러가 발생될 가능성이 높아지기 때문에 주로 간단한 코드에 한해 사용하는 것이 좋다.

- **버블정렬**

버블정렬은 바로 옆의 자료와 비교해 가면서 가장 큰 수를 맨 끝(N - i위치)에 오도록 하는 작업을 반복해 나가는 방법이다. 위 코드에서 첫 번째 for문의 i는 처리해야 하는 순서이고 처리하지 않아도 되는 개수를 나타낸다.
각 단계가 끝나면 a[N - i]에 0~(N-i)까지에서 가장 큰 수가 저장되게 된다.
위 자료를 버블정렬로 오름차순 정렬하는 과정은 다음과 같다.

a[0]	a[1]	a[2]	a[3]	a[4]
9	2	6	8	3

원래 주어진 수

- 1단계(i가 1일 때) : 왼쪽부터 차례대로 오른쪽과 비교하여 가장 큰 수가 a[N - 1] 즉 a[4]에 오도록 한다.

a[0]	a[1]	a[2]	a[3]	a[4]
9	2	6	8	3

a[0]과 a[1]을 비교한다.
a[1]이 더 작으므로
a[0]과 교환한다.

a[0]	a[1]	a[2]	a[3]	a[4]
2	9	6	8	3

a[1]과 a[2]를 비교한다.
a[2]가 더 작으므로
a[1]과 교환한다.

a[0]	a[1]	a[2]	a[3]	a[4]
2	6	9	8	3

a[2]와 a[3]을 비교한다.
a[3]이 더 작으므로
a[2]와 교환한다.

a[0]	a[1]	a[2]	a[3]	a[4]
2	6	8	9	3

a[3]과 a[4]를 비교한다.
a[4]가 더 작으므로
a[3]과 교환한다.

- 2단계(i가 2일 때) : 그 다음으로 큰 수가 a[N - 2] 즉 a[3]에 오도록 처음부터 다시 비교하여 교환한다.

a[0]	a[1]	a[2]	a[3]	a[4]
2	6	8	3	9

a[0]과 a[1]을 비교한다.
a[1]이 더 크므로
교환하지 않는다.

a[0]	a[1]	a[2]	a[3]	a[4]
2	6	8	3	9

a[1]과 a[2]를 비교한다.
a[2]가 더 크므로
교환하지 않는다.

a[0]	a[1]	a[2]	a[3]	a[4]
2	6	8	3	9

a[2]와 a[3]을 비교한다.
a[3]이 더 작으므로
a[2]와 교환한다.

- 3단계(i가 3일 때) : 그 다음으로 큰 수가 a[N - 3] 즉 a[2]에 오도록 처음부터 다시 비교하여 교환한다.

a[0]	a[1]	a[2]	a[3]	a[4]
2	6	3	8	9

a[0]과 a[1]을 비교한다.
a[1]이 더 크므로
교환하지 않는다.

a[0]	a[1]	a[2]	a[3]	a[4]
2	6	3	8	9

a[1]과 a[2]를 비교한다.
a[2]가 더 작으므로
a[1]과 교환한다.

- 4단계(i가 4일 때) : 그 다음으로 큰 수가 a[N - 4] 즉 a[1]에 오도록 처음부터 다시 비교하여 교환한다.

a[0]	a[1]	a[2]	a[3]	a[4]
2	3	6	8	9

a[0]과 a[1]을 비교한다.
a[1]이 더 크므로
교환하지 않는다.

- 5단계 : a[0]만 남았으므로 더 이상 진행하지 않는다. 버블정렬이 종료되었다.

a[0]	a[1]	a[2]	a[3]	a[4]
2	3	6	8	9

오름차순 버블정렬 종료

- 데이터 5개에 대한 버블정렬 역시 선택정렬과 마찬가지로 모두 4단계를 거침을 알 수 있다. 일반적으로 데이터 N개에 대한 버블정렬은 모두 N-1단계를 거친다. 또한 i단계에서 a[i]에 최소값이 오도록 N-i번의 비교가 발생된다.

자가진단 7

10개의 정수를 입력받아 버블정렬로 내림차순 정렬을 하면서 하나의 단계가 끝날 때마다 그 정렬 결과를 출력하는 프로그램을 작성하시오.

입력 예

15 93 26 8 43 10 25 88 75 19

출력 예

93 26 15 43 10 25 88 75 19 8
93 26 43 15 25 88 75 19 10 8
93 43 26 25 88 75 19 15 10 8
93 43 26 88 75 25 19 15 10 8
93 43 88 75 26 25 19 15 10 8
93 88 75 43 26 25 19 15 10 8
93 88 75 43 26 25 19 15 10 8
93 88 75 43 26 25 19 15 10 8
93 88 75 43 26 25 19 15 10 8

08 Question

두 개의 정수 a, b를 입력받아 a보다 10 큰 수와 b보다 5 작은 수의 곱을 구하여 출력하는 프로그램을 작성하시오.

입력 예 10 20

출력 예 (10 + 10) * (20 - 5) = 300

소스

```
#include <stdio.h>
#define MULTI(x, y) (x) * (y)

int main()
{
        int a, b, c;
        scanf("%d %d", &a, &b);
        c = MULTI(a + 10, b - 5);
        printf("(%d + 10) * (%d - 5) = %d\n", a, b, c);
        return 0;
}
```

설명

- #define MULTI(x, y) (x) * (y)

두 개의 자료를 받아서 그 곱을 연산하는 매크로 함수이다.

두 자료 x와 y에 각각 ()를 붙여준 것에 유의해야 한다.

()를 붙였을 때와 생략했을 때 각각 MULTI(a + 10, b - 5);를 치환한 결과값을 살펴보자.

```
(x) * (y) → (a + 10) * (b - 5)
x * y → a + 10 * b - 5
```

()를 생략하게 되면 먼저 10 * b의 연산을 하게 되므로 전혀 다른 결과가 나오는 것을 확인할 수 있다. 따라서 매크로 함수를 사용할 때는 가능한 모든 매개변수에 ()를 써 주는 것이 안전하다.

자가진단 8

정수 두 개를 입력받아서 매크로 함수를 작성하여 두 수의 차를 제곱한 값과 합을 세제곱한 값을 각각 출력하는 프로그램을 작성하시오. (출력시 거듭제곱은 '^'로 표시하기로 한다.)

입력 예

```
5 10
```

출력 예

```
(5 - 10) ^ 2 = 25
(5 + 10) ^ 3 = 3375
```

형성평가

1. 정수 N을 입력받고 다시 N개의 정수를 입력받아 내림차순으로 정렬하여 출력하는 프로그램을 작성하시오. (1 <= N <= 15, 입력과 출력, 정렬은 모두 함수를 이용할 것)

입력 예

5
12 35 1 48 9

출력 예

48 35 12 9 1

2. 두 개의 양의 실수를 입력받아 각각의 제곱근을 구하고 구해진 두 수를 포함하여 그 사이에 존재하는 정수의 개수를 출력하는 프로그램을 작성하시오.

입력 예

12.0 34.789

출력 예

2

• *hint*

두 수의 제곱근을 구하여 정수로 형변환을 한 후 생각해보자. 작은 수의 경우 변환하기 전 원래의 제곱근과 같다면 개수에 포함을 시켜야 한다. 큰 수는 원래의 수보다 작거나 같으므로 무조건 포함이 된다.)

3. 5개의 정수를 입력받아 각 정수의 절대값의 합을 출력하는 프로그램을 작성하시오.

입력 예

35 -20 10 0 55

출력 예

120

4. 정수 n을 입력받아 2^n의 값을 출력하는 프로그램을 작성하시오. (1 <= n <= 20)

입력 예

10

출력 예

1024

5. 세 개의 실수를 입력받아 합계와 평균을 구하여 평균을 반올림한 정수를 출력하고, 다음은 입력받은 수를 각각 먼저 반올림한 후 합계와 평균을 구하여 평균을 반올림한 한 결과를 출력하는 프로그램을 작성하시오.

입력 예

153.74 34.59 109.5

출력 예

99
100

6. 자료의 개수 7을 매크로 상수로 정의하여 자료의 개수만큼 정수를 입력받아 입력받은 순서대로 앞에서부터 마지막까지 가면서 바로 뒤의 숫자와 비교하여 크면 교환한다. 이러한 작업을 세 번 반복한 후 그 결과를 차례대로 출력하는 프로그램을 작성하시오.

입력 예

15 20 41 8 26 33 19

출력 예

8 15 20 19 26 33 41

• *hint*

버블정렬에서 i를 1부터 3까지 3번만 실행하고 출력하면 된다.

7. 원주율을 3.141592로 매크로 상수로 정의하고, 원의 넓이를 구하는 매크로 함수를 작성하여 반지름을 입력받아 원의 넓이를 출력하는 프로그램을 작성하시오. (소수 넷째자리에서 반올림하여 셋째자리까지 출력)

입력 예

radius : 1.5

출력 예

area = 7.069

C•H•A•P•T•E•R

13

함수 3

13 CHAPTER

함수 3

01 Question

반복문을 사용하지 않고 자신의 이름을 10번 출력하는 프로그램을 작성하시오.

출력 예

홍길동
홍길동
⋮
홍길동

소스

```
#include <stdio.h>

void name(int n)
{
        if (n < 1) return;
        name(n - 1);
        printf("홍길동\n");
}

int main()
{
        name(10);
        return 0;
}
```

설명

- void name(int n)

이름을 n번 출력하라는 함수로 정의한 것이다.
즉 main함수에서 name(10);이라고 호출한 것은 이름을 10번 출력하라는 의미가 된다.

- name(n - 1);
  printf("홍길동\n");

함수를 호출하여 이름을 n-1번 출력한 후 한 번을 더 출력한다.
n-1번을 출력한 후 한 번을 더 출력하면 결국 n번을 출력하게 되는 것이다.

- if (n 〈 1) return;

만약 n이 0이라면 더 이상 출력할 것이 없다. 그러므로 그냥 리턴을 해주는 것이다. 만약 이 문장이 생략되면 name 함수는 무한히 호출되다가 스택 오버플로우 에러가 발생된다.

- 위와 같이 모든 재귀함수에는 종료조건이 반드시 포함되어야 한다. 종료조건은 조건에 맞을 때만 함수를 호출하도록 하는 방법과 일단 호출을 한 후 조건을 벗어나면 리턴하는 두 가지 방법이 있다.

위의 소스는 일단 호출을 하고 나서 조건을 벗어나면 리턴하도록 작성한 것이다.

- 재귀함수를 호출하면 호출한 위치를 스택이라는 공간에 저장해 놓았다가 함수실행이 끝나고 돌아오면 그 위치부터 계속 실행이 된다. 따라서 재귀함수를 디버깅 할 때에는 스택창을 보면 함수가 호출된 상황을 확인할 수 있다. code::blocks에서 스택창을 보려면 메뉴에서 "Debug" - "Debugging windows" 또는 Debugger Toolbars의 단추에서 "Call stack"을 체크하면 되고, Visual Studio에서는 "디버그" - "창" - "호출스택" 또는 "ALT"키와 "7"을 함께 누르면 된다.

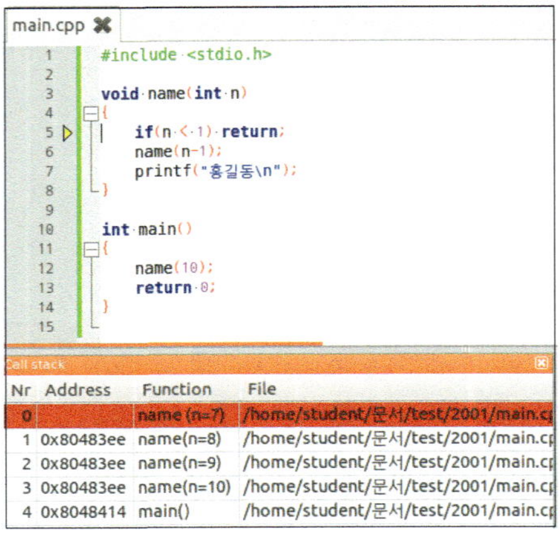

code::blocks

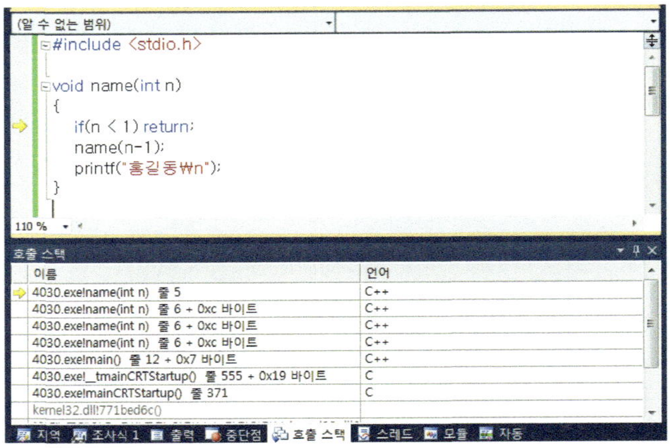

Visual Studio

자가진단 1

20 이하의 자연수 N을 입력받아 재귀함수를 이용해서 "recursive"를 N번 출력하는 프로그램을 작성하시오.

입력 예

3

출력 예

recursive
recursive
recursive

02 Question

50 이하의 자연수 N을 입력받아 재귀함수를 이용하여 1부터 N까지의 정수를 차례대로 출력하는 프로그램을 작성하시오.

입력 예 10

출력 예 1 2 3 4 5 6 7 8 9 10

소스

```
#include <stdio.h>

void num(int n)
{
        if (n <= 0) return;
        num(n - 1);
        printf("%d ", n);
}

int main()
{
        int N;
        scanf("%d", &N);
        num(N);
        return 0;
}
```

설명

- ```
  void num(int n)
  {
          if (n <= 0) return;
          num(n - 1);
          printf("%d ", n);
  }
  ```

  1부터 n까지의 정수를 출력하라는 함수를 정의한 것이다. 함수를 다시 호출하여 1부터 n-1까지를 출력하게 한 후 n을 직접 출력하게 하는 재귀함수이다.
  ```

- 만약 n이 0이면 출력할 것이 없으므로 그냥 리턴을 한다.

만약 N으로 5가 입력되었다고 가정하면 메인에서 num(5)를 호출하고 다음과 같은 과정을 거쳐 1부터 5까지 출력이 된다.

num(5) → num(4) → num(3) → num(2) → num(1) → num(0)을 차례로 호출을 하고 num(0)에서는 아무 작업도 하지 않고 return → num(1)로 돌아와서 1을 출력 → num(2)로 돌아와서 2출력, …, → num(5)에서 5를 출력하고 메인으로 돌아간다.

자가진단 2

50 이하의 자연수 N을 입력받아 재귀함수를 이용하여 N부터 1까지를 차례대로 출력하는 프로그램을 작성하시오.

입력 예

5

출력 예

5 4 3 2 1

- *hint*

재귀함수에서 호출을 한 후 출력하는 경우와 출력을 먼저 하고 호출하는 경우에 출력 순서가 어떻게 달라지는지 잘 생각해보자.

보충

재귀함수는 같은 일을 여러번 처리해야하는 경우 함수 내에서 단 한 번만 처리하고 그 한 번을 제외한 나머지 일을 다시 같은 함수를 호출하여 처리하도록 하는 원리로 작성되는 것이다.

즉 위의 예제를 보면 num(10)이라는 함수를 호출하게 되면 이것은 1부터 10까지를 출력하라는 것인데 10을 호출받은 함수 내에서는 마지막 10만 출력하도록 하고 1부터 9까지는 같은 함수를 호출하여 처리하도록 하는 것이다.

결국 10부터 1까지 차례대로 호출이 되므로 각각 호출된 함수 내에서 호출된 값을 출력하게 되는 것이다. (0도 호출되지만 이 때 바로 리턴을 하여 호출을 종료하는 역할을 수행한다.)

따라서 재귀함수를 이용한 프로그래밍을 할 때에는 여러 가지 해야 할 작업중 현재 호출된 함수 내에서 처리할 단 한 가지만 작성하고 그 작업을 제외한 나머지를 다시 호출하도록 작성하면 된다.

03 Question

12 이하의 자연수 N을 입력받아 재귀함수를 이용하여 N!(팩토리얼)을 구하여 출력하는 프로그램을 작성하시오. (N팩토리얼이란 1부터 N까지의 곱을 말한다. 1 * 2 * 3 .... * N)

입력 예　10

출력 예　3628800

소스

```
#include <stdio.h>

int fac(int n)
{
        if (n <= 1) return 1;
        return n * fac(n - 1);
}

int main()
{
        int N;
        scanf("%d", &N);
        printf("%d\n", fac(N));
        return 0;
}
```

설명

- int fac(int n)

n팩토리얼(n!)을 리턴하도록 정의된 함수이다.

- if (n <= 1) return 1;

n이 1이면 1!은 1이므로 1을 리턴한다.

- return n * fac(n - 1)

n! = n * (n-1)!과 같다. 그러므로 fac(n - 1)을 호출하여 (n - 1)!이 구해지면 그 값에

n을 곱하여 n!을 리턴하게 된다. (예를 들어 10! = 10 * 9!이다.)

- 참고로 N이 5가 입력되었을 때 실행되는 과정을 식으로 나타내면 다음과 같다.

  5! = 5 * 4!
  = 5 * (4 * 3!)
  = 5 * (4 * (3 * 2!))
  = 5 * (4 * (3 * (2 * 1!))
  = 5 * 4 * 3 * 2 * 1

자가진단 3

100 이하의 자연수 N을 입력받아 재귀함수를 이용하여 1부터 N까지의 합을 구하는 프로그램을 작성하시오.

입력 예	출력 예
100	5050

04 Question

9자리 이하의 자연수를 입력받아 재귀함수를 이용하여 각 자리 숫자들의 합을 출력하는 프로그램을 작성하시오.

입력 예　123456780

출력 예　36

소스

```
#include <stdio.h>

int hap(int n)
{
        if (n <= 0) return 0;
        return hap(n / 10) + (n % 10);
}

int main()
{
        int N;
        scanf("%d", &N);
        printf("%d\n", hap(N));
        return 0;
}
```

설명

- int hap(int n)

n의 각 자리 숫자들의 합을 리턴하는 재귀함수이다.

- if (n <= 0) return 0;

n이 0이라면 계산할 것이 없으므로 0을 리턴한다.

- return hap(n / 10) + (n % 10);

n을 1의 자리와 나머지 부분을 분리하면 1의 자리를 제외한 부분은 n / 10이고 1의 자리는 n % 10이 된다.

1의 자리를 제외한 부분은 재귀함수를 호출하여 구하도록 하고 구해진 값에 1의 자리 숫자를 더하면 전체의 값이 구해지는 것이다.

예를 들어 hap(12345)는 아래와 같이 구하면 된다.

hap(12345) = hap(1234) + 5

여기에서 1234는 (12345 / 10)이고 5는 (12345 % 10)이다.

이해를 돕기 위해 "12345"를 입력받았을 때 처리되는 과정을 살펴보자.

함수호출	리턴값
hap(12345)	hap(1234) + 5 = 15
hap(1234)	hap(123) + 4 = 10
hap(123)	hap(12) + 3 = 6
hap(12)	hap(1) + 2 = 3
hap(1)	hap(0) + 1 = 1
hap(0)	0

자가진단 4

9자리 이하의 자연수를 입력받아 재귀함수를 이용하여 각 자리 숫자의 제곱의 합을 출력하는 프로그램을 작성하시오.

입력 예

12345

출력 예

55

05 Question

10 이하의 자연수 N을 입력받아 주사위를 N번 던져서 나올 수 있는 모든 경우를 출력하는 프로그램을 작성하시오.

입력 예

```
3
```

출력 예

```
1 1 1
1 1 2
1 1 3
1 1 4
1 1 5
1 1 6
1 2 1
…
6 6 6
```

소스

```c
#include <stdio.h>

int N, arr[101];

void output()
{
	int i;

	for (i = 1; i <= N; i++) {
		printf("%d ", arr[i]);
	}
	printf("\n");
}

void dice(int step)
{
	int i;

	if (step > N) {
		output();
		return;
	}
```

```
        for (i = 1; i <= 6; i++) {
                arr[step] = i;
                dice(step + 1);
        }
}

int main()
{
        scanf("%d", &N);
        dice(1);
        return 0;
}
```

설명

- `int N, arr[101];`

입력받을 변수 N과 주사위를 던져서 나올 수 있는 값을 저장할 배열을 선언한다. (arr[1]에는 첫 번째 주사위를 던져서 나온 값을 저장하는 것이다.)

- `void output()`

arr배열에 저장된 값을 출력하는 함수이다.

- `void dice(int step)`

step번째 주사위의 값을 정하는 함수이다. step의 값이 입력값(N)을 벗어나면 N번을 던진 값이 정해진 것이므로 배열에 저장된 내용을 출력한 후 리턴을 하고 그렇지 않으면 step번째 주사위의 값을 정하고 다음 step을 호출하는 재귀함수이다.

```
if (step > N) {
        output();
        return;
}
```

만약 step이 입력값(N)을 벗어나게 되면 step번째까지의 값이 모두 결정된 것이므로 arr 배열에 저장된 값을 출력한 후 리턴한다.

- for (i = 1; i <= 6; i++) {

```
for (i = 1; i <= 6; i++) {
            arr[step] = i;
            dice(step + 1);
  }
```

현재의 step(arr[step])에 1부터 6까지의 값을 차례로 담고 다음 step을 호출한다.

자가진단 5

10 이하의 자연수 N을 입력받아 주사위를 N번 던져서 나올 수 있는 모든 경우를 출력하되 중복되는 경우에는 앞에서부터 작은 순으로 1개만 출력하는 프로그램을 작성하시오.

입력 예

```
3
```

출력 예

```
1 1 1
1 1 2
...
1 1 6
1 2 2
1 2 3
...
5 6 6
6 6 6
```


- *hint*

"1 1 2", "1 2 1", "2 1 1"은 모두 1이 두 번, 2가 한 번 나온 경우이므로 중복이다. 이러한 경우 앞에서부터 작은 순으로"1 1 2"한 가지만 출력해야 한다.

현재의 스텝(arr[step])에 담을 값을 1부터가 아니라 이전 스텝에 담겨있는 값(arr[step-1])부터로 정하면 된다. 이 경우 arr[0]에는 어떤 값을 넣어야 할지 잘 생각해 보자.

06 Question

50 이하의 자연수 N을 입력받아 재귀호출을 이용하여 피보나치 수열에서 N번째 수를 출력하는 프로그램을 작성하시오. 피보나치 수열이란 첫 번째와 두 번째 수는 1이고 세 번째 수부터는 바로 앞 두 수의 합으로 구성된 수열이다. (1 1 2 3 5 8 13 21 …)

입력 예　7

출력 예　13

소스1

```
#include <stdio.h>

int fibo(int n)
{
	if (n < 3) return 1;
	return fibo(n - 1) + fibo(n - 2);
}

int main()
{
	int N;
	scanf("%d", &N);
	printf("%d\n", fibo(N));
	return 0;
}
```

설명

- ```
  int fibo(int n)
  {
  	if (n < 3) return 1;
  	return fibo(n - 1) + fibo(n - 2);
  }
  ```

  피보나치 수열의 n번째 값을 리턴하는 함수이다.

  n이 3보다 작다면(즉, 1이나 2이면) 1을 리턴하고, 3 이상이면 피보나치 수열에서 앞의 두 수를 구하여(재귀함수를 호출하여) 그 합을 리턴한다.

  (fibo(n - 1) + fibo(n - 2))
  ```

- 그런데 이 재귀함수는 매우 비효율적으로 작동한다. 만약 fibo(6)을 호출한다고 가정을 하면 다음과 같이 모두 15회의 호출이 발생된다.

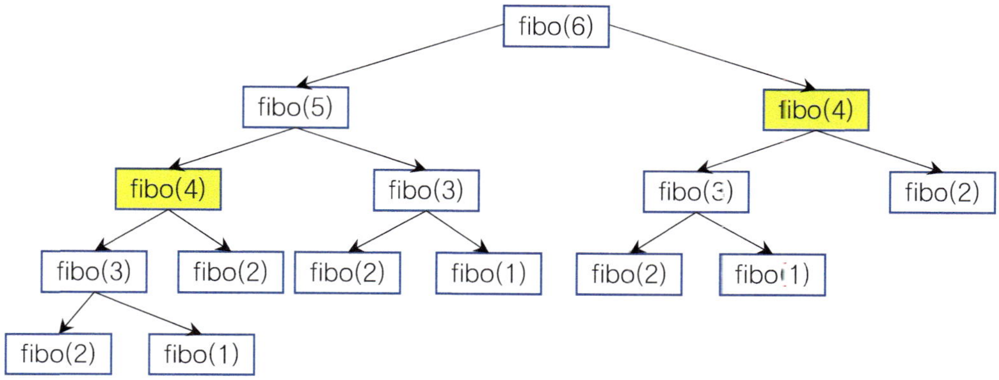

오른쪽 fibo(4)의 경우 왼쪽에서 이미 fibo(3)과 fibo(2)를 호출하여 값을 구한 적이 있음에도 다시 재귀함수를 호출하여 같은 작업을 반복하게 된다. 인수가 커질수록 이러한 불필요한 반복 작업이 기하급수적으로 늘어나게 되어 시간을 허비하게 된다. 이러한 불필요한 작업을 줄이기 위해 값이 한 번 정해진 것은 재귀호출을 하지 않고 그 값을 바로 리턴해 주도록 다음과 같이 소스를 수정하면 훨씬 효율적인 프로그램이 된다.

소스2

```
#include <stdio.h>

int arr[100] = {0, 1, 1};

int fibo(int n)
{
        if (arr[n] == 0) arr[n] = fibo(n - 1) + fibo(n - 2);
        return arr[n];
}

int main()
{
        int N;
        scanf("%d", &N);
        printf("%d\n", fibo(N));
        return 0;
}
```

설명

- int arr[100] = {0, 1, 1};

피보나치 수열을 저장하기 위한 배열을 선언하고 arr[1]과 arr[2]를 1로 초기화한다.

- int fibo(int n)

```
{
        if (arr[n] == 0) arr[n] = fibo(n - 1) + fibo(n - 2);
        return arr[n];
}
```

n번째 피보나치 수열이 아직 구해지지 않은 경우에만 재귀함수를 호출하여 값을 구한 후 arr[n]에 저장한다. 그리고 그 저장된 값을 리턴한다. 만약 이미 값이 구해져 있다면 재귀함수를 호출하는 작업을 생략하고 바로 그 값을 리턴하면 된다.

fibo(6)을 호출할 때 아래와 같이 X표한 호출은 생략이 된다.

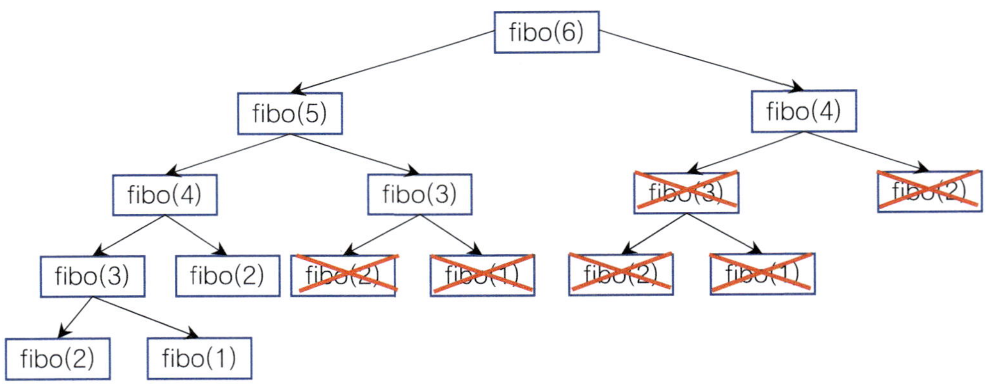

자가진단 6

첫 번째 수는 1이고 N번째 수는 (N / 2)번째 수와 (N – 1)번째 수의 합으로 구성된 수열이 있다. 50 이하의 자연수 N을 입력받아 재귀호출을 이용하여 이 수열에서 N번째 수를 출력하는 프로그램을 작성하시오. (1 2 3 5 7 10 13 18 …)

입력 예

8

출력 예

18

- *hint*

8번째 수는 4번째(8/2) 수인 5와 7번째(8-1) 수인 13의 합이다.

형성평가

1. 자연수 N을 입력받아 1부터 N까지 출력을 하되 n – 1번째는 n을 2로 나눈 몫이 되도록 하는 프로그램을 작성하시오.

입력 예

100

출력 예

1 3 6 12 25 50 100

• hint

n/2를 호출한 후에 n을 출력하도록 하는 재귀함수를 작성한다.

2. 자연수 N을 입력받아 N이 홀수인 경우에는 1부터 N까지의 홀수를, 짝수인 경우는 2부터 N까지의 짝수를 모두 출력하는 프로그램을 재귀함수로 작성하시오.

입력 예

15

출력 예

1 3 5 7 9 11 13 15

3. 자연수 N과 M을 입력받아서 주사위를 N번 던져서 나온 눈의 합이 M이 나올 수 있는 모든 경우를 출력하는 프로그램을 작성하시오.

입력 예

3 10

출력 예

1 3 6
1 4 5
1 5 4
1 6 3
2 2 6
2 3 5
…
6 2 2
6 3 1

• hint

재귀함수에 step과 합계(sum) 두 개의 인수를 전달하여 sum이 M과 같은 경우에만 출력하도록 한다.
(정의 : void dice(int step, int sum),
호출 : dice(step + 1, sum + i))

4. 첫 번째는 1, 두 번째는 2, 세 번째 이후는 앞의 두 수의 곱을 100으로 나눈 나머지로 이루어진 수열이 있다. 100 이하의 자연수 N을 입력받아 재귀함수를 이용하여 N번째 값을 출력하는 프로그램을 작성하시오.

입력 예	출력 예
8	92

• hint

1 2 2 4 8 32 56 92 …

5. 100만 이하의 자연수 N을 입력받아 짝수이면 2로, 홀수이면 3으로 나누는 작업을 반복하다가 그 값이 1이 되면 그때까지 나누었던 작업의 횟수를 출력하는 프로그램을 재귀함수로 작성하시오.

입력 예	출력 예
100	6

• hint

100 → 50 → 25 → 8 → 4 → 2 → 1

100의 횟수는 50의 횟수 + 1이다. 즉 return 함수(n/2 또는 n/3) + 1;이 된다.

6. 3자리로 이루어진 자연수 3개를 입력받아 그 수들의 곱을 구한 후 그 결과값의 각 자리 숫자들중 0을 제외한 모든 수들의 곱을 구하여 출력하는 프로그램을 재귀함수로 작성하시오.

입력 예	출력 예
100 123 111	270

• hint

입력예제의 세 수의 곱은 1365300이다. 그러므로 1 * 3 * 6 * 5 * 3 = 270

1의 자리수 * 1의 자리를 제외한 남은 자리수의 곱 (단, 1의 자리수가 0이면 1로 바꾸어서 곱한다.)

C·H·A·P·T·E·R

14

문자열 1

14 CHAPTER

문자열 1

01 Question

문자 하나를 입력 받아서 그 문자의 아스키 코드를 출력하는 작업을 반복하다가 '0' 이 입력되면 아스키 코드를 출력하고 종료하는 프로그램을 작성하시오.

입력 예	출력 예
a	a -> 97
B	B -> 66
1	1 -> 49
c	c -> 99
0	0 -> 48

소스

```
#include <stdio.h>

int main()
{
        char ch;
        while (1) {
                scanf(" %c", &ch);
                printf("%c -> %d\n", ch, ch);
                if (ch == '0') break;
        }
        return 0;
}
```

설명

• 아스키코드란? 컴퓨터에서 처리하기 용이한 8비트 데이터를 이용하기 위하여 숫자, 문자, 특수문자, 제어문자 등에 0~127까지 번호를 부여한 것이다. 문자를 입력하면 그 변수에는 아스키코드 값으로 저장이 된다. 다음은 아스키코드의 번호별 구성 내용이다. 아스키코드표는 부록을 참조하라.

아스키코드	내용	주요코드
0~31, 127	제어문자	NULL–0,, Enter↵–10, Del–127 ...
48~57	숫자문자('0'~'9')	'0'–48, '1'–49 ...
65~90	영문대문자('A'~'Z')	'A'–65, 'B–66 '...
97~122	영문소문자('a'~'z')	'a'–97, 'b'–98 ...
기타	특수문자, 기호 등	Space Bar–32, '!'–33 ...

• scanf(" %c", &ch);

문자를 한 글자 입력받는다. 이미 앞에서 설명된 바 있지만 '%c' 앞에 공백을 붙여준 것을 유의하자. 이에 대한 자세한 설명은 아래 Tip을 참고하자.

• printf("%c -> %d\n", ch, ch);

문자를 '%c'의 형식으로 출력하면 아스키코드에 해당하는 문자가 출력되며 '%d'의 형식으로 출력하면 아스키코드 값이 출력된다.

Tip

모든 입력명령이 실행되기 위해서는 반드시 엔터를 쳐야만 한다. 이 때 입력에 필요한 내용을 제외한 모든 데이터는 임시로 버퍼에 저장이 된다. 예를 들면 scanf("%d", &a); 이러한 입력명령이 있을 때 10을 입력하고 Enter↵를 누르면 a변수에는 10이 저장되고 버퍼에는 엔터(Enter↵)가 저장된다.

다음에 다시 scanf("%d", &b); 와 같은 입력 명령을 만났을 때 버퍼에 남아있는 내용이 있으면 키보드로 다시 입력받는 것이 아니라 버퍼의 값을 b변수에 저장하게 된다. 하지만 일반적인 자료형의 경우 버퍼에 있는 내용이 공백이나 Enter↵, Tab(⇆)이라면 이 문자들을 자료로 인식하지 않고 입력의 단위를 구분하는 문자로 인식하여 그냥 비우고 다시 키보드로 입력을 기다리게 된다. 그런데 이러한 일반적인 자료형과는 달리 scanf("%c", &c); 와 같이 문자자료형의 입력문을 만나게 되면 모든 문자가 입력대상이기 때문에 버퍼에 남아 있는 Enter↵를 문자변수 c에 저장하게 된다. 참고로 Enter↵의 아스키코드 값은 10이고 Tab(⇆)은 9, 공백(space)은 32이다. 이 때 '%c' 앞에 공백을 넣어주게 되면 문자자료의 입력에서도 일반자료형처럼 공백이나 Enter↵, Tab(⇆)을 무시하고 키보드로 입력을 기다리게 된다.

따라서 위의 프로그램에서 '%c'앞에 공백이 없이 'A'를 입력하고 Enter↵를 치게 되면 'A'의 아스키코드 65와 Enter↵의 아스키코드 10을 출력하게 될 것이다.

자가진단 1

33부터 127 사이의 숫자를 계속 입력받아 입력받은 숫자의 아스키코드에 해당하는 문자를 출력하다가 범위를 벗어나는 입력이 들어오면 종료하는 프로그램을 작성하시오.

출력 예

ASCII code =? 66
B
ASCII code =? 122
z
ASCII code =? 0

02 Question

문자를 입력받다가 입력 없이 그냥 엔터만 치면 입력받은 문자를 모두 출력하는 프로그램을 작성하시오.

입력 예 ASDFghjk

출력 예 ASDFghjk

소스1

```
#include <stdio.h>

int main()
{
	int len, i;
	char str[50];

	for (i = 0; i < 50; i++) {
		scanf("%c", &str[i]);
		if (str[i] == 10) {
			break;
		}
	}

	len = i;
	for (i = 0; i < len; i++) {
```

```
            printf("%c", str[i]);
        }
        printf("\n");

        return 0;
}
```

설명

- 문자란 글자 하나를 말한다. 문자형 배열이란 문자들이 모여 배열(array)을 이룬 경우를 말한다.

- char str[50];

문자를 최대 50개까지 저장할 수 있는 문자형 배열이다.

- scanf("%c", &str[i]);

한 번에 한 문자씩 입력받아 배열에 저장한다.

- if (str[i] == 10) {
        break;
  }

엔터가 입력되면 입력을 마친다.

- len = i;

입력된 문자의 개수(i)를 len에 저장한다. 문자가 한 개 입력할 때마다 i가 1씩 증가하므로 문자의 개수는 i와 같게 된다.

소스2

```
#include <stdio.h>

int main()
{
        char str[50];
```

```
    scanf("%s", str);

    printf("%s \n", str);

    return 0;
}
```

설명

- 문자열이란 문자들이 모여서 한 개의 단어 또는 문장을 이루는 것을 말한다.
- 문자열을 저장하기 위해서는 문자를 여러 개 저장해야 하므로 문자배열이 필요하다.
- 문자열에서 널문자가 문자열의 끝을 나타낸다. 널문자는 아무 것도 없다는 의미로 '\0'으로 표시되며 아스키코드 값은 0이다.

예를 들어 str 문자열에 다음과 같이 문자가 저장되어있다고 하자.

str[번호]	0	1	2	3	4	5	6	7	...
저장된 문자	a	b	c	d	e	\0	f	g	...

널 문자가 5번에 있으므로 str 문자열은 "abcde"가 된다.

- 문자열을 저장하기 위해서는 반드시 널문자가 필요하므로 실제 필요한 개수보다 한 개 이상 더 크게 선언해야 한다. 즉, 위와 같이 선언을 하면 50자인 문자열을 저장할 수 없으며 49자까지 나타낼 수 있다.

- scanf("%s", str);

일반적으로 배열을 선언하고 입출력에서 배열번호를 지정하지 않으면 에러가 발생된다. 예를 들어 int a[10]; 이렇게 선언하고 scanf("%d", &a); 하면 a 배열의 몇 번방에 입력을 받아야할지 알 수 없기 때문에 에러가 된다.
그런데, 문자열의 경우는 에러를 발생하지 않고 문자들이 연결된 경우 한꺼번에 받아서 0번부터 차례로 저장하고 끝에는 **널값('\0')**을 넣어준다.
주의할 점은 문자열을 입력받는 경우에는 변수 앞에 '&' 기호를 사용하지 않는다는 것이다. (&는 해당 변수의 주소를 나타내는데 배열의 경우는 배열 이름이 배열의 시작위치를 나타내는 주소를 가지고 있다. 즉 배열이름 str은 &str[0]과 같은 것이다.)

- printf("%s \n", str);

출력의 경우에도 번호를 지정하지 않으면 문자열을 모두 출력해준다. 즉 위의 문장은 str[0]부터 널값이 나타날 때까지 모든 문자를 출력하게 된다.

TIP

문자배열과 **문자열**은 배열의 형식이 같고 쓰이는 형식이 비슷하여 같은 의미로 쓰여지기도 하지만 개념적으로 약간의 차이가 있다.
문자배열은 단순한 문자들의 집합으로 문자 한자씩을 다루기 위해 주로 쓰여지고 **문자열**은 단어나 문장을 처리하기 위한 문자배열의 특수한 형태로 반드시 널값을 필요로 한다는 것을 꼭 기억하자.

자가진단 2

문자열을 입력받은 뒤 그 문자열을 이어서 두 번 출력하는 프로그램을 작성하시오.

입력 예	출력 예
ASDFG	ASDFGASDFG

03 Question

문자열을 선언하고 "jungol olympiad"로 초기화 한 후 0~14 사이의 정수 5개를 입력 받아 문자열에서 해당하는 위치의 문자를 차례로 출력하는 프로그램을 작성하시오. 문자열의 맨 앞의 위치는 0이다.

입력 예 10 13 2 14 1

출력 예 mandu

소스

```
#include <stdio.h>

int main()
{
        int i;
        int su[5];
        char str[50] = "jungol olympiad";

        for (i = 0; i < 5; i++) {
                scanf("%d", &su[i]);
        }

        for (i = 0; i < 5; i++) {
                printf("%c", str[su[i]]);
        }
        printf("\n");

        return 0;
}
```

설명

- str[50] = "jungol olympiad";

49개의 문자를 저장할수 있는 문자열을 선언하고 초기화한다.

str[50] = {'j', 'u', 'n', ... , 'd', '\0'}; 문장과 같다.

- printf("%c", str[su[i]]);

입력 받은 정수 배열 su의 각 정수를 문자형 배열 str의 번호로 사용하여 출력한다. 즉, su[3]은 14이다. 그러면 str[14]의 값인 'd'를 출력한다.

배열번호	0	1	2	3	4
su	10	13	2	14	1

배열번호	0	1	2	3	4	5	6	7	8	9	10	11	12	13	14	...
str	j	u	n	g	o	l	공백	o	l	y	m	p	i	a	d	

자가진단 3

문자열을 "Hong Gil Dong"으로 초기화 한 후 3번부터 6번까지의 문자를 차례로 출력하시오.

출력 예 g Gi

04 Question

문자열을 입력받아서 문자열의 길이를 구하고 입력받은 역순으로 출력하는 프로그램을 작성하시오.

입력 예	Jungol
출력 예	입력받은 문자열의 길이는 6입니다. lognuJ

소스

```
#include <stdio.h>
#include <string.h>

int main()
{
	int len, i;
	char str[50];

	scanf("%s", str);
	len = strlen(str);

	printf("입력받은 문자열의 길이는 %d입니다. \n", len);
	for (i = len - 1; i >= 0; i--) {
		printf("%c", str[i]);
	}
	printf("\n");

	return 0;
}
```

설명

- #include 〈string.h〉

〈string.h〉 헤더파일에는 여러 가지 문자열 함수들이 정의되어 있다. 여기에서는 아래 strlen 함수를 사용하기 위해 프로그램에 포함시키는 것이다.

- len = strlen(str);

배열 str에 저장되어 있는 문자의 개수를 구하여 변수 len에 저장한다.

strlen(str)은 문자열 str에 저장되어 있는 문자의 개수(문자열의 길이)를 구하는 함수이다.

- ```
  for (i = len - 1; i >= 0; i--) {
          printf("%c", str[i]);
  }
  ```

마지막 글자부터 앞쪽으로 문자를 차례로 출력한다. 마지막 글자는 문자의 개수 - 1의 위치이다. 즉, 아래처럼 문자열이 0번부터 6글자가 순서대로 저장되어 있다면 마지막 글자는 전체문자의 개수인 6에서 1을 뺀 5번에 위치해 있다.(6번에는 널값이 들어간다.)

번호	0	1	2	3	4	5	6	...
str	H	a	n	c	o	m	\0	

자가진단 4

문자열을 입력받고 정수를 입력 받아서 문자열의 맨 뒤부터 정수만큼 출력하는 프로그램을 작성하시오. 만약 입력받은 정수가 문자열의 길이보다 크다면 맨 뒤부터 모두 출력한다.

입력 예

korea 3

출력 예

aer
  ```

05 Question

다음과 같이 "우리나라 대한민국!" 을 문자형 배열에 초기화하고 길이를 구하여 다음과 같이 출력하는 프로그램을 작성하시오.

출력 예

우리나라 대한민국!
위 문자열의 길이는 ??입니다.

※ ??위치에는 컴파일러에 따라 다르게 나올 수 있다는 의미이다.

소스

```
#include <stdio.h>
#include <string.h>

int main()
{
        int len;
        char str[50] = "우리나라 대한민국!";
        len = strlen(str);

        printf("%s \n", str);
        printf("위 문자열의 길이는 %d입니다. \n", len);

        return 0;
}
```

설명

- 영어나 숫자 등은 한 글자가 1byte이지만, 한글은 처리하는 방법에 따라 한 글자가 2byte 이거나 3byte로 저장된다. 따라서 컴파일러에 따라 위의 ?? 위치에는 18 또는 26이 출력된다.

자가진단 5

두 개의 문자열을 입력받아서 두 문자열의 길이의 합을 출력하는 프로그램을 작성하시오.

입력 예	출력 예
Korean English	13

06 Question

문자를 입력받아 어떤 종류인지 구분하여 출력하는 작업을 반복하다가 영문자와 숫자 이외의 문자가 입력되면 종료하는 프로그램을 작성하시오.

입출력 예

a
소문자입니다.
B
대문자입니다.
5
숫자문자입니다.
#
영문, 숫자 이외의 문자입니다.

소스

```
#include <stdio.h>
#include <ctype.h>

int main()
{
	char ch;

	while (1) {
		ch = getchar();
		getchar();

		if (isupper(ch)) {
			printf("대문자입니다. \n");
		}
		else if (islower(ch)) {
			printf("소문자입니다. \n");
		}
		else if (isdigit(ch)) {
			printf("숫자문자입니다. \n");
		}
		else {
			printf("영문, 숫자 이외의 문자입니다. \n");
			break;
		}
	}

	return 0;
}
```

설명

- #include 〈ctype.h〉

〈ctype.h〉에는 문자type과 관련된 함수들이 정의되어 있다. isupper, islower, isdigit 함수를 사용하기 위해 프로그램에 포함시킨다.

- ch = getchar();

문자 한 개를 입력받아 ch 변수에 저장한다. 키보드에 어떤 문자를 입력하게 되면 이 문자들은 일단 버퍼에 저장이 되었다가 입력함수를 만나게 되면 버퍼에 있는 값을 내보내게 되는 것이다. 만약 'A'라는 문자를 입력하고 엔터(Enter)키를 누르게 되면 버퍼에는 문자 'A'와 [Enter↵]를 나타내는 문자가 저장이 되었다가 getchar();에 의해 문자 'A'가 내보내지는데 이것이 ch 변수에 저장이 되는 것이다. 즉 getchar()는 한 개의 문자를 입력받는 함수로 위의 문장은 scanf("%c", &ch); 와 같은 결과를 얻게 되는 것이다.

- getchar();

버퍼에 있는 문자 한 개를 내보낸다. 위에서 설명한 것과 같이 문자 한 개를 입력하고 ch = getchar();를 이용해 ch에 한 개의 문자를 저장하고 나면 버퍼에는 [Enter↵]를 나타내는 문자가 남아있게 된다. 다음에 다시 한 개의 문자를 입력받기 위해 ch = getchar();를 쓰게 되면 ch에는 새로운 문자가 입력되는게 아니라 버퍼에 남아있던 [Enter↵]문자가 입력되게 된다. 따라서 ch에 새로운 문자를 입력받게 하기 위해서는 버퍼에 남아 있는 [Enter↵]문자를 비워야 한다. 이것을 위해 getchar();를 쓰게 되면 버퍼에 남아 있던 [Enter↵]문자를 내보내기만 할 뿐 저장을 하지 않기 때문에 결과적으로 버퍼에서 한 개의 문자를 제거하는 역할을 하게 되는 것이다.

이전에 문자를 입력받을 때 scanf(" %c", &ch);와 같이 %c 앞에 공백을 넣어 준 것을 기억할 것이다. 공백을 넣어주면 현재 버퍼에 있던 것을 비우고 다시 입력을 받을 수 있게 하는 효과가 있기 때문이다. 결국,

```
ch = getchar();
getchar();
```

이 두 문장은 우리가 그동안 입력받던 형식으로

```
scanf(" %c", &ch);
```

이렇게 작성하는 것과 같은 것이며

```
scanf("%c", &ch);
```

```
getchar();
```

이렇게 두 문장을 적어 주어도 같은 결과를 얻을 수 있다.

```
• if (isupper(ch)) {
        printf("대문자입니다. \n");
  }
```

ch 변수의 문자가 대문자이면 블록을 실행한다.

isupper() 함수는 () 안의 문자가 대문자인지 아닌지를 확인하는 함수이다.

이렇게 한 개의 문자에 대해 특정한 종류인지 확인하는 함수는 <ctype.h>에 정의되어 있으며 다음과 같은 것들이 있다.

거짓이면 0, 참이면 0이 아닌 값이 리턴된다. 위의 조건문은 if(isupper(ch) != 0)과 같은 것이다.

isupper()	대문자인지 확인한다.
islower()	소문자인지 확인한다.
isalpha()	알파벳인지 확인한다.
isdigit()	숫자문자인지 확인한다.
isalnum()	숫자 또는 영문자인지 확인한다.

주의 위의 문자 함수들은 반드시 문자 한 개에 대한 함수이다. 따라서 ()안에 문자가 아닌 문자열을 넣게 되면 에러가 발생된다.

자가진단 6

문자를 입력받아 알파벳 문자인 경우에는 그대로 출력하고 숫자인 경우는 아스키코드값을 출력하는 작업을 반복하다가 기타의 문자가 입력되면 종료하는 프로그램을 작성하시오.

입출력 예

A
A
1
49
@

• *hint*

문자의 아스키코드를 출력하려면 변환지정을 '%c' 대신 '%d'로 하면 된다.

07 Question

100 글자 이하의 문자열을 입력받아 대문자는 소문자로, 소문자는 대문자로 변환하여 출력하는 프로그램을 작성하시오.

입력 예 ILoveYou.

출력 예 ilOVEyOU.

소스

```
#include <stdio.h>
#include <string.h>
#include <ctype.h>

int main()
{
        int i, len;
        char st[101];

        scanf("%s", st);
        len = strlen(st);

        for (i = 0; i < len; i++) {
                if (isupper(st[i])) {
                        st[i] = tolower(st[i]);
                }
                else if (islower(st[i])) {
                        st[i] = toupper(st[i]);
                }
        }

        printf("%s \n", st);

        return 0;
}
```

설명

-
```
if (isupper(st[i])) {
        st[i] = tolower(st[i]);
}
else if (islower(st[i])) {
        st[i] = toupper(st[i]);
}
```

st[i]의 문자가 대문자이면 소문자로 바꾸어 그 위치에 다시 저장하고, 소문자이면 대문자로 바꾸어 저장한다. 대문자와 소문자를 변환해 주는 함수는 다음과 같다. 역시 〈ctype.h〉 헤더파일에 정의되어 있다.

toupper()	()안의 문자가 소문자인 경우 대문자로 바꾸어 리턴한다. 소문자가 아닌 경우에는 ()안의 문자를 그대로 돌려준다.
tolower()	대문자인 경우 소문자로 바꾸어 리턴한다.

- 소문자는 대문자보다 아스키코드값이 32가 더 크다. ('A' = 65, 'a' = 97)

따라서 st[i]가 대문자일 때 위의 st[i] = tolower(st[i]); 는 st[i] += 32;로 바꾸어도 같은 결과가 된다.

자가진단 7

문자열을 입력받아 알파벳 문자만 모두 대문자로 출력하는 프로그램을 작성하시오.

입력 예

1988-Seoul-Olympic!!!

출력 예

SEOULOLYMPIC

08 Question

공백을 포함하여 100글자 이하의 문자열(문장)을 입력받아 공백을 기준으로 줄을 바꾸어 출력하는 프로그램을 작성하시오.

입력 예

```
I Love Korea
```

출력 예

```
I
Love
Korea
```

소스

```
#include <stdio.h>
#include <string.h>

int main()
{
        int i, len;
        char st[101];

        fgets(st, 101, stdin);
        len = strlen(st);
        while (st[len - 1] == '\n' || st[len - 1] == '\r')
                st[--len] = '\0';

        for (i = 0; i < len; i++) {
                if (st[i] == ' ') {
                        printf("\n");
                }
                else {
                        printf("%c", st[i]);
                }
        }
        printf("\n");

        return 0;
}
```

설명

- fgets(st, 101, stdin);

fgets()는 ()안의 문자열에 공백을 포함하여 한 줄 단위로 입력을 받게 하는 함수이다. 이미 설명한 바와 같이 scanf("%s", st);는 공백(Space Bar), Tab(⇆), 엔터(Enter↵) 문자를 입력의 단위로 구분하여 준다. 즉 공백을 포함한 문장을 입력받을 수 없다. fgets()는 Enter↵로만 입력의 단위를 구분하기 때문에 공백을 포함하여 입력을 받을 수 있다.
위 내용은 공백을 포함하여 최대 100개의 문자를 표준입력(키보드 입력)으로 줄 단위로 입력받아서 st문자열에 저장하라는 것이다.

```
fgets(st, 101, stdin);
```

[입력받을 문자열] [최대 글자수] [입력스트림(stdin은 표준입력을 의미함)]

- len = strlen(st);

문자열 st의 길이(문자의 개수)를 구하여 정수 변수 len에 저장한다.

- while (st[len - 1] == '\n' || st[len - 1] == '\r')
      st[--len] = '\0';

fgets()로 입력을 받으면 scanf()와는 다르게 컴파일러에 따라 마지막에 줄바꿈 문자인 '₩n' 또는 '₩r' 문자가 삽입된다. 따라서 마지막의 문자가 해당 문자이면 널값('₩0')으로 바꾸고 길이를 한 개 줄여준다.

- if (st[i] == ' ') ...

st[i]의 문자가 공백이면 줄을 바꾸고 아니면 st[i]의 문자를 출력한다.

자가진단 8

공백을 포함한 100글자 이하의 문자열을 입력받아 문장을 이루는 단어의 개수를 출력하는 프로그램을 작성하시오.

입력 예	출력 예
My name is Kimchulsoo	4

보충

표준입력으로 gets() 함수가 있었으나 문자의 개수를 지정하지 않는 형태라서 치명적인 오류가 종종 발생하여 최신 버전에서는 이 함수를 제외시켰다.
fgets(문자열이름, 최대입력문자의 개수, 입력위치); 함수는 입력받는 글자수에 제한을 두게 되므로 오류의 가능성을 배제할 수 있다.
이 함수에 대해서는 마지막 단원인 파일입출력에서 다시 한번 다룰 것이다.

09 Question

49자 이하의 문자열을 입력받아서 문자수만큼 왼쪽으로 한 바퀴 회전하여 출력하는 프로그램을 작성하시오.

입력 예
```
ABCDE12345
```

출력 예
```
BCDE12345A
CDE12345AB
DE12345ABC
E12345ABCD
12345ABCDE
2345ABCDE1
345ABCDE12
45ABCDE123
5ABCDE1234
ABCDE12345
```

소스

```
#include <stdio.h>
#include <string.h>

int main()
{
        int i, j, len;
        char word[50], tmp;

        scanf("%s", word);
        len = strlen(word);

        for (i = 0; i < len; i++) {
                tmp = word[0];
                for (j = 0; j < len - 1; j++) {
                        word[j] = word[j + 1];
                }
                word[len - 1] = tmp;
                printf("%s \n", word);
        }

        return 0;
}
```

설명

- 왼쪽으로 회전하기 위한 순서는 다음과 같다.

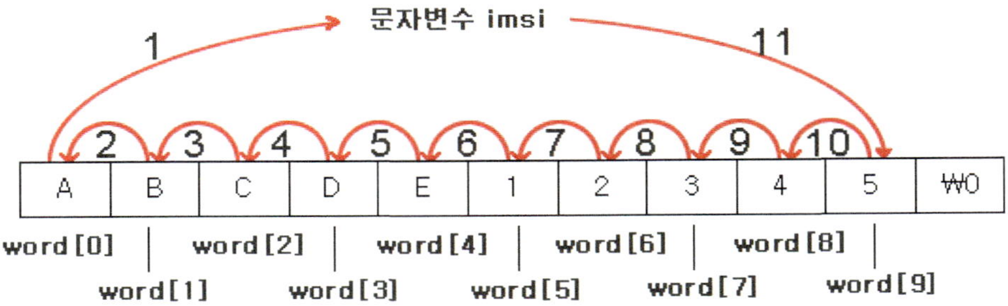

1 → 2 → 3 → 4 → 5 → 6 → 7 → 8 → 9 → 10 → 11 순으로 진행된다. 즉, word[0]의 'A'를 문자변수 tmp에 저장하고, word[0]부터 word[8]까지에 차례대로 바로 뒤에 있는 문자를 저장한다. (예 : word[0]에는 word[1]의 'B'를 저장한다.) 그리고 마지막으로 word[9]에 tmp에 저장된 'A'를 저장하고 출력한다. 이 과정을 글자 수만큼 반복한다.
위와 같은 과정을 정리하면 다음의 세 가지 작업을 글자 수만큼 반복하는 것이다.

- tmp = word[0];

맨 앞의 문자를 임시 변수에 저장한다.

```
for (j = 0; j < len - 1; j++) {
        word[j] = word[j + 1];
}
```

0번부터 마지막 문자 바로 앞까지의 위치에 바로 뒤에 있는 문자를 저장한다.

- word[len - 1] = tmp;

맨 마지막 위치에 임시 변수에 있는 문자를 넣는다.

자가진단 9

문자열을 입력 받아서 문자수만큼 오른쪽으로 한 바퀴 회전하여 출력하는 프로그램을 작성하시오.
입력받는 문자열의 길이는 100자 이하이다.

입력 예

```
PROGRAM
```

출력 예

```
MPROGRA
AMPROGR
RAMPROG
GRAMPRO
OGRAMPR
ROGRAMP
PROGRAM
```

형성평가

1. 영문자 두 개를 입력받아서 각각의 아스키코드의 합과 차를 출력하는 프로그램을 작성하시오.

입력 예	출력 예
A a	162 32

2. 5개 이상 100개 이하의 문자로 된 단어를 입력받은 후 앞에서부터 5자를 출력하는 프로그램을 작성하시오.

입력 예	출력 예
AbCdEFG	AbCdE

3. 100개 이하의 문자열을 입력받아서 영문자와 숫자만 출력하되 영문자는 모두 소문자로 출력하는 프로그램을 작성하시오.

입력 예	출력 예
Jungol1234@cqclass.com	jungol1234cqclasscom

4. 단어와 문자 한 개를 입력받아서 단어에서 입력받은 문자와 같은 문자를 찾아서 그 위치를 출력하는 프로그램을 작성하시오. (단어에서 첫 번째 문자의 위치는 0으로 하고, 찾는 문자가 여러 개일 때는 처음 나오는 위치를 출력하고, 찾는 문자가 없을 때는 "No"라고 출력하다. 대소문자는 구별되며 단어는 100자 이하이다.)

입력 예	출력 예
Jungol.co.kr o	4

5. 두 개의 단어를 입력받아서 길이가 긴 단어의 문자 개수를 출력하는 프로그램을 작성하시오. 단어의 길이는 100자 이하이다.

입력 예	출력 예
execl powerpoint	10

6. 100자 이하의 문자열을 입력받은 후 정수를 입력받아 해당위치의 문자를 제거하고 출력하는 작업을 반복하다가 문자 1개가 남으면 종료하는 프로그램을 작성하시오. (첫 번째 문자의 위치는 1이며, 만약 입력받은 번호가 문자열의 길이 이상이면 마지막 문자를 제거한다.)

입출력 예

```
word
3
wod
1
od
10
o
```

• hint

입력받은 값이 문자열의 길이 이상이면 마지막 문자의 위치(문자열의 길이)로 값을 바꾸어 준다.

7. 공백을 포함한 문자열을 입력받아 다음과 같이 분리하여 번호와 함께 출력하는 프로그램을 작성하시오. 문자열의 길이는 100자 이하이다.

입력 예

```
My name is Kimchulsoo
```

출력 예

```
1. My
2. name
3. is
4. Kimchulsoo
```

C·H·A·P·T·E·R

15

문자열 2

15 CHAPTER

문자열 2

01 Question

5개의 단어를 입력받아 배열에 저장한 후 출력하는 프로그램을 작성하시오. 각 단어의 길이는 20자 미만이다.

입력 예

jungol
information
gifted
center
higc

출력 예

jungol
information
gifted
center
higc

소스

```
#include <stdio.h>

int main()
{
        int i;
        char strarr[5][20];

        for (i = 0; i < 5; i++) {
                scanf("%s", strarr[i]);
        }

        for (i = 0; i < 5; i++) {
                printf("%s \n", strarr[i]);
        }

        return 0;
}
```

설명

- char strarr[5][20];

위와 같이 선언하면 두 가지 용도로 사용이 가능하다.
첫째는 5행 20열의 2차원 문자배열이 될 수 있다.
둘째는 5개의 단어를 저장할 수 있는 1차원 문자열 배열이다. 이 때 한 개의 문자열에는 최대 19개의 문자를 저장할 수 있는 것이다. (널('\0')값이 필요하므로 20개가 아니라 19개이다.)
문자열에서의 마지막 인자값([20])은 배열의 번지수가 20개라는 의미보다는 한 문자열에 담을 수 있는 글자수가 널값을 포함하여 20개라는 의미로 보아야 한다.

- scanf ("%s", strarr[i]);

i번째 단어를 입력받아 저장한다.

자가진단 1

5개의 단어를 입력받아 모든 단어를 입력받은 역순으로 출력하는 프로그램을 작성하시오. 각 단어의 길이는 30 이하이다.

입력 예	출력 예
dog	goat
cat	calf
chick	chick
calf	cat
goat	dog

02 Question

49자 이하의 한 문장을 입력받아서 단어 단위로 구분하여 문자열을 배열에 저장하고 출력하는 프로그램을 작성하시오.

입력 예 I like you better than him.

출력 예

```
I
like
you
better
than
him.
```

소스1

```
#include <stdio.h>
#include <string.h>

int main()
{
        int i, len;
        int wcnt = 0, wlen = 0;
        char st[50];
        char word[25][50];

        fgets(st, 50, stdin);
        len = strlen(st);
        while (st[len - 1] == '\n' || st[len - 1] == '\r')
                st[--len] = '\0';

        for (i = 0; i < len; i++) {
                if (st[i] == ' ') {
                        word[wcnt][wlen] = '\0';
                        wcnt++;
                        wlen=0;
                }
                else {
                        word[wcnt][wlen] = st[i];
                        wlen++;
                }
        }
        word[wcnt][wlen] = '\0';
```

```
        wcnt++;

        for (i = 0; i wcnt; i++) {
                puts(word[i]);
        }

        return 0;
}
```

설명

- 앞단원 8번과 결과는 같으나, 문자열 배열에 분리하여 저장한 후 문자열을 출력하는 것이다.

- puts(word[i]);

puts() 함수는 ()안의 문자열을 그대로 출력하고 행을 바꾸어주는 함수이다.
printf("%s\n", word[i]);와 같은 결과이지만 단순하게 문자열만 출력할 때에는 효율적으로 사용할 수 있다.

소스2

```
#include <stdio.h>
#include <string.h>

int main()
{
        int i, len;
        int wcnt = 0, wlen = 0;
        char st[50];
        char word[25][50];

        scanf(" %[^\r\n]", st);
        len = strlen(st);

        for (i = 0; i < len; i++) {
                if (st[i] == ' ') {
                        word[wcnt][wlen] = '\0';
                        wcnt++;
                        wlen=0;
                }
```

```
            else {
                word[wcnt][wlen] = st[i];
                wlen++;
            }
        }
        word[wcnt][wlen] = '\0';
        wcnt++;

        for (i = 0; i < wcnt; i++) {
            puts(word[i]);
        }

        return 0;
}
```

설명

- scanf(" %[^\r\n]", st);

scanf 함수의 %s 서식 입력 방식은 화이트스페이스(빈칸, 탭, 엔터)가 있으면 입력을 종료한다. 그래서 중간에 공백을 포함해서 입력을 받을 수 없다.
이런 경우 "%[ ]" 서식을 이용하여 입력받을 수 있다.

[ ] 안에 포함하고 싶은 문자들을 적게 되면 해당 문자가 있는 곳까지 입력을 받다가 [ ] 안에 없는 문자를 만나게 되면 입력을 중단한다.
이 방법은 입력받고자 하는 문자가 너무 많기 때문에 별로 사용되지 않는다.

우리가 하고 싶은 것은 '\n' 또는 '\r'을 만나면 입력을 받지 않고 중단하게 하는 것이다.
이렇게 포함하면 안되는(즉, 종료에 사용할) 문자는 [ ] 안에 '^' 문자를 적고 종료할 문자들을 적어 넣으면 된다.
즉 위의 내용은 '\n' 또는 '\r'이 나오기 전까지 입력을 받으라는 것이다.

앞에 공백을 넣는 것은 문자를 입력받을 때 "%c"와 같이 앞에 공백을 넣어서 받는 것과 같은 이유이다. 즉 이전에 다른 변수에 입력을 받은 후 위의 내용을 입력받으려 할 경우 바로 '\n'으로 인해 입력이 중단되는 일이 없도록 하기 위한 것이다.

자가진단 2

공백을 포함한 문장을 입력 받아서 홀수 번째 단어를 차례로 출력하는 프로그램을 작성하시오. 문장의 길이는 100자 이하이다.

입력 예

I like you better than him.

출력 예

I
you
than

03 Question

아래 소스와 같이 문자열 배열을 초기화하고, 문자 1개를 입력받아서 배열에 저장되어있는 단어들 중 입력받은 문자로 시작하는 단어를 모두 출력하는 프로그램을 작성하시오. 만약 없을 경우는 "찾는 단어가 없습니다." 라고 출력하시오.

입력 예 *문자를 입력하세요.* c

출력 예 champion
class

소스

```
#include <stdio.h>
#include <string.h>

int main()
{
	int i, flag = 0;
	char ch;
	char word[10][20] = {"champion", "tel", "pencil", "jungol", "olympiad",
	                     "class", "information", "lesson", "book", "lion"};

	printf("문자를 입력하세요. ");
	scanf(" %c", &ch);

	for (i = 0; i < 10; i++) {
		if (word[i][0] == ch) {
			puts(word[i]);
			flag = 1;
		}
	}
	if (flag == 0) {
		puts("찾는 단어가 없습니다.");
	}

	return 0;
}
```

설명

- ```
  for (i = 0; i < 10; i++) {
          if (word[i][0] == ch) {
                  puts(word[i]);
                  flag = 1;
          }
  }
  ```

  단어의 개수가 10개이므로 for를 0~9까지 반복한다. word[i][0]의 문자가 입력받은 ch의 문자와 같으면 word[i]의 문자열을 출력하고 flag를 1로 바꾼다.

- ```
  if (flag == 0) {
          puts("찾는 단어가 없습니다.");
  }
  ```

  for를 마치고 flag가 처음 값 0이면 for에서 찾지 못한 경우고 1이면 찾아서 출력을 한 경우이다. flag가 0일 때 "찾는 단어가 없습니다."를 출력한다.

자가진단 3

20개 이하의 문자로 이루어진 10개의 단어와 한 개의 문자를 입력받아서 마지막으로 입력받은 문자로 끝나는 단어를 모두 출력하는 프로그램을 작성하시오.

입력 예

```
champion
tel
pencil
olympiad
class
information
jungol
lesson
book
lion
l
```

출력 예

```
tel
pencil
jungol
```

- *hint*

마지막 문자의 위치를 알기 위해서는 먼저 단어의 길이를 알아야 한다. 마지막 문자는 그 길이-1의 위치에 있다.

04 Question

길이가 49 이하인 두 개의 문자열을 입력받아서 길이가 짧은 문자열을 먼저 출력하고 다음 줄에 나머지 문자열을 출력하는 프로그램을 작성하시오. (길이가 같은 경우에는 순서대로 출력한다.)

입력 예 information Jungol

출력 예 Jungol
information

소스

```
#include <stdio.h>
#include <string.h>

int main()
{
	char st1[50], st2[50], tmp[50];
	int len1, len2;

	scanf("%s %s", st1, st2);
	len1 = strlen(st1);
	len2 = strlen(st2);

	if (len1 > len2) {
		strcpy(tmp, st1);
		strcpy(st1, st2);
		strcpy(st2, tmp);
	}

	printf("%s \n%s \n", st1, st2);

	return 0;
}
```

설명

- strcpy(tmp, st1);

strcpy(to, from); from의 문자열을 to문자열에 복사하여 저장한다.

문자열은 한 개의 단어를 표현하기 위한 변수와 같이 사용되기는 하지만 배열의 형식으로 특수하게 표현이 되므로 일반적인 연산자의 사용이 불가능하다. 따라서, 연산자와 같은 기능을 사용하기 위한 함수를 〈string.h〉에 정의하여 놓았다.
중요한 문자열 함수를 정리하면 다음과 같다. (중요한 함수이니 꼭 알아 두자.)

함수	의 미	일반 변수의 유사한 연산자	a = "Abc", b = "Def" c = 'e', n = 2일 때의 결과
strlen(a)	a문자열의 길이를 리턴한다.		3
strcpy(a, b)	a문자열에 b문자열을 복사한다.	a = b	a = "Def", b = "Def"
strcat(a, b)	a문자열 뒤에 b문자열을 연결하여 복사한다.	a += b	a = "AbcDef", b="Def"
strcmp(a, b)	a와 b의 크기를 비교한다.	관계 연산자	음수(a가 크면 양수, 작으면 음수, 같으면 0)
strchr(a, c)	a문자열에 c문자가 포함되어 있는지 확인한다.	a ∋ c	0 (포함되어 있으면 위치값, 아니면 0)
strstr(a, b)	a문자열에 b문자열이 포함되어 있는지 확인한다.	a ⊃ b	"

자가진단 4

문자열을 선언하고 다음과 같이 "Hong Gil Dong"이라는 이름을 복사하여 저장한 후 출력하는 프로그램을 작성하시오.

출력 예 Hong Gil Dong

● *hint*

strcpy(문자열변수,"Hong Gil Dong");

05 Question

두 개의 문자열을 입력받아서 순서를 바꾸어 하나로 합치는 프로그램을 작성하시오.

입력 예 jungol olympiad

출력 예 olympiadjungol

소스

```
#include <stdio.h>
#include <string.h>

int main()
{
        char st1[50], st2[50], st3[100];

        scanf("%s %s", st1, st2);

        strcpy(st3, st2);
        strcat(st3, st1);

        puts(st3);

        return 0;
}
```

설명

- strcat(st3, st1);

st3의 문자열 끝에 st1의 문자열을 이어서 저장한다.

- puts(st3);

st3의 문자열을 출력한다.

자가진단 5

20개 이하의 문자열로 된 이름을 입력받아서 그 뒤에 "fighting"을 붙여서 저장하고 출력하는 프로그램을 작성하시오.

입력 예

Korea

출력 예

Koreafighting

06 Question

길이가 20 이하인 두 개의 문자열을 입력받아서 첫 번째 문자열의 앞부분 세 글자를 두 번째 문자열에 이어서 저장하고, 두 번째 문자열의 앞부분 세 글자를 첫 번째 문자열의 앞부분에 복사한 후 두 개의 문자열을 모두 출력하는 프로그램을 작성하시오.

입력 예 computer master

출력 예 masputer
mastercom

소스

```
#include <stdio.h>
#include <string.h>

int main()
{
        char st1[50], st2[50];

        scanf("%s %s", st1, st2);

        strncat(st2, st1, 3);
        strncpy(st1, st2, 3);

        puts(st1);
        puts(st2);

        return 0;
}
```

설명

- strncat(st2, st1, 3)

st1의 문자열 중 처음부터 3개의 문자를 st2의 문자열의 끝에 연결하고 st2에 저장한다. 위 예제는 st2 = st2("master") + st1("com") = "mastercom"이 된다.

복사나 비교 등의 함수에서 가운데에 n이 포함된 함수들은 문자열 중에서 지정된 개수만큼만을 대상으로 실행되는 함수이다. 해당하는 내용을 정리하면 다음과 같다.

함수	의 미	일반 변수의 유사한 연산자	a = "Abc", b = "Def" n = 2일 때의 결과
strncpy(a, b, n)	a문자열에 b문자열의 앞부터 n개의 문자를 복사한다.	a = b(n)	a = "Dec", b = "Def"
strncat(a, b, n)	a문자열 뒤에 b문자열을 n개만큼 연결하여 복사한다.	a += b(n)	a = "AbcDe", b="Def"
strncmp(a, b, n)	a와 b의 문자열에서 n개의 크기를 비교한다.	관계연산자	음수

- strncpy(st1, st2, 3)

st2의 문자열 중 처음부터 3개의 문자를 st1에 복사한다.

위 예제에서 문자열 st1은 "computer"에 st2 문자열의 3문자 "mas"를 앞부분에 복사하여 "masputer"가 된다.

자가진단 6

20자 이하인 두 개의 문자열을 입력받아 첫 번째 문자열의 앞부분 두자를 두 번째 문자열의 앞부분에 복사하고 다시 뒷부분에 이어 붙여서 저장한 후 두 번째 문자열을 출력하는 프로그램을 작성하시오.

입력 예

ABCDE QWERTY

출력 예

ABERTYAB

보충

strcpy(s1, s2) 함수의 경우에는 s2에 있는 문자열을 그대로 s1에 복사하면서 널 값도 함께 넘겨주지만 **strncpy(s1, s2, n)**의 경우에는 s2문자열에서 n개의 문자만 복사하고 널 값은 넣어주지 않는다.
만약 s1="abcdef", s2="xyz"라고 할 때 **strcpy(s1, s2)**를 실행하면 s1="xyz"가 되지만 **strncpy(s1, s2, 2)**를 실행하면 s1="xy"가 되는 게 아니라 "xycdef"가 되는 것이다.
따라서 위에서 "xy" 가 되도록 하려면 위 함수 다음에 s1[2]='\0';과 같은 명령을 추가해야 한다.

07 Question

문자열 배열을 {"champion", "tel", "pencil", "jungol", "olympiad", "class", "information", "lesson", "book", "lion"}와 같이 초기화 하고 문자 1개를 입력받아서 문자를 포함하고 있는 단어를 출력한 후, 다시 문자열 1개를 입력 받아 문자열을 포함하고 있는 단어를 찾아 출력하는 프로그램을 작성하시오. 만약 없으면 "찾는 단어가 없습니다." 라고 출력하시오.

입출력 예

문자를 입력하세요. i
champion
pencil
olympiad
information
lion

문자열을 입력하세요. pi
champion
olympiad

소스

```
#include <stdio.h>
#include <string.h>

int main()
{
        int i, flag = 0;
        char ch, st[20];
```

```
	char word[10][20] = {"champion", "tel", "pencil", "jungol",   "olympiad",
	                     "class", "information", "lesson", "book", "lion"};

	printf("문자를 입력하세요. ");
	scanf(" %c", &ch);

	for (i = 0; i < 10; i++) {
		if (strchr(word[i], ch)) {
			puts(word[i]);
			flag = 1;
		}
	}
	if (flag == 0) {
		puts("찾는 단어가 없습니다.");
	}

	flag = 0;
	printf("\n문자열을 입력하세요. ");
	scanf("%s", st);

	for (i = 0; i < 10; i++) {
		if (strstr(word[i], st)) {
			puts(word[i]);
			flag = 1;
		}
	}
	if (flag == 0) {
		puts("찾는 단어가 없습니다.");
	}

	return 0;
}
```

설명

- ```
  if (strchr(word[i], ch)) {
  	puts(word[i]);
  	flag = 1;
  }
  ```

문자열 word[i]에 문자 ch가 포함되어 있으면 word[i]를 출력하고, flag를 1로 저장한다.
  ```

flag는 해당되는 단어를 찾았는지 여부를 확인하기 위해 선언한 것이며 초기에는 0을 저장하고 있다가 단어를 한 개라도 찾게 되면 1로 바꾸어준다.

- ```
  if (flag == 0) {
          puts("찾는 단어가 없습니다.");
  }
  ```

flag가 1이면 위에서 찾아서 출력을 한 경우이므로 flag가 0인 경우만 출력한다.

- `if (strstr(word[i], st)) { ... }`

입력받은 문자열이 word[i]에 포함되면 블록 안의 문장을 실행한다.
strchr은 문자의 포함여부, strstr은 문자열의 포함여부를 확인하는 함수이므로 찾고자 하는 자료형이 반드시 일치해야 한다.

자가진단 7

100개 이하의 문자로 구성된 한 개의 문자열을 입력받아서 그 문자열에 문자 'c'와 문자열 "ab"의 포함여부를 "Yes", "No"로 구분하여 출력하는 프로그램을 작성하시오.

입력 예	출력 예
abdef	No Yes
  ```

08 Question

20자 미만인 두 문자열을 입력받아 아스키코드를 기준으로 크기를 비교한 결과를 출력하고 앞의 세 문자가 같은지의 여부를 출력하는 프로그램을 작성하시오.

입력 예	출력 예
jungol jungsu	jungsu 가(이) 더 큽니다. 앞의 세 문자가 같습니다.
japans korea	korea 가(이) 더 큽니다. 앞의 세 문자가 같지 않습니다.

소스

```
#include <stdio.h>
#include <string.h>

int main()
{
	char st1[20], st2[20];

	scanf("%s %s", st1, st2);

	if (strcmp(st1, st2) == 0) {
		puts("두 문자열은 같습니다. \n");
	}
	else if (strcmp(st1, st2) > 0) {
		printf("%s 가(이) 더 큽니다. \n", st1);
	}
	else {
		printf("%s 가(이) 더 큽니다. \n", st2);
	}

	if (strncmp(st1, st2, 3) == 0) {
		puts("앞의 세 문자가 같습니다.");
	}
	else {
		puts("앞의 세 문자가 같지 않습니다.");
	}
```

```
        return 0;
}
```

설명

- strcmp(st1, st2)

st1과 st2의 문자열을 비교한다. 두 문자열이 서로 같으면 0, st1의 문자열이 더 크면 양수, s2의 문자열이 더 크면 음수가 리턴된다. 이 때 비교는 아스키코드순으로 한다. st1 - st2의 값이 리턴된다고 생각하면 더 쉽게 판단할 수 있다.

- strncmp(st1, st2, 3)

strcmp와 같으나 앞의 세 글자만 비교를 하여 결과를 알려준다.

자가진단 8

20자 이하로 된 세 개의 단어를 입력받아 아스키코드 순으로 가장 작은 단어를 출력하는 프로그램을 작성하시오.

입력 예

cat dog cow

출력 예

cat

09 Question

20자 미만인 5개의 단어를 입력 받아 문자열(아스키코드) 크기순으로 정렬하여 출력하는 프로그램을 작성하시오.

입력 예

단어 5개를 입력하세요.
Jungol
Korea
information
Monitor
class

출력 예

Jungol
Korea
Monitor
class
information

소스

```
#include <stdio.h>
#include <string.h>

int main()
{
	int i, j;
	char word[5][20], tmp[20];

	puts("단어 5개를 입력하세요.");
	for (i = 0; i < 5; i++) {
		scanf("%s", word[i]);
	}

	for (i = 0; i < 4; i++) {
		for (j = i + 1; j < 5; j++) {
			if (strcmp(word[i], word[j]) > 0) {
				strcpy(tmp, word[i]);
				strcpy(word[i], word[j]);
				strcpy(word[j], tmp);
			}
		}
	}
	for (i = 0; i < 5; i++) {
		puts(word[i]);
	}

	return 0;
}
```

설명

- if (strcmp(word[i], word[j]) > 0) {

```
if (strcmp(word[i], word[j]) > 0) {
        strcpy(tmp, word[i]);
        strcpy(word[i], word[j]);
        strcpy(word[j], tmp);
}
```

정수를 정렬할 때와 마찬가지이다. 단 문자열은 관계연산자와 대입연산자의 사용이 불가능하므로 strcmp()와 strcpy()함수를 사용하여야 한다. 만약 위 문자열을 정수라고 생각한다면 다음의 문장과 같은 것이다.

```
if (word[i] > word[j]) {
        tmp = word[i];
        word[i] = word[j];
        word[j] = tmp;
}
```

- 대문자는 소문자보다 아스키코드가 작다.('A' = 65, 'a' = 97)

따라서 "class"보다 "Monitor"가 작은 것이다.

자가진단 9

20자 미만인 5개의 문자열을 입력받아 문자열 크기(아스키코드) 역순으로 정렬하여 출력하는 프로그램을 작성하시오.

입력 예

Jungol
Korea
information
Monitor
class

출력 예

information
class
Monitor
Korea
Jungol

10 Question

정수형으로 된 두 개의 문자열을 입력받아 합계를 출력하고 실수형으로 된 두 개의 문자열을 입력받아 합계를 출력하는 프로그램을 작성하시오. (입력되는 문자열의 길이는 10자 이하이며 실수는 반올림하여 소수 둘째자리까지 출력한다.)

입력 예

123 4567
123.253 5236.12

출력 예

123 + 4567 = 4690
123.25 + 5236.12 = 5359.37

소스

```
#include <stdio.h>
#include <stdlib.h>

int main()
{
        int dnum1, dnum2, dhap;
        double fnum1, fnum2;
        char cnum1[11], cnum2[11];

        scanf("%s %s", cnum1, cnum2);
        dnum1 = atoi(cnum1);
        dnum2 = atoi(cnum2);
        dhap = dnum1 + dnum2;
        printf("%d + %d = %d \n", dnum1, dnum2, dhap);

        scanf("%s %s", cnum1, cnum2);
        fnum1 = atof(cnum1);
        fnum2 = atof(cnum2);
        printf("%.2f + %.2f = %.2f \n", fnum1, fnum2, fnum1 + fnum2);

        return 0;
}
```

설명

- 〈stdlib.h〉

atoi(), atof() 등의 함수가 정의되어 있는 헤더파일이다.

- dnum1 = atoi(cnum1);

atoi()함수는 문자열의 처음부터 정수에 해당하는 부분을 정수로 변환하여 준다.

〈변환의 예〉

123 → 123

35.27 → 35

123$3345 → 123

00900 → 900

&123456789 → 0

- fnum1 = atof(cnum1);

atof()함수는 문자열의 처음부터 실수에 해당하는 부분을 실수로 변환하여 준다.

〈변환의 예〉

15 → 15.0

12.345 → 12.345

.123 → 0.123

45..123 → 45.0

123.4.56 → 123.4

0.23/1.5 → 0.23

자가진단 10

20자 미만인 한 개의 문자열을 입력받아서 첫 줄에는 정수로 변환하여 2배한 값을 출력하고, 다음 줄에는 실수로 변환한 값을 반올림하여 소수둘째자리까지 출력하는 프로그램을 작성하시오.

입력 예

50.1*34

출력 예

100
50.10

11 Question

3개의 실수를 입력받아서 각각을 소수 둘째자리까지 반올림하여 문자열 변수에 이어서 저장한 후 소수점('.')을 중심으로 행을 바꾸어 출력하는 프로그램을 작성하시오.

입력 예 123.456 78.90123 0.351

출력 예
123
4678
900
35

소스

```
#include <stdio.h>
#include <string.h>

int main()
{
	double a, b, c;
	char str[200];

	scanf("%lf %lf %lf", &a, &b, &c);
	sprintf(str, "%.2f%.2f%.2f", a, b, c);

	int i, len = strlen(str);
	for (i = 0; i < len; i++) {
		if (str[i] == '.') printf("\n");
		else printf("%c", str[i]);
	}
	return 0;
}
```

설명

- sprintf(str, "%.2f%.2f%.2f", a, b, c);

세 변수의 내용을 문자열 str에 출력한다.

sprintf()는 출력 내용을 모니터 대신 지정된 문자열에 출력하여 저장하는 함수이다. 문자뿐만 아니라 정수나 실수와 같은 자료형도 일단 출력이 되면 모두 문자열로 저장된다.

- ```
  for (i = 0; i < len; i++) {
          if (str[i] == '.') printf("\n");
          else printf("%c", str[i]);
  }
  ```
  문자열에 있는 숫자를 차례대로 출력한다. '.'이 있는 곳에서는 행을 바꾼다.

자가진단 11

5개의 정수를 입력받아 모두 붙여서 문자열로 저장한 후 세 자씩 나누어서 출력하는 프로그램을 작성하시오.

입력 예

12 5963 58 1 45678

출력 예

125
963
581
456
78
  ```

형성평가

1. 공백을 포함한 문자열을 입력받아 각 단어로 분리하여 문자열 배열에 저장한 후 역순으로 출력하는 프로그램을 작성하시오.(문자열의 길이는 100자 이하이다.)

입력 예

```
C++ Programing jjang!!
```

출력 예

```
jjang!!
Programing
C++
```

2. "flower", "rose", "lily", "daffodil", "azalea" 5개의 단어를 초기화한 후 한 개의 문자를 입력받아서 입력받은 문자가 두 번째나 세 번째에 포함된 단어를 모두 출력하고 마지막 줄에 출력한 단어의 개수를 출력하는 프로그램을 작성하시오. (해당되는 단어가 없으면 0만 출력한다.)

입력 예

```
l
```

출력 예

```
flower
lily
2
```

3. 단어를 입력받다가 "0"을 입력받으면 입력을 종료하고 그 때까지 입력받은 단어의 개수와 홀수 번째 입력 받은 단어를 모두 출력하는 프로그램을 작성하시오. (단어의 개수는 50개를 넘지 않고, 단어의 길이는 100자 이하이다.)

입력 예

```
keyboard
mouse
monitor
0
```

출력 예

```
3
keyboard
monitor
```

4. 10 이하의 정수 n을 입력받고 n개의 문자열을 입력받은 후 그 크기를 비교하여 아스키코드 순으로 가장 작은 문자열부터 차례로 출력하는 프로그램을 작성하시오. (문자열의 길이는 100자 이하다. 아스키코드순으로 뒤에 나오는 것을 큰 것으로 한다.)

입력 예

3
notebook
pencil
eraser

출력 예

eraser
notebook
pencil

5. 5개의 단어를 입력받은 후 문자와 문자열을 한 개씩 입력받아 나중에 입력받은 문자나 문자열이 포함된 단어를 모두 출력하는 프로그램을 작성하시오. (입력되는 단어나 문자열의 길이는 100자 이하이고, 찾는 단어가 없으면 "none"이라고 출력한다.)

입력 예

banana
apple
melon
tomato
pear
n
to

출력 예

banana
melon
tomato

6. 두 개의 문자열 A와 B, 한 개의 정수 n을 입력받아서 A에 B를 연결하고 A에서 n개의 문자를 B에 복사한 후 A와 B를 출력하는 프로그램을 작성하시오. (A와 B 문자열의 길이는 50자 이하이고 n은 A와 B의 문자열 길이의 합보다 작다.)

입력 예

banana apple 3

출력 예

bananaapple
banle

• *hint*

strncpy의 경우 마지막에 널(NULL,'\0')값을 포함하지 않는다. 원래의 문자열보다 더 많은 문자를 복사할 경우 마지막에 널값을 넣어주지 않으면 뒤쪽에 쓰레기 값이 출력될 수 있다.

7. 두 개의 문자열을 입력받아 앞에서부터 정수로 변환 가능한 부분을 변환한 후 두 수의 곱을 출력하는 프로그램을 작성하시오.(각 문자열의 길이는 100 이하이다.)

입력 예

123.45 67@12

출력 예

8241

8. 한 개의 단어를 입력받아서 거꾸로 뒤집어서 출력하는 작업을 반복하다가 "END"라고 입력이 되면 종료하는 프로그램을 작성하시오.(입력받는 단어의 길이는 20 이하이고, 단어의 개수는 100개 이하이다.)

입력 예

Jungol
jjang
END

출력 예

lognuJ
gnajj

9. 정수, 실수, 문자열을 차례로 입력받아서 새로운 문자열에 출력한 후 전체의 길이를 2등분하여 출력하는 프로그램을 작성하시오. 실수는 반올림하여 소수 셋째자리까지 출력하는 것으로 하고, 새로운 문자열의 길이가 홀수일 때는 첫 번째 줄에 한 개를 더 출력한다.(입력받는 각 문자열의 길이는 30자 이하이다.)

입력 예

12345 5.0123 fighting

출력 예

123455.01
2fighting

C·H·A·P·T·E·R

16

구조체

16 CHAPTER

구조체

01 Question

이름과 나이를 입력받아 다음과 같이 출력하는 프로그램을 작성하시오.

입력 예　*당신의 이름은 무엇입니까? 홍길동*
　　　　당신의 나이는 몇 살입니까? 15

출력 예　당신의 이름은 홍길동이고 나이는 15세이군요.

소스

```
#include <stdio.h>

struct data
{
	char name[20];
	int age;
};

int main()
{
	struct data self;

	printf("당신의 이름은 무엇입니까? ");
	scanf("%s", self.name);
	printf("당신의 나이는 몇 살입니까? ");
	scanf("%d", &self.age);
```

```
        printf("당신의 이름은 %s이고 ", self.name);
        printf("나이는 %d세이군요. \n", self.age);

        return 0;
}
```

설명

- struct data
  ```
  {
      char name[20];
      int age;
  };
  ```

자료형이 같은 여러 자료를 처리하기 위해서는 배열을 사용할 수 있지만, 서로 다른 자료형은 배열로 사용할 수 없다.
예를 들어 어떤 학생의 이름, 주소, 학교, 나이, 키, 성적과 같이 다른 종류의 자료들을 묶어서 나타내기 위해서는 배열을 사용할 수 없으므로 이 때 사용할 수 있도록 하는 것이 바로 구조체이다.
위에서 struct data는 data라는 이름의 새로운 구조체를 정의한다는 의미이다.
struct 다음에 붙여진 data를 구조체 태그라고 하며 이것은 구조체의 틀을 만드는 것일 뿐 새로운 변수가 선언된 것이 아니다.
구조체의 몸체에 선언된 name과 age를 이 구조체의 멤버변수라고 한다.
구조체를 정의할 때 주의할 점은 마지막에 반드시 ";"을 붙여주어야 한다는 것이다.

- struct data self;

위에서 만들어진 구조체 형태의 self 변수를 선언한다.
C++에서는 struct 를 생략하고 data self; 라고만 선언해도 된다.
int a;라고 선언하면 정수를 담을 수 있는 변수 a가 만들어지는 것과 같이 data 구조를 담을 수 있는 변수 self가 만들어진 것과 같다.
이해를 쉽게 하기 위해 붕어빵 기계를 하나 만들었다고 하자.
그 기계의 이름을 data라고 한다면 붕어빵을 만들기 위한 재료인 밀가루와 팥을 각각 name과 age로 이름을 붙인 멤버변수라고 생각할 수 있다.
즉 위의 선언은 data의 구조를 가진 self라는 새로운 붕어빵을 생성한 것이라고 볼 수 있다.

- scanf("%s", self.name);

구조체 self의 멤버변수 name의 값을 입력받는다.
구조체형으로 선언된 변수는 일반 변수와 달리 여러 자료들이 함께 있으므로 입력과 출력시 구조체 변수명 뒤에 "." 연산자와 멤버변수를 함께 써야 한다.

- printf("당신의 이름은 %s이고 ", self.name);

self의 멤버면수 name을 출력한다.

자가진단 1

"이름", "학교명", "학년"을 입력받아 아래와 같이 출력하는 프로그램을 작성하시오.(이름과 학교명은 각각 20자 이하이다.)

입력 예

Songjunhyuk Beolmal 6

출력 예

Name : Songjunhyuk
School : Beolmal
Grade : 6

02 Question

자신의 이름과 나이를 초기화하고 친구의 이름과 나이를 입력받아 모두 출력하는 프로그램을 작성하시오.

입력 예 *친한 친구의 이름과 나이를 입력하세요. 송승효 13*

출력 예 당신의 이름 : 손예준, 나이 : 12
친구의 이름 : 송승효, 나이 : 13

소스

```
#include <stdio.h>

struct data
{
	char name[20];
	int age;
} buddy;
int main()
{
	struct data self = {"손예준", 12};

	printf("친한 친구의 이름과 나이를 입력하세요. ");
	scanf("%s %d", buddy.name, &buddy.age);

	printf("당신의 이름 : %s, 나이 : %d \n", self.name, self.age);
	printf("친구의 이름 : %s, 나이 : %d \n", buddy.name, buddy.age);

	return 0;
}
```

설명

- ```
  struct data
  {
  	char name[20];
  	int age;
  } buddy;
  ```
  ```

name과 age를 멤버로 하는 구조체 data를 선언하고 data 구조체형 변수 buddy를 선언한다. 구조체 정의와 동시에 변수를 선언하는 방법이며 struct data buddy;를 선언한 것과 같다.

- struct data self = {"손예준", 15};

data 구조체형 변수 self를 선언하고 이름과 나이를 초기화한다.
{ } 안의 데이터는 구조체를 정의한 순서대로 멤버변수에 대입된다.

자가진단 2

"학교명", "학년"을 저장할 수 있는 구조체로 2개의 변수를 선언한 후, 한 개의 변수는 학교명에 "Jejuelementary", 학년에 6으로 각각 초기화하고 다른 변수에는 새로운 학교와 학년을 입력받아 아래와 같이 출력하는 프로그램을 작성하시오.(학교명은 30자 이하이다.)

입력 예

```
Seogwipomiddle 1
```

출력 예

```
6 grade in Jejuelementary School //초기화한 것
1 grade in Seogwipomiddle School //입력받은 것
```

03 Question

두 명의 이름과 국어, 영어 점수를 입력받아 합계를 구하여 모두 출력하는 프로그램을 작성하시오.

입력 예

이동현 88 100
전정원 95 96

출력 예

이동현 88 100
전정원 95 96
합계 183 196

소스1

```
#include <stdio.h>
#include <string.h>

struct score
{
	char name[20];
	int kor, eng;
};

int main()
{
	struct score a, b, hap;
	scanf("%s %d %d", a.name, &a.kor, &a.eng);
	scanf("%s %d %d", b.name, &b.kor, &b.eng);

	strcpy(hap.name, "합계");
	hap.kor = a.kor + b.kor;
	hap.eng = a.eng + b.eng;

	printf("%s %d %d \n", a.name, a.kor, a.eng);
	printf("%s %d %d \n", b.name, b.kor, b.eng);
	printf("%s %d %d \n", hap.name, hap.kor, hap.eng);
	return 0;
}
```

설명1

- strcpy(hap.name, "합계");

구조체 hap의 name에 “합계”를 대입한다.

- hap.kor = a.kor + b.kor;

구조체 hap의 kor(국어점수)에 구조체 a와 b의 각각의 kor 값을 더하여 대입한다.

소스2

```
#include <stdio.h>
#include <string.h>

struct score
{
        char name[20];
        int kor, eng;
};

struct score plus(struct score l, struct score r)
{
        struct score sum;

        strcpy(sum.name, "합계");
        sum.kor = l.kor + r.kor;
        sum.eng = l.eng + r.eng;

        return sum;
}

int main()
{
        struct score a, b, hap;
        scanf("%s %d %d", a.name, &a.kor, &a.eng);
        scanf("%s %d %d", b.name, &b.kor, &b.eng);

        hap = plus(a, b);

        printf("%s %d %d \n", a.name, a.kor, a.eng);
        printf("%s %d %d \n", b.name, b.kor, b.eng);
        printf("%s %d %d \n", hap.name, hap.kor, hap.eng);
        return 0;
}
```

설명2

- `struct score plus(struct score l, struct score r) { }`

두 개의 score 구조체형을 인수로 전달받아 score 구조체형을 리턴하는 함수를 선언한다.

- `struct score sum;`
  `strcpy(sum.name, "합계");`

score 구조체형으로 지역변수 sum을 생성하고 멤버변수 name에 "합계"를 대입한다.

- `sum.kor = l.kor + r.kor;`
  `sum.eng = l.eng + r.eng;`

인수로 전달받은 구조체 l과 r의 kor값의 합과 eng값의 합을 sum의 해당 멤버에 대입한다.

- `return sum;`

인수로 전달된 두 구조체 자료의 합이 저장된 구조체 sum의 값을 리턴한다.
리턴되는 자료형과 함수의 자료형은 같아야 한다.

```
struct score plus(struct score l, struct score r)
{
        score sum;
        ....
        return sum; //sum은 score형이다.
}
```

보충

함수의 리턴값은 원래 한 가지만 가능하다.
하지만 위와 같이 함수의 형을 구조체로 정의함으로 한 가지의 구조체 속에 실제로는 여러 개의 자료를 하나로 묶어서 리턴할 수 있게 된다.

자가진단 3

두 명의 이름과 국어, 영어 점수를 입력받아 과목별 점수의 평균을 구하여 출력하는 프로그램을 작성해 보시오.(이름은 20자 이하이고 평균의 소수점 이하는 버림한다.)

입력 예

Junho 88 100
Seonbin 95 96

출력 예

Junho 88 100
Seonbin 95 96
avg 91 98

04 Question

두 점의 좌표를 입력받아 두 점의 중심점의 좌표를 소수 첫째자리까지 출력하는 프로그램을 작성하시오.

입력 예

점의 좌표는?(x, y) 10 5
점의 좌표는?(x, y) 12 36

출력 예

중심점의 위치 = (11.0, 20.5)

소스

```
#include <stdio.h>
#include <string.h>

struct point
{
        double x, y;
} p1, p2, p3;

void p_input(point &p)
{
        printf("점의 좌표는?(x,y) ");
        scanf("%lf %lf", &p.x, &p.y);
}

struct point center(point a, point b)
```

```
{
        point c;
        c.x = (a.x + b.x) / 2;
        c.y = (a.y + b.y) / 2;
        return c;
}

void p_output(point p)
{
        printf("중심점의 위치 = (%.1f, %.1f) \n", p.x, p.y);
}

int main()
{
        p_input(p1);
        p_input(p2);
        p3 = center(p1, p2);
        p_output(p3);

        return 0;
}
```

설명

- struct point

```
{
        double x, y;
} p1, p2, p3;
```

좌표값 x, y를 멤버로 하는 구조체형 point를 정의하고 구조체 변수 3개(p1, p2, p3)를 생성한다.

- void p_input(struct point &p) { }

좌표를 입력받기 위한 함수를 정의한다.
매개 변수로 point 구조체를 참조에 의해 전달받는다. 참조에 의해 전달받았으므로 p의 값을 바꾸어주면 이 함수를 호출할 때 전달한 원래의 변수값이 바뀌게 된다.
c++이 아닌 c로 컴파일 할 경우에는 반드시 struct를 붙여야 한다. (struct point &p)

- point center(point a, point b)

```
{
        point c;
        c.x = (a.x + b.x) / 2;
        c.y = (a.y + b.y) / 2;
        return c;
}
```

두 좌표를 구조체로 전달받아 구조체 지역변수 c를 생성하여 전달받은 좌표의 중간값을 저장한 후 리턴한다. 리턴값이 구조체 point이므로 함수의 형도 point로 선언해야 한다. 역시 c로 컴파일 할 경우에는 point 앞에 struct를 붙여야 한다.

- p_input(p1);

p1을 전달하여 입력함수를 호출한다. 함수에서 참조에 의해 전달받으므로 함수 내에서 입력받는 값은 p1에 저장이 된다.

- p3 = center(p1, p2);

두 점의 좌표를 함수로 전달하여 리턴되는 값을 p3에 저장한다.
p3 변수와 center 함수의 자료형은 같아야 하며 모두 구조체 point형이다.

자가진단 4

삼각형의 세 꼭지점의 좌표를 입력받아 삼각형의 무게중심의 좌표를 반올림하여 소수 첫째자리까지 출력하는 프로그램을 작성하시오.

입력 예 0 0 1 2 10 15

출력 예 (3.7, 5.7)

- Hint

세 꼭지점이 (x1, y1), (x2, y2), (x3, y3)인 삼각형의 무게중심 = ((x1+x2+x3)/3, (y1+y2+y3)/3)

05 Question

5명의 저축액을 입력받아 저축왕의 번호와 저축액을 출력하는 프로그램을 작성하시오.

입력 예

1번 저축금액은? 1000
2번 저축금액은? 12000
3번 저축금액은? 33200
4번 저축금액은? 5200
5번 저축금액은? 17300

출력 예

저축왕 3번 33200원

소스

```
#include <stdio.h>

struct money
{
	int number;
	int won;
};

struct money max(money arr[], int n)
{
	money maxdata = arr[0];
	int i;

	for (i = 1; i < n; i++) {
		if (maxdata.won < arr[i].won) {
			maxdata = arr[i];
		}
	}

	return maxdata;
}

int main()
{
	money saving[5], king;
	int i;
```

```
    for (i = 0; i < 5; i++) {
        printf("%d번 저축금액은? ", i + 1);
        saving[i].number = i + 1;
        scanf("%d", &saving[i].won);
    }

    king = max(saving, 5);
    printf("저축왕 %d번 %d원 \n", king.number, king.won);

    return 0;
}
```

설명

- money max(money arr[], int n)

구조체를 배열로 전달받아 최대값을 구하기 위한 함수를 선언하였다.
리턴값은 money 구조체형이다.

- money maxdata = arr[0];

최대값을 저장할 구조체 지역변수를 선언하여 배열의 첫 번째 자료로 초기화하였다.

- ```
  for (i = 1; i < n; i++) {
      if (maxdata.won < arr[i].won) {
          maxdata = arr[i];
      }
  }
  ```

두 번째 자료부터 저축액을 maxdata의 저축액과 비교하여 금액이 크면 새로운 자료로 갱신한다. maxdata = arr[i];와 같이 각각의 멤버변수가 아닌 구조체 변수를 직접 대입하면 그 안의 멤버변수의 내용이 모두 동시에 대입된다.

- money saving[5], king;

money 구조체 형으로 5개짜리 배열과 최대값을 저장하기 위한 한 개의 변수를 선언한다.
  ```

- saving[i].number = i + 1;

saving의 i번째 number에 i + 1을 대입한다. (번호는 1부터인데 배열은 0번부터이므로 배열의 번호에 1을 더한 값이 번호가 된다.)

- scanf("%d", &saving[i].won);

saving의 i번째의 저축액을 입력받는다.

- king = max(saving, 5);

saving 배열을 max 함수로 전달하여 리턴되는 구조체 자료를 king에 저장한다. 리턴되는 자료는 함수 내에서 구해진 maxdata이다.

자가진단 5

5명의 이름과 키를 입력받아 키가 가장 작은 사람의 이름과 키를 출력하는 프로그램을 작성하시오.(이름은 20자 이하이다.)

입력 예

Park 175
Lee 180
Choo 185
Son 193
Kim 188

출력 예

Park 175

06 Question

5명의 이름과 키, 몸무게를 입력받아 키가 작은 순으로 정렬하여 출력하는 프로그램을 작성하시오.

입력 예

이성빈 150 35.6
이도헌 155 28.9
신유리 148 32.7
정우경 160 41.2
이초인 165 38.7

출력 예

신유리 148 32.7
이성빈 150 35.6
이도헌 155 28.9
정우경 160 41.2
이초인 165 38.7

소스1

```
#include <stdio.h>
#include <string.h>

char name[5][20];
int he[5];
double we[5];

void input()
{
        int i;

        for (i = 0; i < 5; i++) {
                scanf("%s %d %lf", name[i], &he[i], &we[i]);
        }
}

void sort()
{
        int i, j;
        char tmp_name[20];
        int tmp_he;
        double tmp_we;

        for (i = 0; i < 4; i++) {
                for (j = i + 1; j < 5; j++) {
                        if (he[i] > he[j]) {
                                strcpy(tmp_name, name[i]);
                                strcpy(name[i], name[j]);
```

```
                    strcpy(name[j], tmp_name);

                    tmp_he = he[i];
                    he[i] = he[j];
                    he[j] = tmp_he;

                    tmp_we = we[i];
                    we[i] = we[j];
                    we[j] = tmp_we;
                }
            }
        }
}
void output()
{
        int i;

        for (i = 0; i < 5; i++) {
                printf("%s %d %.1f \n", name[i], he[i], we[i]);
        }
}

int main()
{
        input();
        sort();
        output();
        return 0;
}
```

설명1

- ```
  char name[5][20];
  int he[5];
  double we[5];
  ```

  구조체를 사용하지 않고 5명의 이름을 저장할 배열과 키를 저장할 배열, 몸무게를 저장할 배열을 각각 별도로 선언하였다.

- `void sort()`

  정렬을 위한 함수
  ```

키를 비교하여 앞쪽이 클 경우에 서로 바꿔주어야 하는데 세 개의 자료가 각각 별도로 선언되어 있으므로 이름과 키 몸무게를 모두 바꿔주어야 한다.
위 소스에서 보는 바와 같이 여러 가지 자료형을 묶어서 처리해야 하는 경우에 구조체를 사용하지 않고도 얼마든지 프로그램을 작성할 수 있다. 하지만 구조체를 사용하면 소스가 훨씬 단순하고 명쾌해질 뿐 아니라 소스를 작성하고 관리하기도 훨씬 수월해진다. 다음의 소스를 잘 보고 평가해 보기 바란다.

소스2

```
#include <stdio.h>

struct data
{
        char name[20];
        int he;
        double we;
} stu[5];

void input()
{
        int i;

        for (i = 0; i < 5; i++) {
                scanf("%s %d %lf", stu[i].name, &stu[i].he, &stu[i].we);
        }
}

void sort()
{
        int i, j;
        struct data tmp;

        for (i = 0; i < 4; i++) {
                for (j = i + 1; j<5; j++) {
                        if (stu[i].he > stu[j].he) {
                                tmp = stu[i];
                                stu[i] = stu[j];
                                stu[j] = tmp;
                        }
                }
        }
```

```
}

void output()
{
        int i;

        for (i=0; i<5; i++) {
                printf("%s %d %.1f \n", stu[i].name, stu[i].he, stu[i].we);
        }
}

int main()
{
        input();
        sort();
        output();
        return 0;
}
```

설명2

- ```
  struct data
  {
          char name[20];
          int he;
          double we;
  } stu[5];
  ```

  이름과 키, 몸무게를 멤버로 하는 구조체형 data를 정의하고 data형 배열을 생성하였다.

- ```
  if (stu[i].he > stu[j].he) {
          tmp = stu[i];
          stu[i] = stu[j];
          stu[j] = tmp;
  }
  ```

  앞쪽 데이터의 키가 더 크면 두 데이터를 바꾼다. 모두 구조체 자료형이므로 구조체 내의 모든 멤버 변수는 함께 바뀌게 된다. 이 부분을 잘 비교해 보면 구조체를 사용해야 할 필요성을 충분히 공감하게 될 것이다.

자가진단 6

5명의 이름과 키, 몸무게를 입력받아 이름순으로 정렬하여 출력하고, 몸무게가 무거운 순으로 정렬하여 출력하는 프로그램을 작성하시오.

입력 예

```
Lee 150 35.6
Kim 155 28.9
Sin 148 32.7
Jung 160 41.2
Park 165 38.7
```

출력 예

```
name
Jung 160 41.2
Kim 155 28.9
Lee 150 35.6
Park 165 38.7
Sin 148 32.7

weight
Jung 160 41.2
Park 165 38.7
Lee 150 35.6
Sin 148 32.7
Kim 155 28.9
```

형성평가

1. 이름과 전화번호, 주소를 멤버로 하는 구조체를 정의하여 1개의 자료를 입력받고 아래 출력 예와 같은 형식으로 출력하는 프로그램을 작성하시오.(각각의 길이는 100자 이하이다.)

입력 예

Lim 1234-5678 Seoul

출력 예

name : Lim
tel : 1234-5678
addr : Seoul

• Hint

전화번호는 문자열로 처리하는 것이 편리하고 일반적이다.

2. 위 1번과 같은 자료를 배열로 선언하여 3명의 자료를 입력받은 후 사전순으로 이름이 가장 빠른 사람의 자료를 출력 예와 같이 출력하는 프로그램을 작성하시오.

입력 예

Lim 1234-5678 Seoul
Hong 2345-6789 Gangwon
Sung 3456-7890 Gyeonggi

출력 예

name : Hong
tel : 2345-6789
addr : Gangwon

3. 직사각형의 왼쪽 아래의 좌표 (x_1, y_1)와 오른쪽 위의 좌표 (x_2, y_2)를 저장할 수 있는 구조체 자료형을 만들고 두 개의 직사각형 자료를 입력받아 두 직사각형을 포함하는 최소의 직사각형 자료를 구하여 구조체 변수에 저장하고 출력하는 프로그램을 작성하시오. 단, 모든 입력값은 100을 넘지 않는다.

입력 예

1 1 6 5
2 0 7 3

출력 예

1 0 7 5

• Hint

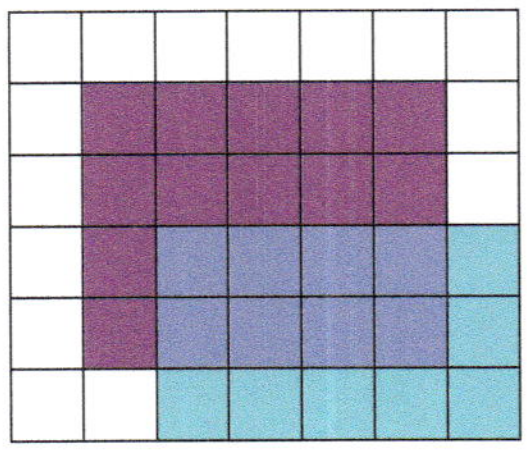

두 개의 직사각형

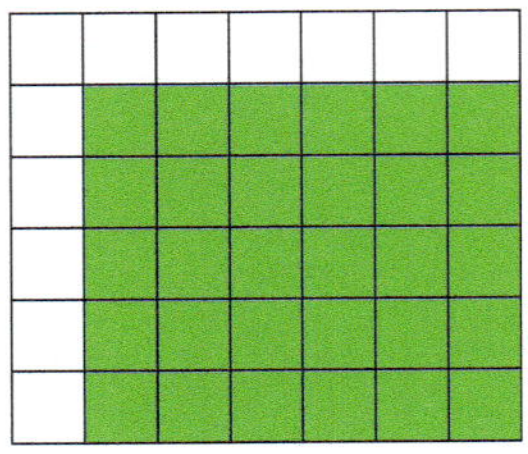

두 직사각형을 포함하는 최소 직사각형

4. 어떤 학생의 키는 아버지와 어머니의 키의 평균보다 5cm 크고 몸무게는 아버지와 어머니의 몸무게의 평균보다 4.5kg 가볍다고 한다. 키와 몸무게를 멤버변수로 갖는 구조체를 정의하고 아버지와 어머니의 키와 몸무게를 입력받아 학생의 키와 몸무게를 출력하는 프로그램을 작성하시오. (키는 정수미만 버림하고 몸무게는 반올림하여 소수 첫째자리까지 나타낸다.)

입력 예

```
175 68.8
166 56.4
```

출력 예

```
height : 175cm
weight : 58.1kg
```

5. 정수 n을 입력받은 후 n명의 이름(20자 이하)과 세 과목의 점수를 입력받아 총점이 높은 순으로 정렬하여 출력하는 프로그램을 작성하시오. (1 ≤ n ≤ 10)

입력 예

```
3
Chung 50 65 89
Nolbu 100 38 99
Hungbu 85 95 77
```

출력 예

```
Hungbu 85 95 77 257
Nolbu 100 38 99 237
Chung 50 65 89 204
```

• Hint

이름과 3과목의 성적 이외에 총점까지 포함하는 구조체를 정의하면 편리하다.

C·H·A·P·T·E·R

17

포인터

17
CHAPTER

포인터

01 Question

정수변수를 10으로 초기화하고 정수포인터 변수에 그 주소를 대입한 후 두 변수를 이용하여 값과 주소를 출력하는 프로그램을 작성하시오.

출력 예

```
a = 10, &a = 1245052
*p = 10, p = 1245052
```

소스

```
#include <stdio.h>

int main()
{
        int a = 10;
        int *p;
        p = &a;

        printf("a = %d, &a = %p \n", a, &a);
        printf("*p = %d, p = %p \n", *p, p);
        return 0;
}
```

설명

- int *p;

포인터 변수 p를 선언한다.
일반적인 변수는 자료형에 해당하는 값을 저장하기 위해 사용되지만 포인터 변수는 메모리의 주소를 저장하기 위해 사용이 된다. 포인터 변수를 선언할 때는 변수명 앞에 '*'(asterisk)를 붙여준다.

- p = &a;

포인터 변수 p에 변수 a의 주소를 저장한다.
일반 변수의 메모리 주소를 알고자 하면 변수명 앞에 '&' 기호를 붙여주면 된다.

- printf("a = %d, &a = %p \n", a, &a);

변수 a에 저장된 값과 변수 a가 위치한 메모리의 주소를 출력한다. '%p'는 주소를 16진수로 표시하는 서식문자이다. 만약 0x 형태의 16진수로 출력하려면 '%#p'로 서식문자를 표시하면 된다.

- printf("*p = %d, p = %p \n", *p, p);

p에 저장된 메모리의 주소에 들어있는 값과, p에 저장된 메모리 주소를 출력한다.
포인터 변수를 그대로 출력하면 그 변수에 저장된 주소가 출력되고, 변수명 앞에 '*'를 붙여주면 그 주소가 가리키는 위치에 저장된 값을 출력한다.
p에는 a의 주소가 저장되어 있으므로 *p를 출력하면 p에 저장된 주소가 가리키는 위치에 있는 값 즉 a의 값이 출력된다.

- 다음은 일반변수 a와 포인터변수 p를 선언하고 a = 10; p = &a;를 실행했을 때 두 변수간의 관계를 나타내는 것이다. (a의 주소는 "0x1111"이라고 가정한다.)

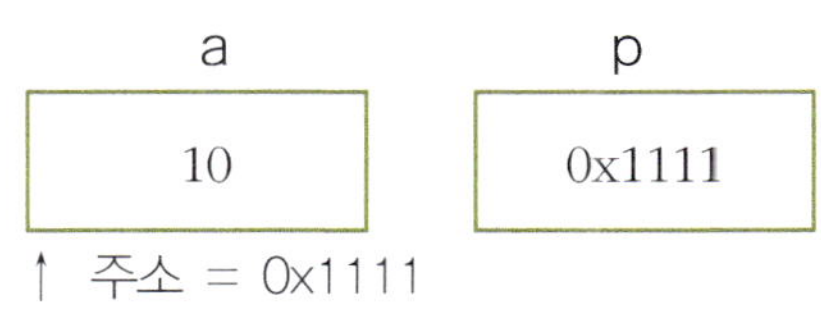

p = &a = 0x1111
*p = a = 10

자가진단 1

정수형 변수와 포인터 변수를 선언하고 정수를 입력받아 포인터 변수를 이용하여 정수형 변수의 메모리 주소와 값을 출력하는 프로그램을 작성하시오.

입력 예

20

출력 예 (메모리 주소가 "0x1111" 이라고 가정했을 때)

0x1111 20

02 Question

정수 변수를 선언하고 정수 포인터 변수에 주소를 대입하여 아래와 같이 두 가지 방법으로 값을 입력받아 연산을 실행하여 두 가지 방법으로 출력하는 프로그램을 작성하시오. (진한 부분이 입력이다.)

입출력 예

```
5
a = 5, *p = 5
10
a = 10, *p = 10
a = 15, *p = 15
a = 30, *p = 30
a = 29, *p = 29
```

소스

```
#include <stdio.h>

int main()
{
        int a;
        int *p = &a;

        scanf("%d", &a);
        printf("a = %d, *p = %d \n", a, *p);

        scanf("%d", p);
        printf("a = %d, *p = %d \n", a, *p);

        a = a + 5;
```

```
    printf("a = %d, *p = %d \n", a, *p);

    *p = *p * 2;
    printf("a = %d, *p = %d \n", a, *p);

    (*p)--;
    printf("a = %d, *p = %d \n", a, *p);

    return 0;
}
```

설명

- int *p = &a;

정수형 포인터 p를 선언하고 a의 주소로 초기화한다.
다음 두 문장을 합친 것과 같다. int *p; p = &a;

- scanf("%d", p);

p가 가리키는 메모리 위치에 값을 입력받는다.
p는 &a와 같으므로 위의 문장은 scanf("%d", &a);와 같은 것이다.

- a = a + 5;
  printf("a = %d, *p = %d \n", a, *p);

a의 값을 5 증가하고 두 개의 변수를 이용하여 출력한다.
a의 값만 바뀌게 되면 p가 가리키는 주소가 a이므로 *p의 값도 바뀐다.

- *p = *p * 2;

p가 가리키는 위치에 있는 값을 2배한다.
p에는 a의 주소가 저장되어 있으므로 위의 문장은 a = a * 2;와 같은 결과가 된다.

- (*p)--;

a--;와 같은 결과이다. 주의할 점은 ( )를 생략하면 전혀 다른 결과가 된다는 것이다.
*p--;는 p가 가리키는 곳에 저장된 값을 감소시키는 것이 아니라 p의 주소 자체를 감소시키므로 이후 p에는 a가 위치한 메모리 바로 앞의 위치를 갖게 되므로 *p는 a와는 전혀 관계없는 다른 값을 갖게 된다.

자가진단 2

정수형 포인터를 이용하여 값을 입력받고 입력받은 값을 10으로 나눈 몫과 나머지를 출력하는 프로그램을 작성하시오.

입력 예

123

출력 예

12...3

03 Question

정수형 포인터 변수 두 개를 선언하여 값을 입력받고 합을 출력하는 프로그램을 작성하시오.

입력 예 10 20

출력 예 10 + 20 = 30

소스

```
#include <stdio.h>

int main()
{
	int *p1 = new int;
	int *p2 = new int;

	scanf("%d %d", p1, p2);

	printf("%d + %d = %d \n", *p1, *p2, *p1 + *p2);

	delete p1;
	delete p2;
	return 0;
}
```

설명

- int *p1 = new int;

정수형 포인터 변수를 선언하고 정수를 저장할 메모리를 할당하여 그 주소를 저장한다. 일반적으로 자료를 저장하기 위해 메모리 공간을 확보하려면 변수를 선언해야 하는데 new int는 변수 이름이 없이 정수형 메모리 공간을 확보하는 것이다.
이름이 없으므로 직접 접근하는 방법이 존재하지 않지만 위와 같이 하면 포인터를 이용하여 해당 메모리에 접근이 가능하다.

- scanf("%d %d", p1, p2);

포인터 변수가 가리키는 위치에 값을 입력받는다. p1과 p2가 포인터 변수이므로 '&' 기호를 쓰지 않는다.

- printf("%d + %d = %d \n", *p1, *p2, *p1 + *p2);

두 변수가 가리키는 위치에 있는 값과 두 값의 합을 이용하여 덧셈식을 출력한다.

- delete p1;

p1에 할당된 메모리를 제거한다. 일반 변수의 경우에는 그 변수가 속한 함수가 종료되면 자동으로 메모리에서 소멸이 되지만 new 키워드로 생성된 동적메모리는 제거되지 않고 메모리를 계속 점유하고 있게 된다. 따라서 함수를 끝내기 전에 반드시 동적으로 생성된 메모리를 제거하는 것이 좋다.

※ new와 delete 연산자는 C++에서만 사용이 가능하므로 프로젝트를 생성할 때 반드시 C++를 선택하여 확장자가 ".cpp"가 되도록 해야 된다. 참고로 C언어에서의 동적 메모리 할당을 위한 소스는 다음과 같다.

```
#include <stdio.h>
#include <stdlib.h>

int main()
{
        int *p1 = (int*)malloc(sizeof(int));
        int *p2 = (int*)malloc(sizeof(int));
        scanf("%d %d", p1, p2);
        printf("%d + %d = %d \n", *p1, *p2, *p1 + *p2);
        free(p1);
        free(p2);
        return 0;
}
```

- int *p1 = (int*)malloc(sizeof(int));

int *p1 = new int;와 같다.
malloc(size)은 동적으로 size 크기만큼 메모리를 할당하라는 함수이다.
(int*)는 할당된 메모리에 저장될 자료형이다.

- sizeof(int);

int 자료형의 byte수를 반환한다. 즉 int 자료형이 4byte이므로 4라고 쓴 것과 같다.
다른 자료형을 예로 들자면 sizeof(double)은 8, sizeof(char)는 1과 같다.

- scanf("%d %d", p1, p2);

포인터 변수가 가리키는 위치에 값을 입력받는다. p1과 p2가 포인터 변수이므로 '&' 기호를 쓰지 않는다.

- printf("%d + %d = %d \n", *p1, *p2, *p1 + *p2);

두 변수가 가리키는 위치에 있는 값과 두 값의 합을 이용하여 덧셈식을 출력한다.

- free(p1);

p1에 malloc함수로 할당된 메모리를 제거한다. new로 생성된 메모리를 해제하기 위한 delete p1;과 같다.

자가진단 3

포인터 변수 두 개를 이용하여 두 수를 입력받고 사칙 연산을 수행하여 출력하는 프로그램을 작성하시오.

입력 예

```
35 6
```

출력 예

```
35 + 6 = 41
35 - 6 = 29
35 * 6 = 210
35 / 6 = 5
```

04 Question

정수 배열을 선언하여 {10, 20, 30}으로 초기화하고 정수포인터를 이용하여 아래와 같이 여러 가지 방법으로 출력하는 프로그램을 작성하시오.

출력 예

```
a = 1245044, p = 1245044
10 20 30
10 20 30
10 20 30
10 20 30
```

소스

```
#include <stdio.h>

int main()
{
        int a[3] = {10, 20, 30};
        int *p = a;
        printf("a = %p, p = %p \n", a, p);
        printf("%d %d %d \n", a[0], a[1], a[2]);
        printf("%d %d %d \n", p[0], p[1], p[2]);
        printf("%d %d %d \n", *a, *(a + 1), *(a + 2));
        printf("%d %d %d \n", *p, *(p + 1), *(p + 2));
        return 0;
}
```

설명

- int a[3] = {10, 20, 30};

배열 a를 선언하고 세 개의 메모리를 확보하여 차례로 값을 초기화한다.
배열을 선언하면 실제로는 배열의 이름(a)에 배열의 시작주소 즉 a[0]의 주소가 저장이 된다.
위의 내용을 표로 나타내면 다음과 같다.(a의 시작주소가 1000이라고 가정할 때)

	a[0]	a[1]	a[2]
주소	1000	1004	1008
값	10	20	30

a = &a[0] = 1000

※ int는 4byte이므로 주소가 4씩 증가한 것이다.

- int *p = a;

포인터 변수 p에 배열 a의 시작 주소를 저장한다.
배열을 선언하면 배열의 이름이 시작주소를 나타내는 포인터와 같으므로 '&' 기호를 붙이지 않는다. 위와 같이 처리를 하면 이후 p는 a와 같은 역할을 하게 된다.
다른 점이 있다면 p는 처음부터 포인터로 선언이 되었으므로 주소를 바꾸어 다른 용도로 사용이 가능하지만 a는 배열로 선언하였기 때문에 주소를 변경할 수가 없다.

- printf("%d %d %d \n", a[0], a[1], a[2]);
  printf("%d %d %d \n", p[0], p[1], p[2]);

배열의 각 원소를 배열이름과 포인터 변수이름 두 가지 형식으로 출력한다.
a와 p는 같은 역할을 한다고 했으므로 위의 두 문장은 같은 결과를 출력하게 된다.

- printf("%d %d %d \n", *a, *(a+1), *(a+2));
  printf("%d %d %d \n", *p, *(p+1), *(p+2));

배열의 각 원소를 메모리 주소의 연산을 이용하여 출력한다.
a에는 a의 시작위치 즉 a[0]의 주소가 들어있으므로 *a는 a[0]에 있는 값이 출력된다. (a+1)은 위의 표를 참조해보면 a에 1000이 저장되어 있고 거기에 a의 자료형에 해당하는 byte수만큼 (int이므로 4byte) 증가되어 1004가 된다. (1001이 아님을 주의하자.) 그러므로 *(a+1)은 주소 1004번에 해당하는 값 즉 a[1]의 값을 출력하게 된다. *(a+2)는 1008번 주소 즉 a[2]의 값을 출력한다. a와 p는 같다고 했으므로 아래의 문장도 똑같은 결과가 된다.

자가진단 4

5개짜리 정수형 배열을 선언하고 포인터 변수에 저장한 후 포인터 변수를 이용하여 입력을 받은 후 홀수번째 입력값을 출력하는 프로그램을 작성하시오.

입력 예

1 15 23 9 12

출력 예

1 23 12

05 Question

정수 배열과 문자열을 선언하고 정수포인터와 문자포인터에 각각의 주소를 대입한 후 아래와 같이 두 가지 방법으로 입력받아 출력하는 프로그램을 작성하시오.

입력 예

```
11 22 33
50 40 30
abcde
ABCDE
```

출력 예

```
11 22 33
50 40 30
abcde
ABCDE
```

소스

```
#include <stdio.h>

int main()
{
	int i;
	int a[3];
	int *pi = a;
	char st[10];
	char *ps = st;

	for (i = 0; i < 3; i++) scanf("%d", &pi[i]);
	for (i = 0; i < 3; i++) printf("%d ", a[i]);
	printf("\n");

	for (i = 0; i < 3; i++) scanf("%d", (a + i));
	for (i = 0; i < 3; i++) printf("%d ", pi[i]);
	printf("\n");

	scanf("%s", st);
	printf("%s \n", ps);
	scanf("%s", ps);
	printf("%s \n", st);

	return 0;
}
```

설명

- `int *pi = a;`

포인터 변수 pi에 a배열의 주소를 저장한다. 이제부터 a와 pi는 이름은 다르지만 같은 용도로 쓰인다. a를 원래 이름이라고 한다면 pi는 별명이라고 생각하면 된다. 아래 입력과 출력을 보면 pi로 입력받고 a로 출력을 하거나, 그 반대로 하여도 결과는 같다는 것을 알 수 있다.

- `scanf("%d", (a + i));`

a배열의 i번째 위치에 값을 입력받는다. a에는 배열의 시작위치가 저장되어 있으므로 (a + 0)은 a[0]의 주소가 된다. 결국 위 문장은

```
scanf("%d", &pi[i]);
scanf("%d", &a[i]));
scanf("%d", (pi+i));
```

와 모두 같은 내용이다.

- ```
  char st[10];
  char *ps = st;
  ```

문자열 st를 선언하고 그 시작주소를 포인터 변수 ps에 저장한다.
st와 ps는 같은 위치를 저장하고 있으므로 같이 쓰인다.

- `scanf("%s", ps); scanf("%s", st);`

문자열을 입력받는다. ps와 st는 같은 주소를 가지고 있으므로 같은 결과를 나타낸다. 문자열에서 '&' 기호를 생략했던 이유에 대해 이제야 수수께끼가 풀렸을 것이다.

자가진단 5

실수 5개를 원소로 하는 배열을 선언하고 포인터 변수를 이용하여 입력과 출력을 실행하는 프로그램을 작성하시오. 출력은 반올림하여 소수 첫째자리까지 출력하는 것으로 한다.

입력 예	출력 예
10 25.3 1.05 0.78 100	10.0 25.3 1.1 0.8 100.0
  ```

06 Question

배열의 크기 N을 입력받아 정수포인터를 이용하여 N개의 동적배열을 생성하고 N개의 정수를 입력받아 입력받은 역순으로 출력하는 프로그램을 작성하시오.

입력 예 5

15 23 86 94 38

출력 예 38 94 86 23 15

소스

```
#include <stdio.h>

int main()
{
        int i, n;
        int *p;

        scanf("%d", &n);
        p = new int[n];

        for (i = 0; i < n; i++) {
                scanf("%d", &p[i]);
        }

        for (i = n - 1; i >= 0; i--) {
                printf("%d ", p[i]);
        }
        printf("\n");

        delete []p;
        return 0;
}
```

설명

- 일반적으로 배열을 선언하게 되면 프로그램을 실행할 때 미리 메모리 공간을 확보하여 할당하게 된다. 예를 들어 int a[10];이라는 문장이 있으면 미리 int 자료형 10개를 저장할 수 있는 공간을 할당하여 그 시작위치를 a에 저장하게 되는 것이다. 만약

```
scanf("%d", n);
int a[n];
```

위와 같이 프로그램을 작성하게 되면 처음에 프로그램을 시작할 때 a의 개수를 알 수 없으므로 공간을 할당할 수 없기 때문에 에러가 발생하게 된다.
즉, 실제 필요한 만큼만 배열을 선언하고 싶은데 그 크기를 입력받아야만 알 수 있다면 위와 같은 방법으로는 불가능한 것이다. 이러한 문제를 해결하는 방법이 바로 위의 소스와 같이 포인터를 이용하여 동적으로 배열을 선언하는 것이다.

- int *p;
  p = new int[n];

메모리에 n개의 정수형 배열을 할당하고 포인터 변수 p에 메모리의 시작주소를 저장한다. 새로운 int형 메모리를 생성하고 그 시작주소를 미리 선언되어 있는 포인터 변수에 할당하는 것이므로 에러가 발생하지 않는다. 이후 p는 일반 변수와 똑같이 사용할 수 있다.

- delete [ ]P;

p에 할당된 메모리를 제거한다. 동적으로 생성된 메모리를 제거할 경우 [ ]기호를 포인터 변수 앞에 쓰는 것을 유의해야 한다.

참고

설명한 바와 같이 new 키워드는 C++에 추가된 내용이므로 ".c"로 저장하면 오류가 발생된다. C에서 동적 할당을 사용하기 위해서는 다음과 같이 수정하면 된다.

```
p = new int[n]; → p = (int*)malloc(n*sizeof(int));
                또는 p = (int*)calloc(n, sizeof(int));
delete []P; → free(p);
```

자가진단 6

배열의 크기 N을 입력받아 N개의 실수 배열을 생성하고 배열의 원소를 입력받은 후 입력받은 자료 및 합과 평균을 반올림하여 소수 둘째자리까지 출력하는 프로그램을 작성하시오.

입력 예

```
4
15 23.6 100.35 0.388
```

출력 예

```
15.00 23.60 100.35 0.39
hap : 139.34
avg : 34.83
```

- Hint : 입력받은 값을 소수둘째자리까지 출력하는 것이고, 합계와 평균을 계산할 때에는 입력받은 값으로 해야한다.

07 Question

두 정수를 입력받아 값을 바꾸어 출력하고, 5개의 정수를 {1, 3, 9, 4, 2}로 초기화한 후 오름차순으로 정렬하여 출력하는 프로그램을 작성하시오. (참조에 의한 전달을 이용한 함수로 작성할 것)

입력 예 3 5

출력 예 5 3

1 2 3 4 9

소스1

```
#include <stdio.h>

void swap(int &x, int &y)
{
        int z = x;
        x = y;
        y = z;
}

void sort(int a[], int n)
{
        int i, j;

        for (i = 0; i < n - 1; i++) {
                for (j = i + 1; j < n; j++)
                {
                        if (a[i] > a[j]) {
                                swap(a[i], a[j]);
                        }
                }
        }
}

int main()
{
        int a, b, i;
        int arr[5] = {1, 3, 9, 4, 2};

        scanf("%d %d", &a, &b);
        swap(a, b);
```

```
        printf("%d %d \n", a, b);

        sort(arr, 5);
        for (i = 0; i < 5; i++) {
                printf("%d ", arr[i]);
        }
        printf("\n");

        return 0;
}
```

설명

함수2 단원에서 이미 학습했던 내용이다. 값에 의한 전달 방식에 '&' 부호를 붙여 줌으로써 참조에 의한 전달이 된다고 했는데 이것은 C++에 추가된 기능으로 C에서는 사용이 불가능하다. 즉 확장자를 ".c"로 저장하면 오류가 발생된다.

소스2

```
#include <stdio.h>

void swap(int *x, int *y)
{
        int z = *x;
        *x = *y;
        *y = z;
}

void sort(int *a, int n)
{
        int i, j;

        for (i = 0; i < n - 1; i++) {
                for (j = i + 1; j < n; j++)
                {
                        if (a[i] > a[j]) {
                                swap(&a[i], &a[j]);
                        }
                }
        }
```

```
}

int main()
{
        int a, b, i;
        int arr[5] = {1, 3, 9, 4, 2};

        scanf("%d %d", &a, &b);
        swap(&a, &b);
        printf("%d %d \n", a, b);

        sort(arr, 5);
        for (i = 0; i < 5; i++) {
                printf("%d ",arr[i]);
        }
        printf("\n");
        return 0;
}
```

설명

- 이 내용은 참조에 의한 전달을 C에서도 사용이 가능한 방법으로 설명하고자 작성한 것이다. C++를 사용하는 사용자는 생략해도 좋지만 포인터의 원리를 익힌다는 생각으로 가볍게 살펴보기 바란다.

- void swap(int *x, int *y) { ... }

매개변수를 포인터로 선언하여 주소를 전달받아 저장한다. 포인터는 주소만 저장할 수 있으므로 이 함수를 호출하기 위해서는 반드시 주소를 전달해야 하며 일반적인 값(데이터)을 전달하면 에러가 발생된다.

- int z = *x;
  *x = *y;
  *y = z;

z에는 포인터 x가 가리키는 메모리에 저장된 값을 대입한다.
x가 가리키는 메모리에 y가 가리키는 메모리의 값을 대입한다.
y가 가리키는 메모리에 z의 값을 대입한다.

즉 두 포인터가 가리키는 위치의 값이 서로 교환된다.
그런데 두 포인터에는 이 함수를 호출할 때 함께 전해진 인수의 주소가 저장되어 있으므로 그 두 인수의 값이 바뀌는 것이다.
이렇게 포인터를 이용한 참조에 의한 전달 방식은 C언어 코드에서 사용이 가능하므로 ".c"로 저장하여도 잘 작동된다.

- swap(&a, &b);

a와 b의 주소를 전달하여 swap 함수를 호출한다.
swap 함수의 매개변수가 포인터이므로 반드시 주소를 전달해야 한다.

- void sort(int *a, int n) { ... }

void sort(int a[ ], int n) { ... }의 문장과 동일하며 전달받은 배열을 오름차순으로 정렬하는 함수이다.
배열을 선언하면 그 배열이 시작되는 첫 번째 주소를 저장하는 포인터와 같다고 했다.
따라서 위와 같이 선언하면 배열의 시작 주소를 전달받아 a에 저장하게 된다.

- sort(arr, 5);

arr는 배열의 시작 주소를 담고 있으므로 '&' 없이 그대로 전달하여 함수를 호출한다.

자가진단 7

배열의 크기 N을 입력받은 후 N개의 정수를 입력받아 내림차순으로 정렬하여 출력하는 프로그램을 작성하시오.

입력 예

```
4
15 23 100 38
```

출력 예

```
100 38 23 15
```

형성평가

1. 문자 변수와 실수 변수를 각각 선언하고 그 주소를 16진수로 출력하는 프로그램을 작성하시오.

출력 예

0x11111111 0x22222222

2. 정수형 변수를 선언하고 포인터 변수를 사용하여 100 이하의 수를 입력받은 후 입력받은 수만큼 '*'을 출력하는 프로그램을 작성하시오.

입력 예	출력 예
10	**********

3. 세 개의 포인터 변수 p1, p2, p3를 선언하고 각각 메모리 공간을 확보한 후, p1과 p2를 이용하여 두 개의 정수를 입력받고 p3를 이용하여 입력받은 두 수의 차의 절대값을 저장한 후 출력하는 프로그램을 작성하시오.

입력 예	출력 예
15 25	10

4. 10개의 원소를 저장할 수 있는 배열을 선언한 후 포인터 변수를 이용하여 자료를 입력받아 홀수의 개수와 짝수의 개수를 출력하는 프로그램을 작성하시오.

입력 예	출력 예
3 5 10 52 1 97 36 25 13 29	odd : 7 even : 3

5. 정수 n을 입력받아 n개의 정수형 동적배열을 생성하고 n개의 정수를 입력받아 최대값과 최소값을 출력하는 프로그램을 작성하시오.

입력 예

5
15 90 8 36 25

출력 예

max : 90
min : 8

C•H•A•P•T•E•R

18

파일입출력

18 CHAPTER

파일입출력

01 Question

"input.txt" 파일로부터 이름과 국어, 영어점수를 입력받아 이름과 합계, 평균을 화면과 "output.txt" 파일에 출력하는 프로그램을 작성하시오.

입력 예　　김범수 90 95

출력 예　　김범수 185 92.5

소스

```
#include <stdio.h>

int main()
{
        int sum, kor, eng;
        double avg;
        char name[100];

        FILE *in, *out;
        in = fopen("input.txt", "r");
        out = fopen("output.txt", "w");

        fscanf(in, "%s %d %d", name, &kor, &eng);

        sum = kor + eng;
        avg = (kor+eng) / 2.0;
```

```
    printf("%s %d %.1f \n", name, sum, avg);
    fprintf(out, "%s %d %.1f \n", name, sum, avg);

    fclose(in);
    fclose(out);
    return 0;
}
```

설명

- **스트림**

입력과 출력을 위해서는 스트림이 필요하다. 스트림이란 서로 다른 개체를 연결해주는 다리 역할을 하는 것이다. 키보드로 입력을 하면 "stdin"이라는 표준입력 스트림을 이용하여 프로그램에 자료가 전달된다. 그리고 화면에 출력을 하기 위해서는 "stdout"이라는 표준출력 스트림을 이용하여 자료가 모니터로 보내지는 것이다.
표준입출력 스트림은 운영체제에 의해 미리 정의되어 있고 'scanf"와 "printf"와 같은 표준입출력 함수를 실행하면 자동으로 표준입출력 스트림을 호출하여 자료를 전송하게 된다.

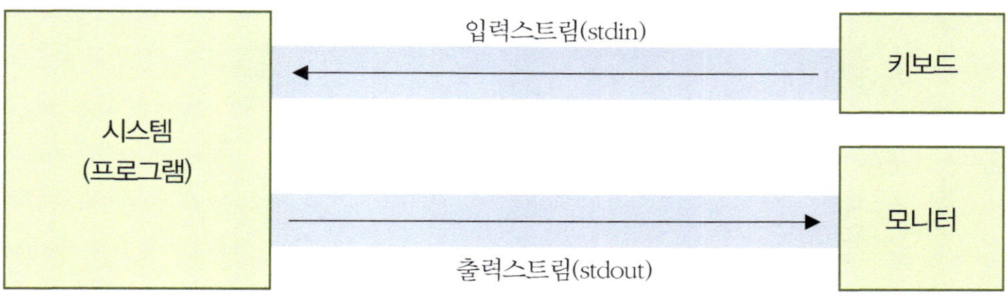

그런데, 위와 같이 키보드와 모니터가 아니라 파일로부터 자료를 입력받거나 파일에 자료를 저장하고자 할 경우에는 파일과의 연결을 위한 스트림을 사용자가 직접 정의하여 사용하여야 한다.

- FILE *in, *out;

파일 입출력 스트림을 생성하기 위한 파일포인터를 선언한다. 여기서 선언된 포인터 변수의 이름은 곧 스트림의 이름이 된다.

- in = fopen("input.txt", "r");

입력 파일스트림을 생성한다. "input.txt" 파일을 읽기 전용으로 오픈하고 "in"이라는 스트림을 이용하여 연결하였다는 의미이다. 앞으로 "in"이라는 스트림을 이용하여 읽기를 실행하면 "input.txt" 파일에서 자료를 읽어 온다는 것이다.
파일명에 경로가 없으면 프로그램 파일이 있는 폴더를 기본경로로 연결한다.
마지막 문자 "r"은 파일접근 모드(읽기, 쓰기)를 설정하는 것으로 아래와 같은 종류가 있다.

r	파일을 읽기 전용모드로 개방한다.
w	파일을 쓰기 전용모드로 개방한다. 기존 파일에 있던 자료는 모두 삭제되고 파일이 존재하지 않으면 새로 생성한다.
a	"w"와 같으나 기존파일에 있던 자료를 삭제하지 않고 파일의 끝에 이어서 자료를 추가하여 기록한다.

"r+", "w+", "a+"와 같이 "+" 기호를 붙이면 읽기와 쓰기가 동시에 가능하도록 파일을 오픈하지만 일반적으로 사용하지 않으며 "r"과 "w"를 주로 사용한다.

- out = fopen("output.txt", "w");

출력 파일스트림을 생성한다. "output.txt" 파일을 쓰기 전용으로 오픈하고 "out"라는 스트림을 이용하여 연결하였다는 의미이다. 앞으로 "out"이라는 스트림을 이용하여 쓰기를 실행하면 "output.txt" 파일에 자료를 기록한다는 것이다.
위 두 문장을 실행하면 아래와 같은 스트림이 생성된다.

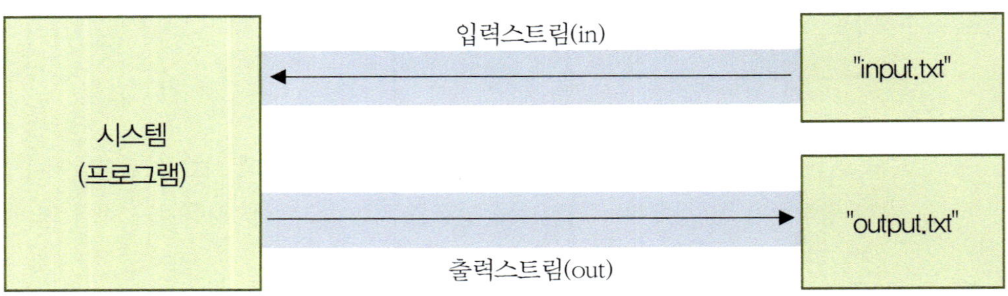

- fscanf(in, "%s %d %d", name, &kor, &eng);

스트림 "in"과 연결된 파일(input.txt)로부터 자료를 입력받는다.
만약 위의 내용을 파일이 아닌 키보드로 입력받기 위해서는 어떻게 할까?
scanf("%s %d %d", name, &kor, &eng); 이것이 기존에 익힌 방법이다.

그런데 이 코드는 사실

fscanf(stdin, "%s %d %d", name, &kor, &eng); 이렇게 써야 한다.

즉 모든 입력은 fscanf 함수에 입력스트림을 넣어주어야 하는데 키보드에 의한 표준입력은 워낙 자주 쓰이는 것이므로 scanf 함수를 추가로 정의하여 입력스트림을 생략할 수 있도록 한 것이다. fscanf에서 stdin 위치에 사용자가 정의한 입력스트림을 넣어주면 그 선언된 곳으로부터 입력을 받을 수 있다.

- fprintf(out, "%s %d %.1f \n", name, sum, avg);

스트림 "out"과 연결된 파일(output.txt)에 출력자료를 기록한다. 원리는 fscanf와 같다.

- fclose(in);
  fclose(out);

해당 스트림에 연결된 파일을 닫는다.

함수가 종료될 때는 해당함수에서 개방한 모든 파일이 자동으로 닫히지만 예기치 않게 프로그램이 중단될 경우를 대비하여 작성해 주는 것이 좋다.

Tip

위의 프로그램을 실행하기 위해서는 소스파일(cpp)이 있는 위치에 "input.txt" 파일을 생성하여 입력할 내용을 저장해 놓아야 한다. 프로그램을 실행하면 "printf" 함수에 의해 모니터에 결과값이 출력되고"fprintf" 함수에 의해 "output.txt" 파일에 결과값을 저장하게 된다. 만약 해당 위치에 "output.txt" 파일이 없다면 자동으로 생성을 하여 저장을 한다.
프로그램 작업중 입출력 파일을 편리하게 확인하기 위해서는 프로그램 작성 에디터(Visual Studio, code::blocks)에서 파일(File) – 새로만들기(New) 또는 열기(Open)를 하여 입출력 파일을 열어놓고 관리하는 것이 편리하다.

자가진단 1

두 개의 정수를 입력받아 작은 수부터 큰 수까지 모든 정수의 합을 구하여 출력하는 프로그램을 작성하시오.
* 표준 입출력으로 작성해야 채점이 됩니다.

입력 예	출력 예
5 10	45

02 Question

현재 프로젝트 폴더의 하위에 "temp" 폴더를 생성하고 "temp"폴더의 "in.txt" 파일로부터 10개의 정수를 입력받아 짝수 번째 입력받은 정수를 "temp" 폴더의 "out.txt" 파일에 출력하는 프로그램을 작성하시오.

입력 예 15 23 1 100 35 99 123 20 5 456

출력 예 23 100 99 20 456

소스

```
#include <stdio.h>

int main()
{
        int su[10], i;

        FILE *fin, *fout;
        fin = fopen("./temp/in.txt", "r");          // 윈도우OS => .\\temp\\in.txt
        fout = fopen("./temp/out.txt", "w");        // 윈도우OS => .\\temp\\out.txt

        for (i = 0; i < 10; i++) {
                fscanf(fin, "%d", &su[i]);
        }

        for (i = 1; i < 10; i += 2) {
                fprintf(fout, "%d ", su[i]);
        }
        fprintf(fout, "\n");

        fclose(fin);
        fclose(fout);
        return 0;
}
```

설명

- fin = fopen("./temp/in.txt", "r");

"./temp" 폴더의 "in.txt" 파일을 읽기 전용으로 열어서 스트림 "fin"으로 연결한다.

- fout = fopen("./temp/out.txt", "w");

현재 프로젝트 파일이 포함된 폴더의 하위폴더 "./temp" 폴더에서 "out.txt" 파일을 쓰기 전용으로 열어서 스트림 "fout"으로 연결한다.

위와 같이 현재 위치를 기준으로 어떤 폴더의 위치를 나타내는 것을 상대경로라 한다. 반면에 현재 위치와 관계없이 컴퓨터 내에서 어떤 폴더의 위치를 나타내는 것을 절대경로라 하고 이 경우에는 전체주소를 적어 주어야 한다.

예를 들어 전체경로가 "/home/com/1802"라고 할 때, 현재 작업 중인 파일의 폴더가 "/home/com"이라면 "1802"폴더를 상대 주소로 표시하면 "./1802"이고, 절대경로로 표시하면 "/home/com/1802"이다. 윈도우 OS의 경우 상대주소는 ".\\1802", 절대주소는 "c:\\home\\com\\1802"처럼 쓴다.

자가진단 2

10개의 실수를 입력받아 첫 번째 입력 값과 마지막 입력 값의 평균을 반올림하여 소수 첫째자리까지 출력하는 프로그램을 작성하시오.
* 표준 입출력으로 작성해야 채점이 됩니다.

입력 예 15.3 123.5 0.69 85.12 3.0 51.9 100.1 1.58 5.5 10.5

출력 예 12.9

03 Question

100명 이하의 성적자료가 저장되어 있는 파일로부터 모든 학생의 이름과 점수를 입력받아 1등부터 차례대로 출력파일에 저장하는 프로그램을 작성하시오.

입력 예

```
홍길동 90
임꺽정 85
박찬호 88
박지성 75
이창호 100
박태환 90
장미란 75
이승엽 90
김연아 95
성춘향 60
```

출력 예

```
 이름   점수  등수
이창호  100    1
김연아   95    2
박태환   90    3
이승엽   90    3
홍길동   90    3
박찬호   88    6
임꺽정   85    7
박지성   75    8
장미란   75    8
성춘향   60   10
```

소스

```c
#include <stdio.h>

int N;

struct data
{
        char name[20];
        int score;
        int rank;
} grade[100];

void input()
{
        FILE *in = fopen("input.txt", "r");
        for (N = 0; ; N++) {
                if (fscanf(in, "%s %d", grade[N].name, &grade[N].score) < 2) {
                        break;
                }
        }
        fclose(in);
}
```

```
void output()
{
        FILE *out = fopen("output.txt", "w");
        int i;
        fprintf(out, " 이름   점수   등수 \n");
        for (i = 0; i < N; i++) {
                fprintf(out, "%s %4d %4d \n", grade[i].name, grade[i].score,
                        grade[i].rank);
        }
        fclose(out);
}

void sort()
{
        int i, j;
        struct data tmp;

        for (i = 0; i < N - 1; i++) {
                for (j = i + 1; j < N; j++) {
                        if (grade[i].score < grade[j].score) {
                                tmp = grade[i];
                                grade[i] = grade[j];
                                grade[j] = tmp;
                        }
                }
        }

        grade[0].rank = 1;
        for (i = 1; i < N; i++) {
                if (grade[i].score == grade[i - 1].score) {
                        grade[i].rank = grade[i - 1].rank;
                }
                else {
                        grade[i].rank = i + 1;
                }
        }
}

int main()
{
        input();
        sort();
        output();
        return 0;
}
```

설명

• FILE *in = fopen("input.txt", "r");

파일 포인터를 선언하고 "input.txt" 파일을 읽기전용으로 열어서 연결한다.

```
FILE *in;
in = fopen("input.txt", "r");
```

위 두 문장을 합친 것과 같다. 입력은 input() 함수 내에서만 이루어지므로 함수 내에서 선언하고 입력이 끝난 후 즉시 파일을 닫았다.

```
for (N = 0; ; N++) {
        if (fscanf(in, "%s %d", grade[N].name, &grade[N].score) < 2) {
                break;
        }
}
```

N은 자료의 개수이다. 0번부터 차례대로 입력을 받다가 입력 자료가 없으면 종료한다. fscanf는 입력받은 자료의 개수를 반환한다. 위의 경우 정상적이라면 입력변수가 name과 score 2개이므로 2를 반환한다. 만약 파일의 끝이라면 입력받을 자료가 더 이상 없으므로 fscanf를 실행하면 2 미만의 값이 반환될 것이므로 입력을 종료하게 된다. 이 때 N의 값이 그 동안 입력된 자료의 개수가 된다. 이 문장은 다음과 같이 한 줄로 간단하게 나타낼 수도 있다.

```
for (N = 0; fscanf(in, "%s %d", grade[N].name, &grade[N].score) == 2; N++);
```

• FILE *out = fopen("output.txt", "w");

입력에서와 같이 출력이 일어나는 output() 함수 내에서 쓰기전용 파일을 열었다.

• grade[0].rank = 1;

성적이 높은 순으로 정렬된 상태에서 첫 번째 사람의 등수를 1등으로 정한다.

```
for (i = 1; i < N; i++) {
        if (grade[i].score == grade[i - 1].score) {
                grade[i].rank = grade[i - 1].rank;
        }
```

```
        else {
            grade[i].rank = i + 1;
        }
    }
```

다음 사람부터 앞사람과 성적이 같으면 앞사람의 등수와 같은 등수를 부여하고 그렇지 않으면 자신의 순서에 맞는 등수를(i + 1) 넣는다.

자가진단 3

10명의 학생 이름과 점수를 입력받아 이름과 점수, 등수를 입력받은 순서대로 출력하는 프로그램을 작성하시오. 단, 출력시 "Name", "Score", "Rank"는 한 칸의 공백으로 구분을 하며, 출력 Data는 Name은 4칸(%4s), Score는 5칸(%5d), Rank는 4칸(%4d)로 출력한다.
* 표준 입출력으로 작성해야 채점이 됩니다.

입력 예

```
Hong 90
Lim 85
Park 88
Gong 75
Lee 100
Seo 90
Jang 75
Song 90
Kim 95
Sung 60
```

출력 예

```
Name Score Rank
Hong    90    3
 Lim    85    7
Park    88    6
Gong    75    8
 Lee   100    1
 Seo    90    3
Jang    75    8
Song    90    3
 Kim    95    2
Sung    60   10
```

• *Hint*

정렬을 하지 않고 등수를 구하는 방법

① 등수를 1등으로 초기화하고 자신보다 점수가 높은 사람의 숫자만큼 등수를 늘려주면 된다.

정렬을 해서 등수를 구하는 방법

① 멤버변수에 번호를 추가하여 입력된 순서대로 값을 초기화한다.
② 점수를 기준으로 정렬하여 각각의 등수를 구한다.
③ 다시 번호를 기준으로 정렬한 후 출력한다.

04 Question

파일로부터 공백을 포함하여 100자 이하인 문자열을 입력받아 공백을 기준으로 단어별로 분리하여 저장한 후 한줄에 한 개씩 차례대로 출력하는 프로그램을 작성하시오.

입력 예 There was a little girl.

출력 예

There
was
a
little
girl.

소스

```
#include <stdio.h>
#include <string.h>

int main()
{
        char st[101], dst[50][101];
        int len;
        int cnt1 = 0, cnt2 = 0;
        int i;

        FILE *in = fopen("input.txt", "r");
        FILE *out = fopen("output.txt", "w");

        fgets(st, 101, in);
        len = strlen(st);
        while (st[len-1] == '\n' || st[len-1] == '\r') {
                st[--len] = '\0';
        }

        for (i = 0; i <= len; i++) {
                if (st[i] == ' ' || st[i] == '\0') {
                        dst[cnt1][cnt2] = '\0';
                        cnt1++;
                        cnt2 = 0;
                }
                else {
                        dst[cnt1][cnt2] = st[i];
                        cnt2++;
```

```
            }
    }

    for (i = 0; i < cnt1; i++) {
            fputs(dst[i], out);
            fputc('\n', out);
    }

    fclose(in);
    fclose(out);
    return 0;
}
```

설명

- fgets(st, 101, in);

스트림 "in"으로 연결된 파일로부터 공백을 포함하여 한 행을 입력받는다. (단, 행의 문자가 100개가 넘으면 100개까지만 받는다. 마지막에는 널('\0')값이 들어간다.)

- while (st[len-1] == '\n' || st[len-1] == '\r') {

```
        st[--len] = '\0';
  }
```

마지막 부분에 행바꿈 문자가 있으면 널값으로 덮어쓴다.
fgets는 scanf()와 달리 입력받는 범위를 설정하도록 되어 있으며 만약 설정된 범위 내에 행바꿈 문자('\n', '₩r')가 포함되어 있을 경우 함께 입력을 받는다. 따라서 일반적인 입력과 같도록 하기 위해 해당 문자를 제거하는 것이다. 줄바꿈 문자는 행의 마지막인 len-1의 위치에 있게 되므로 널값('\0')으로 채우고 전체 길이를 한 개 줄여준다.

- fputs(dst[i], out);

fputs는 표준입출력의 puts와 같은 역할을 하는 함수이지만 puts의 경우는 줄바꿈 문자('\n')가 포함되어 있어 출력 후 자동으로 줄을 바꾸어 주지만 fputs는 출력을 마치고 나면 줄을 바꾸지 않고 줄의 마지막에서 커서가 멈춘다.

- fputc('\n', out);

fputc(또는 putc)는 표준입출력의 putchar와 같이 문자 1개를 출력하는 함수이다.
파일에서 줄을 바꾸어 준다. fputs에서는 줄을 바꾸어주지 않으므로 한 줄씩 출력하기 위해

넣은 것이다.

● 파일 입출력 함수를 표준 입출력 함수와 비교하여 정리하면 다음과 같다.

표준입출력 함수와 사용 예		파일입출력 함수와 사용 예		사용 용도
printf	printf("%d", a);	fprintf	fprintf(out, "%d", a);	서식화 출력
scanf	scanf("%d", &a);	fscanf	fscanf(in, "%d", &a);	서식화 입력
putchar	putchar('a');	fputc, putc	fputc('a', out);	문자 출력
getchar	c = getchar();	fgetc, getc	c = fgetc(in);	문자 입력
puts	puts("abcd");	fputs	fputs("abcd", out);	행단위 문자열 출력
gets	gets(s);	fgets	fgets(s, 100, in)	행단위 문자열 입력

※ "puts"와 "fputs"의 차이

- "puts"는 출력후 자동으로 줄바꿈, "fputs"는 출력 후 줄 바꾸지 않고 멈춤

※ "gets"와 "fgets"의 차이

- "gets"는 현재 커서의 위치부터 행의 마지막까지 입력, "fgets"는 지정된 개수까지만 입력 ("gets"는 입력받는 문자열이 선언된 크기보다 더 많은 문자가 입력될 경우 심각한 오류가 발생하는 등 불안정한 요소 때문에 최신 버전에서는 사용할 수 없다.)
- "gets"는 행의 마지막 문자인 엔터('\n')는 포함하지 않지만, "fgets"는 지정된 개수내에 포함되어 있다면 마지막 문자에 엔터('\n')가 포함된다.

자가진단 4

공백을 포함한 100자 이하의 문자열을 두 번 입력받아 길이가 작은 문자열과 긴 문자열의 순으로 출력하는 프로그램을 작성하시오.
* 표준 입출력으로 작성해야 채점이 됩니다.

입력 예

```
Love, like you've never been hurt.
Live, like today is the lost day to live.
```

출력 예

```
Love, like you've never been hurt.
Live, like today is the lost day to live.
```

05 Question

정수 N을 입력받고 N명의 이름과 나이 그리고 공백을 포함한 메모를 입력받아 그 정보를 아래와 같이 출력하는 프로그램을 작성하시오. (1 ≤ N ≤ 10, 메모의 길이는 200 미만)

입력 예

```
2
이동현 15
2018 한국정보올림피아드 전국대회 대상
배근우 19
2013 국제정보올림피아드 금상
```

출력 예

```
이름 : 이동현
나이 : 15세
수상실적 : 2018 한국정보올림피아드 전국대회 대상

이름 : 배근우
나이 : 19세
수상실적 : 2013 국제정보올림피아드 금상
```

소스

```c
#include <stdio.h>
#include <string.h>

FILE *in = fopen("input.txt", "r");
FILE *out = fopen("output.txt", "w");
char name[20], memo[200];
int age;

void input()
{
        fscanf(in, "%s %d\n", name, &age);
        fgets(memo, 200, in);
}

void output()
{
        fprintf(out, "이름 : %s \n", name);
        fprintf(out, "나이 : %d세 \n", age);
```

```
        fprintf(out, "수상실적 : %s \n", memo);
}

int main()
{
        int N;

        fscanf(in, "%d", &N);
        while (N--) {
                input();
                output();
        }

        fclose(in);
        fclose(out);
        return 0;
}
```

설명

- FILE *in = fopen("input.txt", "r");
  FILE *out = fopen("output.txt", "w");

파일 스트림을 전역으로 선언하였으므로 프로그램의 모든 함수에서 입출력이 가능하다.

- fscanf(in, "%s %d\n", name, &age);
  fgets(memo, 200, in);

파일에서 이름과 나이를 입력받고 다음 행으로 이동하여 공백을 포함한 행 전체를 memo 문자열에 최대 200자까지 입력받는다. 이 때 memo에는 마지막에 엔터(Enter↵, 아스키코드 10)까지 입력이 받아짐을 알 수 있다. 따라서 memo를 출력하게 되면 자동으로 줄바꿈이 된다.

TIP

첫 번째 입력자료의 경우 age를 입력받으면 15가 age에 저장되고 커서는 15 다음에 위치하게 된다. 다음에 fgets를 실행하면 커서가 위치한 곳으로부터 그 행의 마지막까지를 입력받게 되는데 그 행의 뒷부분에는 아무것도 없기 때문에 memo에는 아무것도 입력되지 않게 된다. 따라서 fgets가 다음 행의 내용을 입력받게 하기 위해서는 age를 입력받은 후 커서의 위치를 다음 행으로 이동을 시켜야 한다. fscanf내에 '\n'이 바로 입력을 받은 후 커서를 다음 행으로 이동시키게 하는 것이다.

- while (N--) { ... }

{ }안의 작업을 N번 반복한다. for (i = 0; i < N; i++) { ... }와 같다.
한 번 실행할 때마다 N이 1씩 감소하다가 N이 0(거짓)이면 종료된다

자가진단 5

100 이하의 정수 N을 입력받은 후 공백이 포함된 N행의 문장을 입력받아서 역순으로 출력하는 프로그램을 작성하시오. 각 문장의 길이는 100 이하이다.
* 표준 입출력으로 작성해야 채점이 됩니다.

입력 예

```
3
I love korea.
My name is chulgi.
I'm happy.
```

출력 예

```
I'm happy.
My name is chulgi.
I love korea.
```

06 Question

파일로부터 삼각형의 밑변의 길이와 높이를 입력받아 밑변의 길이, 높이, 넓이를 출력하는 작업을 파일의 끝까지 반복하는 프로그램을 작성하시오. (넓이는 소수 첫째자리까지 출력한다.)

입력 예	출력 예
10 10	밑변 = 10, 높이 = 10, 넓이 = 50.0
25 19	밑변 = 25, 높이 = 19, 넓이 = 237.5
123 987	밑변 = 123, 높이 = 987, 넓이 = 60700.5
1 9999	밑변 = 1, 높이 = 9999, 넓이 = 4999.5

소스

```
#include <stdio.h>

int main()
{
        freopen("input.txt", "r", stdin);
        freopen("output.txt", "w", stdout);

        int base, height;
        double area;

        while (scanf("%d %d", &base, &height) == 2) {
                area = base * height / 2.0;
                printf("밑변 = %d, 높이 = %d, 넓이 = %.1f \n", base, height, area);
        }
        return 0;
}
```

설명

- freopen("input.txt", "r", stdin);

키보드로부터 입력받던 표준입력을 "input.txt" 파일로부터 받도록 경로를 바꾸어준다. freopen()은 이미 열려있는 스트림을 닫고 새로 오픈한 매체와 연결하겠다는 의미이다. stdin은 키보드로부터 입력받는 것인데 위 문장 이후의 키보드 입력 명령은 모두 "input.txt" 파일로부터 받게 되며 따라서 키보드로는 더 이상 입력을 받을 수 없다.

- freopen("output.txt", "w", stdout);

모니터에 출력하는 표준출력을 "output.txt" 파일로 출력하도록 경로를 바꾸어준다. 이후 표준출력 명령으로 출력하는 내용은 "output.txt" 파일에 출력되며 모니터로는 더 이상 출력할 수 없다.

- scanf("%d %d", &base, &height);

freopen()에 의해 표준입력 경로가 바뀌었으므로 "input.txt" 파일로부터 입력을 받는다.

- while (scanf("%d %d", &base, &height) == 2)

파일로부터 입력받은 자료가 2개이면(base, height) while문 안의 내용을 실행하고 그렇지 않으면 즉, 파일의 끝이면 while문을 벗어나 작업을 종료한다.

- printf("밑변 = %d, 높이 = %d, 넓이 = %.1f \n", base, height, area);

freopen()에 의해 표준출력 경로가 바뀌었으므로 "output.txt" 파일에 출력된다.

> **TIP**
>
> freopen으로 입출력 경로를 바꾸는 것은 무척 간편하기는 하지만 이후부터는 키보드로 입력을 받거나 모니터에 출력할 수 있는 방법이 없다. 따라서 키보드 입력이나 모니터 출력이 필요한 경우에는 절대로 사용해서는 안되지만 오직 파일로만 입출력하는 경우라면 가장 간편한 방법이 될 수 있으므로 용도에 따라 어떤 스트림을 사용할 것인지 잘 선택하도록 하자.

자가진단 6

원의 둘레의 길이를 입력받아 반지름의 길이를 출력하는 작업을 0이 입력될 때까지 반복하는 프로그램을 작성하시오. (원주율은 3.14로 하고 출력은 반올림하여 소수 둘째자리까지 한다.)
* 표준 입출력으로 작성해야 채점이 됩니다.

입력 예	출력 예
31.4 62.8 0	5.00 10.00

기초다지기 종합형성평가

▸ 파일 입 · 출력을 사용하여 작성하시오.(정올사이트에 채점을 받을 때는 표준 입출력으로 제출해야 합니다.)

1. 실수 2개를 입력받아 합계를 구하고 각각 소수 셋째 자리에서 반올림하여 둘째 자리까지 한 줄에 출력하시오.

입력 예	출력 예
80.504 22.34	80.50 22.34 102.84

2. 3개의 정수를 입력받아 합계와 평균을 구하여 출력하되 평균은 정수부분만 출력하고 나머지를 예와 같이 출력하시오.

입력 예	출력 예
36 85 100	221 73...2

3. 두 정수와 한 개의 연산자(+, −, *, /, %)를 입력받아 계산식을 출력하시오.

입력 예	출력 예
82 51 +	82 + 51 = 133

4. 정수 n(n ≤ 10)을 입력받아 n!을 구하여 출력하시오.

입력 예	출력 예
5	120

5. 0이 입력될 때까지 정수를 입력받아 3의 배수이면서 5의 배수인 정수를 입력된 순서대로 모두 출력하고 다음 줄에 그 개수를 출력하시오. (한 개도 없을 경우에는 "0" 만 출력한다. 입력되는 정수의 최대개수는 1000개이다.)

입력 예

```
10 20 30 55 66 77 88 99 100 15 0
```

출력 예

```
30 15
2
```

6. 100 이하의 정수를 입력받아 예와 같이 출력하시오. ('*'는 1칸의 공백으로 분리한다.)

입력 예

```
3
```

출력 예

```
    *
  * * *
* * * * *
  * * *
    *
```

7. 3000 이하의 정수로 된 시작 연도와 끝 연도를 입력받아서 윤년이 몇 번인지를 구하여 출력하시오.

입력 예

```
2000 2008
```

출력 예

```
3
```

8. 첫째 줄에 정수 n(2 ≤ n ≤ 100)을 입력받고 다음 줄부터 n명 학생의 3과목 점수를 입력받아 평균을 구하여 점수가 높은 순으로 출력하시오. (평균은 소수 둘째 자리에서 반올림하여 소수 첫째 자리까지 출력한다.)

입력 예

```
5
85 48 68
73 55 89
90 73 86
63 90 100
95 76 23
```

출력 예

```
84.3
83.0
72.3
67.0
64.7
```

9. 공백을 포함한 한 문장을 입력받아서 전체 길이와 가장 긴 단어를 출력하시오. 단 최대 100자 이내이고, 길이가 가장 긴 단어가 여러 개인 경우 공백으로 분리하여 한 줄에 순서대로 모두 출력한다.

입력 예	출력 예
The largest organ in the body is the liver.	43 largest

10. 10개의 단어를 입력받고, 문자 하나를 더 입력 받은 후 마지막으로 입력받은 문자를 포함하는 단어를 모두 찾아 사전 순으로 출력하시오.

입력 예	출력 예
hancom korea information monitor class member internet bible friends forever i	bible friends information internet monitor

A·P·P·E·N·D·I·X

부 록

APPENDIX 01 서식문자 및 자료형 정리

[서식문자]

서식문자	출력 내용	타입
%d, %i	10진 정수	int
%f	고정소수점 표기법 실수	float
%lf	고정소수점 표기법 실수	(long) double
%c	문자	character
%s	문자열	string
%o	부호 없는 8진 정수	int
%x	부호 없는 16진 정수(영문은 소문자로)	int
%X	부호 없는 16진 정수(영문은 대문자로)	int
%u	부호 없는 10진 정수	unsigned int
%lld	10진 정수	long int
%e	부동 소수점 표기법에 의한 실수	double
%E	부동 소수점 표기법에 의한 실수	double
%g	고정 또는 부동 소수점 표기법중 짧은 서식, 'e'표시	double
%G	고정 또는 부동 소수점 표기법중 짧은 서식, 'E'표시	double
%%	'%' 기호 출력	char

[데이터 자료형]

종 류		선언문	메모리크기	사용범위 및 특징
숫자형	정수형	short	2byte	−32768 ~ +32767
		unsigned short	2byte	0 ~ +65535
		int	4byte	−2147483648 ~ +2147483647
		unsigned int	4byte	0 ~ +4294967295
		long long	8byte	-2^{63} ~ $+2^{63}-1$
		unsigned long long	8byte	0 ~ $+2^{64}-1$
	실수형	float	4byte	유효자리 약 6자리(3.4E−38 ~ 3.4E+38)
		double	8byte	유효자리 약 15자리(1.7E−308 ~ 1.7E+308)
		long double	8byte 이상	double 이상의 표현 범위
문자형		char	1byte	한 개의 문자 저장 (아스키코드)

02 APPENDIX

아스키(ASCII) 코드표

ASCII : American Standard Code for Information Interchange

[제어 문자표]

코드	약자	설명	한글설명
0	NUL	Null	공백 문자
1	SOH	Start of Header	헤더 시작
2	STX	Start of Text	본문 시작, 헤더 종료
3	ETX	End of Text	본문 종료
4	EOT	End of Transmission	전송 종료, 데이터 링크 초기화
5	ENQ	Enquiry	응답 요구
6	ACK	Acknowledgment	긍정응답
7	BEL	Bell	경고음
8	BS	Backspace	백스페이스
9	HT	Horizontal Tab	수평 탭
10	LF	Line feed	개행
11	VT	Vertical Tab	수직 탭
12	FF	Form feed	다음 페이지
13	CR	Carriage return	복귀
14	SO	Shift Out	확장문자 시작
15	SI	Shift In	확장문자 종료
16	DLE	Data Link Escape	전송 제어 확장
17	DC1	Device Control 1	장치 제어 1
18	DC2	Device Control 2	장치 제어 2
19	DC3	Device Control 3	장치 제어 3
20	DC4	Device Control 4	장치 제어 4
21	NAK	Negative Acknowledgement	부정응답
22	SYN	Synchronous idle	동기
23	ETB	End of Transmission Block	전송블록 종료
24	CAN	Cancel	무시
25	EM	End of Medium	매체 종료
26	SUB	Substitute	치환
27	ESC	Escape	제어기능 추가
28	FS	File Separator	파일경계 할당
29	GS	Group Separator	레코드 그룹경계 할당
30	RS	Record Separator	레코드 경계 할당
31	US	Unit Separator	장치 경계 할당
127	DEL	Delete	삭제

[출력 가능 아스키 문자표]

코드	문자	코드	문자	코드	문자
32	SP (Space Bar)	64	@	96	`
33	!	65	A	97	a
34	"	66	B	98	b
35	#	67	C	99	c
36	$	68	D	100	d
37	%	69	E	101	e
38	&	70	F	102	f
39	'	71	G	103	g
40	(	72	H	104	h
41	)	73	I	105	i
42	*	74	J	106	j
43	+	75	K	107	k
44	,	76	L	108	l
45	–	77	M	109	m
46	.	78	N	110	n
47	/	79	O	111	o
48	0	80	P	112	p
49	1	81	Q	113	q
50	2	82	R	114	r
51	3	83	S	115	s
52	4	84	T	116	t
53	5	85	U	117	u
54	6	86	V	118	v
55	7	87	W	119	w
56	8	88	X	120	x
57	9	89	Y	121	y
58	:	90	Z	122	z
59	;	91	[	123	{
60	〈	92	₩	124	|
61	=	93	]	125	}
62	〉	94	^	126	～
63	?	95	_		

03 APPENDIX C언어 표준 라이브러리 주요 함수 정리

1. 표준 입출력 라이브러리(Standard Input/Output library) – 헤더파일 <stdio.h>

유 형	이 름	내 용
파일 조작	fopen, freopen	파일을 읽거나 쓴다.
	fclose	파일을 닫는다.
콘솔 입출력	fgetc	파일로부터 한 개의 문자를 리턴한다.
	fgets	파일로부터 행단위로 문자열을 읽어 온다.
	fputc	한 문자를 파일에 입력한다.
	fputs	문자열을 파일에 입력한다.
	getc	주어진 스트림으로부터 문자을 읽고 리턴한다.
	getchar	표준 입력 스트림으로부터 문자를 읽어온다.(입력받는다.)
	gets	표준 입력 스트림으로부터 개행문자(Enter↵)가 입력될 때까지 문자열을 읽어온다.
	printf	표준 출력 스트림에 출력한다.
	fprintf	파일로 출력한다.
	sprintf	문자 배열로 출력한다. (C 문자열)
	putc	스트림에 문자를 쓴다.
	putchar	표준 출력 스트림에 문자를 출력한다.
	scanf	표준 입력 스트림으로 입력한다.
	fscanf	파일로 입력한다.
	puts	표준 출력 스트림에 문자, 문자열를 출력한다.

※ 표준 입력 스트림(stdin)은 일반적으로 키보드로부터 읽어오는 것이고, 표준 출력 스트림(stdout)은 모니터에 출력하는 것이다.

2. 문자열 변환, 동적메모리 등 관리함수(Standard library) – 헤더파일 〈stdlib.h〉

유 형	함 수	내 용
문자열 변환	atoi(str)	문자열 str을 int로 변환한다.
	atol(str)	문자열 str을 long으로 변환한다.
	atof(str)	문자열 str을 double로 변환한다.
의사 난수 생성	rand()	0부터 RAND_MAX 사이의 의사 난수(int)를 반환한다.
	srand(seed)	의사 난수 발생기를 unsigned int seed로 초기화한다. 보통 seed는 time(NULL)로 설정된다.
동적 메모리 관리	*malloc(size)	size 바이트의 메모리를 힙에서 할당하여 반환한다.
	*calloc(num, size)	(num * size) 바이트의 메모리를 힙에서 할당하여 반환한다.
	*realloc(ptr, size)	ptr이 가리키는 메모리를 size 바이트만큼 힙에서 재할당하여 반환한다.
	free(ptr)	ptr이 가리키는 메모리를 해제한다.
프로세스 제어	abort()	현재 프로세스를 비정상적으로 종료한다.
	exit(status)	현재 프로세스를 정상적으로 종료한다. int status는 부모 프로세스에게 전달된다.
정수 산술	abs(n)	int n의 절대값을 반환한다.
	labs(n)	long int n의 절대값을 반환한다.

3. 수학함수 – 헤더파일 〈math.h〉

유형	함수	내용
삼각 함수	sin(x)	사인 x를 구한다.
	cos(x)	코사인 x를 구한다.
	tan(x)	탄젠트 x를 구한다.
역 삼각 함수	asin(x)	아크 사인 x를 구한다.
	acos(x)	아크 코사인 x를 구한다.
	atan(x)	아크 탄젠트 x를 구한다.
	atan2(y, x)	아크 탄젠트 y/x를 구한다.
쌍곡선 함수	sinh(x)	하이퍼볼릭 사인 x를 구한다.
	cosh(x)	하이퍼볼릭 코사인 x를 구한다.
	tanh(x)	하이퍼볼릭 탄젠트 x를 구한다.
지수 · 대수 함수	exp(x)	e^x를 구한다.
	log(x)	$\log_e x$를 구한다.
	log10(x)	$\log_{10} x$를 구한다.
	modf(x, *intpart)	정수부를 intpart가 가리키는 변수에 저장하고 소수부를 반환한다.
거듭제곱	pow(x, y)	x^y를 구한다.
거듭제곱근	sqrt(x)	$\sqrt{x}$를 구한다.
올림	ceil(x)	x보다 작지 않은 가장 작은 정수를 구한다.
내림	floor(x)	x보다 크지 않은 가장 큰 정수를 구한다.
절댓값	fabs(x)	x의 절댓값을 구한다.
나머지	fmod(x, y)	x를 y로 나눈 나머지를 구한다.

※ 함수에 전달하는 인수와 리턴되는 값은 모두 double형이다.

4. 문자 검사 및 변환 함수 – 헤더파일 <ctype.h>

유 형	함 수	내 용
문자 검사	isalnum(c)	c가 알파벳 또는 숫자인지 확인한다.
	isalpha(c)	c가 알파벳인지 확인한다.
	iscntrl(c)	c가 제어 문자인지 확인한다.
	isdigit(c)	c가 숫자인지 확인한다.
	isgraph(c)	c가 그래픽 문자인지 확인한다.
	islower(c)	c가 소문자인지 확인한다.
	isprint(c)	c가 출력할 수 있는 문자인지 확인한다.
	ispunct(c)	c가 구두점 문자인지 확인한다.
	isspace(c)	c가 공백 문자인지 확인한다.
	isupper(c)	c가 대문자인지 확인한다.
	isxdigit(c)	c가 16진 숫자인지 확인한다.
문자 변환	tolower(c)	c를 소문자로 변환한다.
	toupper(c)	c를 대문자로 변환한다.

※ 함수에 전달되는 c는 문자이며 반환값은 모두 정수이다. 참이면 0이 아닌 값을, 거짓이면 0을 반환한다.

5. 문자열이나 메모리 블록을 다루는 함수 – 헤더파일 <string.h>

유형	함수	내 용
복사	memcpy(*dest, *source, num)	source부터 num바이트 만큼을 dest에 복사한다.
	memmove(*dest, *source, num)	source부터 num바이트 만큼을 dest으로 옮긴다.
	strcpy(*dest, *source)	문자열 source를 dest에 복사한다.
	strncpy(*dest, *source, num)	문자열 source에서 dest로 num개의 문자들을 복사한다.
병합	strcat(*dest, *source)	문자열 source를 dest뒤에 붙인다.
	strncat(*dest, *source, num)	문자열 source에서 dest뒤에 num개의 문자들을 붙인다.
비교	memcmp(*ptr1, *ptr2, num)	ptr1로부터 처음 num바이트의 데이터와 ptr2로부터 num바이트의 데이터를 비교한다.
	strcmp(*str1, *str2)	문자열 str1과 str2를 처음부터 비교하여 str1이 작으면 음수를, 크면 양수를, 같으면 0을 반환한다.
	strncmp(*str1, *str2, num)	문자열 str1의 처음 num개의 문자를 str2의 처음 num개의 문자와 비교한다. 반환값은 strcmp와 같다.
탐색	memchr(*ptr, value, num)	ptr이 가리키는 메모리의 처음 num바이트 중에서 처음으로 value와 일치하는 값(문자)의 주소를 반환한다.
	strchr(*str, character)	문자열 str에서 처음으로 character와 일치하는 문자의 주소를 반환한다. 만약 없으면 NULL값을 반환한다.
	strrchr(*str, character)	문자열 str에서 마지막으로 character와 일치하는 문자의 주소를 반환한다.
	strstr(*str1, *str2)	문자열 str1에 문자열 str2이 포함되어 있는 첫 번째 위치를 반환한다. 없으면 NULL값을 반환한다.
	strtok(*str, *delimiters)	문자열 str1을 delimiters의 문자들로 분리한다.
기타	memset(*ptr, value, num)	ptr이 가리키는 메모리의 처음 num바이트를 value값(문자)으로 채운다.
	strlen(*str)	문자열 str의 길이를 반환한다.

정올
소개

정올(www.jungol.co.kr)은 우리나라의 가장 대표적인 프로그램, 알고리즘 & 정보올림피아드 트레이닝 사이트입니다. 프로그래밍과 알고리즘을 스스로 학습하고 평가할 수 있도록 다양한 문제와 강의, 자동채점 시스템 등을 제공함으로써 프로그램을 처음 시작하는 초, 중고등학생은 물론 관련과목을 수강하고 있는 대학생, 정보올림피아드와 ACM 등의 각종 대회를 준비하는 학생, 정보영재교육을 받고 있거나 도전하려는 학생, 기타 관련 업무에 종사중이거나 자기 계발을 하려는 일반인에 이르기까지 IT강국으로서 국가 경쟁력의 핵이 될 인재육성에 기여하고자 개설된 비영리 사이트입니다.

이 사이트에는 기초다지기를 비롯하여 실력 키우기, 알고리즘, 문제은행 등 프로그램과 알고리즘 관련한 수많은 문제들을 단계별로 제공하고 있습니다.
기초다지기에는 이 책("자기주도 C언어 프로그램")의 각 단원별 자가진단 문제와 형성평가 문제들이 탑재되어 있으며, 실력 키우기와 알고리즘, 문제은행 등에는 우리나라의 정보올림피아드를 비롯하여 여러 국가에서 출제된 각종 기출문제, 유명한 알고리즘 문제, 기타 많은 창작문제 등이 망라되어 있습니다. 모든 문제들은 정보올림피아드와 똑같은 방식으로 채점을 받고 그 결과를 바탕으로 전국적인 순위까지 확인할 수 있도록 되어 있어 스스로 실력을 쌓아 나가는 것은 물론 사고력과 창의력을 향상시키면서 각종 대회도 준비할 수 있는 매우 유용한 트레이닝 사이트입니다.

이 책의 자가진단 문제와 형성평가 문제 역시 정올 사이트에서 채점을 받을 수 있도록 되어 있습니다.

자가진단 및 형성평가 채점요령

① www.jungol.co.kr 사이트에 접속하여 회원가입을 한다.

② 기초다지기에서 해당 문제를 찾아서 제출 버튼을 클릭한다.

③ 소스코드 작성화면에서 자신이 작성한 코드를 붙여넣고 전송을 클릭한다.

④ 마이페이지에서 채점결과를 확인할 수 있다.

컴스쿨 소개

컴스쿨(www.comschool.co.kr)은 컴퓨터 및 정보과학과 관련한 모든 강의가 동영상으로 제공되는 유료 학습사이트입니다. 윈도우와 인터넷, 워드프로세서, 엑셀과 같은 컴퓨터 활용은 물론 그래픽, 멀티미디어, 캐드, 동영상 편집과 같은 전문프로그램과 각종자격증, 프로그래밍, 알고리즘, 정보올림피아드에 이르기까지 컴퓨터, 정보관련 200여 모든 강좌가 망라되어 있습니다. 이 책을 구입하신 분은 이 사이트에서 "자기주도 C언어 프로그래밍" 동영상강의를 3개월간 무료로 수강하실 수 있습니다.

동영상강의 무료 수강신청방법

① www.comschool.co.kr 사이트에 접속하여 회원가입을 한다.
② 메인 페이지에서 "자기주도 C언어 프로그래밍 무료수강신청"을 클릭한다.
③ 교재구입 날짜와 구입처를 입력한다.
④ 내 강의실에 입장하여 자유롭게 수강한다.

혼자서도 쉽게 익힐 수 있는

자기주도 C언어 프로그래밍

2026년 3월 3일 11판 2쇄 발행

저자 김동규
발행인 송광헌
편집 한승희
표지 최지혜

펴낸곳 **북두(더)**
출판등록 | 1993년 11월 22일 제10-902호
주소 | 서울 영등포구 경인로82길 3-4 807호
전화번호 | 02-2164-2580 팩스 | 02-2164-2584
이메일 | info@bogdoo.co.kr
홈페이지 | www.bogdoo.co.kr

ISBN 979-11-6675-377-0 93000
값 20,000원

화장품학

구민사

현경화

현) 서정대학교 교수
(사)한국뷰티산업진흥원 원장
(사)한국피부미용연구학회 회장
한국산업인력공단 실기감독위원/서울 동부지방사무소 기관운영 자문위원
2030 서울플랜수립추진위원회 산업일자리분과위원
경상북도기능경기위원회
노동부국가기술자격정책심의위원회 (미용)전문위원 등
저서 : 피부실습개론, 피부관리 실습서, 응용헤어펌(ncs기반), 활용아로마테라피, 미용과 건강 외 다수

조아랑

현) 서정대학교 교수
(사)한국뷰티산업진흥원 이사
(사)한국피부미용연구학회 이사
저서 : 피부미용 CS고객관리, 활용아로마테라피, 해부생리학, 공중보건학, 생화학 외 다수

서의정

현) 서정대학교 교수
열린부모교육학회 이사
전) 우석대학교 부설 유치원 원감, 혜화유치원 원장 등
저서 : 교육평가, 보육실습, 아동상담 및 생활지도, 유치원 교사를 위한 교직실무 외 다수

화장품학

초 판 인 쇄 | 2023년 12월 10일
초 판 발 행 | 2023년 12월 20일

지 은 이 | 현경화, 조아랑, 서의정
발 행 인 | **조규백**
발 행 처 | 도서출판 **구민사**
| (07293) 서울특별시 영등포구 문래북로 116, 604호(문래동 3가 46, 트리플렉스)
전 화 | (02) 701-7421
팩 스 | (02) 3273-9642
홈 페 이 지 | www.kuhminsa.co.kr
신 고 번 호 | 제 2012-000055호(1980년 2월 4일)
I S B N | 979-11-6875-304-4 (93590)
값 | 25,000원

머리말 PREFACE

뷰티산업에서 화장품은 단순한 아름다움의 추구를 넘어 개인 삶의 질 향상에 중요한 역할을 하고 있습니다. 본 교재는 바로 이러한 변화하는 현대 사회의 요구에 부응하는 내용을 담고 있습니다.

특히 맞춤형 화장품에 대한 수요 증가에 주목하며, 남성, 유아, 다양한 피부 유형을 위한 제품들이 이제는 선택이 아닌 필수가 되고 있는 현실을 반영하고자 화장품법에 기반한 기초부터 실무적인 적용에 이르기까지 산업적 변화와 교육적 필요에 부응하려 노력하였습니다.

화장품법에 기반한 실무적 요구를 체계적으로 다루며, 화장품학의 이론과 실무를 아우르는 귀중한 자료로서, 교육과 실무에 종사하는 이들에게 실질적인 도움을 제공하고, 화장품 산업 발전에 기여할 수 있기를 바랍니다.

이 책의 출판을 위해 적극적으로 도움을 주신 도서출판 구민사의 조규백 사장님을 비롯한 관계자분의 지원과 조언으로 본 교재가 오늘날의 모습을 갖추었기에 이 자리를 빌려 깊은 감사의 말씀을 전합니다.

저자 일동

목 차 CONTENTS

PART 01 화장품 개요와 역사

PART 02 화장품의 성분

PART 03 병원성 화장품

PART 04 전신 화장품

PART 05 천연 및 오가닉 화장품 이해

PART 06 화장품 제조 및 산업 이해

PART 07 부록

PART 01

화장품 개요와 역사

01 화장품학의 개요와 역사

02 화장품의 정의와 범위

03 화장품의 기능과 효과

04 피부의 구조와 부속기관 이해

COSME-
TOLOGY

01 화장품학의 개요와 역사

오래된 화장의 유래에 따라 화장품의 역사도 오래되었다. 고대에서는 화장이 미화 수단의 독립 개념으로 사용되지 못하고 장기간 주술(呪術)의 일부 혹은 약학 및 의학의 일부로 인식되었고, 화장품 역시 약학 및 의학의 한 분야로 취급되었다.

고대의 화장은 부(富)의 편재와 엄격한 신분제도로 인하여 일부 계층에게 독점되다시피 하였고, 13세기말에 파리와 로마에서 화장을 경멸하는 인식이 팽배하여 의학에서 분리되었다. 그 이후 화장과 화장품이 발달하게 되었지만, 화장품의 수요가 특수층에 한정되고 인정을 못받는 상황으로 인하여 화장품의 제조 기술은 뒤떨어진 상황이었다.

가내수공업으로 백분·향료는 맷돌에 갈아 체에 치고, 꽃잎을 압착시켜 향수를 만들고, 약을 만들듯이 끓이거나 달이는 형편이었다. 오랜 역사에도 불구하고 인간의 위생 관리와 미화를 위한 화장품의 생산과 취급의 과학적인 발전은 19세기 후반에 이르러서야 비롯되었고, 화장품의 기업화는 20세기에야 이루어졌다(출처: 한국민족문화대백과사전).

고려시대에는 향유(香油)가 수출되었으며, 조선시대에는 일본에서 화장수(미안수) 제조 기술을 모방할 정도였다. 그러나 오랜 쇄국정책 끝에 문호 개방을 함으로써 다른 재래 산업이 쇠퇴한 것처럼 재래 화장품 산업도 쇠퇴하고 말았다. 우리나라의 옛 화장품을 대강 간추려보면 다음과 같다.

(1) 피부용 제품

조두(세정제)·미안수(화장수)·면약(크림에 해당)·분백분·색분(色粉: 백합의 붉은꽃 수술의 분말을 채취하여 사용)·물분·볼연지·입술연지·미묵(眉墨 : 눈썹·속눈썹용) 등이 있었다.

또한 팩(pack)에 해당하는 화장용품도 있었는데, 얼굴을 곱게 하기 위하여 꿀찌꺼기를 얼굴에 골고루 펴발랐다가 몇 분 후에 떼어내었다.

또 다른 팩 방법은 짓찧은 마늘에 꿀을 섞어 하룻밤 재운 뒤 얼굴에 골고루 펴바르는 것인데, 이로써 얼굴이 희어지고 기미·주근깨가 제거되었다고 한다.

또한 윤안향밀(潤顔香蜜)이 있었는데, 이것은 꿀찌꺼기에 향을 가미한 것으로서 얼굴을 윤기 나게 하는 영양크림과 흡사하였다.

(2) 모발용제품

머릿기름(整髮油)·밀기름(着髮油)·염모제(染毛劑, 제법은 미상) 등이 있었다. 창포에 쑥을 넣어 함께 삶은 것은 요즘의 샴푸와 같은 용도로 사용되었다.

(3) 방향제품

향수·향료가 있었다. 향료는 주머니에 담아 패용하였는데 장신구 겸용이었다. 향료는 직접 뿌리는 외에 향로에 피워 훈향(薰香)을 하기도 하였다.

이를 통해 짐작해본다면 기능이 세분되지 않고 명칭이 다를 뿐 현재와 거의 같은 여러 가지 화장품을 사용하였다.

그림 1-1 우리나라 최초의 화장품 박가분

COSME-
TOLOGY

02 화장품의 정의와 범위

1) 화장품의 정의

화장품은 "인체를 청결, 미화하여 매력을 더하고 용모를 밝게 변화시키거나 피부, 모발의 건강을 유지 또는 증진하기 위해서 인체를 바르고 문지르거나 뿌리는 등 이와 유사한 방법으로 사용되는 물품으로서 인체에 대한 작용이 경미하다.

(1) 화장품법에 의한 기능 화장품

(2) 피부의 미백에 도움을 주는 제품

(3) 피부의 주름 개선에 도움을 주는 제품

(4) 피부를 곱게 태워주거나 자외선으로부터 피부를 보호하는데 도움

(5) 모발의 색상 변화 제거 또는 영양공급에 도움을 주는 제품

(6) 피부나 모발의 기능 약화로 인한 건조함, 갈라짐, 빠짐, 각질화 등을 방지하거나 개선에 도움을 주는 제품

표 1-1 화장품의 구분

얼굴미용	신체미용	인체세정	기타
· 눈화장용 제품류 · 색조화장용 제품류 · 기초화장용 제품류	· 두발 염색용 제품류 · 두발용 제품류 · 손발톱용 제품류	· 목욕용 제품류 · 인체세정용 제품류 · 면도용 제품류	· 영유아용 제품류 · 방향용 제품류 · 체취방지용 제품류 · 체모제거용 제품류

COSME-
TOLOGY

03 화장품의 기능과 효과

1) 화장품법 시행규칙 제2조(기능성화장품의 범위)

(1) 피부에 멜라닌 색소가 침착하는 것을 방지하여 기미 주근깨 등의 생성을 억제함으로써 피부의 미백에 도움을 주는 기능을 가진 화장품

(2) 피부에 침착된 멜라닌 색소의 색을 엷게 하여 피부의 미백에 도움을 주는 기능을 가진 화장품

(3) 피부에 탄력을 주어 피부의 주름을 완화 또는 개선하는 기능

(4) 자외선을 차단 또는 산란시켜 자외선으로부터 피부를 보호

(5) 모발의 색상을 변화(탈염, 탈색)시키는 기능

(6) 체모를 제거하는 기능(다만 물리적으로 체모를 제거하는 제품은 제외)

(7) 탈모 증상의 완화에 도움을 주는 화장품(다만 코팅 등 물리적으로 모발을 굵게 보이는 제품은 제외)

(8) 여드름성 피부를 완화하는데 도움을 주는 화장품(다만 인체 세정용 제품류로 한정)

(9) 피부장벽(각질층의 표피)의 기능을 회복하여 가려움 등의 개선에 도움을 주는 화장품

(10) 튼살로 인한 붉은 선을 엷게 하는데 도움을 주는 화장품

COSME-
TOLOGY

04 피부의 구조와 부속기관 이해

화장품을 도포하는 피부는 전신을 싸고 있으며 1차 면역기관으로서 외부로부터 여러 자극이나 장해요인으로부터 생체를 보호하는 역할을 한다.

피부의 구조는 표면으로부터 표피, 진피, 피하조직의 세 가의 층으로 구분되고, 부속기관으로는 모발, 손톱, 발톱, 피지선 등이 존재한다.

(1) 보호기능 – 외부 압력, 외부온도, 자외선, 미생물침투 등으로부터 보호

(2) 흡수기능 – 지용성 성분들의 선택적 흡수

(3) 호흡기능 – 피부 호흡(전체 호흡의 0.6%)

(4) 분비기능 – 땀 및 피지 분비(노폐물 분비)

(5) 체온조절기능 – 열 차단, 열 확산

(6) 감각기능 – 외부 환경 변화의 자극 : 피부 내의 수용체 전달

(7) 비타민 D – 비타민D 합성

(8) 저장기능 – 지질과 수분의 저장

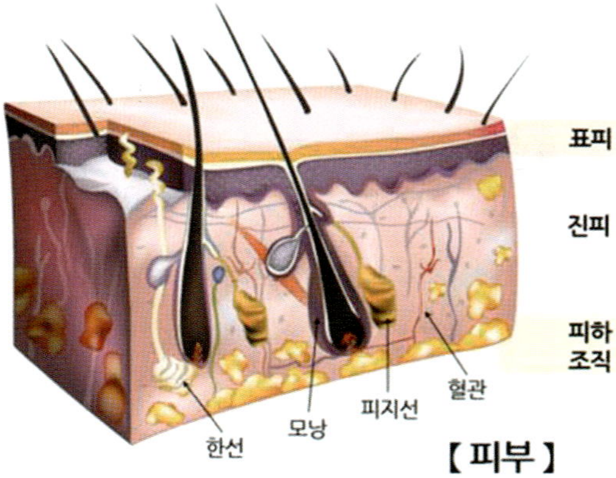

그림 1-2 피부의 구조

1) 표피

피부의 가장 바깥층으로 신체의 중요한 장기를 보호하는 역할을 하고 세균 바이러스, 유해한 화학물질 침투방지, 수분 유지 작용을 한다. 표피는 각질층, 투명층, 과립층 유극층, 기저층으로 구분한다.

2) 표피의 구성세포

(1) **각질형성세포** : 기저층에 존재하여 최종적으로 각질층을 구성하는 각질세포를 만드는 세포이다.

(2) **멜라닌 형성세포** : 기저층에 존재하며 멜라닌을 합성하여 주변의 각질형성세포에 멜라닌이 축적된 멜라노좀을 공급하는 세포이다.

(3) **랑게르한스세포** : 유극층에 존재하여 면역반응 조절에 관여한다. 감염과 염증에 대한 피부반응을 조절하는 기능을 담당한다.

(4) **메르켈세포** : 기저층에 존재하며 신경세포가 밀집된 상피성 촉각세포이다.

3) 각질층 피부장벽

(1) 각질층은 피부의 장벽(Barrier) 역할을 하며, 각질층의 수분 함량 유지는 피부지질과 천연보습인자가 중요한 요소로 작용한다.

(2) 피부지질은 지피의 피지샘으로부터 분비되는 피지 성분과 표피 유래의 각질세포간지질로 구성되며, 천연보습인자는 각질 등의 내에 존재하는 수용성 성분

(3) 각질세포간지질은 표피 내외로부터 수용성 물질의 투과나 수분 증발의 방어, 각종의 NMF 성분 유출 억제 및 각질세포의 접착 역할을 한다.

(4) 각질세포간지질은 세라마이드 및 유도체 45%, 콜레스테롤 및 유도체 40%, 지방산 9% 정도로 구성되어 있다.

멜라닌 생성 및 탈락

① 피부가 외부 자극이나 자외선에 노출

② 멜라닌형성세포에서 멜라닌이 합성되는 경로도에서 타이로시나아제(tyrosinase)요소의 활성이 증가됨으로써 타이로신(tytosine)이 도파(dopa)로 전환

③ 다시 도파(dopa)가 도파퀴논(dopaquinone)으로 전환

④ 멜라닌형성세포 내 멜라닌이 축적된 멜라노솜이 주변의 각질형성세프로 이동

⑤ 각질형성세포 분해와 멜라노솜의 분해로 멜라닌이 피부에 머무르다가 탈락

4) 진피

(1) 표피-진피 접합부의 중요성

① 3가지 역할 : 표지세포지지 및 부착, 영양물질의 이동, 표피분화의 조절

② 노화현성 : 타입 Ⅳ, Ⅶ 콜라겐이 감소 → 표피-진피지지 기능이 감소 선별투과 기능 약화 → 주름 발생

피부의 노화현상은 표피층과 진피층의 변화로 나타난다.

진피(Dermis)

표피-진피 접합부의 중요성

① 3가지 역할 : 표피세포 지지 및 부착 Ⅰ, 영양물질의 이동 Ⅰ, 표피분화의 조절
② 노화현상 : 타입 IV, VII 콜라겐이 감소 → 표피-진피 지지 기능이 감소 선별투과 기능 약화 →주름발생
☞ **피부의 노화 현상은 표피층과 진피층의 변화로 나타남**

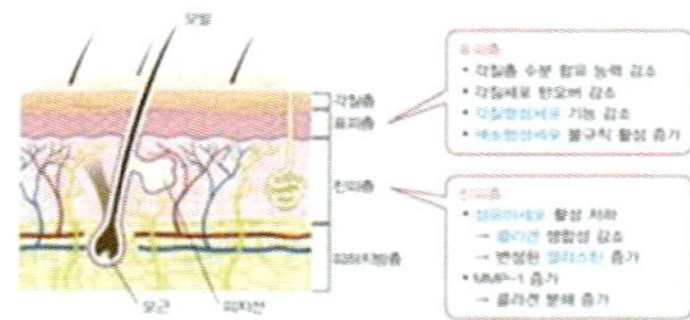

그림 1-3 진피

5) 피하조직(Hypodermis)

피하조직은 지방세포로 구성되어 있으며, 피부에 속하지 않는 것으로 보고 있다. 화장품 측면에서 지방세포 분해 및 감소를 통한 바디 슬리밍 제품들이 소개되어 있으며, 지방세포의 분화 촉진을 통해 피부볼륨 증가와 관련한 연구 및 제품 개발이 이루어지고 있다.

진피(Dermis)

피하조직은 **지방세포로 구성**되어 있으며, 피부에 속하지 않는 것으로 보고 있다.
화장품 측면에서 지방세포 분해 및 감소를 통한 **바디슬리밍 제품**들이 소개되어 있으며, 지방세포의 분화 촉진을 통해 **피부볼륨 증가**와 관련한 연구 및 **제품 개발**이 이루어지고 있다.

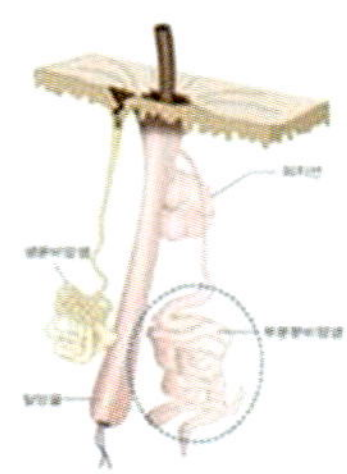

그림 1-4 피하조직

6) 모발주기

모발의 케라틴(keratin)이라고 하는 특수한 단백질로 이루어진 털을 만들어 내는 일종의 미니 장기로 일정하게 자라다가 쇠퇴하여 결국 사멸하는 과정을 거치는 것이 아니라 4단계의 순환주기를 갖는다.

표 1-2 모발주기

성장기	퇴행기	휴지기	성장기
모모세포의 활발한 활동으로 모발이 신장되며, 5~6년 정도 지속적으로 성장하는 시기(88% 차지)	성장기가 지나면서 대사과정이 느려지고 차츰 2~3주 정도 모발 성장이 감소하는 시기(1% 차지)	성장이 멈춰버리는 단계로 모근이 2~3개월 빠지는 시기(11% 차지)를 거쳐 다시 성장기로 들어간다.	
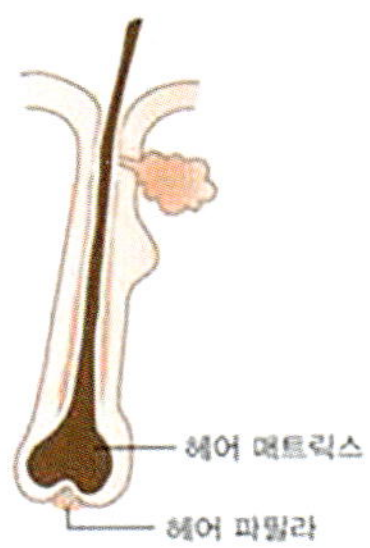	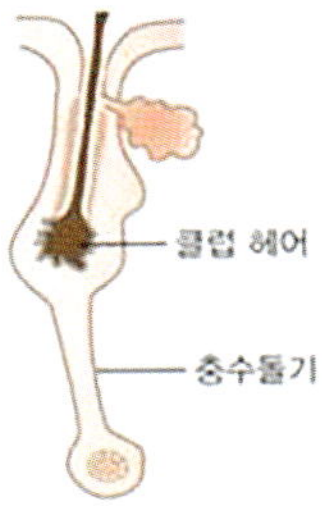		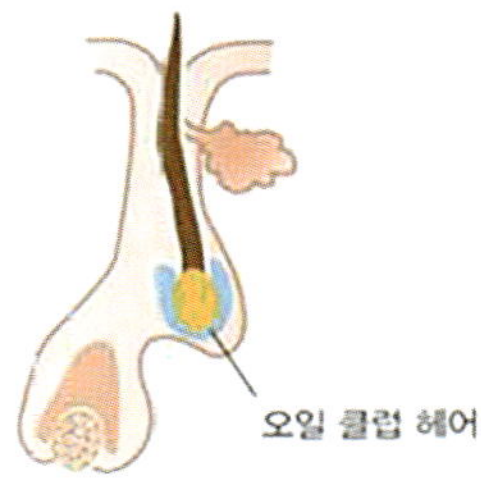

COSME-
TOLOGY

화장품학

PART 02

화장품의 성분

COSME-
TOLOGY

01 화장품 원료의 종류와 특성

화장품 원료는 천연물, 합성물, 생명공학을 이용한 물질과 항노화, 미백, 자외선 차단 등 기능성으로 발전하고 있다.

소비자 요구의 변화에 따라 사용되는 원료도 다양화되고 있으며, 사용된 원료에 따라 사용감, 효능, 효과 등이 상이하며 원료를 배합하여 제조된다.

화장품은 목적에 가장 적합한 원료를 찾아낸 후 조합이 필요하며 무엇보다 안정성 고려가 필수이다.

- **원 료**
  - 수성원료 : 정제수, 에탄올, 글리세린 등
  - 유성원료
    - 자연계
      - 동물성 : Oil, Fat, Wax
      - 식물성 : Oil, Fat, Wax
      - 광물성 : Wax
    - 합성계
      - 탄화수소
      - 고급지방산
      - 고급알코올
      - 합성에스테르 실리콘

그림 2-1 화장품 원료

(1) 화장품 원료에 관한 화장품법

제8조(화장품 안전기준 등) ① 식품의약품안전처장은 화장품의 제조 등에 사용할 수 없는 원료를 지정하여 고시하여야 한다.

② ③ ④ 식품의약품안전처장은 화장품 원료로 사용할 수 없는 원료를 지정하여야 한다.

(2) 화장품 성분의 기본 요건

① 피부에 대한 안전성이 우수해야 한다.

② 산화, 변질 등에 대한 안정성이 있어야 된다.

③ 가급적 냄새가 없어야 하며, 품질이 일정해야 한다.

④ 사용목적에 적합한 기능을 가지고 있어야 한다.

COSME-
TOLOGY

02 화장품의 기본 원료

1) 정제수

극성 물질, 냄새와 색이 없는 투명한 액체로 세균 및 중금속이 없는 물로 화장품에는 정제수가 사용된다.

(1) 모공 막힘 방지, 모발 끈적거림 방지, 세균 오염에 의한 변질 방지

(2) 경수 : 2가 양이온이 다량 함유되어 비누와 물때를 형성하고 비누에 거품이 잘 형성되지 않는다.

(3) 연수 : 1가 양이온이 다량으로 함유되어 비누에 거품이 잘 형성하고 비누와 물때를 형성하지 않는다.

2) 에탄올

물 다음으로 화장품에서 많이 사용되고 무색투명한 액체로 95% 에탄올로 사용하고, 피부에 청량감을 부여하여 모공 수축을 통해 수렴 작용을 한다. 70% 이상의 에탄올은 살균 및 소독 작용(손소독제)을 하며, 변성 에탄올인 메탄올, 포르말린, 콜리틴 등을 첨가하여 사용한다.

3) 알코올

(1) **고급 알코올** : 물에 대한 용해도가 낮은 지용성 유성 원료로 피부 유연제, 유화 안정 보조제, 점증제로 활용되고 있다. 세탄올($C_{16}H_{33}OH$),라우린알코올($CH_3(CH_2)_{11}OH$) 등이 대표적이다.

(2) **저급 알코올** : 이소프로필 알코올(C_3H_8O)이 해당되고 알코올 프리는 저급 알코올이 없다는 뜻으로 고급 알코올은 함유되어 있을 수 있다.

4) 오일

(1) 피부에 유막 형성, 수분 증발 억제, 유연제

(2) 오일의 구분

① **천연 오일** : 식물성, 동물성, 광물성이 포함된다

② **합성 오일** : 천연 오일보다 사용성 및 화화적 안정성이 좋다.

5) 오일의 종류

(1) 식물의 모든 부분에서 추출하며 향이 있고 부패가 쉽게 일어나며, 피부 흡수는 동물성에 대비하여 낮은 편에 속한다.

(2) 식물성 오일의 종류

① **동백 오일** : 녹는점이 낮고, 끈적임이 없다.

② **로즈힙 오일** : 노화억제, 유화, 색소침착을 방지한다.

③ **마카다미아 너트 오일** : 퍼짐성과 피부 흡수성이 우수, 자극이 없다.

④ **맥아 오일** : 항산화 작용, 유화제

⑤ **살구씨 오일** : 끈적임이 없고, 유연 작용을 한다.

⑥ **아몬드 오일** : Sweet와 bitter 아몬드 오일로 구분되며 sweet 오일을 주로 활용하여 유화제와 마사지 오일로 사용된다.
⑦ **아보카도 오일** : 자외선 흡수 작용, 피부 친화력 우수하고 퍼짐성이 좋다.
⑧ **올리브 오일** : 피부 흡수가 좋고 에탄올에 잘 용해된다.
⑨ **포도씨 오일** : 보습제, 유화제로 활용하며 항산화 작용을 한다.

그림 2-2 로즈힙

그림 2-3 아보카도, 올리브 열매

(3) 동물성 오일의 종류

동물의 피하 조직 및 장기에서 추출하며 냄새가 좋지 않다. 정제해서 사용해야 하며 피부 친화성이 좋아 흡수가 빠르다.

① **난황오일** : 레시틴과 비타민A 함유, 피부유화제로 사용하며, 탄력 증진에 효과적이다.

② **밍크오일** : 밍크피하 지방에서 얻으며, 친화성이 우수해 유연제로 사용한다.

③ **스쿠알렌** : 상어의 간유에서 추출하고 피지와 유사한 구성, 저자극성이다.

(4) 광물성 오일의 종류

석유 등 광물질에서 추출하고 무색 투명하면서 냄새가 없다. 피부 흡수가 비교적 우수하나 부작용이 발생할 수 있다.

① **유동성 파라핀** : 파라핀계 및 나프텐계 혼합물로 상온에서 무색 투명한 액체이며, 물에 용해되지 않는다. 또한 피부 청결 및 수분 증발 억제 효과를 가지고 있다.

② **파라핀** : 무색 무취, 화학적으로는 매우 안정된 상태이다. 파라핀납이나 유동 파라핀의 총칭으로 녹는점이 낮아 점착제, 코팅 등으로 활용되고 있으며, 유동성 파라핀은 파라핀계 및 나프텐계 혼합물로 상온에서 무색 투명한 액체로, 물에 용해되지 않는다.

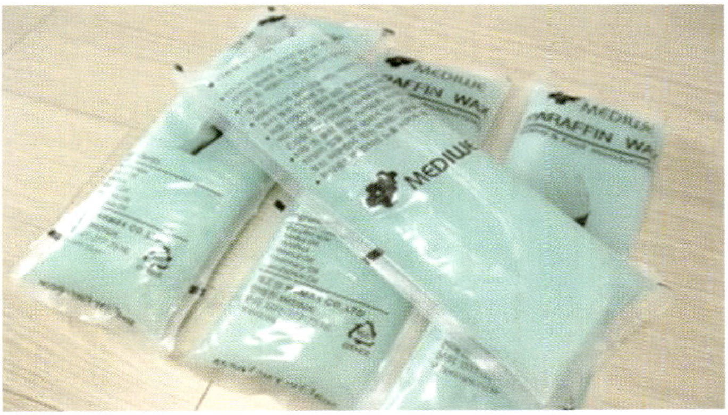

그림 2-4 파라핀

③ **바세린** : 탄소수가 24~34개인 반 고체상태이며, 콜로이드 상태로 접착력이 강하다. 수분 증발 억제, 피부 유연성 부여하지만 제거하기 힘들고 여드름을 유발할 가능성 있다.

그림 2-5 바세린

(5) 합성오일

화학적으로 합성된 오일로 쉽게 변질되지 않고 사용감이 좋다. 끈적거림이 적고, 사용감이 산뜻하고 화장품 성품의 침투를 도와준다. 또한 색소 용해제 및 보습제로 사용가능하며 발수성이 다른 오일에 비해 우수하지만, 여드름 유발 가능성이 크다.

실리콘 오일, 미리스틴산, 이소프로필 등이 있으며, 고급 지방산과 저급 알코올을 혼합하여 사용한다.

① **실리콘 오일** : 생리적으로 무해하며, 매끄러운 사용감과 발수성이 다른 오일에 비해 우수하다.

② **디메티콘 오일** : 무색, 무취, 투명

③ **사이크론메티콘** : 윤활성이 있고, 끈적거림이 없다.

(6) 왁스

고급 지방산과 고급 알코올의 에스테르로 실온에서 고체이며, 녹는점이 높은 유성 성분으로 공기 중에서 변질이 적고, 산화에도 안정되며, 식물성 왁스와 등물성 왁스로 구분되어 기초 화장품, 메이크업 화장품에 널리 사용된다.

화장품의 굳기가 증가하여 립스틱, 크림, 제모 왁스에 사용된다.

① 식물성 왁스

열대 식물의 잎, 종자에서 추출하고 퍼짐성과 친화성이 우수하고 쉽게 산화되지 않고 끈적거림이 없다.

㉠ **카르나우바 왁스** : 립스틱, 광택제, 크림, 제모 왁스

㉡ **칸델리라 왁스** : 립스틱, 광택제, 방수제

㉢ **호호바 오일** : 피지와 유사한 화학 구조 화합물 함유, 퍼짐성과 친화성이 우수하고 쉽게 산화되지 않는다.

그림 2-6 칸델리라 왁스

② 동물성 왁스 종류

㉠ **밀납** : 벌집에서 추출하며, 피부 알레르기를 유발할 수 있다. 크림, 로션 파운데이션, 마스카라 등에 사용한다. 서양꿀벌의 벌집에서 얻은 납을 정제해서 사용하고, 표백한 것은 화이트왁스, 표백하지 않은 것을 옐로우 왁스라고 한다.

㉡ **라놀린** : 양털에서 추출하고 친화성, 부착성, 윤택성 우수하다. 피부에 알레르기를 유발할 가능성이 있으며 기초, 메이크업, 모발 화장품 등에 사용한다.

그림 2-7 천연 밀납

(7) 지방산

지방을 가수분해하여 생기는 물질로 고급 지방산과 저급 지방산으로 구분하며, 탄소수가 6개 이상이 고급 지방산이며, 천연에 존재하는 고급 지방산은 탄소 20개 이하이다. 체내에서 2개 단위로 지방산을 합성하거나 분해하기에 대부분 탄소수가 짝수를 이룬다.

화장품에는 고급 지방산을 사용하고 포화 지방산과 불포화 지방산으로 구분된다.

① 불포화지방산

- **종류** : 리놀렌산, 리놀렌산 등
  → 비누 기포 개선 및 개량, 합성 오일의 원료

② 포화지방산

- 종류 : 팔미트산, 스테이란산(탄소수 18개) 등

→ 동·식물에 가장 널리 분포하고 있으며, 미리스틴산보다 기포 형성 능력이 약하다. 유화제로 사용된다.

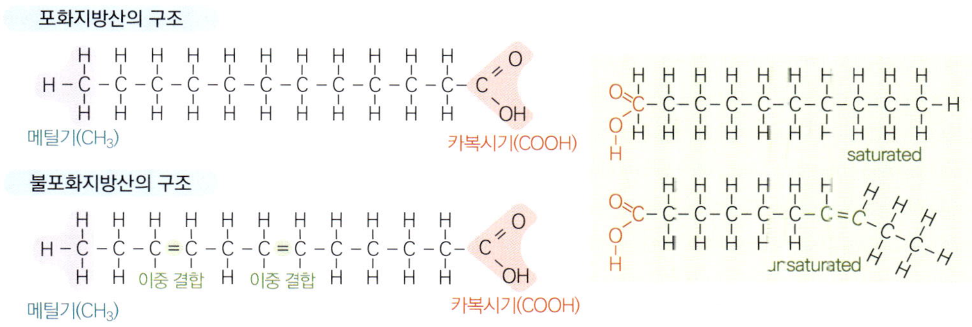

그림 2-8 포화지방산과 불포화지방산 구조

COSME-
TOLOGY

03 화장품 원료에 따른 구분

1) 화장품 원료에 따른 구분

(1) **정제수** : de-ionized water

(2) **유성원료** : 탄화수소, 고급 지방산, 고급 알코올, 왁스 에스터, 지방 및 오일, 실리콘 오일

(3) **계면활성제** : 비이온성, 음이온성, 양이온성, 양쪽성 계면활성제

(4) **고분자** : 점증제, 피막형성제, 안정화제 등

(5) **보습제** : 천연보습인자, 폴리온 타입, 고분자 보습제 등

(6) **자외선차단제** : 유기물 차단제, 무기물 차단제, 항산화제, 금속이온 봉쇄제

(7) **기타** : 비타민(A, B, C, D, E, H그룹), 아미노산, 향료, 색소류(유기색소, 무기색소), 방부제, 알코올, 다양한 활성성분(한방/천연성분) 등

2) 전성분표시 예외

표 2-1 주요 해외국자 전성분표시 기재 예외 사항

구분	도입시기	기재 예외
미국	1977년	· 제품의 제조공정 과정에 사용되지만, 제조공정이 따라 처리되는 산(중화되어 염으로 변화) · 공정 과정에서 기술적이거나 기능적인 효과를 위해서 사용되지만, 표시성분과 동일한 구성물로 전환되고 구성물의 농도가 크게 증가하지 않는 성분
유럽	1997년	· 사용된 원료의 불순물 · 최종 상품에는 존재하지 않지만 제조 시 사용되는 보조물질 · 향수나 방향성 조성물의 용제나 캐리어에 규제 필요량만큼 사용하는 물질(향수 또는 아로마로 언급)
일본	2001년	· 배합성분에 부수하는 성분(불순물 포함)으로 저품 중 그 효과가 발휘되지 않는 소량 함유성분(carry-over 성분)

3) 유성원료

(1) 탄화수소류

① 탄소가 C_{15} 이상의 탄소와 수소로 구성된 사슬 모양의 원료

② **석유자원 채취** : 유동 파라핀, 파라핀, 바세린, 세레신

③ **동물이나 식물 추출** : 스쿠알렌에 수소를 첨가한 스쿠알탄

(2) 고급 지방산류

① RCOOH(R은 알킬기) 등으로 표시되는 화합물

② 동식물 유지류에 함유된 지방산은 직쇄 지방산이 많고 대부분 짝수의 탄소수

③ **유성 원료(유화제로 사용가능)** : 수산화나트륨, 수산화칼륨, 트리에탄올아민

(3) 고급 알코올류

① 지방 알코올은 ROH(R은 알킬기) 등으로 표시되는 화합물
② 유화제품의 안정보조제로 사용
③ 유화제품에서 유화제와 함께 계면에 흡착되어 계면 안정화 수행

유성원료

탄화수소류
- 탄소가 C_{15}이상의 탄소와 수소로 사슬 모양의 원료
- 석유 자원채취 : 유농파라핀, 파라핀, 바셀린, 세레신
- 동물이나 식물 추출 : 스쿠알렌에 수소를 첨가한 스쿠알란

고급지방산류
- RCOOH(R은 알라기)등으로 표시되는 약한물
- 농식물 유지류에 함유된 지방산은 직쇄 지방산이 많고 대부분 짝수의 ㅌㄴ소수
- 유성 원료(유화제로 사용가능) : 수산화나트륨(NaOH), 수산화칼륨(KOH), 트리에탄올아민(TEA)

고급알코올류
- 지방 알코올은 ROH(R은 알칼기) 등으로 표시되는 약한물
- 유화제품의 안정보조제로 사용
- 유화제품에서 유화제와 함께 계면에 흡착되어 계면 안정화 수행

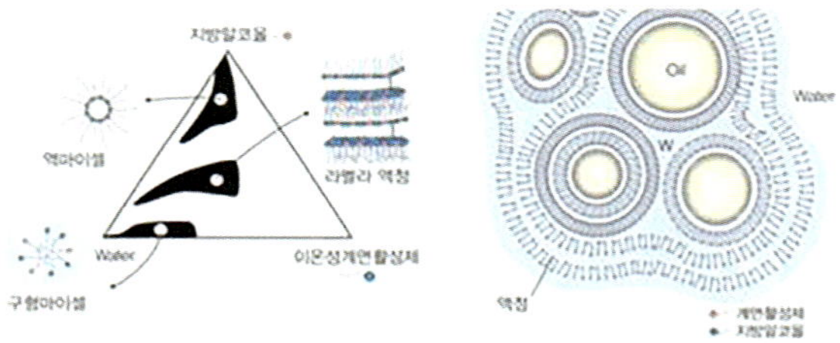

그림 2-9 유성원료

4) 계면활성제

계면활성제란 한 분자 내에 물과 친화성을 갖는 친수기(hydrophilic group)와 유성 성분과 친화성을 갖는 친유기(hydrophobic group)를 동시에 갖는 물질로 물과 유성 성분의 계면에 흡착하여 계면 에너지를 저하시킴으로써 계명의 성질을 현저하게 변화시키는 물질을 말한다.

표 2-2 계면활성제의 기능 및 정의

SAA function	Definition
유화(Emulsification)	한 액체 속에 서로 섞이지 않는 다른 액체가 미세하게 분산되어 있는 계
가용화(Solubilization)	유용성분을 계면활성제 회합체, 마이셀 내부에 침투/표면에 흡착시켜 용해도를 급격히 높인 상태
분산(Dispersion)	고체 또는 액체 물질이 콜로이드 입자가 분산되어 있는 상태
세정(Dtergency)	음이온 계면활성제의 음이온 부분이 강한 세정 작용을 나타냄. 주로 음이온 계면활성제를 이용
습윤(Wetting)	세정의 초기 단계에서 세정 대상 물질에 흡착된 상태
기포(Foam)	액체 속에 기체가 분산되어 있는 분산계
대전 방지(Antistatic)	모발 또는 의류의 정전기를 제거하는 작용, 주로 양이온 계면활성제를 이용
살균(Antimicrobial)	일부 양이온 계면활성제의 경우 살균 작용을 가짐

(1) 계면활성제의 분류

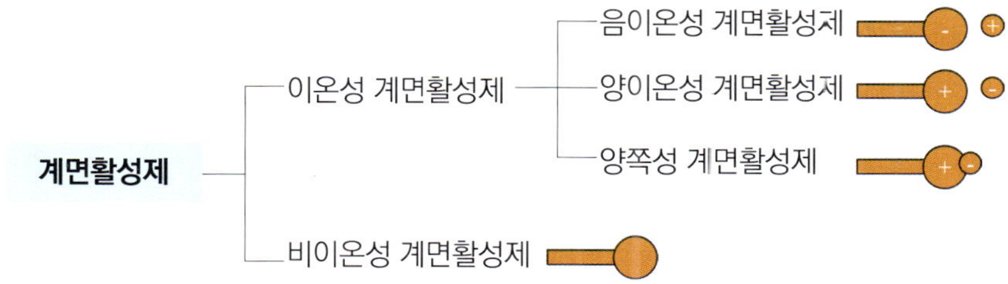

그림 2-10 계면활성제의 분류

(2) 계면활성제 첨가 시 친수성기는 물 내부로 향하고 친유성기는 물 외부로 향한다.

- 계면에 규칙적으로 배열 → 계면 흡착 → 계면 흡착이 포화 시에는 물속에서 친유성기가 안쪽을 향함 → 집합체인 미셀을 형성한다.
- 입자는 낮은 농도 구형에서 높은 농도 원통형으로 이동된다.

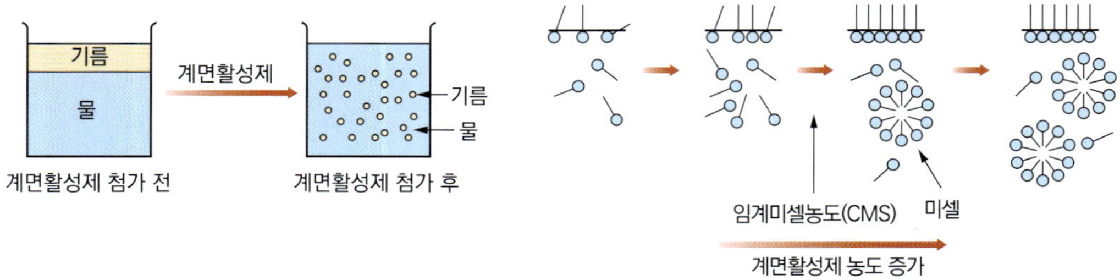

그림 2-11 계면활성제의 구조 변화

(3) 표면장력과 계면장력

① **표면장력** : 액체의 표면을 최소화하려는 에너지

② **계면장력** : 계면의 면적을 감소시키는 힘(2가지 상의 경계면을 계면)

③ **계면활성제의 필요**

- 계면활성제는 계면에 흡착하여 계면에너지를 저하시킴으로써 계면의 성질을 현저하게 변화시키는 물질이다.
- 계면적으로 상당히 큰 콜로이드 분산계, 특히 화장품과 같이 물과 유성성분의 계면적이 큰 유화제품에서 계면장력을 감소시키는 계면활성제는 필수 성분이라 할 수 있다.

표면장력과 계면장력

- **표면장력** : 액체의 표면을 최소화하려는 에너지
- **계면장력** : 계면의 면적을 감소시키는 힘 (2가지 상의 경계면을 계면)

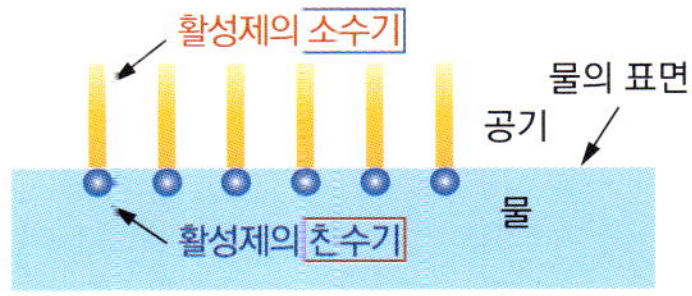

계면 활성제의 필요

- 계면활성제는 계면에 흡착하여 계면에너지를 저하(계면장력을 현저히 저하)시킴으로써 계면의 성질을 현저하게 변화시키는 물질이다.
- 계면적으로 상당히 큰 콜로이드 분산계, 특히 화장품과 같이 물과 유성 성분의 계면적이 큰 유화제품에서 계면장력을 감소시키는 계면활성제는 필수 성분이라 할 수 있다.

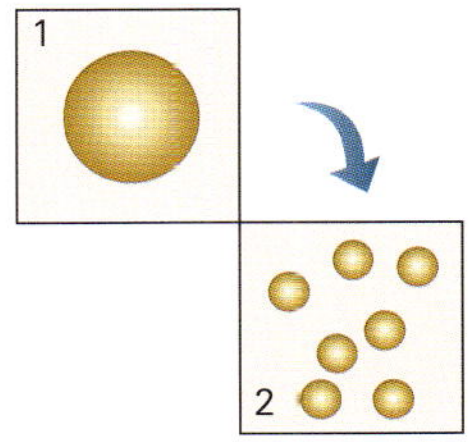

그림 2-12 계면적의 증가

(4) 화장품 사용 계면활성제의 기본 작용

표 2-3 화장품 사용 계면활성제의 기본 작용

작용	내용
세정 작용	세정을 시키는 능력
유화 작용	액체가 불용성 액체에 미립자상으로 분산된 것
가용화 작용	불용성 물질을 액체 용해시키는 것
분산 작용	고체가 액체 중에 현탁 상태로 분산된 것
습윤 작용	액체가 고체표면에 퍼져 계면을 형성하는 것
발포 작용	기포를 형성시키는 것
소포 작용	기포를 제거시키는 것
윤활 작용	뻑뻑하지 않고 매끄럽게 하는 것
살균 작용	세균을 죽이는 것

(5) 보습제 특징

피부 건조를 막아 피부를 촉촉하게 한다. 일시적으로 잔주름을 완화한다.

① **폴리올류** : 글리세린, 프로필렌 글리콜

② **천연보습인자** : 아미노산, 미네랄, 유기산

③ **고분자** : 콜라겐, 히아루론산

(6) 산화방지제 특징

화장품의 기름 성분이 공기 중 산소와 반응한다.

① 과산화물 생성으로 악취 발생 : 피부 자극

② 과산화물의 생성 방지를 위해 첨가한다.

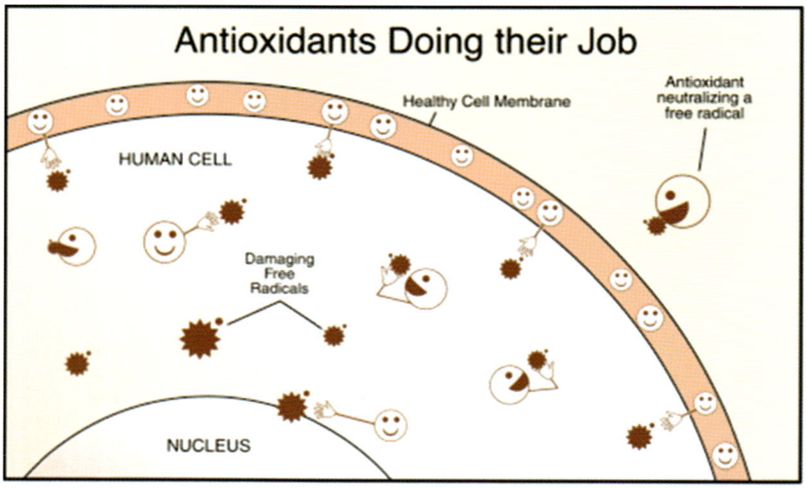

그림 2-13 산화방지제의 특징

5) 보습제의 종류

피부 보습은 피부(또는 모발)의 수분을 향상시켜 주기 위한 화장품의 기능 중 하나로서, 피부의 항상성 유지에 중요한다.

(1) 수분을 공급하는 방법에 따른 구분

① **에몰리엔트** : 왁스/오일 성분으로서 피부에서 수분이 날아가는 것을 방지한다. 겨울과 같이 바람이 불고 습도가 낮은 계절에 중요한 보습제이다.

② **휴멘턴트** : 원료 자체에 흡습성이 있어 피부에 수분을 유지시켜 주는 보습제이다. 주로 다카알코올(폴리올)의 구조를 가지고 있다.

③ **NMF** : 각질층에 존재하는 천연 보습인자로 원료 자체가 수분을 다량 함유하고 있다. 피부에 보습은 필요로 하나 피부가 끈적임을 느낄 수 있어 하절기 보습제로 주로 사용한다.

보습제의 종류 (피부보습은 피부(또는 모발)의 수분을 향상시켜 주기 위한 화장품의 기능 중 하나로서, 피부의 항상성 유지에 중요하다.)

| 계면 활성제의 필요 |

에몰리엔트 왁스/오일 성분으로서 피부에서 수분이 날아가는 것을 방지 겨울과 같이 바람이 불고 습도가 낮은 계절에 중요한 보습제

휴먼텐트 원료 자체에 흡습성이 있어 피부에 수분을 유지시켜 주는 보습제 주로 다가올코올(플라올)의 구조

NMF 각질층에 존재하는 천연 보습인자로 원료 자체가 수분을 다량 피부에 보습은 필요로 하나, 피부가 끈적임을 느낄 수 있어 하절기 보습제

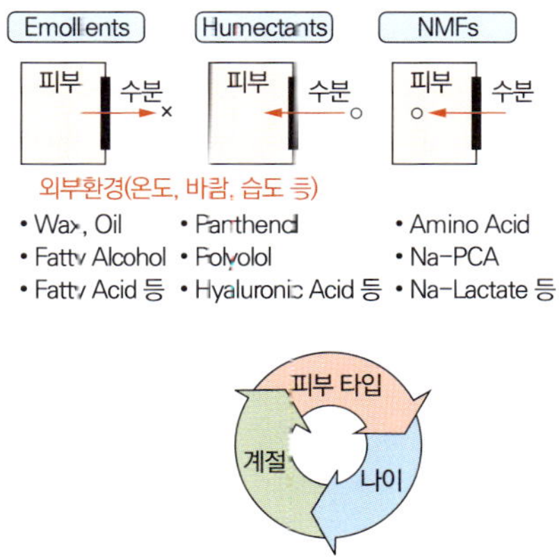

| 기원과 구조에 따른 구분 |

- 천연보습인자
- 다가알코올 타입
- 고분자 보습제(다가알코올에 포함, 소듐하이알루로네이트(sondium hyaluronate)가 대표적)

그림 2-14 보습제의 종류

6) 고분자

(1) 고분자 화합물의 기능

① **피부보습제** : 하이알루로닉애씨드나 콜라겐

② **점증제나 피막제** : 고분자 대부분이 점성을 향상시켜 주는 점증제나 피막제로 사용

③ **안정화제** : 유화 제품에서 안정성을 향상

④ **고분자 계면활성제**

⑤ **사용감 조절** : 제품의 점성 변화로 사용감 조절

표 2-4 주로 고분자 점증제의 구조와 특징

Ingredient	Structure	Characteristic
Carbomer	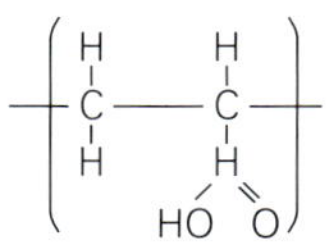	• 소량으로 높은 점성 효과, 투명한 젤 • 안정화제 : 크리밍, Sedimentation 방지 • 때밀림 현상
Xanthan Gum	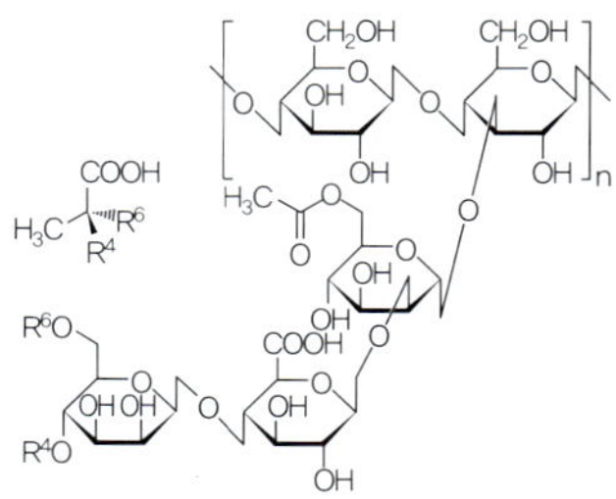	• 미생물로부터 얻은 다당류 수용성 고분자 • 온도에 안정 • 미끌/매끄러운 감촉
Hydroxyethylcellulose	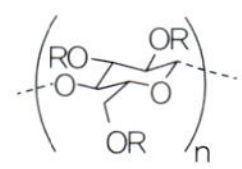 R=H or CH_2CH_2OH	• 셀룰로오스에 에틸기 붙임 • hydrophobic drug와 함께 사용 • 거품의 강도 향상

Ingredient	Structure	Characteristic
Carboxymethylcellulose	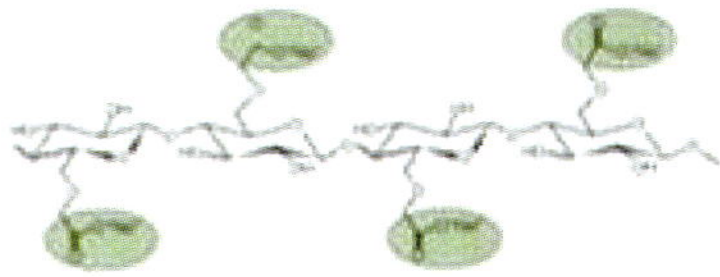	• 셀룰로오소에 수산기를 부분적으로 치환 • 물에 대한 분산성 양호 • 안전성 향상, 디끌거리는 감촉
Magnesium Aluminium silicate(Veegum) Lithium Magnesium Sodium silicate(Laponite)	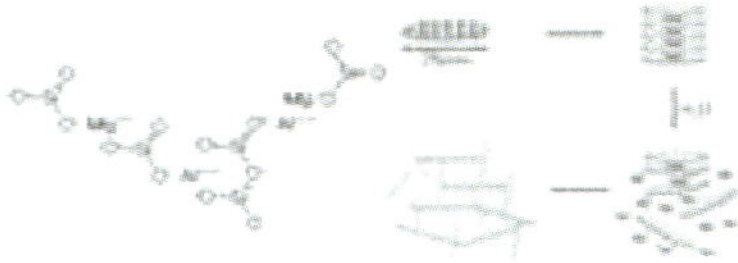	• 무기점증제 • 끈적임 감소, 다량 물 사용 시 겔 구조 꺼짐 • Veegum 분산(불투명), Laponite 분산(투명)

7) 가용화와 유화

기초 화장품 제형의 필수 구분 요소

(1) 유화유형

① 물과 오일 + 계면활성제(유화제)

② 백색 투명한 성상

③ 크림, 로션 등

(2) 현탁유형

① 유화형보다 오일 함량 적음 + 유화제

② 외관은 반투명

③ 현탁 화장수 등

(3) 가용화유형

① 향을 함유한 제형 + 계면활성제

② 투명한 외관

③ 화장수 등

(4) 비유화유형

① 물이나 물에 잘 용해. 분사되는 성분만 사용

② 오일과 오일 용해된 성분만 사용

③ 화장수 또는 오일

가용화와 유화 기초 화장품 제형의 필수 구분 요소

유화유형	현탁유형	가용화유형	비유화유형
• 물과 오일 + 계면활성제 (유화제) • 백색 투명한 성상 • 크림 로션 등	• 유화유형보다 오일함량小 +유화제 • 외관은 반투명 • 현탁 화장수 등	• 향을 함유한 제형 + 계면활성제 • 투명한 외관 • 화장수 등	• 물이나 물에 잘 용해. 분사되는 성분만 사용 • 오일과오일용해된성분만사용 • 화장수 또는 오일

| 화장품 제형에 따른 구분 |

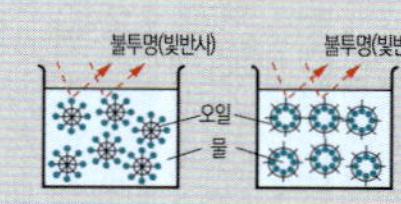

유화형 제품의 모식도

- 유화 : 오일 성분이 계면활성제에 의해 물에 섞이면서 현탁, 빛 통과하지 못함
- 입자 크기 : 1~10㎛
- 로션, 크림 등

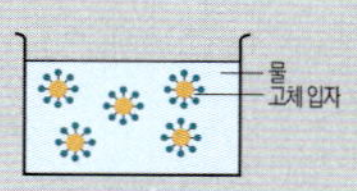

분산형 제품의 모식도

- 분산 : 물 또는 오일에 미세한(고체) 입자가 분산체에 의해 균일하게 혼합
- 잉크
- 현탁스킨, 파운데이션 등

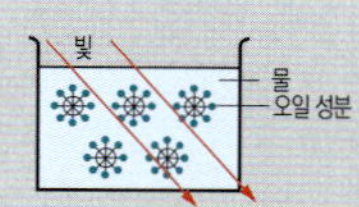

가용화형 제품의 모식도

- 가용화 : 물에 녹기 어려운 오일성분이 가용화제에 의해 투명, 용해
- 미생
- 화장수, 투명젤, 에센스 등

그림 2-15 화장품 제형에 따른 구분

표 2-5 분산상의 집자 크기에 따른 제형 및 특성

<table>
<tr><th rowspan="2">구분</th><th rowspan="2">입자크기</th><th rowspan="2">외관</th><th colspan="2">Tyndall 효과</th><th rowspan="2">열역학</th></tr>
<tr><th>반사광</th><th>투과광</th></tr>
<tr><td>에멀션</td><td>1~10㎛</td><td>유백색</td><td>–</td><td>–</td><td rowspan="2">불안정</td></tr>
<tr><td>나노에멀션</td><td>0.1~1㎛</td><td>청백색</td><td>약청색</td><td>약적색</td></tr>
<tr><td rowspan="2">마이크로에멀션</td><td>50~100nm</td><td>반투명</td><td rowspan="2">청색</td><td rowspan="2">적색</td><td rowspan="3">안정</td></tr>
<tr><td>10–50nm</td><td rowspan="2">투명</td></tr>
<tr><td>가용화용액</td><td>5~10nm</td><td>–</td><td>–</td></tr>
</table>

(5) 유화의 종류

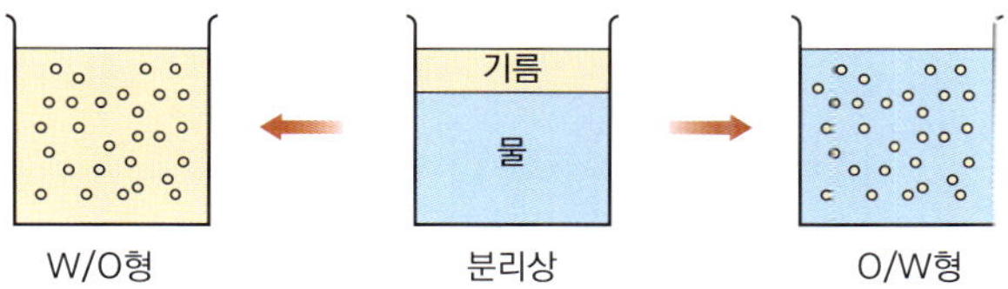

그림 2-16 유화의 종류

① O/W(Oil in Water) : 수상(외상, 연속상)에 기름이 작은 입자로 분산된 것이다.

② W/O(Water in Oil) : 유성에 물(내상, 분산상)이 작은 입자로 분산된 것이다.

③ **유화의 판별** : 희석법 - 물 한 방울을 첨가 → O/W형 희석됨, W/O형 희석 안 된다.

㉠ **전기전도도법** : 물과 기름의 전기저하의 차를 이용 → O/W형 전도성 큼, W/O형 전도성 작다.

㉡ **색소첨가법** : 수용성 염료첨가, O/W형 염료 확산, W/O형 확산이 안 된다.

(6) 유화의 파괴

표 2-6 유화의 파괴

구분	내용
크림화(creaming)	내상과 외상의 밀도 차에 의해 내상 입자들이 위로 떠오르거나 가라앉는 현상
응집(flocculation)	유화 입자들 사이의 반데르발스(Van der Waals) 인력에 의해 서로 달라붙는 현상
합일(coalescence)	인접한 유화 입자들이 서로 합쳐서 하나의 입자를 형성하는 현상
분리(breaking)	유화 입자들이 합일이 계속 진행되어 유상과 수상의 두 층으로 분리되는 현상

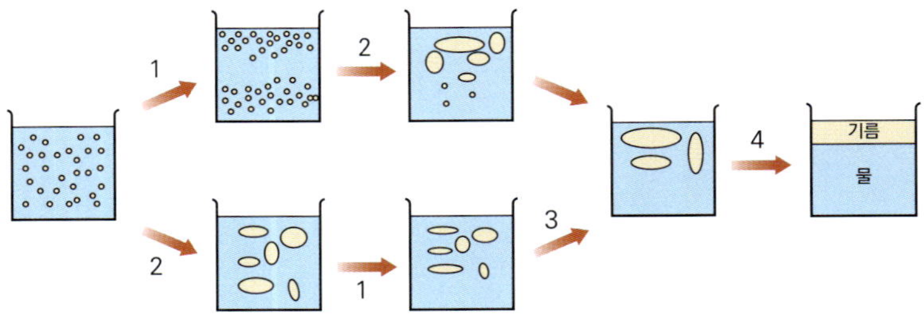

1: 크림화(creamin) 2: 응집(flocculation) 3: 합일(coalescence) 4: 분리(breaking)

그림 2-17 유화의 파괴

8) 가용화

가용화란 어떤 액체에 용해되지 않는 물질에 대해 계면활성제 등을 이용하여 특정의 구조(마이셀, 액정 등)와 같이 열역학적으로 안정화시켜 투명한 상태로 하는 일을 의미한다.

비이온성 및 이온성 계면활성제 가용화제	첨가물에 따른 가용화력의 차이
① 친수기 반발력 작용 : CMC가 낮고 마이셀 크기가 커지므로 가용화력 증가 ② 알킬기 같음 : 이이온성 〉 양이온성 〉 음이온성 계면활성제 순으로 가용화력 양호 ③ 알킬기 커짐 : 가용화력 증가 ④ 측쇄가 많음 : 마이셀 크기가 증가하여 가용화력이 증가 ⑤ 폴리옥시에틸렌(POE) 유형 계면활성제 : POE 몰수에 따른 영향이 있으며, 계면활성제 농도에 따라 여러 마이셀 구조가 가능	① 에탄올이 첨가 : POE형 계면활성제의 가용화력이 증가 ② 폴리올이 첨가 : POE형 계면활성제의 다가 알코올의 상호작용, 마이셀 형상력이 증가 ③ 염이 첨가 : POE의 수소결합을 끊어 물에 대한 용해도 감소, 계면활성제의 CMC 감소로 마이셀 회합수 증가, 양이온(K 〉 Na 〉 Li 〉 Ca 등)에 따라 가용화량 증가 ④ 2종의 용매를 혼합함 : 피가용화물의 용해도 증가

(1) 가용화 방법

가용화제와 피가용화 물질을 미리 혼합한 후, 서서히 수상(유상)을 첨가하여 희석한다.

(2) 가용화제의 선택

① **친수성이 높은 가용화제** : 유성물질을 수상에 첨가

② **친유성이 높은 가용화제** : 수성물질을 유상에 첨가

③ HLB : 15 ~ 18

(3) 피가용화 물질

① 가용화 물질(예 - 최고 1:5 ~ 1:6, 보통 1:2 ~ 1:3)

② 형성된 마이셀이 피가용화 물질을 완전히 포함하는데 충분한 양(이론적 양) → 일반적으로 이론적 양보다 약간 많이 사용한다.

③ 화장수, 향수, 투명 에멀션, 포마드, 립스틱, 네일 에나멜 등에 사용한다.

④ 물 100mL에 용해되는 물질의 양에 따라 가용성, 불용성, 난용성으로 구분된다.

구분	기준
가용성	1g
불용성	0.1~1g
난용성	0.1g 미만

9) 에멀션 유형

물과 오일 같이 서로 섞이지 않는 액체끼리의 분산계를 에멀션 또는 유탁액이라 한다. 에멀션은 백색 불투명하고, 열역학적으로 불안정하다.

(1) 에멀션 제조방법

① O/W 유형

㉠ 유상을 평량하고 온도를 올려 투명하게 용해시킨다.

㉡ 수상을 유상의 온도와 동일하게 성분들을 용해 및 분산시킨다.

㉢ 수상에 유상을 서서히 첨가하면서 혼합하고, 첨가 후 유화장치를 통해 유화한다.

㉣ 내용물(유화물)을 냉각하여 56℃가 되면 활성성분을 첨가하고 2차 유화한다.

㉤ 발포하고, 유화 입자를 관찰한 후 실온으로 냉각한다.

에멀션 유형

물과 오일같이 서로 섞이지 않는
액체끼리의 분산계를 에멀션 또는
윤탁액이라 함
백색 불투명하고, 열역학적으로 불안정

에멀션 제조방법

O/W유형

① 유장을 평량하고 온도를 올려 투명하게 용해시킨다(70~75℃).
② 수장을 유장의 온도와 동일하게 하여 성분들을 용해 및 분산시킨다(70~75℃).
③ 주장에 유장을 서서히 첨가하면서 혼합하고, 첨가 후 유화장치를 통해 유화(homogenization)한다.
④ 내용물(유화물)을 냉각하여 56℃가 되면 활성성분을 첨가하고 2차 유화한다.
⑤ 발포하고, 유화입자를 고나찰한 후 실온으로 냉각한다.

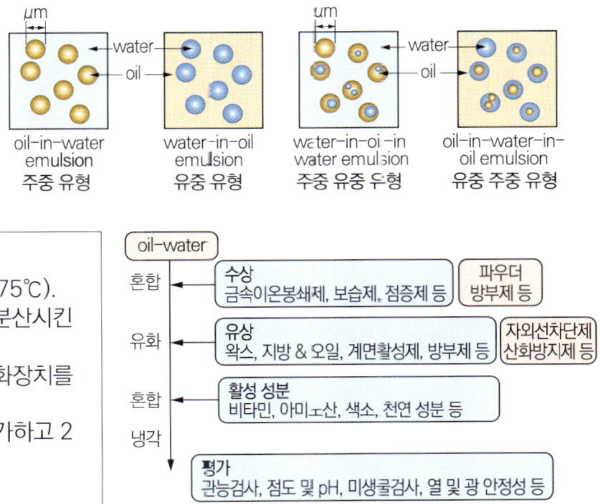

그림 2-18 에멀션 유형

(2) 분산(Dispersion)

① 고체가 액체 중에 현탁된 상태로 액체가 모든 고체 입자를 완전히 습윤시킨 상태
② 습윤력이 응집력보다 클 때
③ 메이크업 화장품 대부분 고체-액체 분산
④ 립스틱, 아이섀도, 네일 에나멜, 아이라이너

(3) 분산방법

① 제조 시 안료, 분산매, 분산제 등을 동시에 혼합
② 분산매를 분산제에 용해 또는 분산시킨 후 안료 첨가
③ 안료를 분산매와 혼합 후 분산제를 첨가
④ 안료 입자 표면에 분산제 코팅, 제조 시 분산매와 혼합

10) 방부제

방부제는 화장품의 주원료인 오일, 물과 미생물의 영양소(탄소원, 질소원) 등은 미생물이 침투할 가능성이 높다.

(1) 살균, 보균제의 필요조건

① 낮은 농도에서 다양한 균에 대해 효과
② 넓은 온도 및 pH 범위에서 안정적
③ 제품의 물리적 성질에 영향을 주지 말아야 하며, 포장재와도 반응이 없어야 한다.
④ 수상(water phase)에서의 충분한 용해도가 있다.
⑤ 세포막을 통과할 수 있는 구조
⑥ 안전성, 배합한도, 경제성, 분해 및 분해산물의 특성이 없다.

표 2-7 미생물 생육 환경

구분	세균(박테리아)	효모	곰팡이
생육온도	25~37℃	25~30℃	20~30℃
좋은 영양소	단백질, 아미노산, 동물성 식품	당질, 식물성 식품	전분, 식물성 식품
생육 pH 영역	약산~약알칼리	산성	산성
공기(산소) 요구성	대부분 호기성	호기성~염기성	호기성
주요 생산물	아민, 암모니아, 산류, 탄산가스	알코올, 산류, 탄산가스	산류
대표적 오염균	황색포도상구균, 대장균, 녹농균	빵효모, 칸디다균	푸른곰팡이, 맥아곰팡이

표 2-8 **화장품의** 미생물 한도

법적기준(한국, 중국)	비고
1,000cfu/g(mL) 이하	물휴지, 세균 및 진균수 각각 100개/g(mL) 이하
500cfu/g(mL) 이하	영유아 제품류 및 눈화장용 제품류(총 호기성 세균수)
불검출	대장균(E. coli), 녹농균(P. aeruginosa), 황색포도상구균(S. aureus)

(2) 방부제

① 세균의 성장을 억제 또는 방지한다.

② **파라벤류** : 피부의 자극이 적다.

③ **방부제가 많은 화장품(O/W 에멀션)** : 화장수, 파운데이션 및 메이크업 색조 화장품

④ **방부제가 적은 화장품(W/O 에멀션)** : 산성 또는 알코올의 비율이 높은 화장수

⑤ 방부제의 역할은 화장품 사용 시 세균 억제

⑥ 미생물의 오염 경로

㉠ 1차 오염 : 제조 과정 및 원료, 제조시설, 설비 용기의 오염

㉡ 2차 오염 : 유통 및 소비과정의 오염, 소비자의 부주의로 감염

그림 2-19 방부체 첨가 이유

(3) 방부제 사용 시 주의 사항

① 독성, 자극성, 광독성, 발암성이 없어야 한다.

② 항균력이 강하고 효과적이고 지속적이어야 한다.

③ 작용범위가 넓어야 한다.

④ 배합성분과 작용하여 변질되지 않아야 한다.

⑤ 배합성분과 작용하여 변질되지 않아야 한다.

⑥ 무색, 무취

⑦ 제품의 성상에 영향을 주지 않아야 한다.

11) 색소류

(1) 화장품 배합 색재

① 유기합성색소

수용성 염료, 유용성 염료, 염료레이크, 레이크 안료

② 천연색소

③ 무기안료

가용성기를 갖지 않으으며, 물이나 기름에 용제에 용해되지 않는 유색분말

(2) 노화 보정 색 배합

① 피부가 노화되면 피부의 색상은 적색에서 점점 황색으로 변한다.

② 명도는 감소한다.

③ 채도는 진해진다.

④ 이를 보정하기 위해 적색을 가해 명도를 높이고 채도를 낮춘다.

⑤ 피부가 핑크톤을 나타내도록 무기안료나 기능성 안료가 배합된 메이크업을 한다.

표 2-9 색소류 종류

유형	성분	특징
Dye	황색4호, 청색1호, 적색201호 등	• 수용성 염료, 유용성 염료 • 용매에 용해
Lake	황색4호, 알루미늄레이크 등	• 염료레이크 : 물에 녹기 쉬운 염료를 황산알루미늄, 황산지르코늄 등으로 물어 불용성으로 하여 알루미나에 흡착시킨 것 • 레이크안료 : 물에 녹기 쉬운 염료를 칼슘 등의 염으로 물에 불용화시킨 것
Natural colorant	β-카로틴, 시코닌 등	• 합성색소에 비해 착색력, 내광성 등 부족 • 원료 가격, 수급, 품질 문제
Extender powder	마이카, 탈크, 카올린, 세리사이트 등	• 점토광물로부터 얻어짐 • 희석제, 발림성 및 부착력 증대
Coloring powder	황산화철, 흑산화철, 산화크롬, 군청, 카본블랙 등	• 유기색소에 비해 안전성 및 안정성 양호 • 발색력
Whitening powder	이산화티탄, 산화아연	• 굴절률 높음, 은폐력 우 • 자외선 차단 효과
Pearl powder	운모티탄, 옥시염화비스무스	• 진주 광택, 금속성 느낌
Synthetic polumer	나일론, 폴리에틸렌, 폴리에틸메타크릴레이트	• 구상 고분자 개발, 미세플라스틱 문제
Functional powder	질화붕소, 합성마이카, 포트크로믹 안료, 복합미립자분체	• 다양한 성분 개발 • 환경에 따른 색상 변하는 색소

(3) 염료와 안료로 구분

염료는 수용성 염료와 유용성 염료로 구분하여 염색에 주로 사용한다. 물과 용제에 녹고 기초 화장품과 모발 화장품에 사용한다. 기초 화장품에 색채효과를 주기 위해 0.1% 미만 사용한다.

안료는 무기 안료과 유기 안료로 구분한다. 종류로는 레이크 – 수용성 염료로 물에 용해되지 않게 한 것과 알루미늄, 마그네슘, 칼슘염 등을 첨가한 안료로 구분한다.

그림 2-20 색상의 종류

① 안료

물과 용제에 녹지 않고 메이크업 화장품에 주로 사용하며, 빛을 반사 및 차단시키고 커버력이 우수하다.

② 화장품에 사용되는 안료

- **착색안료** : 화장품에 색상 부여, 색조조정
- **백색안료** : 높은 굴절률, 커버력 일반적으로 우수
- **체질안료** : 착색 안료의 희석제, 색조 조정
- **진주 광택 안료** : 색상에 진주 광택 부여

(4) 착색 안료

흑색, 적색, 황색의 3가지 기본 색조로 화학 조성 및 결정 구조에 색상이 결정된다. 불순물에 의해 색상이 차이를 보일 수 있으며, 산화철 등이 있다.

(5) 체질 안료

커버력이 약하며, 색조 퍼짐성 조절, 피부에 대한 부착성 조절이 가능하다. 땀 또는 피지의 흡수성과 광택 조절이 크며, 마이카, 탈크 카올린 등이 있다.

(6) 백색 안료

이산화 티탄과 산화 아연 등이 있다. 이산화 티탄은 빛에 대한 굴절률이 높고 빛과 열에 강하며, 백색도 커버력, 착색력이 우수하다.

(7) 산화 아연

산과 염기에 용해되고, 온도에 따라 색 변화와 자외선 산란 작용이 뛰어나며, 표면 친수성, 수렴 작용을 한다.

(8) 진주 광택 안료

갈치 비늘 사용에서 유래되었다. 운모에 이산화티탄을 코팅해 사용하고 빛을 반사, 간섭 등을 통해 광택을 낸다. 두께에 따라 색 조절이 가능하며, 두꺼워질수록 황색, 금색, 청색, 녹색을 발한다.

(9) 미백제

자외선 차단제가 자외선을 차단한 후 미백제는 피부의 멜라닌 생성을 억제하여 생성하지 않게 하여 미백효과를 낸다. 유전자에 따라 피부색이 결정되기에 화장품법 2조에 따라 맞춤형 화장품 형태로 미백화장품이 개발되고 있어 천연물 중심으로 유효성분을 개발하고 있다.

① **알부틴(시세이도에서 특허를 취득)** : 덩쿨월귤나무에서 추출한 알부틴 성분을 활용하며 멜라닌 색소 형성을 억제한다.

② **코직산** : 멜라닌 생성 억제, 색소 침착 저해

③ **아스코르빈산** : 대표적인 멜라닌 억제제

④ **니아신아마이드** : 멜라닌의 각질형성세포 전환 시 초기에 억제한다.

미백제는 식약처의 미백 효과 물질의 부작용 없는 양으로 농도를 정하고 있다.

표 2-10 대표적인 미백효과 물질.

성분명	함량(%)
닥나무 추출물	2 이상
알부틴	2~5
에틸아스코빌에틸	1~2
유용성 감초 추출물	0.05 이상
아스코빌글루코사이드	2 이상
나이아신아마이드	2~5
알파-비사보올	0.5 이상
아스코빌테트라이소팔미테이트	2 이상

COSME-
TOLOGY

04 자외선과 화장품 원료

1) 자외선

자외선은 태양광선의 일종으로 가시광선보다 에너지가 높고, UV-A(320-400nm)는 오존층에 흡수되지 않고 피부에 장기적 손상 일으킨다.

UV-B(280-320nm)는 대부분 오존층에 흡수되며, 피부에서 Vit.D를 활성화시키며, UV-C(100-280nm)는 오존층에 완전 흡수되어 생명체에 해로운 영향을 기치고 자외선을 차단하는 방법에 따라 구분된다.

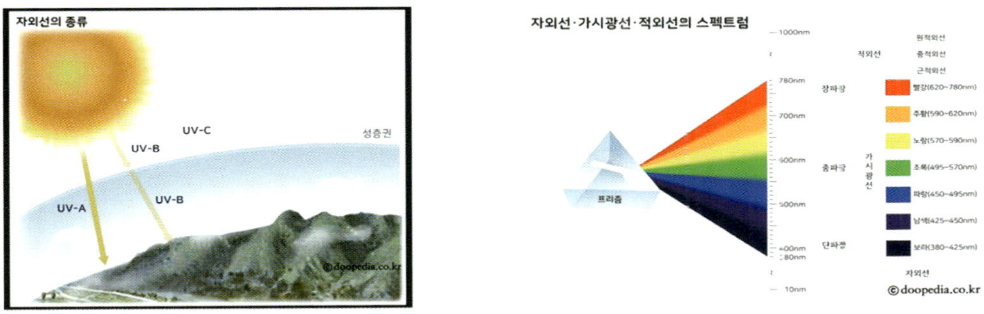

그림 2-21 자외선의 종류

2) 자외선 차단제

(1) 태양광선에 의해서 쉽게 분해되지 않아야 하고, 방수가 되어야 한다.

(2) 산소와 광산화 반응을 일으키지 않아야 하며, 인체 성분과 결합하지 않아야 한다.

(3) 차단 원리에 따라 무기(물리적) 차단제, 유기(화학적) 차단제로 구분된다.

3) 자외선 산란제

(1) 물리적 산란작용을 통해 자외선을 차단하며, 차단효과가 우수해 태양광선을 반사하고 산란시킨다.

(2) 접촉성 피부염과 같은 부작용이 없고, 불투명해야 한다.

(3) FDA(미국의 식약청) 승인 원료 종류

이산화티탄(티타늄 다이옥사이드), 산화아연(징크다이옥사이드) 등이 있으며, 이외에 마이카, 탈크 등이 있다.

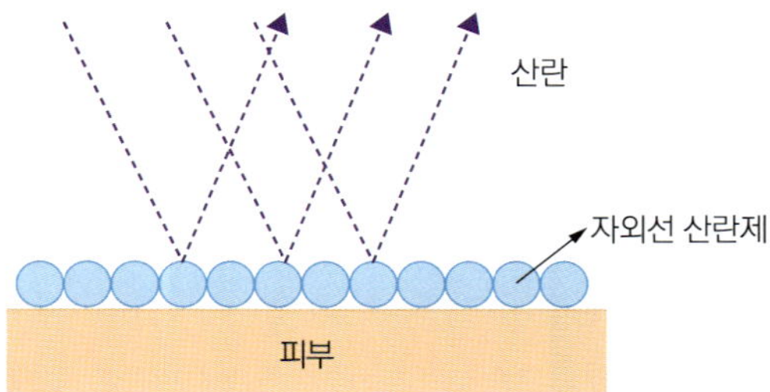

그림 2-22 자외선 산란제 원리

4) 자외선 흡수제

(1) 화학적 작용을 통해 자외선 차단, 자외선 흡수로 소멸시켜 에너지를 열이나 무해한 빛으로 전환하고 피부 침투를 차단한다.

(2) 접촉성 피부염과 같은 부작용이 있으며 투명한 제재이다.

(3) 종류

옥시벤존, 옥티녹산, 아보벤존 등이 있다.

① 메틸아트라닐산염, 벤조페논 : UV-A 차단

② PABA 유도체, 신나메이트 : UV-B 차단

5) 금속이온 봉쇄제(metal ion chelators)

(1) 화장품의 안정성과 효능을 증진시키는 역할을 하며, 화장품에 존재하는 금속이온의 촉매작용으로 산화 촉진하여 제품 색이 변하거나 냄새가 날 수 있다. 이러한 촉매작용을 억제하기 위해 금속이온 봉쇄제를 첨가한다.

(2) 화장품 성분들과 반응하여 제품의 변질이나 효능 감소를 방지하는 역할을 한다.

(3) 종류

킬레이트제(시트르산, 포스포노카복실산 등), EDTA(에틸렌디아민테느라아세트산) 등이 있다.

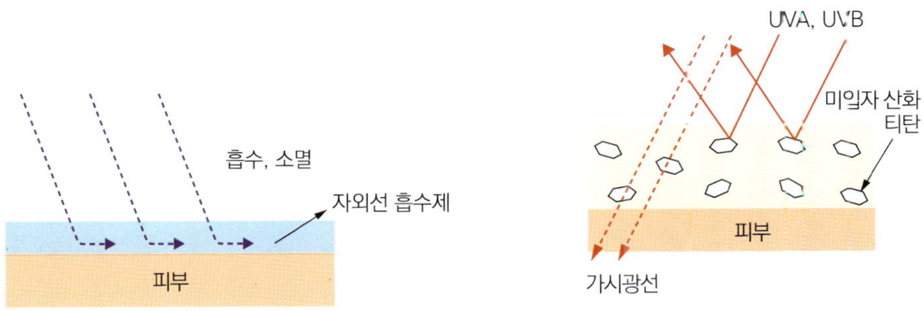

그림 2-23 자외선 흡수제 원리

COSME-
TOLOGY

화장품학

PART 03

병원성 화장품

01 병원에서 사용되는 약물 치료

02 코스메슈티컬 이해

03 줄기세포 유래 화장품 이해

COSME-
TOLOGY

01 병원에서 사용되는 약물 치료

1) 노화피부에 사용되는 약물

노화는 질병과 무관하게 나이가 들어 생리적 기능이 저하되는 과정이지만 피부 노화는 외모적 자신감 결여와 심리적으로도 심한 스트레스로 영향을 미치게 된다.

(1) 태반주사(Placenta therapy)

각종 성장인자 및 아미노산, 펩타이드 등이 들어있는 태반을 원료로 한 약물 및 제품들이 노화방지에 효과가 있다고 알려져 노화피부뿐만 아니라 피부과 영역에 광범위하게 사용되고 있는 실정이다.

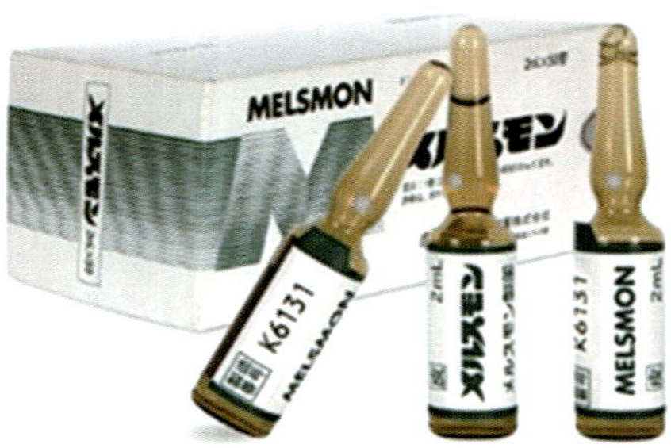

알려져 있는 태반주사의 효능
많은 질병의 원인인 활성산소를 막아주어 노화를 억제, 통증완화, 신진대사의 촉진으로 인한 피부 색소침착개선, 섬유아세포를 증대시켜 피부 탄력 증대, 피부 보습 작용, 간기능 활성화

그림 3-1 메르스믄주(일본)

(2) 성장호르몬(Growth hormon)

신체 성장 저하의 치료로 사용되어 왔던 성장호르몬이 최근 들어 항노화 요법으로 각광 받고 있다.

체내 성장호르몬은 20대 이후부터 매 10년마다 14.4%씩 급격하게 감소하고, 이에 따른 피부 탄력 저하, 체지방 증가, 골밀도 감소 등이 나타나게 되는데, 적정 농도의 성장호르몬을 투여하게 되면 이러한 노화작용을 막을 수 있어서 치료효과를 나타내고 있다.

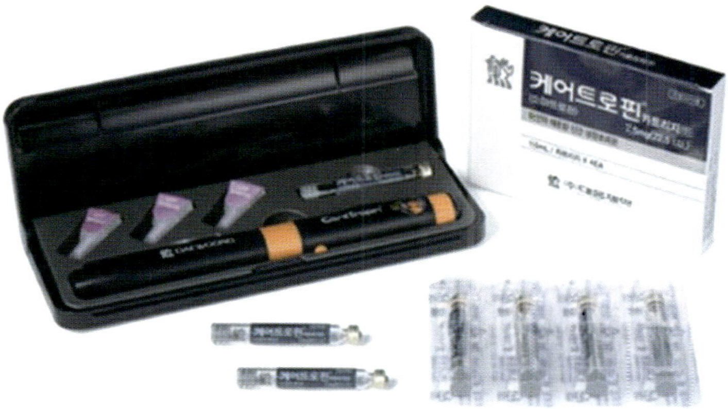

그림 3-2 성장호르몬 자가 주사

(3) 마늘주사(Fursultamine HCL)

활성 비타민 B1 주사제로서 근육 내 피로를 유발하는 젖산 축적을 막고 유산을 분해시키는 작용으로 만성피로, 근력 저하 등에 효과가 있다. 주사를 맞을 때 입에서 마늘냄새가 난다 하여 마늘주사라고 칭하며 혈관통이 있는 단점이 있다.

(4) 백옥주사(글루타치온)

백옥주사는 글루타치온이라고 하는 성분의 강한 항산화제로 미국 연예인이 피부톤 개선에 효과가 있다고 해서 가수이름이 붙여지기도 하였다. 멜라닌 색소 활성을 억제하여 미백에 도움을 줄 뿐만 아니라 중금속 해독, 간 해독에도 효과적이며, 강력한 항산화 작용으로 노화방지와 면역력 강화에 도움이 된다고 알려져 있다.

(5) 신데렐라 주사(리포아란 주사)

신데렐라 주사는 알파 리포산이라고 하는 강한 항산화제로 비타민 C, E의 400배 정도에 달하는 항산화력을 가진 성분으로 알려져 있다. 알파 리포산은 체내 활성산소의 증가를 억제하여 인체 노화, 특히 피부 노화를 방지해 주는 효과가 있으며, 에너지 생산을 촉진하여 체지방 감소에 도움을 준다고 한다.

(6) 기타

최근 들어 항노화에 대한 관심이 높아져서 고농도 비타민 C 주사, 감초 주사 등 다양한 약물들이 나오고 있으며, 노화방지 클리닉에서 패키지화하여 이용되고 있다.

2) 아토피 피부

(1) 항히스타민제

가려움증을 조절하기 위해 사용된다. 최근엔 2세대 항히스타민제인 레보세티리진(levocetirizine), 로라타딘(loratadine), 에바스틴(ebastine) 등이 많이 사용되고 있다.

항히스타민의 부작용으로는 졸음과 어지러움, 식욕감퇴, 식욕부진, 오심, 구토, 변비, 설사, 구강건조, 호흡억제, 기침, 심계항진, 저혈압, 빈뇨, 배뇨곤란, 발한, 시야혼탁 등이 있다.

(2) 스테로이드

경구제, 외용제 등이 광범위하게 사용되고 있으나, 항상 부작용을 염두에 두고 적정 용량으로 치료해야 한다. 스테로이드의 명칭은 소론도정, 피디정, 메칠 프레드니솔론 등 다양한 제품이 출시되어 있다.

(3) 항생제와 항균제

아토피성 피부염은 그 자체보다 가려워서 긁어 생기는 상처로 인한 2차성 세균 감염이 더 문제가 되고 있다. 아토피의 치료에는 적절한 항생 물질의 사용이 필수적인데, 이는 아토피 환자의 90% 이상이 황색포도상구균의 감염 가능성 때문이다.

(4) 면역억제제

아토피 피부염의 원인인 항원에 대한 면역 반응을 억제하는 작용으로 사이클로 스포린 A와 같은 면역억제제가 사용되고 있다. 장기간 사용 시 부작용이 있어 일부 환자들에게만 선택적으로 사용되고 있다.

(5) 기타

얼굴이나 특히 예민하면서 반복되는 아토피 치료 시 스테로이드 대신 국소 칼시뉴린 길항제(프로토픽, 엘리델)를 사용하기도 하며, 달맞이꽃 종자유에 들어있는 성분으로 감마리놀레닉산 등도 사용되고 있다.

3) 비만관리

(1) 경구 약물요법

최근 비만 치료에 있어서 약물요법은 전 세계적으로 보편화되고 있는 추세로 약물요법은 체질량 지수가 30kg/m²이거나 25kg/m²이면서 합병증이 있는 경우 3~6개월 정도 사용이 가능하다.

① 식욕억제제

㉠ 펜디메트라진(Phendimetrazineine)

㉡ 펜터민(Phentermine)

㉢ 디에틸프로피온(Diethylpropion)

㉣ 푸로작, SSRI(Selective Serotin Reuptake inhibitor)

② 흡수억제제

식욕억제제가 중추적으로 작용하여 체중감소의 효과를 나타낸다면 흡수억제제는 말초적으로 소화, 흡수를 억제하여 체중을 감소시킨다.

③ 약물치료의 일반적인 원칙

비만 치료에 있어서 약물요법이 식사요법이나 운동을 대신할 수 없으며 병용치료의 개념으로 이해해야 한다. 약물치료 시 환자로 하여금 환상적인 치료법으로 생각하지 않도록 해야 하며, 비만도 고혈압, 당뇨, 고지혈증, 골다공증과 같이 만성 퇴행성 질환으로 인식하도록 해야 한다.

(2) 주사약물요법

① PPC(Phosphatidylcholine)주사

PPC는 콩 추출물 성분인 인지질로 만든 약품으로 최근 연예인들이 맞는 지방분해 주사로 알려지면서 각광받고 있는 약물이다.

원래는 콜레스테롤과 중성지방의 대사에 관여하여 간성혼수 보조제로 사용되고 있는 약물이나, 1990년대 브라질의 한 의사의 연구발표 결과 PPC가 눈 및 지방을 분해하는 기능이 있음을 발표한 후 널리 알려졌고, 눈 뿐만 아니라 복부, 허벅지, 팔뚝, 이중턱 등의 다양한 부위에 널리 사용되고 있는 약물이다.

그림 3-3 리포빈

② 저장성 지방 용해술 : HPL용액

HPL(Hypotonic Pharmacologic Lipodissolution)용액은 6종의 혈관수축 약물과 7종의 저장성 지방 용해 약물로 이루어져 있다. 시술은 HPL용액을 피하지방으로 넓게 주사한 후 일정 시간 후에 초음파나 레이저 등을 조사하여 지방의 용해를 촉진 시키고, 이렇게 용해되고 파괴된 지방세포는 임파계를 통해 체내로 흡수되어 콩팥을 거쳐 소변으로 배설된다. 최근에는 삼투압지방 용해술이라고도 부르고 있다.

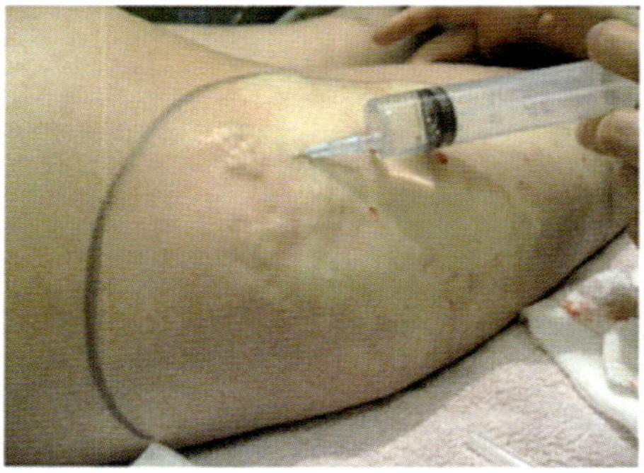

그림 3-4 HPL 주사 시술

③ LLD(Lipolytic lymph drainage)주사

LLD주사는 지방을 녹여 림프액의 흐름을 원활하게 하는 주사를 말한다. LLD에 사용하는 약물은 Hyaluronidase이며 이는 단순분해효소의 한 종류로서 림프부종을 완화시켜 순환을 증대시키는 원리이다.

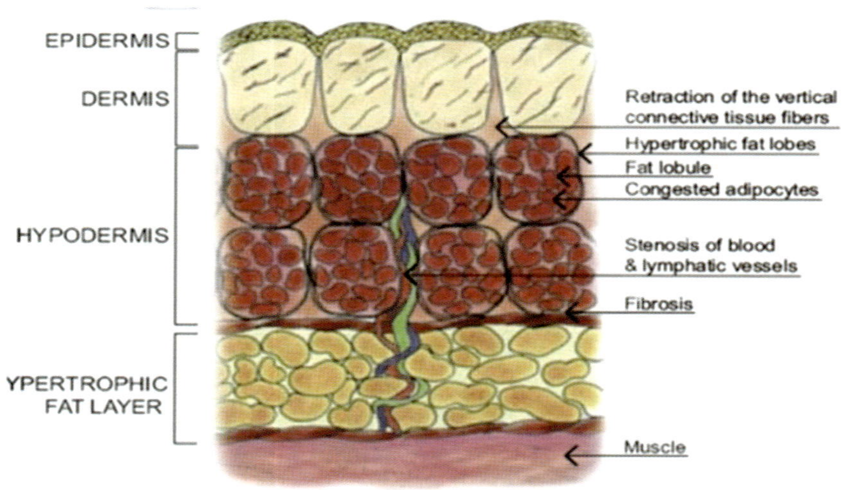

그림 3-5 셀룰라이트 형태

4) 탈모관리

(1) 피나스테라이드(Finasteride)

원래 전립선 비대증약으로 개발된 약으로 탈모를 유발하는 디하이드로테스토스테론(DHT)의 생성에 관여하는 효소인 TypeII 5-알파 환원효소의 활동을 억제하여 탈모를 예방하고 모발성장을 증진하는 작용을 한다.

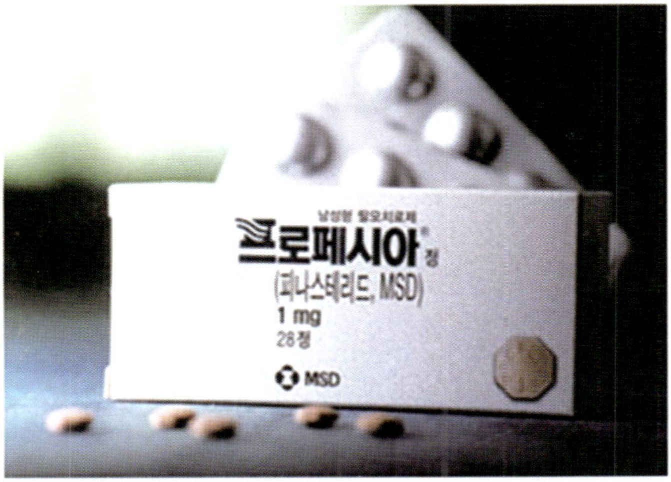

그림 3-6 프로페시아

(2) 미녹시딜(Minoxidil)

미녹시딜은 원래 고혈압 치료제로 개발되었으나 이 약제를 복용한 환자들에게서 다모증이 나타나는 것을 보고 착안해 탈모치료제로 사용되기 시작하였다.

모발성장을 촉진시키는 기전은 아직 명확히 밝혀지지 않았으나 모낭 내 혈관의 혈액순환을 증가시켜서 이에 따른 모발 성장을 촉진시키는 원리로 추측하고 있다.

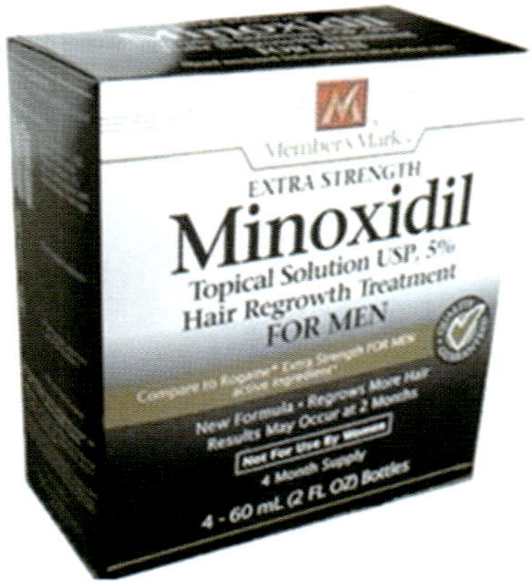

그림 3-7 미녹시딜

(3) 트리암시놀론(Triamcinolone) 주사요법

스트레스가 주요 원인이 되어 발생하는 원형탈모에 주로 사용되는 약물이다. 저농도로 희석된 약물을 병변에 고루 주사하여 치료한다.

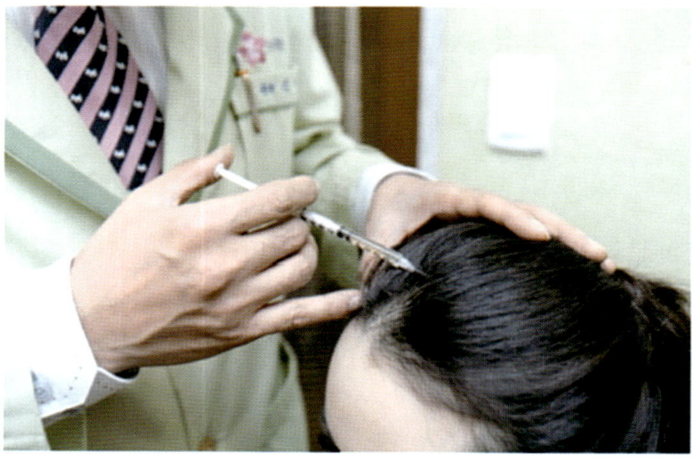

그림 3-8 트리암시놀론 주사

(4) 판토가

여성형 탈모에 사용할 수 있는 거의 유일한 경구약물로서 약용효모, 아미노산, 단백질, 케라틴, 비타민 B 복합제가 주성분으로 모발의 성장과 건강, 탄력에 필요한 영양분을 공급하여 탈모를 감소시킨다.

(5) 엘크라넬 알파액

주성분은 알파트라디올로 5-알파환원요소를 억제하여 탈모예방을 하는 효과이고 최근에 개발된 약으로 두피에 바르는 외용제이다.

(6) 라티쎄

비마토프로스트가 주성분인 제품으로 속눈썹을 자라게 하는 효과가 있어 최근 들어 사용하고 있다.

(7) 지루성 탈모의 치료

지루성 피부염의 치료로 사용되는 약물로는 아연피리티온, 셀레늄설파이드, 하이드록시피리돈 혹은 항진균제인 케토코나졸 성분의 약용샴푸로 1주일에 2~3회씩 머리를 감고 국소스테로이드제를 환부에 도포하고 있다.

COSME-
TOLOGY

02 코스메슈티컬(csomeceutical) 이해

코스메슈티컬은 화장품(Cosmetics)과 의약품(Pharmaceutical)을 합성한 용어이다. 일반 화장품과 달리 효과와 효능이 강조되어 치료 목적으로 쓰이는 기능성 화장품을 일컫는다. 최근에는 병원전용 화장품, 기능성 화장품 등의 새로운 용어들이 등장했고, 많은 제품들이 코스메슈티컬을 표방하면서 지금은 그 의미가 많이 혼동되어 사용되고 있다.

1) 코스메슈티컬의 발전

의학의 발전으로 새로운 피부질환 치료법이 계속 등장함에 따라 이에 발맞추어 계속 발전해 왔다. 초기에는 주로 식물추출물이 주를 이루었으나, 생명공학 등의 발전으로 다양한 성분 등이 출시되고 있다.

2) 문제성 피부관리용 코스메슈티컬 제품과 성분

(1) 여드름관리 제품

① 티트리오일
② 살리실산
③ 알파히드록시산(AHA)
④ 감초 추출물(Glycyrrhizic acid)

⑤ 유니트리에놀

⑥ 폴리페놀

⑦ 센텔라아시아티카

그림 3-9 코스메슈티컬 화장품

(2) 미백관리 제품

① 알부틴(Albutin) : 멜라닌 생성을 억제하는 생리적 활성으로 미백 효과에 활용된다.

② 코직산(Kozic acid) : 자연화합물로 미백 효과로 활용된다.

③ 닥나무추출물(Mulberry extract) : 뿌리에서 주로 노화억제 성분과 미백 효과로 활용된다.

④ 비타민 C(Ascorbic acid) : 아스코빈산이 전구체로도 활용되며 항산화, 미백효과에 활용된다.

(3) 노화 관련 제품

① **레티놀(Retinol)** : Vit.A 전구체로 안구건조 등의 노화를 예방한다.

② **아데노신(Adenosine)** : 인산결합체로 체내 산화나 해당으로 에너지를 생성한다.

③ **아세틸헥사펩타이드-8 (Acetyl Hexapeptide 또는 Argireline)** : 피부 보습, 주름 방지 등에 효과적이다.

④ **성장인자(Growth factor)** : 세포분열, 생장 및 분화를 촉진하는 폴리펩티드의 총칭으로 EGF 등이 활용된다.

(4) 아토피관리 제품

① **세라마이드** : 스핑고지질의 종류로서 민감성 피부와 노화에 효과가 있다.

② **피토스핑고신** : 식물에서 추출하여 피부 진정 효과에 좋다.

③ **상황버섯추출물** : 베타글루칸의 주성분이 염증성 치료와 진정 효과에 좋다.

COSME-
TOLOGY

03 줄기세포 유래 화장품 이해

실제 일반화장품을 기반으로 기능성 성분이 1% 미만 첨가된 것이 일반적이었으나, 최근 기능성 성분 원액이 함유된 코스메슈티컬의 출시 증가로 기능성 화장품, 유기농 및 한방화장품 등의 유사한 용어로 시장에서 출시되고 있으며, 매년 성장하고 있는 산업이다. 제약회사 및 생명과학 관련 연구소 등에서 동물과 식물 줄기세포 유래 화장품을 만들고 있다.

동물 줄기세포 배양액 조성물은 조직세포를 배양하는 과정에 배지 영양분과 성장인자 등을 분비하는 성분을 분리하여 동물세포 조성물을 활용하는데, 배양과정에서 바이러스 등의 오염 및 유전자 변이, 공여자의 적격성검사 등 제조 과정에서의 관리 감독된 물질을 활용하고자 산업 전반에서 노력중이다.

식물 줄기세포 배양액 조성물은 동물세포유조성물보다는 안정하지만 자체의 추출물과 배양 시에 들어가는 성장촉진 호르몬의 농약성분 등이 분류되어 인체에도 유해한 것으로 알려져 있어 2차 대사물질들이 배양 시 적게 합성되기에 효과성에 대해 논란이 많다.

1) 줄기세포 화장품의 효능

피부세포를 증식시키고 콜라겐, 엘라스틴을 합성하는 상피세포성장인자(EGF) 같은 성장 성분이 포함되어 있으며, 이러한 성분이 함유된 화장품은 피부노화를 억제하며 검버섯이나 주근깨의 원인이 되는 멜라닌 생성을 억제하여 미백효과 등을 보이는 것으로 알려져 활용되고 있다.

배양액 성분을 활용하는 방향이 재조합 성분 유래 조성물보다는 모든 면에서 효능이 좋지만 생산에 어려움이 있어 경제성이 부족하다.

현재 유통되는 줄기세포 화장품은 식약처 기준에 따라 개별인증 등을 통하여 추출물을 원료로 하고 있으며, 주로 사람의 피부 지방세포, 제대혈 및 태반 등의 줄기세포를 배양하여 얻은 배양액이나 진득찰, 용과, 에델바이스 및 인삼 등 약용 또는 식용식물 캘러스 배양 추출물 등을 사용하여 기초화장품의 에멀션, 에센스, 크림 등의 제형 제품으로 고가의 제품으로 출시되고 있다.

최근 바이오 화장품이라는 명칭으로 바이오 공학기술이나 성분이 함유된 화장품이 부상하고 있으나 화장품 영역이 아니니 의학적 분야에서도 각종 장기의 노화를 억제하거나 치료하는 등의 개척되고 있는 분야에 속하기에 안정성에 대한 가이드가 필요한 분야이다.

2) 줄기세포 화장품의 안정성 규제

화장품 안전기준 등에 관한 규정 [별표 3]에 따라 인체 세포·조직 배양액의 관리 감독을 식품의약품안전처에서 고시한 안전기준에 적합한 경우에만 사용할 수 있게 하고 있다.

인체 유래 세포 배양액이 들어있는 화장품의 책임판매업체는 ①공여자의 적격성 검사자료, ② 인체 세포의 채취·검사기록서와 배양기록서, ③ 독성시험자료 등 안전기준에서 정한 모든 기록, 성적서 등을 완제품 제조일로부터 3년까지 보존해야 한다.

최근 과대광고의 종류는 ① 줄기세포 배양액이 아닌 줄기세포가 들어 있는 것으로 오인할 수 있는 광고(예, 줄기세포 화장품, Stem cell, 00억 세포 등)와 ② 다른 기능성 성분으로 인한 효과(주름 개선, 미백 등)를 줄기세포 배양액 성분의 효과처럼 보이는 광고 등이 있다.

화장품제조와 책임판매업자 등은 안전성평가 등의 기준을 지켜 제조하도록 산업 전반에서 규제하여 품질관리를 진행하고 있다.

COSME-
TOLOGY

화장품학

PART 04

전신 화장품

01 전신용 화장품

02 핸드 및 방취 화장품

03 네일 화장품

04 향수

COSME-
TOLOGY

01 전신용 화장품

사용 면적이 가장 넓은 화장품으로 신체 부위에 따라 차이가 있으므로 사용 부위에 따라 기능이 명확히 구분된다.

사용 부위에 따라 전신·손·발·팔꿈치·무릎·다리·땀샘 등에 사용한다. 전신의 노폐물과 오염물 제거 목적의 세정 및 목욕용 제품 전신을 가꾸는 목적의 트리트먼트 제품, 몸의 냄새 제거 목적의 방향 제품, 자외선으로부터 보호 목적의 선케어 제품 등이 있다.

표 4-1 전신관리 화장품의 사용 목적에 따른 분류

사용 부위	목적
전신	세정, 트리트먼트, 향기, 선케어
손	트리트먼트
발	탈색, 제모
팔꿈치 및 무릎	유연
다리	부종 방지
땀샘	방취 및 제한

표 4-2 전신관리 화장품의 종류

사용 부위	종류
전신	비누, 바디샴푸, 로션, 향수, 선크림
손	로션, 크림
발	탈색, 제모크림, 탈모, 저모무스
팔꿈치 및 무릎	각질 연화 로션 및 크림
다리	레그 후레쉬 크림
땀샘	데오드란트 로션, 스프레이, 파우더, 스틱

1) 전신 세정용

바디샴푸, 바블베스, 바스오일, 바디크림 등이 있으며, 화장품법 제10조(화장품의 기재 사항)에 따라 기재·표시하여야 하는 모든 성분을 예시하여야 한다.

사용기한 또는 개봉 후 사용기간	주문일로부터 730일 이상 남은 제품으로 배송됩니다.
사용방법	상품 상세설명 참조
사용할 때 주의사항	상품 상세설명 참조
소비자상담 관련 전화번호	해당사항 없음
기능성 기능성 화장품의 경우 화장품법에 따른 식품의약품안전처 심사 필 유무	상품 상세설명 참조
용량 또는 중량	2.8fluid_ounces
제조국	상품 상세설명 참조
제품 주요 사양 (피부타입, 색상(호, 번) 등)	상품 상세설명 참조
화장품법에 따라 기재·표시하여야 하는 모든 성분	ACTIVE INGREDIENTS: Aluminum Chlorohydrate (22%) INACTIVE INGREDIENTS: Elaeis guineensis (Palm) kernel oil, stearyl alcohol, dicaprylyl ether, hydrogenated soybean oil, hydrogenated castor oil, natural fragrance, Olea europaea (Olive) leaf extract, charcoal powder, maltodextrin.
품질보증기준	관련 법 및 소비자 분쟁 해결기준에 따름
화장품제조업자 및 화장품책임판매업자	AmazonUs/TOAH7

본 내용은 공정거래위원회 '상품정보제공고시'에 따라 판매자가 직접 등록한 것으로 해당 정보에 대한 책임은 판매자에게 있습니다.

상품명

Tom's of Maine 남성용 천연 차콜 땀 억제 데오도란트, 79.4g(2.5온스). 3팩
Tom's of Maine Natural Charcoal Antiperspirant Deodorant for Men, 2.8 oz. 3-Pack

상품 주요 정보

- 제품 구성: Tom's of Maine 차콜 땀 억제 데오도란트 79.4g 스틱 3개
- 48시간 보호: 습기와 냄새 모두로부터 48시간 동안 보호합니다
- 지속 가능한 공급된 알루미늄: 재활용 알루미늄과 버진 알루미늄으로 만들어졌으며 석유 화학 물질이 없습니다
- 활성화된 숯: 무자극적인 포뮬러로 하루 종일 건조하고 신선하게 유지합니다
- 천연 및 반응성: 인공 향료나 방부제가 포함되어 있지 않으며 동물 실험을 하지 않았습니다

상세설명

48시간의 냄새 및 습기 방지 기능으로 열심히 사용할 수 있는 땀 억제제를 선택하세요. 친환경 Tom's of Maine 남성용 숯 땀 억제제는 활성탄과 지속 가능한 공급된 알루미늄*으로 만들어져 탄소 배출량이 적습니다. 또한, 이 땀 억제 데오드란트 스틱은 자극이 없으며 석유 화학 물질과 인공 향이 없습니다. Tom's of Maine 데오드란트를 주문하고 다른 천연 개인 케어 제품을 사용해보세요. Tom's of Maine 제품은 자연스럽고 지속 가능하며 책임감 있는 관리 기준을 충족하는 성분만을 사용하여 가족이 더 자연스럽게 살 수 있도록 도와줍니다. Tom's of Maine은 공인 B 기업이며 최고 수준의 사회적 및 환경 성과와 공공 투명성을 충족합니다. 이 회사는 아이들의 건강, 교육 및 환경에 전념하는 자선 단체에 수익의 10%를 기부합니다. Tom's of Maine을 지원해 주셔서 감사합니다. *재활용 알루미늄과 버진 알루미늄으로 제작되었습니다.

그림 **4-1** Toms of marine 남성용 천연차콜 땀 억제제(2.5온스)

2) 바디 샴푸 특성

얼굴을 제외한 전신 세정 목적으로 사용 면적이 넓다. 거품 생성력이 우수하고 거품이 매끄럽고 오래 지속된다.

전신 피부 생리에 적합한 세정력(수분 증발로 인한 땀, 염분이나 요소 잔류)과 피부 자극이 있다.

(1) 얼굴에 비해 피지량이 적음

(2) 아포크린선(체취의 원인)이 많이 분포

Catherine Malandrino style de Paris Fragrance: Shower Gel, 6.8 fl.oz

Top Notes Ruby Red grapefruit, Nashi Pear,. Orange Blossom and gardenia

Middle Notes violet and Ocean breeze

Base Notes Base Layer of Patchouti

그림 4-2 향기에 따른 샤워젤 종류

3) 거품 세정제

(1) 음이온성 계면활성제(기포제)

거품 생성력, 지속력 우수, 거품의 매끄러움 우수, 피부에 대한 자극이 적다. 비이온성 또는 양쪽성 계면활성제 : 거품의 생성력, 성질 개선, 자극 완화, 사용감 조절 효과가 있다.

4) 안정화제 첨가

(1) 유동성 유지 → 다가 알코올

(2) 현탁 현상 방지 → 다가 알코올

(3) 미생물 번식 방지 → 파라벤

(4) 산화 방지 → 산화방지제

5) 바디 샴푸의 분류

(1) 투명 타입 및 불투명 타입

(2) 성분에 따른 분류

① 알칼리성 타입 → 액체 비누

② 약산성 타입 → 합성 계면활성제 함유

③ 중성 타입 → 액체 비누 + 합성 계면활성제

그림 4-3

6) 목욕용 화장품

'버블 바스(bath)'라고도 한다(리퀴드, 젤, 분말). 목욕물에 첨가하여 사용하며 피부 청결을 통한 미용 효과가 있다. 유효성분 또는 약제 첨가, 색과 냄새 부여, 심리적·생리적 효과를 부여하고 있다.

(1) **심리적 효과** : 마음 진정, 기분 상쾌

(2) **생리적 효과** : 혈액순환 촉진, 피로회복

7) 바스 오일

건조해지는 피부를 윤활시켜 주고 피부의 수분 손실 막기 위해 사용한다.

버블베스

바디오일

그림 **4-4** 바스 오일

COSME-
TOLOGY

02 핸드 및 방취 화장품

핸드 화장품은 손의 세정 및 트리트먼트로 비누, 핸드크림, 네일 케어 제품 등이 있다.

손 건조에 의한 거칠어짐 방지, 물에 의한 거칠어짐 방지, 손의 미백 및 자외선 차단을 위해 사용한다.

(1) 크림타입 → 보습효과

(2) 발수성 타입 → 물이 스며드는 현상 방지

세정력, 컨디셔닝 효과, 방취 효과 신체와 욕실 향기와 감각기관 자극하며, 신체를 이완하고 풍부한 거품형성, 점막에 자극이 없어야 한다.

그림 4-5 핸드 화장품

1) 방취용 화장품의 종류

(1) 데오드란트 로션 → 에탄올 다량 함유 → 청량감 부여 → 땀 억제 기능 우수

(2) 데오드란트 파우더 → 분말 혼합 → 압축 성형

(3) 데오드란트 스프레이 → 화장수형 → 로션과 같은 사용성

(4) 분말형 → 산뜻한 사용성

(5) 데오드란트 스틱 → 유성성분에 땀 억제제 또는 항균 성분 첨가 → 부착력이 우수, 방취 효과 지속력 우수

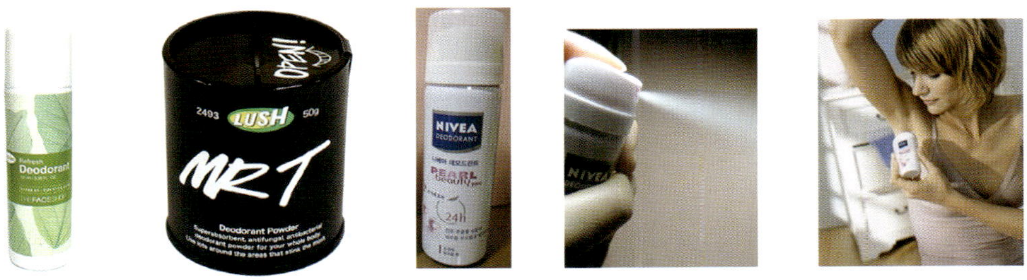

그림 4-6 방취 화장품의 종류

COSME-
TOLOGY

03 네일 화장품

1) 네일 화장품 분류

네일 에나멜, 에나멜 리무버 네일 트리트먼트 기타 네일 화장품이다.

2) 기능

손톱을 보호하고 아름답게 한다. 모발과 같이 표피 세포가 변한 것, 케라틴이 주성분이 단백질이며, 한 달에 3mm 정도 자라기에 수분의 양과 케라틴의 조성에 따라 강도가 결정되며 어린이 손톱은 유연하고 탄력적이다.

표 4-3 네일 화장품의 특징

종류	특징
네일 에나멜	손톱에 색채와 광택 부여
네일 트리트먼트	손톱에 유분 공급 및 보습 효과
큐티클 리무버	손톤의 큐티클 정리
네일 가드	손톱 보강, 손톱의 갈라짐 방지
네일 폴리시	손톱 표면에 광택 부여
네일 블리취	손톱에 미백 효과 부여

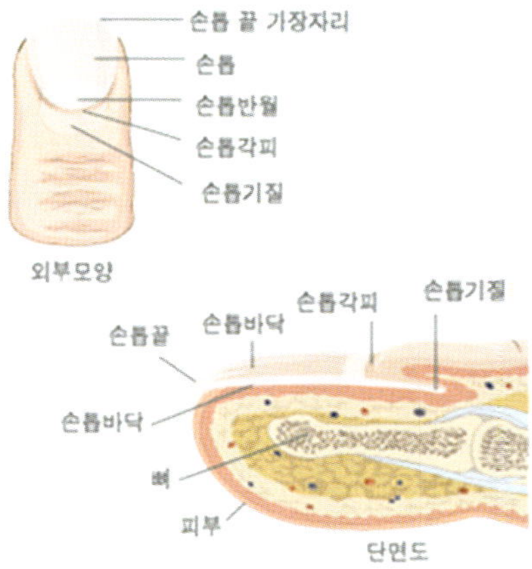

그림 4-7 손톱의 구조

3) 네일 손질 목적 및 사용 화장품 종류

표 4-4 네일 목적 및 사용 화장품 종류

구분	목적	사용 화장품
손질	손톱 및 손가락 끝 손질	네일 케어 제품
밑칠	손톱의 굴곡을 없애 접착성을 좋게 함	버 이스 코트
착색	손톱에 색상 부여	너 일 에나멜
겉칠	손톱에 광택 및 내구성을 부여	탑 코트
건조	건조 촉진 및 피막 형성	네일 드라이어
지움	피막 제거	에나멜 리무버

(1) 네일 에나멜 화장품

조성적으로 니트로셀룰로우스, 락카, 메니큐어, 네일 락카, 네일 칼라 등으로 불린다. 도포 후 용제가 휘발하고 얇은 피막이 형성되어 피막에 의해 광택과 색채를 부여하여 물리·화학적 유해 환경으로부터 보호한다.

(2) 네일 에나멜 화장품의 구비 조건

① 적당한 점도가 있을 것, 신속한 건조와 균일한 막 형성, 건조된 막에 현탁 또는 핀홀이 없을 것

② 안료가 균일하게 분산될 것, 일정한 색조와 광택을 유지할 것, 지속성이 우수할 것

③ 리무버로 쉽게 제거될 것, 파손 또는 독성이 없을 것

(3) 네일 에나멜 리무버 화장품

에나멜 제거액 또는 제광액, 형성된 피막 제거, 크림상 또는 액상, 니트로셀룰로스와 합성수지 혼합물이다. 초산에틸과 초산부틸의 에스테르, 아세톤 탈지 작용으로 유지와 수분을 공급한다.

(4) 네일 에나멜 리무버의 화장품 구비 조건

용해 능력 우수하고, 휘발성이 우수하며, 냄새 적고, 피부에 대한 자극이 적다.

그림 4-8 네일 에나멜 화장품

(5) 네일 트리트먼트 종류

손톱 및 주위 피부 손상으로 보호하며, 유액형, 크림형, 오일형, 젤형으로 네일 에나멜과 수분을 완전히 제거 후 사용한다.

주성분은 액체 파라핀, 바세린, 프로필렌글리콜, 라놀린이며, 기타 성분으로는 정제수, 방부제, 향료 등이 포함된다.

(6) 기타 네일 화장품 종류

큐티클 리무버, 네일 가드, 네일 폴리쉬, 네일 블리치 등이 있다.

(7) 큐티클 리무버 화장품

손톱 윤곽을 에워싸고 있는 조상피를 정리한다. 조상피를 연하게 하여 제거한다. 손톱 표면의 오염물을 제거(조상피 : 표피 각질층이 조반월의 일부를 감싸고 있는 것으로 알칼리제에 의해 연해짐)한다.

(8) 네일 가드

네일 에나멜 밑에 바르는 베이스 코트, 보강제 첨가, 고분자 화합물, 분말, 나일론 섬유, 얇고 유연한 손톱을 강화한다. 손톱의 갈라짐을 방지하고, 네일 에나멜의 지속성을 향상시킨다.

(9) 네일 폴리쉬

손톱 표면의 광택을 내기 위해 사용한다. 네일 에나멜을 바르기 전에 사용하고, 손톱에 바르고 세무 가죽 등으로 문지른다. 표면이 매끄러워지고 네일 에나멜이 깨끗하게 부착된다.

(10) 네일 블리치

손톱 및 주위의 오염물을 제거할 때 사용한다. 잉크, 담뱃진, 산화제가 주성분이 표백제, 과산화수소, 과붕산나트륨 등이다.

네일 트리트먼트　　네일 리무버　　네일 가드　　네일 폴리쉬

그림 4-9 네일 화장품 종류

COSME-
TOLOGY

04 향수

1) 향수의 기능

화장의 마지막 단계에서 사용한다. 후각을 통한 간접적 미 표현, 역사적, 종교적 목적으로 신에게 예의 표하는데 사용했다. 귀족 등 특수 계층의 전유물이었으며, 휘발성 물질이 증발되면서 후각 신경을 자극한다.

2) 향수의 역사(I)

(1) 고대 인도에서 종교적 의식 – 향나무 등을 태워 냄새를 발산하게 한 것이 처음이며, 고대인도 종교사상인 베다에서 기원

(2) 영어로 향수는'perfume' – 라틴어'per(어떤 것을 통하여)'와 'fume(연기)'의 합성어이다.

(3) 900년 경 아랍에서 장미꽃으로부터 장미향 추출

(4) 1370년에 '헝가리 워터' – 14세기 헝가리의 엘리자베스 여왕이 애용. '엘리자베스 여왕의 물' 아름다움을 유지하게 하는 '영혼의 물'로 일컬어짐

(5) 증류를 통해 로즈마리로부터 추출된 물질을 알코올에 용해하여 현대 향수의 기틀이 마련하여 1560년경 프랑스 '그라스' 지방(지중해성의 온난성 기후) 향수의 원료가 되는 향료 식물을 재배 시작하여 1709년 '쾰른의 물' 베르가모트유, 오렌지유, 네롤리유 등이 함유된 화장수가 되어 오 드 콜롱(eau de colon)으로 제조 됨

(6) 17세기 프랑스의 루이 14세 – 가죽의 악취를 제거하기 위하여 향취효과로 사용

그림 4-10 향수의 역사

3) 향수의 역사(II)

(1) 1920년대

자연에서 얻어지는 꽃의 향에 합성향을 혼합한 화려한 향수가 유행

(2) 1921년

프랑스 샤넬에서 제조 - 북유럽의 백야를 이미지화하여 만든 21가지 향수 시판하였다. 샤넬 No.5는 폴로럴 향에 알데히드 향이 혼합하였으며 마릴린 먼로가 애용함

(3) 1925년

겔랑사에서 개발한 샬리마 - 인도의 한 왕이 자신의 왕비를 위해 만든 정원의 이름에서 유래된 동양적인 향취가 특징

(4) 1930년대

세계적인 경제적 침체기로 보수적인 오리엔탈과의 고전적 향수 선호

(5) 1990년대

자연에 대한 관심이 높아지면서 순수한 천연향수 유행. 남녀가 공용으로 사용할 수 있는 유니섹스 향수가 유행

Top : 시트러스 향

Middle : 메이로즈와 자스민이 선사하는 플로랄 향

Base : 바닐라 어코드의 관능적 잔향

겔랑회사의 샬리마(1925년) : 향수의 도리엔탈 타입의 시초 중 하나. 바닐라 성분이 특징적으로 사용되어 있다. 겔랑의 가장 대표적인 향수로서 현재까지 그 유명세를 이어가고 있다. 호불호가 많이 갈리고 소화하기도 쉽지 않지만 그만큼 강렬한 개성이 느껴지는 향이다.

그림 4-11 향수의 종류 1

그림 4-12 향수의 종류 2

4) 향수의 시대 변천사

표 4-5 향수의 변천사

연대	시대적 배경	종류	대표적 향수
1920	여성 해방	폴로럴, 알테히드	Chanel No. 5
1930	대공황	오리엔탈	Shalimar
1940	전후 복구	시프레, 그린	Miss Dior, Vent Nert
1950	미국	시프레	Cabochard
1960	경제 부흥	플로랄	Madame Rochas
1970 초반	1차 오일쇼크	그린	Chanel No. 19
1970 후반	2차 요일쇼크	플로리엔탈	Opium
1980 초반	여권 신장	플로랄, 오리엔탈	Paris, Obession
1990 후반	도덕성 강조	플로랄, 플로리엔탈	Eternity, Loulon
1990	자연 회귀	플로랄 프루티	L'eauD'issey, Tresor, Dune

5) 향수의 기능

자신의 개성을 후각적으로 강조하고, 자신의 향취를 느끼게 한다. 또한 즐거움을 부여하고, 패션 기능을 부여한다.

6) 향수의 구비 조건

향에 특징이 있어야 하고, 향의 확산성이 좋아야 한다. 향이 적당히 강하고 지속성이 좋아야 한다.

또한 시대성에 부합되어야 하고(패션성), 향의 조화가 잘 이루어져야 한다.

7) 향수의 분류

부향률, 발향단계, 계열 등으로 분류된다(부향률 : 향수에 포함된 향의 양, 발향 단계는 향의 증발 속도에 따라 다름).

표 4-6 향수의 부향률

유형	부향률	지속시간
퍼퓸	15~30%	6~7시간
오데퍼퓸	9~12%	5~6시간
오데토일렛	6~8%	3~5시간
오데코롱	3~5%	1~2시간
샤워코롱	1~3%	약 1시간

8) 향수의 유형별 특징

표 4-7 향수의 유형별 특징

유형	특징
퍼퓸	향이 풍부하고 농후한 분위기를 연출하며, 고가
오데퍼퓸	퍼퓸에 가까운 지속성과 향의 깊이가 있으나, 부향률이 퍼퓸보다 낮아 경제적
오데토일렛	오데코롱의 가벼운 느낌과 퍼퓸의 지속성을 동시에 갖고 있어 상쾌하면서도 향이 풍부
오데코롱	신선한 효과, 기본적으로 과일류 향이 많고, 향수를 처음 사용하는 사람에게 좋음
샤워코롱	바디용 방향 화장품으로 매우 가볍고 신선한 느낌을 줌

향수의 종류

향수는 향수에 포함된 원액의 농도에 따라 나뉘어지며, 원액의 농도를 부향률이라고 한다. 부향률이 높을수록 향기가 오래 지속된다.

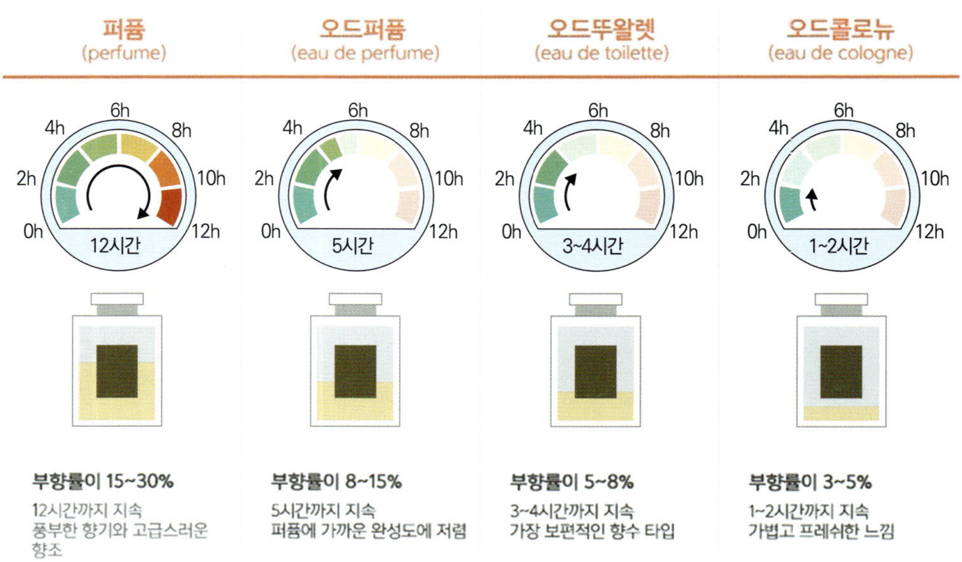

그림 4-13 향수의 종류

9) 발향 단계에 의한 향수의 분류

향수는 생성부터 소멸까지 단계별로 발향이 되는 특징을 지니고 있는데, 이 단계를 탑노트, 미들노트, 베이스노트로 구분하고 있다. 발향의 시작과 동시에 맡을 수 있는 향이 탑노트(top note), 뿌린 후 30분에서 1시간 정도 지난 뒤 시작되는 미들노트(middle note) 그리고 그 후 향이 사라지기 전까지 남아있는 '잔향'으로 알려진 베이스노트(base note)로 나눌 수 있다.

(1) 탑노트

탑노트는 헤드노트(head note) 라는 또 다른 명칭을 가지고 있다. 탑노트는 향수를 시향지 또는 피부에 뿌린 후 발향이 될 때 느낄 수 있는 향이다. 보통 탑노트에서 좋은 향을 느낀 사람들이 구매한다. 하지만 탑노트는 30분 이하의 시간만 지속된다. 따라서 일시적인 향이라고 할 수 있다. 보통은 상쾌한 시트러스 계열이나 내추럴한 느낌의 그린 계열이 많이 사용된다.

(2) 미들노트

미들노트는 향수의 '브랜드 아이덴티티'라고 한다. 하트노트(heart note), 소울노트(soul note)라고도 불린다. 그만큼 가장 핵심적인 단계이다. 조향사가 의도한 향이 발향되는 단계로 알려져 있다. 탑노트가 끝남과 동시에 1시간 정도 지속된다. 따라서 우리가 누군가를 만나거나 스쳐 지나갈 때 자극하는 향들은 대부분 미들노트라고 생각하면 된다. 스파이시 계열이나 플로랄 계열과 같이 이미지와 콘셉트가 명확한 향료들이 많이 사용된다.

(3) 베이스노트

향수의 베이스노트는 라스트노트(last note)라고도 불린다. 또 다른 이름은 '잔향'이다. 향수의 종류에 따라 남은 시간 동안 은은하게 남는다. 따로 세척이나 커버를 하지 않는다면 피부나 옷에 스며들 정도로 보류제 역할을 한다. 조향사에 따라 다르긴 하지만 대부분 대중적이고 저자극적이며, 성질이 약한 향들이 많이 쓰인다.

10) 조향사

조향 기술은 책으로 배울 수 없는 것으로 후각 능력과 다채로운 기억, 다양한 지식을 모두 필요로 하는 일임화가가 컬러를 사용하듯 무한한 원재료를 활용하여 자유롭게 창의성을 발휘한다.-정밀하고 정확한 작업 방식과 함께 직감적으로 원료를 배합하는 장인정신이 어우러져 원재료는 샤넬의 에센스로 탄생시키는 능력으로 향을 창조한다.

(1) 향의 종류에 따라 조합함

① **시프레** : 시원한 향

② **머스크** : 사향노루의 페로몬 향

③ **아로마틱** : 로즈마리, 라벤다 등 허브향

④ **우디** : 나무껍질, 향목 등 나무향

⑤ **시트러스** : 상쾌한 레몬, 오렌지향

⑥ **오리엔탈** : 동양적인 느낌의 향

⑦ **메탈릭** : 깨끗하고 시원한 향

⑧ **허니** : 꿀처럼 달콤한 향

⑨ **그린** : 풀, 잎, 줄기 등을 연상시키는 향 등

니콜라이 파출리 인텐스

나치 향수(niche perfume)

천연 원료를 사용하는 하이엔드급 향수로, 소수의 제한된 고객들에게만 판매하던 향수에서 시작되었다. 오랜 전통을 바탕으로 천연 원료사용, 철저한 품질관리, 생산 수량 제한으로 소수의 제한된 사람들에게만 판매하고 있어 나만의 개성이 있는 향수를 지향하는 소비층이 증가하면서 크게 성장하고 있다.

러쉬 더티

고체 향수(solid perfume)

고체 향수는 향수를 고체 타입으로 만들어 바를 수 있게 만든 향수이다. 뿌리는 타입의 향수에는 알코올 성분이 많아 확산이 잘 되는 반면, 고체 향수는 알코올 성분이 없어 향이 잘 확산되지 않지만 향의 농도가 짙고 지속력이 좋다. 또한 크기가 작아 간편하게 휴대할 수 있다.

딥티크 오 로즈 롤온

롤온 향수(roll-on perfume)

액체 향수를 휴대 및 바르기 편하게 만든 타입의 향수를 말한다. 목, 손목 등 맥박이 뛰는 피부 부위에 직접 바를 수 있어 분사형 향수보다 손실되는 부분이 적다.

그림 4-14 향수의 최신 트렌드(출처: 다나와)

시트러스

베르가모트, 레몬, 라임, 오렌지와 같이 귤류의 향기를 말한다. 가볍고 휘발성이 강하기 때문에 탑노트로 많이 쓰이며, 향수의 첫인상을 나타내는 데 큰 역할을 한다.
신선하고 상큼하며 달콤한 향의 느낌을 가지고 있어 부담없이 뿌릴 수 있고 기분 전환에 도움을 주는 향이다.

조말론 바질 앤 만다린

버버리 위크엔드 포맨

4711 아쿠아 콜로니아 블러드 오렌지 & 바질

플로랄

장미, 자스민, 백합, 히아신스, 은방울꽃 등 한 가지 꽃향기를 지니기도 하고, 두 가지 이상의 꽃향기가 어울려 조화를 이루어 플로랄 부케의 특징을 갖기도 한다.
여성 향수의 대부분이 플로랄의 향취를 지니고 있으며, 아무리 독한 남성 향수라 하여도 꼭 들어가는 것이 플로랄 계열의 향취이다.

크리스찬디올 미스 디올 블루밍 부케

겐조 플라워 바이 겐조

케빈클라인 CK 이터너티 포맨

우디

백단나무, 참나무, 향나무와 같은 나무 뿌리 냄새로 산록과 목재의 고상하고 안정된 느낌이 특징이다. 로즈우드 등 숲의 따뜻하고 세련된 향이 나며, 자연스럽고 건조한 느낌이 은은히 남아 주로 베이스노트에 쓰이며, 전체적인 향취의 지속력을 높여주는 데 도움을 준다.

에르메스
자르뎅 수르닐

파코라반 원 밀리언
코롱 오뜨뚜왈렛

딥티크 탐 다오

프루티

시트러스 계열에 사용된 감귤류 이외의 블랙베리, 복숭아 등 달콤한 과일향을 의미한다. 최근에는 향이 강한 열대 과일을 원료로 사용하여 상큼함을 더하고 있다.
사랑스럽고 귀여운 분위기를 연출해주며 산뜻하고 신선한 느낌을 낼 때 주로 사용되는 향취이다.

안나수이 로맨티카
이그조티카

크리드 어벤투스

마크제이 콥스
오롤라

오리엔탈

동양의 느낌을 연상시키는 성분을 주로 지니고 있는 향취를 말한다. 무겁고 이국적인 꽃향, 외국의 향신료와 같은 스파이시함, 달콤한 바닐라향 그리고 관능적인 사향과 같은 동물적인 향도 포함되어 이국적이고 따뜻한 느낌을 주는데 주로 사용되는 향취이다.

볼가리 맨 인 블랙

프라다 캔디

페라가모 우오모

머스크

사향노루의 배에 있는 향낭에서 나는 향으로 달콤하면서 포근하고 따뜻한 느낌을 주는 파우더리한 향이다.
특유의 포근함으로 찬바람이 부는 겨울에 특히 사랑받는 향기로 따뜻하고 우아한 느낌과 동시에 성숙해 보이는 매력이 있다.

키엘 오리지널
머스크 블랜드 No.1

나르시소로드리게즈
블루 느와르

반클리프앤아펠
인 뉴욕

시프레

지중해의 사이프러스 섬에서 실제로 존재하는 향기에서 그 명칭이 유래되었다. 이끼와 과일, 동물 성형이 복합적으로 섞여 있는 독특한 풀내음으로 여성스러운 느낌의 향이 강하고, 나무가 울창한 숲속에 들어간 것 같은 느낌을 주는 향취이다.

이세이미야케
뿌르 옴므 후레쉬

아닉구딸 패션

시슬리 오 드 시슬리2

아로마틱

은은한 바질 허브를 원료로 하며 때로는 시트러스나 스파이시가 가미되기도 하는 전통적인 향수이다. 남자다움과 에너지를 자연스럽게 발산하며, 오드코롱의 70% 정도가 이 그룹에 속한다고 할 수 있다.

버버리 터치 포맨

디스퀘어드2 와일드

휴고보스 보스 비틀드

페로몬 향수

페로몬이란 동물의 몸에서 발생하는 무색, 무취의 화학물질의 하나로 사랑의 감정에 관여하여 이성으로부터의 관심을 일으키는 기능을 한다. 페로몬 향수에는 우리가 감지할 수 없는 페로몬 성분이 들어있어, 이성을 끌리게 만드는 역할을 한다. 페로몬 향수는 뿌린 뒤 30분 정도가 지난 후에 상대에게 호감을 얻는 효과가 가장 뛰어나며, 너무 많이 뿌리면 독할 수 있으므로 적당히 주의하여 뿌리는 것이 좋다.

로어티브 No.1

아프리모 오리지널
페로몬 향수 포우먼

라끄시안 일루션
블랙 페로몬

가나이스 피오라
러브 포이즌 포우먼

COSME-TOLOGY

화장품학

PART 05

천연 및 오가닉 화장품 이해

COSME-
TOLOGY

01 천연 및 오가닉 화장품 이해

1) 화장품법 제2조 (정의)

2의2. "천연화장품"이란 동식물 및 그 유래 원료 등을 함유한 화장품으로서 식품의약품안전처장이 정하는 기준에 맞는 화장품을 말한다.

3. "유기농화장품"이란 유기농 원료, 동식물 및 그 유래 원료 등을 함유한 화장품으로서 식품의약품안전처장이 정하는 기준에 맞는 화장품을 말한다.
4. "안전용기 · 포장"이란 만 5세 미만의 어린이가 개봉하기 어렵게 설계 · 고안된 용기나 포장을 말한다.
5. "사용기한"이란 화장품이 제조된 날부터 적절한 보관 상태에서 제품이 고유의 특성을 간직한 채 소비자가 안정적으로 사용할 수 있는 최소한의 기한을 말한다.

〈생략〉

8. "표시"란 화장품의 용기 · 포장에 기재하는 문자 · 숫자 · 도형 또는 그림 등을 말한다.

〈생략〉

10. "화장품제조업"이란 화장품의 전부 또는 일부를 제조(2차 포장 또는 표시만의 공정은 제외한다)하는 영업을 말한다.
11. "화장품책임판매업"이란 취급하는 화장품의 품질 및 안전 등을 관리하면서 이를 유통 · 판매하거나 수입대행형 거래를 목적으로 알선 · 수여(授與)하는 영업을 말한다.

2) 화장품법 제14조의2(천연화장품 및 유기농화장품에 대한 인증)에 따른 구분

① 식품의약품안전처장은 천연화장품 및 유기농화장품의 품질제고를 유도하고 소비자에게 보다 정확한 제품정보가 제공될 수 있도록 식품의약품안전처장이 정하는 기준에 적합한 천연화장품 및 유기농화장품에 대하여 인증할 수 있다.

② 제1항에 따라 인증을 받으려는 화장품제조업자, 화장품책임판매업자 또는 총리령으로 정하는 대학 · 연구소 등은 식품의약품안전처장에게 인증을 신청하여야 한다.

③ 식품의약품안전처장은 제1항에 따라 인증을 받은 화장품이 다음 각 호의 어느 하나에 해당하는 경우에는 그 인증을 취소하여야 한다.

1. 거짓이나 그 밖의 부정한 방법으로 인증을 받은 경우
2. 제1항에 따른 인증기준에 적합하지 아니하게 된 경우

④ 식품의약품안전처장은 인증업무를 효과적으로 수행하기 위하여 필요한 전문 인력과 시설을 갖춘 기관 또는 단체를 인증기관으로 지정하여 인증업무를 위탁할 수 있다.

⑤ 제1항부터 제4항까지에 따른 인증절차, 인증기관의 지정기준, 그 밖에 인증제도 운영에 필요한 사항은 총리령으로 정한다.

COSME-
TOLOGY

02 천연 및 오가닉 화장품 인증

그림 5-1 유기농 천연 화장품 인증

그림 5-2 유기농 천연 화장품 인증

그림 5-3 유기농 천연 화장품 인증

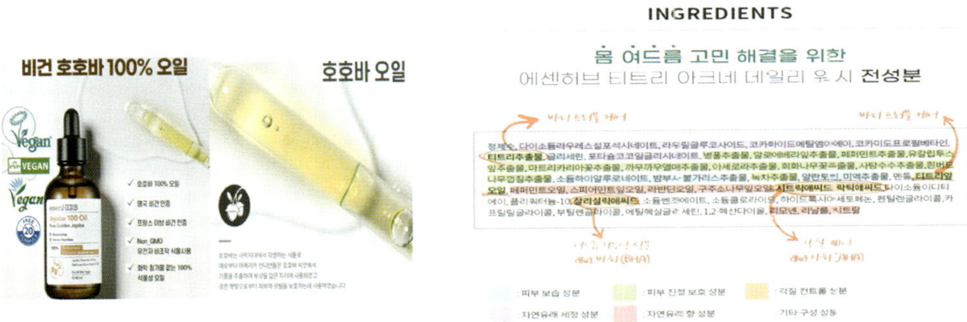

그림 5-4 천연오일 종류 (출처: https://smartstore.naver.com)

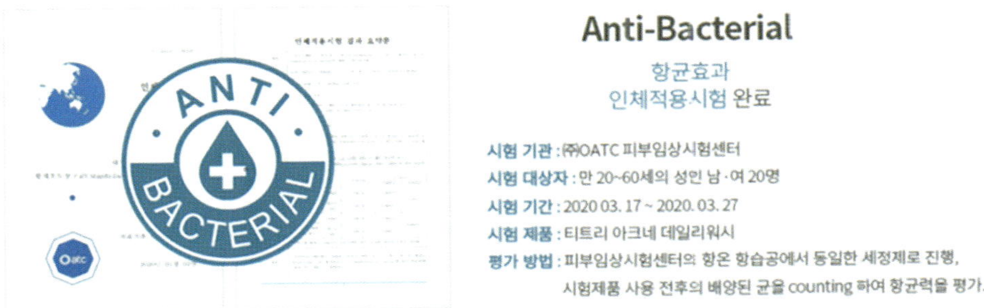

그림 5-5 항균효과

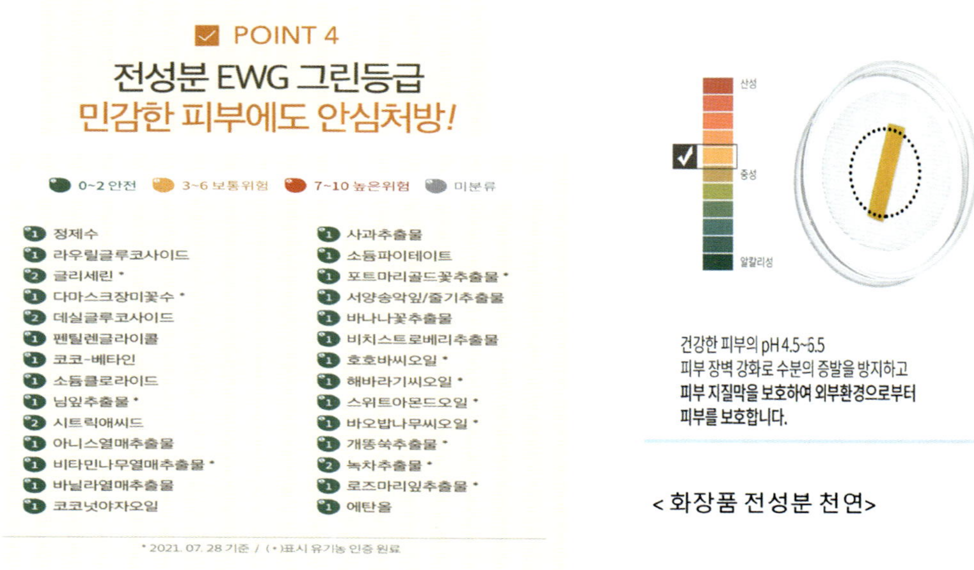

그림 5-6 화장품 전성분 천연

COSME-
TOLOGY

화장품학

PART 06

화장품 제조 및 산업 이해

01 화장품 산업 개요

02 화장품 개발 이해

03 최신 화장품 산업 이해

04 최신 화장품 소비자 분석

COSME-
TOLOGY

01 화장품 산업 개요

1) 화장품 산업 정의

화장품 산업이란 화장품을 제조, 판매 또는 수입하는 산업이다.

화장품 산업이란 화장품을 제조, 판매 또는 수입하는 산업

화장품 산업의 특징

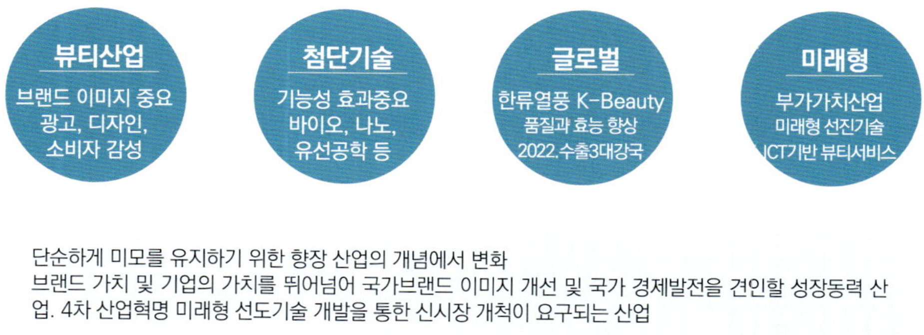

그림 6-1 화장품 산업의 특징

화장품 산업의 주요기술 소재기술, 제형기술 및 평가기술 + 용기용품기술

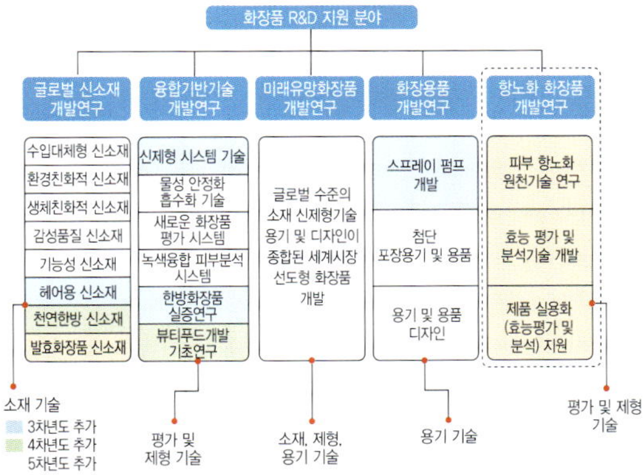

화장품산업의 세부기술

① 소재기술 : 탐색기술, 확보기술, 분석 표준화기술

② 제형기술 : 안정성 향상기술, 효능 향상기술, 안전성 향상기술, 감성 차별화기술

③ 평가기술 : 안전성 평가기술, 안정성 평가기술, 사용성 평가기술, 효능 평가기술

④ 용기, 용품기술 : 보관기술, 토출 및 분사기술, 디자인 및 설계기술

그림 6-2 화장품 산업의 주요 기술

화장품 품질 특성

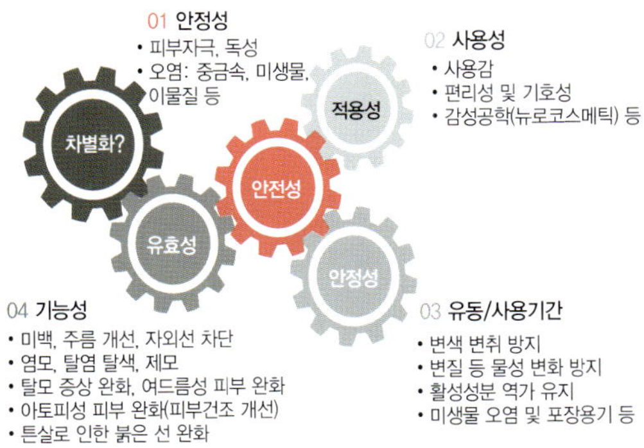

화장품 품질 특성의 4대 요건

① 안전성 : 피부 자극, 독성, 중금속, 미생물 오염, 이물질 혼입, 파손 등

② 사용성 : 사용감(피부 친화성, 촉촉함, 부드러움), 편리성, 기호성(향, 색상, 디자인 등) 및 감성공학

③ 안정성 : 변색, 변취, 변질, 미생물 오염, 활성성분 역가 유지, 포장용기 등

④ 유효성 : 기능성으로 화장품의 기능 및 효능

그림 6-3 화장품의 품질 특성

2) 화장품 안전성 고려사항

(1) 기한표기

화장품법 시행규칙상 용기 또는 단상자에 사용기한(유통기한) 또는 제조일자와 개봉 후 사용 기간을 표기

(2) 제품관리

내용물의 화학적, 물리적 변화가 일어나지 않도록 제조, 유통, 관리

(3) 화장품 안정성 시험

화장품의 저장 방법 및 사용기한을 설정하기 위하여 경시 변화에 따른 품질의 안정성을 평가하는 시험이다. 보관조건, 품질유지 기한, 저장방법, 유통 중 안정성 확보 관리 방안 수립을 목적으로 한다.

① 장기 보존시험

- 장기간 물리, 화학적, 미생물학적 안정성 및 용기
- 3개 로드, 시중에 유통할 제품과 동일한 처방, 제형 및 포장용기 사용
- 시험기간 : 6개월 이상, 화장품 특성에 따라 따로 정할 수 있음

② 가속시험

단기간의 가속 조건이 물리, 화학적, 미생물학적 안정성 영향을 평가하기 위한 시험

측정시기 : 시험 개시 때를 포함하여 최소 3번 측정

③ 개봉 후 안정성시험

- 장기간에 걸쳐 물리, 화학적, 미생물학적 안정성을 확인하는 시험
- 미생물 한도시험, 살균보존제, 유효성 성분시험 수행

④ 장기 보존시험

화장품의 취약성, 예상되는 운반, 보관, 진열 및 사용과정에서 일어날 가능성이 있는 가혹한 조건에서 품질 변화 검토

온도 편차와 극한 조건, 기계 물리적 시험, 광안정성 실험

3) 안전성

화장품은 매일 사용하며, 장기간에 걸쳐 사용하는 물품으로 절대적으로 안전성 확보가 필요하다. 부작용 예방을 위해 사용 가능한 원료와 불가한 원료를 규정한다.

표 6-1 부작용 유발 원료. 살균, 보존제(일명 방부제), 자외선 차단제, 색소, 향료, 일부 계면활성제

종류	현상	요인	성분
알레르기성 접촉피부염	가려움, 홍반, 좁쌀, 부음	특정 성분에 대한 알레르기 반응 • 알레르겐, 항원	파라벤, 디아졸리디닐우레아 신나믹화합물, 자외선 차단제 라놀린, 프로필렌글리콜 케티놀, 알부틴
자극성 접촉피부염	따가움	비특이적인 자극물질 • 일시적으로 따가움을 느낌 • 피부 컨디션이 나쁘면 따가움, 화끈거림 반복 건조한 피부 건조한 계절 및 환경 먼지, 공해, 자외선이 강한 환경	벤조익애씨드, 트로노폴 신나믹에씨드 화합물 락틱애씨드, 프로필렌글리콜 비이온성 계면활성제, 소듐라우릴설페이트 4급 암모늄화합물, 우레아 알파하이드록시대씨드, 살리실릭애씨드 무리한 각질제거, 무리한 딥클렌징
기타	가려움, 홍반, 여드름, 뾰루지	광알레르기성 피부염 화장품 변경	자외선 차단제, 살균제, 향료 등

4) 유효성

2000년 화장품법 제정과 함께 기능성 화장품이 법제화되면서 유효성(효능 효과)은 유행이 아니라 지속적인 관심의 대상이 되었다.

유효성 2000년 화장품법 제정과 함께 기능성화장품이 법제화되면서 유효성(효능-효과)은 유행이 아니라 지속적인 관심 대상

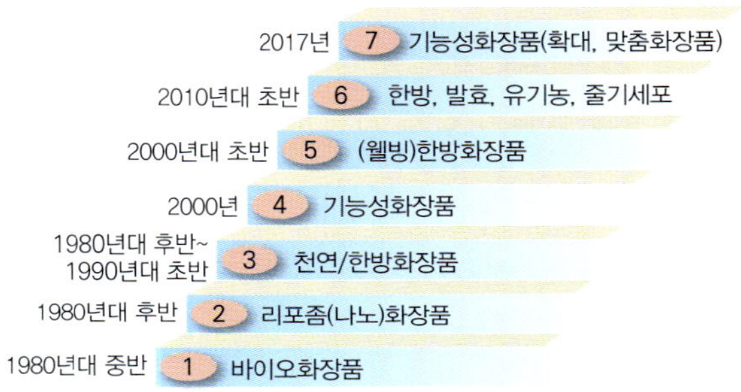

그림 6-4 화장품 산업의 변천

표 6-2 화장품 표시 광고 주요 실증 대상

구분	실증대상	비고
1. 화장품 표시, 광고 실증에 관한 규정(식약처 고시) 별표에 따른 표현	여드름성 피부에 사용 적압 항균(인체 세정용 제품에 한함) 일시적 셀룰라이트 감소 부기 완화 다크서클 완화 피부 혈행 개선	인체적용시험 자료로 입증
	피부노화 완화, 안티에이징, 피부노화 징후 감소	인체적용시험 자료 또는 인체 외 시험 자료로 입증
	콜라겐 증가, 감소 또는 활성화 효소 증가, 감소 또는 활성화	기능성 화장품에서 해당 기능을 실증한 자료로 입증
	기미, 주근깨 완화에 도움	미백 기능성 화장품 심사(보고) 자료로 입증

구분	실증대상	비고
2. 효능, 효과, 품질에 관한 내용	화장품의 효능, 효과에 관한 내용 (예시) 수분감 30% 개선효과, 피부결 20% 개선, 2주 경과 후 피부톤 개선	인체적용시험 자료 또는 인체 외 시험 자료르 입증
	시험, 검사와 관련된 표현 (예시) 피부과 테스트 완료, ○○시험검사기관의 ○○효과 입증	
	제품에 특정 성분이 들어 있지 않다는 무(無)○○ 표현	시험분석자료로 입증 단 특정 성분이 타 물질로의 변환 가능성이 없으면서 시험으로 해당 성분 함유 여부에 대한 입증이 불가능한 특별한 사정이 있는 경우에는 예외적으로 제조관리기록서나 원료시험성적서 등 활용
	타 제품과 비교하는 내용의 표시, 광고 (예시) ○○보다 지속력이 5배 높음	인체적용시험 자료 또는 인체 외 시험 자료로 입증

5) 기능성 화장품 범위 확대

기존 기능성 화장품은 미백, 주름 개선, 자외선 차단 관련 기능성 화장품을 의미하였다. 하지만 범위가 확대되어 의약외품에서 전환되어 염모제, 탈염, 탈색제, 제모제, 탈모방지제, 여드름성 피부 완화에 도움을 주는 제제가 있으며, 신규로 이토피성 피부로 인한 건조함 등을 완화하는 데 도움을 주는 화장품, 튼살로 인한 붉은 선을 엷게 하는데 도움을 주는 화장품 등이 있다.

(1) 화장품의 유용성 연구 분류

① **생리학적 유효성** : 거칠, 미백, 탈모 방지 등 피부 모발의 생리학적 연구

② **물리화학적 유효성** : 자외선 차단, 메이크업

③ **심리학적 유효성** : 아로마콜로지, 메이트업의 색채, 풍요, 자신감

표 6-3 화장품의 유용성 연구 분류

구분	고시 성분	고시 외 성분
주름 개선 성분 (고시 성분 4종)	레티놀 레티닐팔미테이트 아데노신 폴리에톡시레이티드 레틴아마이드	빈랑자 추출물, 홍삼 추출물 연교 추출물, 잇꽃씨 추출물, 황기 추출물 Tocophenyl, Acetate, Kinetin, Carnitine, EGF, Ursolic Acid 7–Dihydrochoisterol, Co–enzyme Q10, Indolacetic acid, Fructose–1,6–diphosphate, Palmitoylpnetapeptide–3 등
미백 성분 (고싱 성분 9종)	나이아신아마이드 닥나무 추출물 마그네슘아스코빌 포스페이트 알부틴 에틸아스코빌에틸 유용성 감초 추출물 아스코빌글루코사이드 알파–비사보롤 아스코빌테트라 이소팔미테이트	미화아 추출물, 백출 추출물, 중대황 추출물, 상지 추출물, 속수자 추출물, 연교 추출물, 오갈피나무 줄기 추출물(Acanithopanax sessililforum stem extract), 옥수수겨 추출물(Zea mays(corn) btanextract) Rucinol, Kokic acid, Writegen, melasolv 3,4,5–Trimeethoxycinnamic acid, Vitamin C 등
자외선 차단 성분	27종	신규 소재 없음

화장품법 시행일지	기능성 화장품 정의 (화장품법 제2조2항)
2000.07.01	피부 미백에 도움을 주는 제품
	피부의 주름 개선에 도움을 주는 제품
	피부를 곱게 태워주거나 자외선으로부터 피부를 보호하는데 도움을 주는 제품

+

<table>
<tr><th>화장품법
시행일지</th><th colspan="2">기능성 화장품 정의
(화장품법 제2조2항)</th></tr>
<tr><td rowspan="2">2017.05.30</td><td rowspan="2">의약외품에서 전환된 제품</td><td>모발의 색상 변화, 제거 또는 영양공급에 도움을 주는 제품</td></tr>
<tr><td>피부나 모발의 기능 약화로 인한 건조함, 갈라짐, 빠짐, 각질화 등을 방지하거나 개선하는데 도움을 주는 제품</td></tr>
</table>

천연화장품, 유기농화장품, 맞춤형화장품 식품의약품안전처장이 정하는 기준에 맞는 원료나 화장품으로서 추가되었으며, 향후 기능성 화장품 범위 확대로 생산 규모가 더욱 증가할 것으로 예상된다.

COSME-
TOLOGY

02 화장품 개발 이해

1) 화장품 개발 절차

(1) OEM(Original Equipment Manufacturer, 주문자 상표부착 생산)

(2) ODM(Original Design Manufacturing, 주문자 개발 생산)

자기가 잘할 수 있는 것만 부분적으로 수행하는 것이 일반화되었다.

화장품 개발 절차

- **OEM**(Original Equipment Manufacturer, 주문자 상표부착 생산)
- **ODM**(Original Design Manufactuning, 주문자 개발 생산) 도입

☞ **자기가 잘할 수 있는 것만 부분적으로 수행하는 것이 일반화**

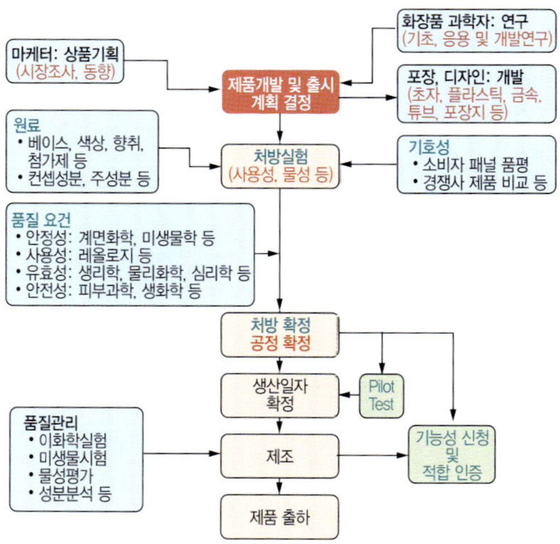

그림 6-5 화장품 개발 절차

2) 화장품 처방 개발 단계

상품 기획에 의해 어떤 제품을 개발할 것인가를 결정하는 초기 단계이다.

(1) 유사한 타킷 제품 선정 : 물성 등 평가 및 타사 진성분 참고

(2) 아디디어 발굴 및 선정

(3) 콘셉트 결정

(4) 시장조사

(5) 유통/경쟁사 분석

(6) 판매가격 조사

(7) 고객의 요구 파악

(8) 요구되는 품질 수준

(9) 차별화 도출

화장품 처방 개발단계 상품 기획에 의해 내가 어떤 제품을 개발할 것인가를 결정하는 초기 단계

- 유사한 터갓재품 선정 : 물성 등 평가 및 타사 진성분 참고
- 아이디어 발굴 및 선정
- 콘셉투(concept)결정
- 시장조사
- 유통/경쟁사 분석
- 판매가격 조사
- 고객의 요구 파악
- 요구되는 품질 수준
- 차별화 도출

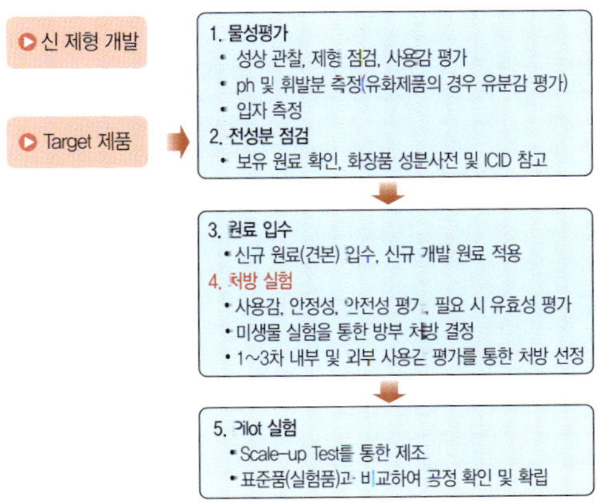

그림 6-6 화장품 처방 개발 단계

3) 화장품 처방 개발 단계

제품 제조 및 출하에 대해 정부에서는 CGMP(Cosmetic Good Manufacturing Practice)를 도입하여 관리하고 있다. CGMP에는 인적자원과 제조에 대한 기준을 보유하고 있으며, 제조에는 시설기준, 원자재의 관리, 제조관리(제품표준서, 제조관리기준서, 품질관리기준서 및 제조위생관리기준서 작성 및 보관), 품질관리, 판독 및 감독 기준이 적시되어 있다.

화장품 제조 및 출하 제품제조 및 출하에 대해 정부에서는 CGMP(Cosmetic Good Manufacturing Practice) 도입하여 관리 CGMP에는 인적자원과 제조에 대한 기준 보유
제조에는 시설기준, 원자재의 관리, 제조관리(제품표준서, 제조관리기준서, 품질관리기준서 및 제조위생관리기준서 작성 보관), 품질관리, 판독 및 감독 기준이 적시

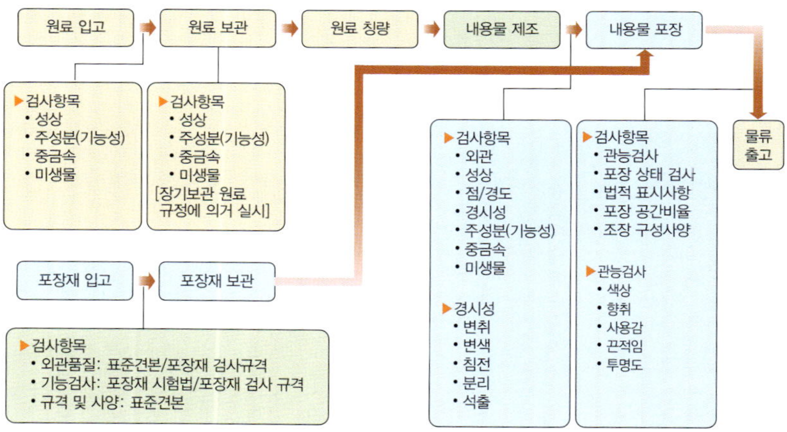

그림 6-7 화장품 제조 및 출하

4) 원부자재 입고에서 상품 출하

원자재 입고에서 상품 출하

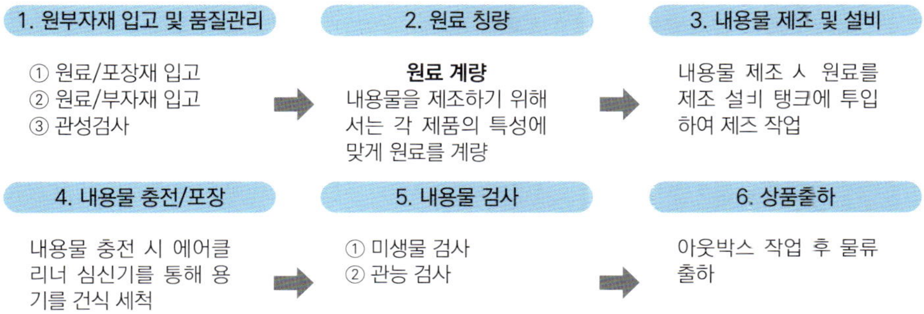

그림 6-8 원부자재 입고에서 상품 추라

COSME-
TOLOGY

03 최신 화장품 산업 이해

코로나19로 크게 위축되었던 화장품 시장이 정상화됨에 따라, 소매판매액이 팬데믹이전 수준으로 회복되고 있다.

2022년 화장품 소매판매액은 33조 원으로, 전년대비 6% 증가한 수치를 기록했다.

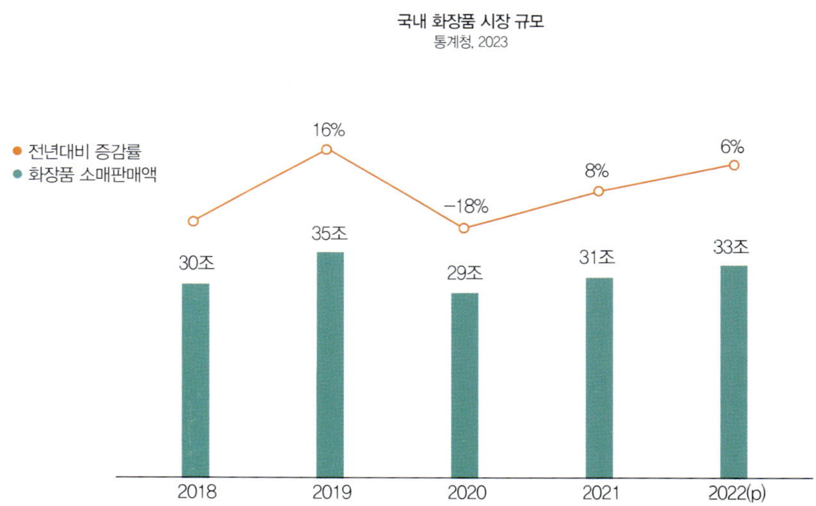

그림 6-9 국내 화장품 시장 규모(2023년 기준, 통계청)

기초화장품과 색조화장품의 디지털광고비는 동결 또는 감소한 모습이다. 전체 광고비 중 배너 광고의 비율은 3개년 연속 증가하는 추세이다.

1) 광고비 현황

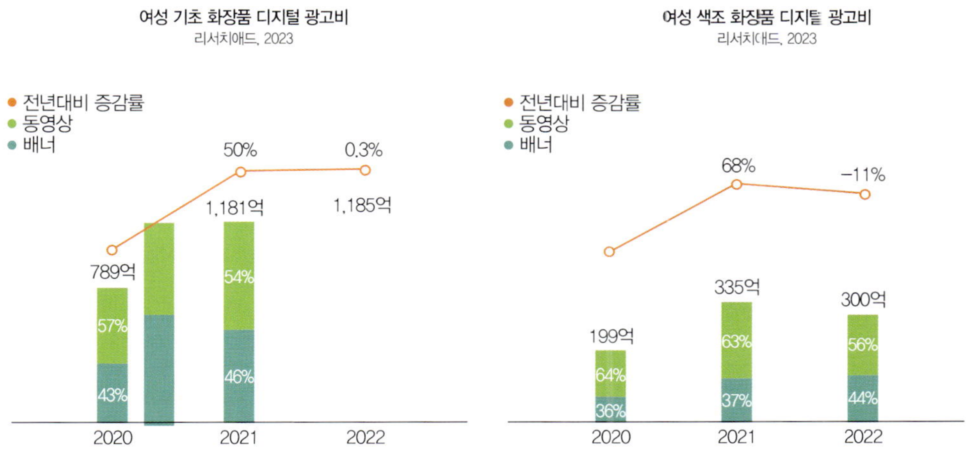

그림 6-10 디지털 광고비 증가 추이

2) 기능성 헤어케어 시장

MZ세대를 중심으로 재편되고 있는 기능성 헤어케어 시장은 스트레스, 환경변화 등으로 새치와 탈모를 고민하는 젊은층이 증가하며, 얼리케어에 대한 관심도 높아졌다. 기업들은 이들을 공략하기 위해 샴푸, 트리트먼트 등 매일 간편하게 사용할 스 있는 형태로 기능성 헤어케어 제품을 출시하고 있다.

탈모증상완화	새치 커버	맞춤형 샴푸

탈모 기능성 헤어브랜드, 저스트 애즈아이엠 세대와 성별을 아우르는 젊고 감각적인 탈모 케어브랜드, 디자인, 향, 기능성, 모델, 유통망까지 MZ세대 맞춤으로 제작	**새치염색샴푸, 려 더블 이펙터 블랙** 흑삼화 인삼·검은콩·칡뿌리 등 한방 유래 블랙 성분과 블랙토닝 기술이 적용된 제품으로 새치커버에 효과적	**나만을 위한 맞춤 샴푸 제작, 웨이크미 마이샴푸** 셀프 문진을 통해 자신의 두피, 모발 상태를 진단하고, 최대 14,494개 타입 중 나에게 맞는 샴푸 포뮬러 조합으로 제품 제작

그림 6-11 기능성 헤어 케어 제품 출시 현황

3) 남성 뷰티 시장

남성 뷰티 시장이 꾸준한 성장세를 보이며, 화장품 업계의 블루칩으로 떠오르고 있다. 남성전용 기초 화장품뿐만 아니라 파운데이션, 컬러 립밤 등으로 라인업을 다각화하며 시장의 규모가 확대하고 있다.

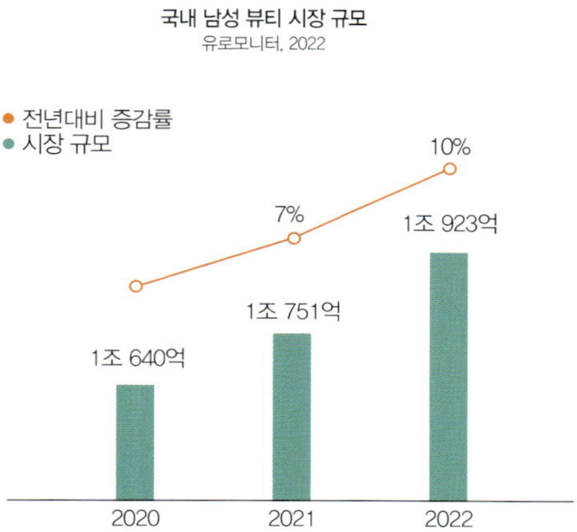

남성전문 뷰티 브런드

구분	전략
	• 아모레퍼시픽 남성 메이크업 브랜드 "비레디" • 화장하는 Z세대 남성, 그루밍족을 공략하는 메이크업 전문 브랜드 • 립밤, 파운데이션, 쿠션, 컨실러, 섀도 등 색조 화장품 라일을 전개
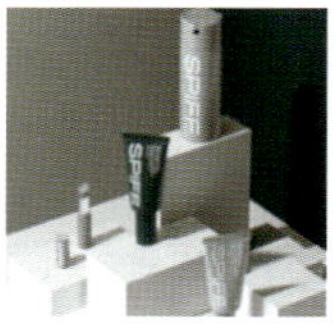	• 더페이스샵 남성 그루밍 라인 "스피드코드" • 자연스러운 발색으로 그루밍 입문자도 쉽게 사용할 수 있도록 개발 • 스킨케어부터 비비크림, 립밤 등 색조 제품까지 총 4종으로 구성

그림 6-12 국내 남성 뷰티 시장 규모

4) ECO FRIENDLY 클린·비건을 넘어 컨셔스뷰티로까지 진화

화장품 성분부터 용기까지 지구환경을 생각하는 컨셔스 뷰티가 제품 선택의 중요한 기준으로 자리 잡고 있다.

기업들 또한 친환경 원료 재배, 포장 집중도 감축 등을 목표로 지속가능한 제품개발에 힘을 쏟는 모습이다.

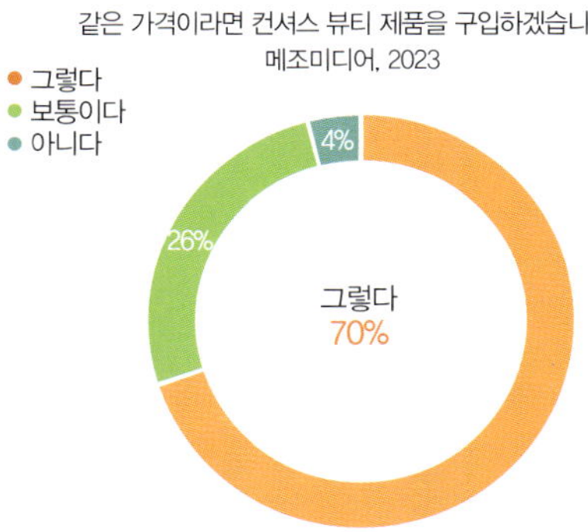

컨셔스 뷰티에 앞정서는 주요 브랜드

구분	전략
	• N°1 DE CHANEL 누메로엉드 샤넬 • 환경과의 지속가능성을 고려한 차세대 뷰티 라인 신규 론칭 • 제품의 주원료인 '레드까멜리아'는 친환경 방식으로 재배 • 패키지는 일회용 플라스틱 사용을 제한하고, 보틀엔 친환경 잉크 활용
	• 로레알 2030년까지 지속가능경영 목표 발표–'미래를 위한 로레알' • 환경·사회적 영향을 측정 및 개선하기 위한 자체툴 'SPOT' 개발 • 2030년까지 포장에 사용되는 플라스틱의 100% 바이오 기반 자원 사용 • 2030년까지 온실가스 배출량 2016년 대비 완제품당 50% 감소 계획

그림 6-13 ECO FRIENDLY 시장 추이

COSME-
TOLOGY

04 최신 화장품 소비자 분석

1) 화장품 사용 후기

화장품 소비자는 사용 후기에 가장 큰 관심을 기울이고 있으며, 정보 획득 경로는 연령대별로 상이하다. 20대는 주로 동영상 채널에서, 30~50대는 포털사이트나 온라인 쇼핑몰에서 정보를 얻고 있다.

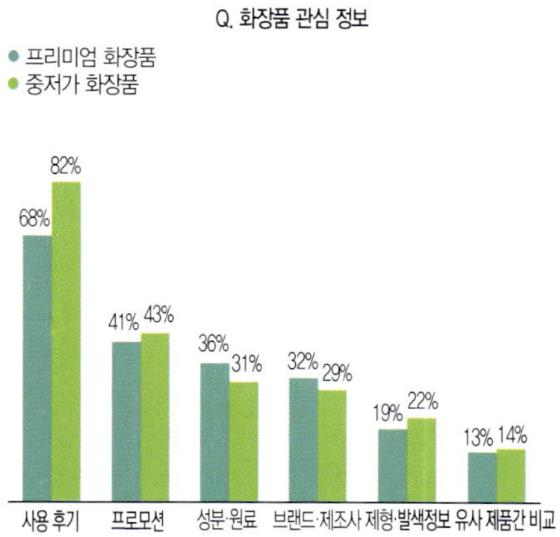

연령대별 정보 획득 경로
복수응답

순위	전체	20대	30대	40대	50대
1	온라인 쇼핑몰 (41%)	동영상 채널	포털 사이트	온라인 쇼핑몰	포털 사이트
2	포털 사이트 (39%)	SNS	온라인 쇼핑몰	포털 사이트	주변인·지인
3	SNS(35%)	온라인 쇼핑몰	SNS	주변인·지인	온라인 쇼핑몰
4	주변인·지인 (35%)	포털 사이트	주변인·지인	SNS	-
5	동영상 채널 (31%)	주변인·지인	동영상 채널	오프라인쇼핑몰	-

그림 6-14 연령별 화장품 정보 경로

2) 소비자의 주요 관심사

소비자들은 화장품을 구매할 때 효능·효과를 가장 중요하게 생각한다. 20대 소비자는 타연령대에 비해 피부 타입의 적합성을 중요하게 고려하며, 50대는 브랜드·제조사를 중요하게 생각한다.

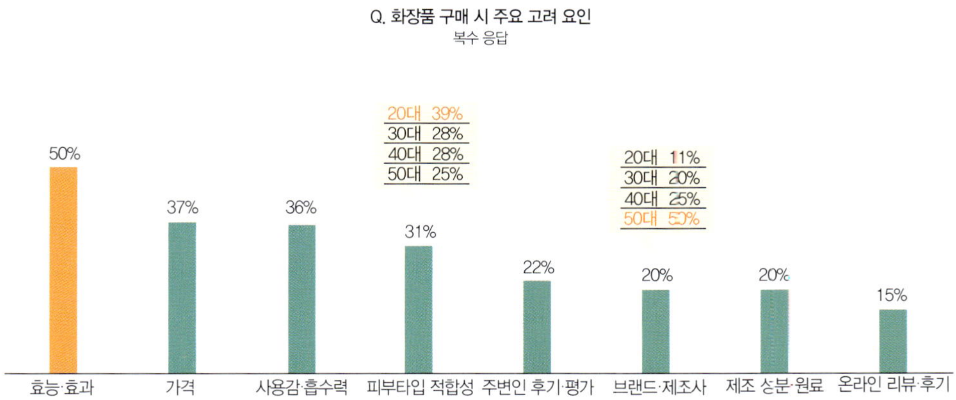

그림 6-15 연령대별 화장품의 구매 고려 요인

3) 주요 구매처

코로나19의 완화로 드럭스토어나 백화점 등 오프라인에서의 화장품 구매 비율이 상승하였다. 프리미엄 화장품은 백화점에서 주로 구매하고, 중저가 화장품은 로드샵이나 온라인 버티컬 플랫폼에서 주로 구매한다.

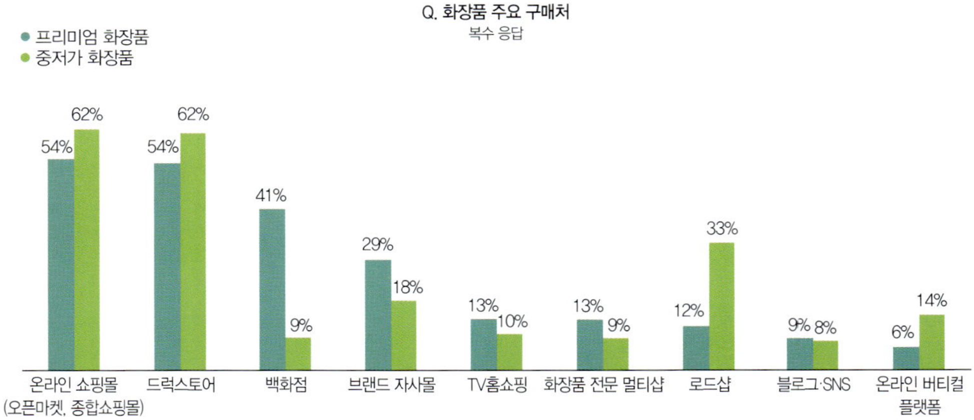

그림 6-16 화장품 주요 구매처

4) 컨셔스 뷰티 제품

응답자의 약 40%가 컨셔스 뷰티 제품를 구매한 경험이 있다. 컨셔스 뷰티 제품 중 스킨케어 제품 구매율이 높았고, 바디케어, 헤어 케어 제품 순으로 높은 구매율을 보이고 있다.

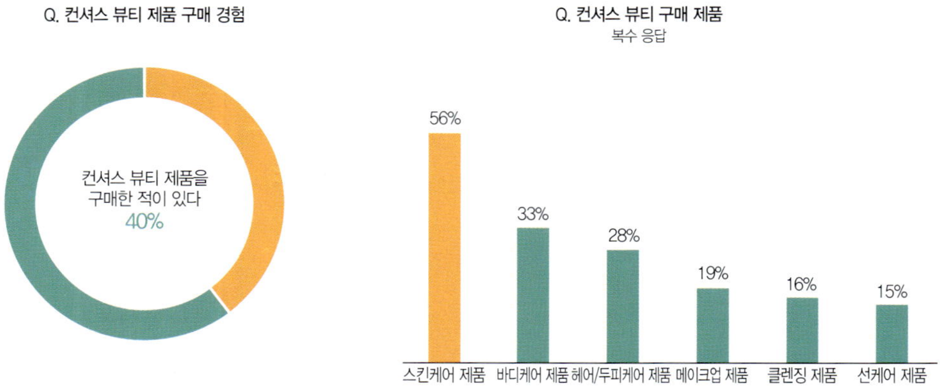

그림 6-17 컨셔스 뷰티 제품 구매 추이

컨셔스 뷰티 제품을 구입하는 이유는 자극적이지 않고, 피부에 좋을 것 같아 구매하는 경향이 있다. 또한 피부에 좋을 것 같다는 응답이 높았다. 컨셔스 뷰티 제품을 사용해본 응답자의 78%는 재구매할 의향이 있다고 답했다.

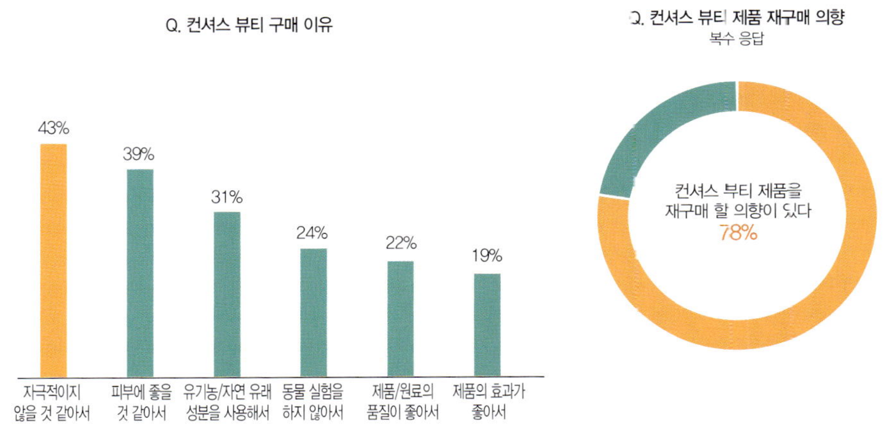

그림 6-18 컨셔스 뷰티 제품 구매 이유

5) 화장품 광고

화장품 광고의 절반 가량이 디스플레이 광고인 것으로 나타났다. 시각적 요소가 중요한 업종인 만큼 즉각적으로 인지되고 전환이 이루어지는 DA 광고를 선호하는 것으로 보인다.

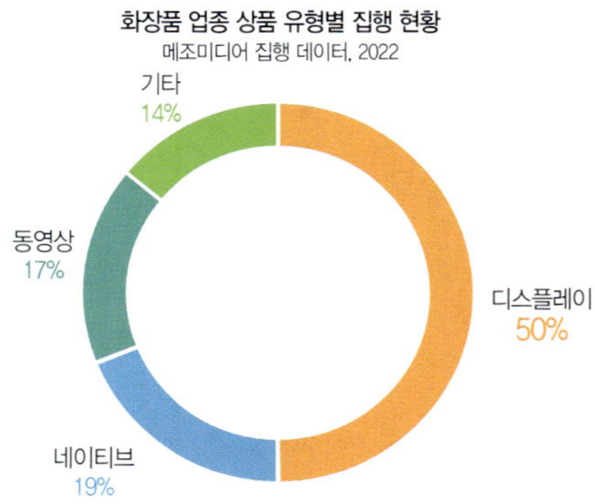

그림 6-19 화장품 광고 현황

6) 버티컬 미디어

버티컬 미디어의 경우, 올리브영 이용자들이 자주 접속하는 CJ ONE의 집행률이 높았다. 디스플레이 광고 선호도가 높은 만큼 모바일네트워크 광고 플랫폼 MANPLUS의 활용도 또한 높은 것으로 확인된다.

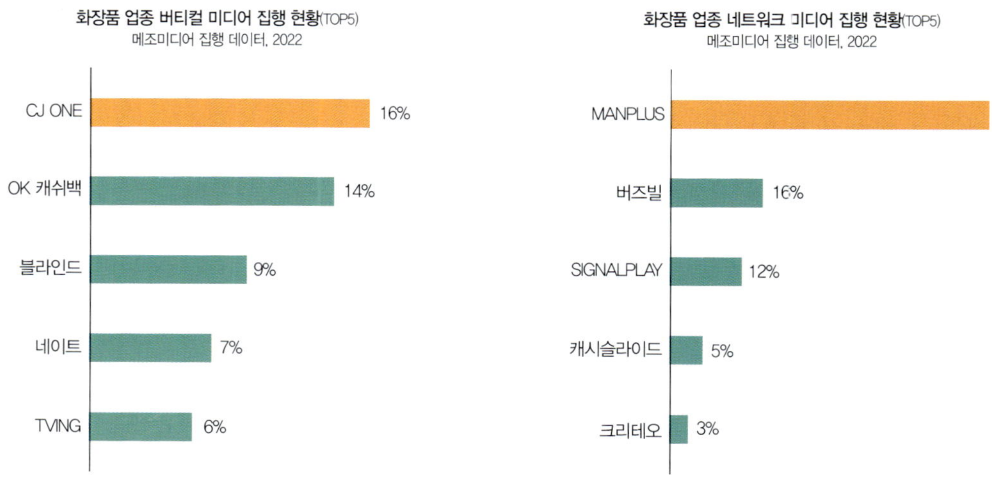

그림 6-20 버티컬 미디어 통계

7) 화장품 공병을 통한 친환경 가치 전달

환경에 대한 소비자의 관심이 높아짐에 따라, 많은 화장품 브랜드 가공병 수거 캠페인을 전개하고 있다. 키엘과 이니스프리는 수거된 공병으로 업사이클링 제품을 제작하고, 이를 브랜드 공간에 사용함으로써 보다 적극적인 친환경 활동을 펼치고 있다.

이니스프리 '공병공간'

캠페인 기간	• 2021 상반기~
특징	• 23만 개의 공병을 분쇄해 만든 '공병공간'을 리뉴얼 오픈하고 체험 콘텐츠 강화 • 공병을 가져와 수거 캠페인에 동참하면 뷰티포인트 적립 • 플라스틱 분쇄물로 굿즈를 제작하는 등 업사이클링 전과정을 체험 가능
효과	• 업사이클링 활동에 직접 참여할 수 있는 프로그램을 통해 브랜드 경험 증대

에니스프리 '공병공간'

캠페인 기간	• 2022 상반기~
특징	• 신세계백화점 강남점에 자원순환 콘셉트의 매장을 오픈 • 소비자의 참여로 회수된 공병을 이용해 벽돌과 테이블 제조하고 매장에 배치 • 수거한 공병을 가공해 원료화하는 과정을 알 수 있도록 전시 공간 마련
효과	• 브랜드의 친환경 활동을 효과적으로 보여주고 가치를 전달

그림 6-21 화장품 공병 활용 공간

COSME-
TOLOGY

화장품학

PART 07

부록

1 화장품법(제18448호, 202202218 기준)

2 시행령(제33112호, 20221220 기준)

3 시행규칙(제01887호, 20230622 기준)

4 화장품 안전기준 등에 관한 규정

부록

1 화장품법(제18448호, 202202218 기준)

제1장 총칙

제1조(목적) 이 법은 화장품의 제조 · 수입 · 판매 및 수출 등에 관한 사항을 규정함으로써 국민보건 향상과 화장품 산업의 발전에 기여함을 목적으로 한다. 〈개정 2018. 3. 13.〉

제2조(정의) 이 법에서 사용하는 용어의 뜻은 다음과 같다. 〈개정 2013. 3. 23., 2016. 5. 29., 2018. 3. 13., 2019. 1. 15., 2020. 4. 7.〉

1. "화장품"이란 인체를 청결 · 미화하여 매력을 더하고 용모를 밝게 변화시키거나 피부 · 모발의 건강을 유지 또는 증진하기 위하여 인체에 바르고 문지르거나 뿌리는 등 이와 유사한 방법으로 사용되는 물품으로서 인체에 대한 작용이 경미한 것을 말한다. 다만, 「약사법」 제2조제4호의 의약품에 해당하는 물품은 제외한다.

2. "기능성화장품"이란 화장품 중에서 다음 각 목의 어느 하나에 해당되는 것으로서 총리령으로 정하는 화장품을 말한다.
   가. 피부의 미백에 도움을 주는 제품
   나. 피부의 주름개선에 도움을 주는 제품
   다. 피부를 곱게 태워주거나 자외선으로부터 피부를 보호하는 데에 도움을 주는 제품
   라. 모발의 색상 변화 · 제거 또는 영양공급에 도움을 주는 제품
   마. 피부나 모발의 기능 약화로 인한 건조함, 갈라짐, 빠짐, 각질화 등을 방지하거나 개선하는 데에 도움을 주는 제품

2의2. "천연화장품"이란 동식물 및 그 유래 원료 등을 함유한 화장품으로서 식품의약품안전처장이 정하는 기준에 맞는 화장품을 말한다.

3. “유기농화장품”이란 유기농 원료, 동식물 및 그 유래 원료 등을 함유한 화장품으로서 식품의약품안전처장이 정하는 기준에 맞는 화장품을 말한다.

3의2. “맞춤형화장품”이란 다음 각 목의 화장품을 말한다.

가. 제조 또는 수입된 화장품의 내용물에 다른 화장품의 내용물이나 식품의약품안전처장이 정하는 원료를 추가하여 혼합한 화장품

나. 제조 또는 수입된 화장품의 내용물을 소분(小分)한 화장품. 다만, 고형(固形) 비누 등 총리령으로 정하는 화장품의 내용물을 단순 소분한 화장품은 제외한다.

4. “안전용기 · 포장”이란 만 5세 미만의 어린이가 개봉하기 어렵게 설계 · 고안된 용기나 포장을 말한다.

5. “사용기한”이란 화장품이 제조된 날부터 적절한 보관 상태에서 제품이 고유의 특성을 간직한 채 소비자가 안정적으로 사용할 수 있는 최소한의 기한을 말한다.

6. “1차 포장”이란 화장품 제조 시 내용물과 직접 접촉하는 포장용기를 말한다.

7. “2차 포장”이란 1차 포장을 수용하는 1개 또는 그 이상의 포장과 보호재 및 표시의 목적으로 한 포장(첨부문서 등을 포함한다)을 말한다.

8. “표시”란 화장품의 용기 · 포장에 기재하는 문자 · 숫자 · 도형 또는 그림 등을 말한다.

9. “광고”란 라디오 · 텔레비전 · 신문 · 잡지 · 음성 · 음향 · 영상 · 인터넷 · 인쇄물 · 간판, 그 밖의 방법에 의하여 화장품에 대한 정보를 나타내거나 알리는 행위를 말한다.

10. “화장품제조업”이란 화장품의 전부 또는 일부를 제조(2차 포장 또는 표시만의 공정은 제외한다)하는 영업을 말한다.

11. “화장품책임판매업”이란 취급하는 화장품의 품질 및 안전 등을 관리하면서 이를 유통 · 판매하거나 수입대행형 거래를 목적으로 알선 · 수여(授與)하는 영업을 말한다.

12. “맞춤형화장품판매업”이란 맞춤형화장품을 판매하는 영업을 말한다.

제2조의2(영업의 종류) ① 이 법에 따른 영업의 종류는 다음 각 호와 같다.

1. 화장품제조업

2. 화장품책임판매업

3. 맞춤형화장품판매업

② 제1항에 따른 영업의 세부 종류와 그 범위는 대통령령으로 정한다.

[본조신설 2018. 3. 13.]

제2장 화장품의 제조 · 유통

제3조(영업의 등록) ① 화장품제조업 또는 화장품책임판매업을 하려는 자는 각각 총리령으로 정하는 바에 따라 식품의약품안전처장에게 등록하여야 한다. 등록한 사항 중 총리령으로 정하는 중요한 사항을 변경할 때에도 또한 같다. 〈개정 2013. 3. 23., 2016. 2. 3., 2018. 3. 13.〉

② 제1항에 따라 화장품제조업을 등록하려는 자는 총리령으로 정하는 시설기준을 갖추어야 한다. 다만, 화장품의 일부 공정만을 제조하는 등 총리령으로 정하는 경우에 해당하는 때에는 시설의 일부를 갖추지 아니할 수 있다. 〈개정 2013. 3. 23., 2018. 3. 13.〉

③ 제1항에 따라 화장품책임판매업을 등록하려는 자는 총리령으로 정하는 화장품의 품질관리 및 책임판매 후 안전관리에 관한 기준을 갖추어야 하며, 이를 관리할 수 있는 관리자(이하 "책임판매관리자"라 한다)를 두어야 한다. 〈개정 2013. 3. 23., 2018. 3. 13.〉

④ 제1항부터 제3항까지의 규정에 따른 등록 절차 및 책임판매관리자의 자격기준과 직무 등에 관하여 필요한 사항은 총리령으로 정한다. 〈개정 2013. 3. 23., 2018. 3. 13.〉

[제목개정 2018. 3. 13.]

제3조의2(맞춤형화장품판매업의 신고) ① 맞춤형화장품판대업을 하려는 자는 총리령으로 정하는 바에 따라 식품의약품안전처장에게 신고하여야 한다. 신고한 사항 중 총리령으로 정하는 사항을 변경할 때에도 또한 같다.

② 제1항에 따라 맞춤형화장품판매업을 신고하려는 자는 총리령으로 정하는 시설기준을 갖추어야 하며, 맞춤형화장품의 혼합·소분 등 품질·안전 관리 업무에 종사하는 자(이하 "맞춤형화장품조제관리사"라 한다)를 두어야 한다. 〈개정 2021. 8. 17.〉

[본조신설 2018. 3. 13.]

제3조의3(결격사유) 다음 각 호의 어느 하나에 해당하는 자는 화장품제조업 또는 화장품책임판매업의 등록이나 맞춤형화장품판매업의 신고를 할 수 없다. 다만, 제1호 및 제3호는 화장품제조업만 해당한다.

1. 「정신건강증진 및 정신질환자 복지서비스 지원에 관한 법률」 제3조제1호에 따른 정신질환자. 다만, 전문의가 화장품제조업자(제3조제1항에 따라 화장품제조업을 등록한 자를 말한다. 이하 같다)로서 적합하다고 인정하는 사람은 제외한다.
2. 피성년후견인 또는 파산선고를 받고 복권되지 아니한 자
3. 「마약류 관리에 관한 법률」 제2조제1호에 따른 마약류의 중독자
4. 이 법 또는 「보건범죄 단속에 관한 특별조치법」을 위반하여 금고 이상의 형을 선고받고 그 집행이 끝나지 아니하거나 그 집행을 받지 아니하기로 확정되지 아니한 자
5. 제24조에 따라 등록이 취소되거나 영업소가 폐쇄(이 조 제1호부터 제3호까지의 어느 하나에 해당하여 등록이 취소되거나 영업소가 폐쇄된 경우는 제외한다)된 날부터 1년이 지나지 아니한 자

[본조신설 2018. 3. 13.]

제3조의4(맞춤형화장품조제관리사 자격시험) ① 맞춤형화장품조제관리사가 되려는 사람은 화장품과 원료 등에 대하여 식품의약품안전처장이 실시하는 자격시험에 합격하여야 한다.

② 식품의약품안전처장은 거짓이나 그 밖의 부정한 방법으로 자격시험에 응시한 사람 또는 자격시험에서 부정행위를 한 사람에 대하여는 그 자격시험을 정지시키거나 합격을 무효로 한다. 이 경우 자격시험이 정지되거나 합격이 무효가 된 사람은 그 처분이 있은 날부터 3년간 자격시험에 응시할 수 없다. 〈개정 2021. 8. 17.〉

③ 식품의약품안전처장은 제1항에 따른 자격시험의 관리 및 제4항에 따른 자격증 발급 등에 관한 업무를 효과적으로 수행하기 위하여 필요한 전문인력과 시설을 갖춘 기관 또는 단체를 시험운영기관으로 지정하여 시험업무를 위탁할 수 있다. 〈개정 2021. 8. 17.〉

④ 제1항 및 제3항에 따른 자격시험의 시기, 절차, 방법, 시험과목, 자격증의 발급, 시험운영기관의 지정 등 자격시험에 필요한 사항은 총리령으로 정한다.

[본조신설 2018. 3. 13.]

제3조의5(맞춤형화장품조제관리사의 결격사유) 다음 각 호의 어느 하나에 해당하는 자는 맞춤형화장품조제관리사가 될 수 없다.

1. 「정신건강증진 및 정신질환자 복지서비스 지원에 관한 법률」 제3조제1호에 따른 정신질환자. 다만, 전문의가 맞춤형화장품조제관리사로서 적합하다고 인정하는 사람은 제외한다.
2. 피성년후견인
3. 「마약류 관리에 관한 법률」 제2조제1호에 따른 마약류의 중독자
4. 이 법 또는 「보건범죄 단속에 관한 특별조치법」을 위반하여 금고 이상의 형을 선고받고 그 집행이 끝나지 아니하거나 그 집행을 받지 아니하기로 확정되지 아니한 자
5. 제3조의8에 따라 맞춤형화장품조제관리사의 자격이 취소된 날부터 3년이 지나지 아니한 자

[본조신설 2021. 8. 17.]

제3조의6(자격증 대여 등의 금지) ① 맞춤형화장품조제관리사는 다른 사람에게 자기의 성명을 사용하여 맞춤형화장품조제관리사 업무를 하게 하거나 자기의 맞춤형화장품조제관리사자격증을 양도 또는 대여하여서는 아니 된다.

② 누구든지 다른 사람의 맞춤형화장품조제관리사자격증을 양수하거나 대여받아 이를 사용하여서는 아니 된다.

[본조신설 2021. 8. 17.]

제3조의7(유사명칭의 사용금지) 맞춤형화장품조제관리사가 아닌 자는 맞춤형화장품조제관리사 또는 이와 유사한 명칭을 사용하지 못한다.

[본조신설 2021. 8. 17.]

제3조의8(맞춤형화장품조제관리사 자격의 취소) 식품의약품안전처장은 맞춤형화장품조제관리사가 다음 각 호의 어느 하나에 해당하는 경우에는 그 자격을 취소하여야 한다.

1. 거짓이나 그 밖의 부정한 방법으로 맞춤형화장품조제관리사의 자격을 취득한 경우
2. 제3조의5제1호부터 제4호까지 중 어느 하나에 해당하는 경우
3. 제3조의6제1항을 위반하여 다른 사람에게 자기의 성명을 사용하여 맞춤형화장품조제관리사 업무를 하게 하거나 맞춤형화장품조제관리사자격증을 양도 또는 대여한 경우

[본조신설 2021. 8. 17.]

제4조(기능성화장품의 심사 등) ① 기능성화장품으로 인정받아 판매 등을 하려는 화장품제조업자, 화장품책임판매업자(제3조제1항에 따라 화장품책임판매업을 등록한 자를 말한다. 이하 같다) 또는 총리령으로 정하는 대학 · 연구소 등은 품목별로 안전성 및 유효성에 관하여 식품의약품안전처장의 심사를 받거나 식품의약품안전처장에게 보고서를 제

출하여야 한다. 제출한 보고서나 심사받은 사항을 변경할 때에도 또한 같다. 〈개정 2013. 3. 23., 2018. 3. 13.〉

② 제1항에 따른 유효성에 관한 심사는 제2조제2호 각 목에 규정된 효능 · 효과에 한하여 실시한다.

③ 제1항에 따른 심사를 받으려는 자는 총리령으로 정하는 바에 따라 그 심사에 필요한 자료를 식품의약품안전처장에게 제출하여야 한다. 〈개정 2013. 3. 23.〉

④ 제1항 및 제2항에 따른 심사 또는 보고서 제출의 대상과 절차 등에 관하여 필요한 사항은 총리령으로 정한다. 〈개정 2013. 3. 23.〉

제4조의2(영유아 또는 어린이 사용 화장품의 관리) ① 화장품책임판매업자는 영유아 또는 어린이가 사용할 수 있는 화장품임을 표시 · 광고하려는 경우에는 제품별로 안전과 품질을 입증할 수 있는 다음 각 호의 자료(이하 "제품별 안전성 자료"라 한다)를 작성 및 보관하여야 한다.

1. 제품 및 제조방법에 대한 설명 자료
2. 화장품의 안전성 평가 자료
3. 제품의 효능 · 효과에 대한 증명 자료

② 식품의약품안전처장은 제1항에 따른 화장품에 대하여 제품별 안전성 자료, 소비자 사용실태, 사용 후 이상사례 등에 대하여 주기적으로 실태조사를 실시하고, 위해요소의 저감화를 위한 계획을 수립하여야 한다.

③ 식품의약품안전처장은 소비자가 제1항에 따른 화장품을 안전하게 사용할 수 있도록 교육 및 홍보를 할 수 있다.

④ 제1항에 따른 영유아 또는 어린이의 연령 및 표시 · 광고의 범위, 제품별 안전성 자료의 작성 범위 및 보관기간 등과 제2항에 따른 실태조사 및 계획 수립의 범위, 시기, 절차 등에 필요한 사항은 총리령으로 정한다.

[본조신설 2019. 1. 15.]

제5조(영업자의 의무 등) ① 화장품제조업자는 화장품의 제조와 관련된 기록 · 시설 · 기구 등 관리 방법, 원료 · 자재 · 완제품 등에 대한 시험 · 검사 · 검정 실시 방법 및 의무 등에 관하여 총리령으로 정하는 사항을 준수하여야 한다. 〈개정 2013. 3. 23., 2018. 3. 13.〉

② 화장품책임판매업자는 화장품의 품질관리기준, 책임판매 후 안전관리기준, 품질 검사 방법 및 실시 의무, 안전성 · 유효성 관련 정보사항 등의 보고 및 안전대책 마련 의무 등에 관하여 총리령으로 정하는 사항을 준수하여야 한다. 〈개정 2013. 3. 23., 2018. 3. 13.〉

③ 맞춤형화장품판매업자(제3조의2제1항에 따라 맞춤형화장품판매업을 신고한 자를 말한다. 이하 같다)는 소비자에게 유통 · 판매되는 화장품을 임의로 혼합 · 소분하여서는 아니 된다. 〈신설 2021. 8. 17.〉

④ 맞춤형화장품판매업자는 맞춤형화장품 판매장 시설 · 기구의 관리 방법, 혼합 · 소분 안전관리기준의 준수 의무, 혼합 · 소분되는 내용물 및 원료에 대한 설명 의무, 안전성 관련 사항 보고 의무 등에 관하여 총리령으로 정하는 사항을 준수하여야 한다. 〈신설 2018. 3. 13., 2021. 8. 17.〉

⑤ 화장품책임판매업자는 총리령으로 정하는 바에 따라 화장품의 생산실적 또는 수입실적, 화장품의 제조과정에 사용된 원료의 목록 등을 식품의약품안전처장에게 보고하여야 한다. 이 경우 원료의 목록에 관한 보고는 화장품의 유통 · 판매 전에 하여야 한다. 〈개정 2013. 3. 23., 2018. 3. 13., 2021. 8. 17.〉

⑥ 맞춤형화장품판매업자는 총리령으로 정하는 바에 따라 맞춤형화장품에 사용된 모든 원료의 목록을 매년 1회 식품의약품안전처장에게 보고하여야 한다. 〈신설 2021. 8. 17.〉

⑦ 책임판매관리자 및 맞춤형화장품조제관리사는 화장품의 안전성 확보 및 품질관리에 관한 교육을 매년 받아야 한다. 〈개정 2013. 3. 23., 2016. 2. 3., 2018. 3. 13., 2021. 8. 17.〉

⑧ 식품의약품안전처장은 국민 건강상 위해를 방지하기 위하여 필요하다고 인정하면 화

장품제조업자, 화장품책임판매업자 및 맞춤형화장품판매업자(이하 "영업자"라 한다)에게 화장품 관련 법령 및 제도(화장품의 안전성 확보 및 품질관리에 관한 내용을 포함한다)에 관한 교육을 받을 것을 명할 수 있다. 〈개정 2016. 2. 3., 2018. 3. 13., 2021. 8. 17.〉

⑨ 제8항에 따라 교육을 받아야 하는 자가 둘 이상의 장소에서 화장품제조업, 화장품책임판매업 또는 맞춤형화장품판매업을 하는 경우에는 종업원 중에서 총리령으로 정하는 자를 책임자로 지정하여 교육을 받게 할 수 있다. 〈신설 2016. 2. 3., 2018. 3. 13., 2021. 8. 17.〉

⑩ 제7항부터 제9항까지의 규정에 따른 교육의 실시 기관, 내용, 대상 및 교육비 등에 관하여 필요한 사항은 총리령으로 정한다. 〈신설 2016. 2. 3., 2018. 3. 13., 2021. 8. 17.〉

[제목개정 2018. 3. 13.]

제5조의2(위해화장품의 회수) ① 영업자는 제9조, 제15조 또는 제16조제1항에 위반되어 국민보건에 위해(危害)를 끼치거나 끼칠 우려가 있는 화장품이 유통 중인 사실을 알게 된 경우에는 지체 없이 해당 화장품을 회수하거나 회수하는 데에 필요한 조치를 하여야 한다. 〈개정 2018. 12. 11.〉

② 제1항에 따라 해당 화장품을 회수하거나 회수하는 데에 필요한 조치를 하려는 영업자는 회수계획을 식품의약품안전처장에게 미리 보고하여야 한다. 〈개정 2018. 3. 13.〉

③ 식품의약품안전처장은 제1항에 따른 회수 또는 회수에 필요한 조치를 성실하게 이행한 영업자가 해당 화장품으로 인하여 받게 되는 제24조에 따른 행정처분을 총리령으로 정하는 바에 따라 감경 또는 면제할 수 있다. 〈개정 2018. 3. 13.〉

④ 제1항 및 제2항에 따른 회수 대상 화장품, 해당 화장품의 회수에 필요한 위해성 등급 및 그 분류기준, 회수계획 보고 및 회수절차 등에 필요한 사항은 총리령으로 정한다. 〈개정 2018. 12. 11.〉

[본조신설 2015. 1. 28.]

제6조(폐업 등의 신고) ① 영업자는 다음 각 호의 어느 하나에 해당하는 경우에는 총리령으로 정하는 바에 따라 식품의약품안전처장에게 신고하여야 한다. 다만, 휴업기간이 1개월 미만이거나 그 기간 동안 휴업하였다가 그 업을 재개하는 경우에는 그러하지 아니하다. 〈개정 2013. 3. 23., 2018. 3. 13., 2018. 12. 11.〉

1. 폐업 또는 휴업하려는 경우

2. 휴업 후 그 업을 재개하려는 경우

3. 삭제 〈2018. 12. 11.〉

② 식품의약품안전처장은 화장품제조업자 또는 화장품책임판매업자가 「부가가치세법」 제8조에 따라 관할 세무서장에게 폐업신고를 하거나 관할 세무서장이 사업자등록을 말소한 경우에는 등록을 취소할 수 있다. 〈신설 2018. 3. 13.〉

③ 식품의약품안전처장은 제2항에 따라 등록을 취소하기 위하여 필요하면 관할 세무서장에게 화장품제조업자 또는 화장품책임판매업자의 폐업여부에 대한 정보 제공을 요청할 수 있다. 이 경우 요청을 받은 관할 세무서장은 「전자정부법」 제39조에 따라 화장품제조업자 또는 화장품책임판매업자의 폐업여부에 대한 정보를 제공하여야 한다. 〈신설 2018. 3. 13.〉

④ 식품의약품안전처장은 제1항제1호에 따른 폐업신고 또는 휴업신고를 받은 날부터 7일 이내에 신고수리 여부를 신고인에게 통지하여야 한다. 〈신설 2018. 12. 11.〉

⑤ 식품의약품안전처장이 제4항에서 정한 기간 내에 신고수리 여부 또는 민원 처리 관련 법령에 따른 처리기간의 연장을 신고인에게 통지하지 아니하면 그 기간(민원 처리 관련 법령에 따라 처리기간이 연장 또는 재연장된 경우에는 해당 처리기간을 말한다)이 끝난 날의 다음 날에 신고를 수리한 것으로 본다. 〈신설 2018. 12. 11.〉

제7조 삭제 〈2018. 3. 13.〉

제3장 화장품의 취급

제1절 기준

제8조(화장품 안전기준 등) ① 식품의약품안전처장은 화장품의 제조 등에 사용할 수 없는 원료를 지정하여 고시하여야 한다. 〈개정 2013. 3. 23.〉

② 식품의약품안전처장은 보존제, 색소, 자외선차단제 등과 같이 특별히 사용상의 제한이 필요한 원료에 대하여는 그 사용기준을 지정하여 고시하여야 하며, 사용기준이 지정·고시된 원료 외의 보존제, 색소, 자외선차단제 등은 사용할 수 없다. 〈개정 2013. 3. 23., 2018. 3. 13.〉

③ 식품의약품안전처장은 국내외에서 유해물질이 포함되어 있는 것으로 알려지는 등 국민보건상 위해 우려가 제기되는 화장품 원료 등의 경우에는 총리령으로 정하는 바에 따라 위해요소를 신속히 평가하여 그 위해 여부를 결정하여야 한다. 〈개정 2013. 3. 23.〉

④ 식품의약품안전처장은 제3항에 따라 위해평가가 완료된 경우에는 해당 화장품 원료 등을 화장품의 제조에 사용할 수 없는 원료로 지정하거나 그 사용기준을 지정하여야 한다. 〈개정 2013. 3. 23.〉

⑤ 식품의약품안전처장은 제2항에 따라 지정·고시된 원료의 사용기준의 안전성을 정기적으로 검토하여야 하고, 그 결과에 따라 지정·고시된 원료의 사용기준을 변경할 수 있다. 이 경우 안전성 검토의 주기 및 절차 등에 관한 사항은 총리령으로 정한다. 〈신설 2018. 3. 13.〉

⑥ 화장품제조업자, 화장품책임판매업자 또는 대학·연구소 등 총리령으로 정하는 자는 제2항에 따라 지정·고시되지 아니한 원료의 사용기준을 지정·고시하거나 지정·고시된 원료의 사용기준을 변경하여 줄 것을 총리령으로 정하는 바에 따라 식품의약품안전처장에게 신청할 수 있다. 〈신설 2018. 3. 13.〉

⑦ 식품의약품안전처장은 제6항에 따른 신청을 받은 경우에는 신청된 내용의 타당성을

검토하여야 하고, 그 타당성이 인정되는 경우에는 원료의 사용기준을 지정 · 고시하거나 변경하여야 한다. 이 경우 신청인에게 검토 결과를 서면으로 알려야 한다. 〈신설 2018. 3. 13.〉

⑧ 식품의약품안전처장은 그 밖에 유통화장품 안전관리 기준을 정하여 고시할 수 있다. 〈개정 2013. 3. 23., 2018. 3. 13.〉

제9조(안전용기 · 포장 등) ① 화장품책임판매업자 및 맞춤형화장품판매업자는 화장품을 판매할 때에는 어린이가 화장품을 잘못 사용하여 인체에 위해를 끼치는 사고가 발생하지 아니하도록 안전용기 · 포장을 사용하여야 한다. 〈개정 2018. 3. 13.〉

② 제1항에 따라 안전용기 · 포장을 사용하여야 할 품목 및 용기 · 포장의 기준 등에 관하여는 총리령으로 정한다. 〈개정 2013. 3. 23.〉

제2절 표시 · 광고 · 취급

제10조(화장품의 기재사항) ① 화장품의 1차 포장 또는 2차 포장에는 총리령으로 정하는 바에 따라 다음 각 호의 사항을 기재 · 표시하여야 한다. 다만, 내용량이 소량인 화장품의 포장 등 총리령으로 정하는 포장에는 화장품의 명칭, 화장품책임판매업자 및 맞춤형화장품판매업자의 상호, 가격, 제조번호와 사용기한 또는 개봉 후 사용기간(개봉 후 사용기간을 기재할 경우에는 제조연월일을 병행 표기하여야 한다. 이하 이 조에서 같다)만을 기재 · 표시할 수 있다. 〈개정 2013. 3. 23., 2016. 2. 3., 2018. 3. 13.〉

1. 화장품의 명칭

2. 영업자의 상호 및 주소

3. 해당 화장품 제조에 사용된 모든 성분(인체에 무해한 소량 함유 성분 등 총리령으로 정하는 성분은 제외한다)

4. 내용물의 용량 또는 중량

5. 제조번호

6. 사용기한 또는 개봉 후 사용기간

7. 가격

8. 기능성화장품의 경우 "기능성화장품"이라는 글자 또는 기능성화장품을 나타내는 도안으로서 식품의약품안전처장이 정하는 도안

9. 사용할 때의 주의사항

10. 그 밖에 총리령으로 정하는 사항

② 제1항 각 호 외의 부분 본문에도 불구하고 다음 각 호의 사항은 1차 포장에 표시하여야 한다. 다만, 소비자가 화장품의 1차 포장을 제거하고 사용하는 고형비누 등 총리령으로 정하는 화장품의 경우에는 그러하지 아니한다. 〈개정 2018. 3. 13., 2021. 8. 17.〉

1. 화장품의 명칭

2. 영업자의 상호

3. 제조번호

4. 사용기한 또는 개봉 후 사용기간

③ 제1항에 따른 기재사항을 화장품의 용기 또는 포장에 표시할 때 제품의 명칭, 영업자의 상호는 시각장애인을 위한 점자 표시를 병행할 수 있다. 〈개정 2018. 3. 13.〉

④ 제1항 및 제2항에 따른 표시기준과 표시방법 등은 총리령으로 정한다. 〈개정 2013. 3. 23.〉

제11조(화장품의 가격표시) ① 제10조제1항제7호에 따른 가격은 소비자에게 화장품을 직접 판매하는 자(이하 "판매자"라 한다)가 판매하려는 가격을 표시하여야 한다.

② 제1항에 따른 표시방법과 그 밖에 필요한 사항은 총리령으로 정한다. 〈개정 2013. 3. 23.〉

제12조(기재 · 표시상의 주의) 제10조 및 제11조에 따른 기재 · 표시는 다른 문자 또는 문장보다 쉽게 볼 수 있는 곳에 하여야 하며, 총리령으로 정하는 바에 따라 읽기 쉽고 이해하기 쉬운 한글로 정확히 기재 · 표시하여야 하되, 한자 또는 외국어를 함께 기재할 수 있다. 〈개정 2013. 3. 23.〉

제13조(부당한 표시 · 광고 행위 등의 금지) ① 영업자 또는 판매자는 다음 각 호의 어느 하나에 해당하는 표시 또는 광고를 하여서는 아니 된다. 〈개정 2018. 3. 13.〉

1. 의약품으로 잘못 인식할 우려가 있는 표시 또는 광고
2. 기능성화장품이 아닌 화장품을 기능성화장품으로 잘못 인식할 우려가 있거나 기능성화장품의 안전성 · 유효성에 관한 심사결과와 다른 내용의 표시 또는 광고
3. 천연화장품 또는 유기농화장품이 아닌 화장품을 천연화장품 또는 유기농화장품으로 잘못 인식할 우려가 있는 표시 또는 광고
4. 그 밖에 사실과 다르게 소비자를 속이거나 소비자가 잘못 인식하도록 할 우려가 있는 표시 또는 광고

② 제1항에 따른 표시 · 광고의 범위와 그 밖에 필요한 사항은 총리령으로 정한다. 〈개정 2013. 3. 23.〉

제14조(표시 · 광고 내용의 실증 등) ① 영업자 및판매자는 자기가 행한 표시 · 광고 중 사실과 관련한 사항에 대하여는 이를 실증할 수 있어야 한다. 〈개정 2018. 3. 13.〉

② 식품의약품안전처장은 영업자 또는 판매자가 행한 표시 · 광고가 제13조제1항제4호에 해당하는지를 판단하기 위하여 제1항에 따른 실증이 필요하다고 인정하는 경우에는 그 내용을 구체적으로 명시하여 해당 영업자 또는 판매자에게 관련 자료의 제출을 요청할 수 있다. 〈개정 2013. 3. 23., 2018. 3. 13.〉

③ 제2항에 따라 실증자료의 제출을 요청받은 영업자 또는 판매자는 요청받은 날부터 15

일 이내에 그 실증자료를 식품의약품안전처장에게 제출하여야 한다. 다만, 식품의약품안전처장은 정당한 사유가 있다고 인정하는 경우에는 그 제출기간을 연장할 수 있다. 〈개정 2013. 3. 23., 2018. 3. 13.〉

④ 식품의약품안전처장은 영업자 또는 판매자가 제2항에 따라 실증자료의 제출을 요청받고도 제3항에 따른 제출기간 내에 이를 제출하지 아니한 채 계속하여 표시 · 광고를 하는 때에는 실증자료를 제출할 때까지 그 표시 · 광고 행위의 중지를 명하여야 한다. 〈개정 2013. 3. 23., 2018. 3. 13.〉

⑤ 제2항 및 제3항에 따라 식품의약품안전처장으로부터 실증자료의 제출을 요청받아 제출한 경우에는 「표시 · 광고의 공정화에 관한 법률」 등 다른 법률에 따라 다른 기관이 요구하는 자료제출을 거부할 수 있다. 〈개정 2013. 3. 23.〉

⑥ 식품의약품안전처장은 제출받은 실증자료에 대하여 「표시 · 광고의 공정화에 관한 법률」 등 다른 법률에 따른 다른 기관의 자료요청이 있는 경우에는 특별한 사유가 없는 한 이에 응하여야 한다. 〈개정 2013. 3. 23.〉

⑦ 제1항부터 제4항까지의 규정에 따른 실증의 대상, 실증자료의 범위 및 요건, 제출방법 등에 관하여 필요한 사항은 총리령으로 정한다. 〈개정 2013. 3. 23.〉

제14조의2(천연화장품 및 유기농화장품에 대한 인증) ① 식품의약품안전처장은 천연화장품 및 유기농화장품의 품질제고를 유도하고 소비자에게 보다 정확한 제품정보가 제공될 수 있도록 식품의약품안전처장이 정하는 기준에 적합한 천연화장품 및 유기농화장품에 대하여 인증할 수 있다.

② 제1항에 따라 인증을 받으려는 화장품제조업자, 화장품책임판매업자 또는 총리령으로 정하는 대학 · 연구소 등은 식품의약품안전처장에게 인증을 신청하여야 한다.

③ 식품의약품안전처장은 제1항에 따라 인증을 받은 화장품이 다음 각 호의 어느 하나에 해당하는 경우에는 그 인증을 취소하여야 한다.

1. 거짓이나 그 밖의 부정한 방법으로 인증을 받은 경우

2. 제1항에 따른 인증기준에 적합하지 아니하게 된 경우

④ 식품의약품안전처장은 인증업무를 효과적으로 수행하기 위하여 필요한 전문 인력과 시설을 갖춘 기관 또는 단체를 인증기관으로 지정하여 인증업무를 위탁할 수 있다.

⑤ 제1항부터 제4항까지에 따른 인증절차, 인증기관의 지정기준, 그 밖에 인증제도 운영에 필요한 사항은 총리령으로 정한다.

[본조신설 2018. 3. 13.]

제14조의3(인증의 유효기간) ① 제14조의2제1항에 따른 인증의 유효기간은 인증을 받은 날부터 3년으로 한다.

② 인증의 유효기간을 연장 받으려는 자는 유효기간 만료 90일 전에 총리령으로 정하는 바에 따라 연장신청을 하여야 한다.

[본조신설 2018. 3. 13.]

제14조의4(인증의 표시) ① 제14조의2제1항에 따라 인증을 받은 화장품에 대해서는 총리령으로 정하는 인증표시를 할 수 있다.

② 누구든지 제14조의2제1항에 따라 인증을 받지 아니한 화장품에 대하여 제1항에 따른 인증표시나 이와 유사한 표시를 하여서는 아니 된다.

[본조신설 2018. 3. 13.]

제14조의5(인증기관 지정의 취소 등) ① 식품의약품안전처장은 필요하다고 인정하는 경우에는 관계 공무원으로 하여금 제14조의2제4항에 따라 지정받은 인증기관(이하 "인증기관"이라 한다)이 업무를 적절하게 수행하는지를 조사하게 할 수 있다.

② 식품의약품안전처장은 인증기관이 다음 각 호의 어느 하나에 해당하면 그 지정을 취소

하거나 1년 이내의 기간을 정하여 해당 업무의 전부 또는 일부의 정지를 명할 수 있다. 다만, 제1호에 해당하는 경우에는 그 지정을 취소하여야 한다.

1. 거짓이나 그 밖의 부정한 방법으로 인증기관의 지정을 받은 경우
2. 제14조의2제5항에 따른 지정기준에 적합하지 아니하게 된 경우

③ 제2항에 따른 지정 취소 및 업무 정지 등에 필요한 사항은 총리령으로 정한다.

[본조신설 2018. 3. 13.]

제3절 제조 · 수입 · 판매 등의 금지

제15조(영업의 금지) 누구든지 다음 각 호의 어느 하나에 해당하는 화장품을 판매(수입대행형 거래를 목적으로 하는 알선 · 수여를 포함한다)하거나 판매할 목적으로 제조 · 수입 · 보관 또는 진열하여서는 아니 된다. 〈개정 2016. 5. 29., 2018. 3. 13., 2021. 8. 17.〉

1. 제4조에 따른 심사를 받지 아니하거나 보고서를 제출하지 아니한 기능성화장품
2. 전부 또는 일부가 변패(變敗)된 화장품
3. 병원미생물에 오염된 화장품
4. 이물이 혼입되었거나 부착된 것
5. 제8조제1항 또는 제2항에 따른 화장품에 사용할 수 없는 원료를 사용하였거나 같은 조 제8항에 따른 유통화장품 안전관리 기준에 적합하지 아니한 화장품
6. 코뿔소 뿔 또는 호랑이 뼈와 그 추출물을 사용한 화장품
7. 보건위생상 위해가 발생할 우려가 있는 비위생적인 조건에서 제조되었거나 제3조제2항에 따른 시설기준에 적합하지 아니한 시설에서 제조된 것
8. 용기나 포장이 불량하여 해당 화장품이 보건위생상 위해를 발생할 우려가 있는 것
9. 제10조제1항제6호에 따른 사용기한 또는 개봉 후 사용기간(병행 표기된 제조연월일을

포함한다)을 위조 · 변조한 화장품

10. 식품의 형태 · 냄새 · 색깔 · 크기 · 용기 및 포장 등을 모방하여 섭취 등 식품으로 오용될 우려가 있는 화장품

[제목개정 2018. 3. 13.]

제15조의2(동물실험을 실시한 화장품 등의 유통판매 금지) ① 화장품책임판매업자 및 맞춤형화장품판매업자는 「실험동물에 관한 법률」 제2조제1호에 따른 동물실험(이하 이 조에서 "동물실험"이라 한다)을 실시한 화장품 또는 동물실험을 실시한 화장품 원료를 사용하여 제조(위탁제조를 포함한다) 또는 수입한 화장품을 유통 · 판매하여서는 아니 된다. 다만, 다음 각 호의 어느 하나에 해당하는 경우는 그러하지 아니하다. 〈개정 2018. 3. 13., 2021. 8. 17.〉

1. 제8조제2항의 보존제, 색소, 자외선차단제 등 특별히 사용상의 제한이 필요한 원료에 대하여 그 사용기준을 지정하거나 같은 조 제3항에 따라 국민보건상 위해 우려가 제기되는 화장품 원료 등에 대한 위해평가를 하기 위하여 필요한 경우
2. 동물대체시험법(동물을 사용하지 아니하는 실험방법 및 부득이하게 동물을 사용하더라도 그 사용되는 동물의 개체 수를 감소하거나 고통을 경감시킬 수 있는 실험방법으로서 식품의약품안전처장이 인정하는 것을 말한다. 이하 이 조에서 같다)이 존재하지 아니하여 동물실험이 필요한 경우
3. 화장품 수출을 위하여 수출 상대국의 법령에 따라 동물실험이 필요한 경우
4. 수입하려는 상대국의 법령에 따라 제품 개발에 동물실험이 필요한 경우
5. 다른 법령에 따라 동물실험을 실시하여 개발된 원료를 화장품의 제조 등에 사용하는 경우
6. 그 밖에 동물실험을 대체할 수 있는 실험을 실시하기 곤란한 경우로서 식품의약품안전

처장이 정하는 경우

② 식품의약품안전처장은 동물대체시험법을 개발하기 위하여 노력하여야 하며, 화장품책임판매업자 등이 동물대체시험법을 활용할 수 있도록 필요한 조치를 하여야 한다. 〈개정 2018. 3. 13.〉

[본조신설 2016. 2. 3.]

제16조(판매 등의 금지) ① 누구든지 다음 각 호의 어느 하나에 해당하는 화장품을 판매하거나 판매할 목적으로 보관 또는 진열하여서는 아니 된다. 다만, 제3호의 경우에는 소비자에게 판매하는 화장품에 한한다. 〈개정 2016. 5. 29., 2018. 3. 13.〉

1. 제3조제1항에 따른 등록을 하지 아니한 자가 제조한 화장품 또는 제조·수입하여 유통·판매한 화장품

1의2. 제3조의2제1항에 따른 신고를 하지 아니한 자가 판매한 맞춤형화장품

1의3. 제3조의2제2항에 따른 맞춤형화장품조제관리사를 두지 아니하고 판매한 맞춤형화장품

2. 제10조부터 제12조까지에 위반되는 화장품 또는 의약품으로 잘못 인식할 우려가 있게 기재·표시된 화장품

3. 판매의 목적이 아닌 제품의 홍보·판매촉진 등을 위하여 미리 소비자가 시험·사용하도록 제조 또는 수입된 화장품

4. 화장품의 포장 및 기재·표시 사항을 훼손(맞춤형화장품 판매를 위하여 필요한 경우는 제외한다) 또는 위조·변조한 것

② 누구든지(맞춤형화장품조제관리사를 통하여 판매하는 맞춤형화장품판매업자 및 제2조제3호의2나목 단서에 해당하는 화장품 중 소분 판매를 목적으로 제조된 화장품의 판매자는 제외한다) 화장품의 용기에 담은 내용물을 나누어 판매하여서는 아니 된다. 〈개정 2018. 3. 13., 2020. 4. 7.〉

제4절 화장품업 단체 등 〈개정 2018. 3. 13.〉

제17조(단체 설립) 영업자는 자주적인 활동과 공동이익을 보장하고 국민보건향상에 기여하기 위하여 단체를 설립할 수 있다. 〈개정 2018. 3. 13.〉

[제목개정 2018. 3. 13.]

제4장 감독

제18조(보고와 검사 등) ① 식품의약품안전처장은 필요하다고 인정하면 영업자 · 판매자 또는 그 밖에 화장품을 업무상 취급하는 자에 대하여 필요한 보고를 명하거나, 관계 공무원으로 하여금 화장품 제조장소 · 영업소 · 창고 · 판매장소, 그 밖에 화장품을 취급하는 장소에 출입하여 그 시설 또는 관계 장부나 서류, 그 밖의물건의 검사 또는 관계인에 대한 질문을 할 수 있다. 〈개정 2013. 3. 23., 2018. 3. 13.〉

② 식품의약품안전처장은 화장품의 품질 또는 안전기준, 포장 등의 기재 · 표시 사항 등이 적합한지 여부를 검사하기 위하여 필요한 최소 분량을 수거하여 검사할 수 있다. 〈개정 2013. 3. 23.〉

③ 식품의약품안전처장은 총리령으로 정하는 바에 따라 제품의 판매에 대한 모니터링 제도를 운영할 수 있다. 〈개정 2013. 3. 23.〉

④ 제1항의 경우에 관계 공무원은 그 권한을 표시하는 증표를 관계인에게 내보여야 한다.

⑤ 제1항 및 제2항의 관계 공무원의 자격과 그 밖에 필요한 사항은 총리령으로 정한다. 〈개정 2013. 3. 23.〉

제18조의2(소비자화장품안전관리감시원) ① 식품의약품안전처장 또는 지방식품의약품안전청장은 화장품 안전관리를 위하여 제17조에 따라 설립된 단체 또는 「소비자기본법」 제29조에 따라 등록한 소비자단체의 임직원 중 해당 단체의 장이 추천한 사람이나 화장품 안전관리에 관한 지식이 있는 사람을 소비자화장품안전관리감시원으로 위촉할 수 있다.

② 제1항에 따라 위촉된 소비자화장품안전관리감시원(이하 "소비자화장품감시원"이라 한다)의 직무는 다음 각 호와 같다.

1. 유통 중인 화장품이 제10조제1항 및 제2항에 따른 표시기준에 맞지 아니하거나 제13조제1항 각 호의 어느 하나에 해당하는 표시 또는 광고를 한 화장품인 경우 관할 행정관청에 신고하거나 그에 관한 자료 제공

2. 제18조제1항 · 제2항에 따라 관계 공무원이 하는 출입 · 검사 · 질문 · 수거의 지원

3. 그 밖에 화장품 안전관리에 관한 사항으로서 총리령으로 정하는 사항

③ 식품의약품안전처장 또는 지방식품의약품안전청장은 소비자화장품감시원에게 직무수행에 필요한 교육을 실시할 수 있다.

④ 식품의약품안전처장 또는 지방식품의약품안전청장은 소비자화장품감시원이 다음 각 호의 어느 하나에 해당하는 경우에는 해당 소비자화장품감시원을 해촉(解囑)하여야 한다.

1. 해당 소비자화장품감시원을 추천한 단체에서 퇴직하거나 해임된 경우

2. 제2항 각 호의 직무와 관련하여 부정한 행위를 하거나 권한을 남용한 경우

3. 질병이나 부상 등의 사유로 직무 수행이 어렵게 된 경우

⑤ 소비자화장품감시원의 자격, 교육, 그 밖에 필요한 사항은 총리령으로 정한다.

[본조신설 2018. 3. 13.]

제19조(시정명령) 식품의약품안전처장은 이 법을 지키지 아니하는 자에 대하여 필요하다고 인정하면 그 시정을 명할 수 있다. 〈개정 2013. 3. 23.〉

제20조(검사명령) 식품의약품안전처장은 영업자에 대하여 필요하다고 인정하면 취급한 화장품에 대하여 「식품 · 의약품분야 시험 · 검사 등에 관한 법률」 제6조제2항제5호에 따른 화장품 시험 · 검사기관의 검사를 받을 것을 명할 수 있다. 〈개정 2013. 3. 23., 2013. 7. 30., 2018. 3. 13.〉

제21조 삭제 〈2013. 7. 30.〉

제22조(개수명령) 식품의약품안전처장은 화장품제조업자가 갖추고 있는 시설이 제3조 제2항에 따른 시설기준에 적합하지 아니하거나 노후 또는 오손되어 있어 그 시설로 화장품을 제조하면 화장품의 안전과 품질에 문제의 우려가 있다고 인정되는 경우에는 화장품제조업자에게 그 시설의 개수를 명하거나 그 개수가 끝날 때까지 해당 시설의 전부 또는 일부의 사용금지를 명할 수 있다. 〈개정 2013. 3. 23., 2018. 3. 13.〉

제23조(회수 · 폐기명령 등) ① 식품의약품안전처장은 판매 · 보관 · 진열 · 제조 또는 수입한 화장품이나 그 원료 · 재료 등(이하 "물품"이라 한다)이 제9조, 제15조 또는 제16조 제1항을 위반하여 국민보건에 위해를 끼칠 우려가 있는 경우에는 해당 영업자 · 판매자 또는 그 밖에 화장품을 업무상 취급하는 자에게 해당 물품의 회수 · 폐기 등의 조치를 명하여야 한다. 〈개정 2018. 12. 11.〉

② 식품의약품안전처장은 판매 · 보관 · 진열 · 제조 또는 수입한 물품이 국민보건에 위해를 끼치거나 끼칠 우려가 있다고 인정되는 경우에는 해당 영업자 · 판대자 또는 그 밖에 화장품을 업무상 취급하는 자에게 해당 물품의 회수 · 폐기 등의 조치를 명할 수 있다. 〈신설 2018. 12. 11.〉

③ 제1항 및 제2항에 따른 명령을 받은 영업자 · 판매자 또는 그 밖에 화장품을 업무상 취급하는 자는 미리 식품의약품안전처장에게 회수계획을 보고하여야 한다. 〈신설 2018. 12. 11.〉

④ 식품의약품안전처장은 다음 각 호의 어느 하나에 해당하는 경우에는 관계 공무원으로 하여금 해당 물품을 폐기하게 하거나 그 밖에 필요한 처분을 하게 할 수 있다. 〈개정 2013. 3. 23., 2018. 12. 11.〉

1. 제1항 및 제2항에 따른 명령을 받은 자가 그 명령을 이행하지 아니한 경우
2. 그 밖에 국민보건을 위하여 긴급한 조치가 필요한 경우

⑤ 제1항부터 제3항까지의 규정에 따른 물품의 회수에 필요한 위해성 등급 및 그 분류기준, 회수 · 폐기의 절차 · 계획 및 사후조치 등에 필요한 사항은 총리령으로 정한다. 〈신설 2015. 1. 28., 2018. 12. 11.〉

[제목개정 2015. 1. 28.]

제23조의2(위해화장품의 공표) ① 식품의약품안전처장은 다음 각 호의 어느 하나에 해당하는 경우에는 해당 영업자에 대하여 그 사실의 공표를 명할 수 있다. 〈개정 2018. 3. 13., 2018. 12. 11.〉

1. 제5조의2제2항에 따른 회수계획을 보고받은 때
2. 제23조제3항에 따른 회수계획을 보고받은 때

② 제1항에 따른 공표의 방법 · 절차 등에 필요한 사항은 총리령으로 정한다.

[본조신설 2015. 1. 28.]

제24조(등록의 취소 등) ① 영업자가 다음 각 호의 어느 하나에 해당하는 경우에는 식품의약품안전처장은 등록을 취소하거나 영업소 폐쇄(제3조의2제1항에 따라 신고한 영업만 해당한다. 이하 이 조에서 같다)를 명하거나, 품목의 제조 · 수입 및 판매(수입대행형 거래를 목적으로 하는 알선 · 수여를 포함한다)의 금지를 명하거나 1년의 범위에서 기간을 정하여 그 업무의 전부 또는 일부에 대한 정지를 명할 수 있다. 다만, 제1호의2, 제3호 또는 제14호(광고 업무에 한정하여 정지를 명한 경우는 제외한다)에 해당하는 경우에는 등록을 취소하거나 영업소를 폐쇄하여야 한다. 〈개정 2013. 3. 23., 2015. 1. 28., 2016. 5. 29., 2018. 3. 13., 2018. 12. 11., 2019. 1. 15., 2021. 8. 17.〉

1. 제3조제1항 후단에 따른 화장품제조업 또는 화장품책임판매업의 변경 사항 등록을 하지 아니한 경우

1의2. 거짓이나 그 밖의 부정한 방법으로 제3조제1항 또는 제3조의2제1항에 따른 등록 · 변경등록 또는 신고 · 변경신고를 한 경우

2. 제3조제2항에 따른 시설을 갖추지 아니한 경우

2의2. 제3조의2제1항 후단에 따른 맞춤형화장품판매업의 변경신고를 하지 아니한 경우

2의3. 맞춤형화장품판매업자가 제3조의2제2항에 따른 시설기준을 갖추지 아니하게 된 경우

3. 제3조의3 각 호의 어느 하나에 해당하는 경우

4. 국민보건에 위해를 끼쳤거나 끼칠 우려가 있는 화장품을 제조 · 수입한 경우

5. 제4조제1항을 위반하여 심사를 받지 아니하거나 보고서를 제출하지 아니한 기능성화장품을 판매한 경우

5의2. 제4조의2제1항에 따른 제품별 안전성 자료를 작성 또는 보관하지 아니한 경우

6. 제5조를 위반하여 영업자의 준수사항을 이행하지 아니한 경우

6의2. 제5조의2제1항을 위반하여 회수 대상 화장품을 회수하지 아니하거나 회수하는 데에 필요한 조치를 하지 아니한 경우

6의3. 제5조의2제2항을 위반하여 회수계획을 보고하지 아니하거나 거짓으로 보고한 경우

7. 삭제 〈2018. 3. 13.〉

8. 제9조에 따른 화장품의 안전용기 · 포장에 관한 기준을 위반한 경우

9. 제10조부터 제12조까지의 규정을 위반하여 화장품의 용기 또는 포장 및 첨부문서에 기재 · 표시한 경우

10. 제13조를 위반하여 화장품을 표시 · 광고하거나 제14조제4항에 따른 중지명령을 위반하여 화장품을 표시 · 광고 행위를 한 경우

11. 제15조를 위반하여 판매하거나 판매의 목적으로 제조 · 수입 · 보관 또는 진열한 경우

12. 제18조제1항 · 제2항에 따른 검사 · 질문 · 수거 등을 거부하거나 방해한 경우

13. 제19조, 제20조, 제22조, 제23조제1항 · 제2항 또는 제23조의2에 따른 시정명령 · 검사명령 · 개수명령 · 회수명령 · 폐기명령 또는 공표명령 등을 이행하지 아니한 경우

13의2. 제23조제3항에 따른 회수계획을 보고하지 아니하거나 거짓으로 보고한 경우

14. 업무정지기간 중에 업무를 한 경우

② 제1항에 따른 행정처분의 기준은 총리령으로 정한다. 〈개정 2013. 3. 23.〉

[제목개정 2018. 3. 13.]

제24조의2(기능성화장품의 인정 취소) 식품의약품안전처장은 화장품제조업자, 화장품책임판매업자 또는 총리령으로 정하는 대학 · 연구소 등이 다음 각 호의 어느 하나에 해당하는 경우에는 기능성화장품 인정을 취소하여야 한다.

1. 거짓이나 그 밖의 부정한 방법으로 제4조에 따른 심사 또는 변경심사를 받은 경우
2. 거짓이나 그 밖의 부정한 방법으로 제4조에 따른 보고서를 제출한 경우

[본조신설 2021. 8. 17.]

제25조 삭제 〈2013. 7. 30.〉

제26조(영업자의 지위 승계) 영업자가 사망하거나 그 영업을 양도한 경우 또는 법인인 영업자가 합병한 경우에는 그 상속인, 영업을 양수한 자 또는 합병 후 존속하는 법인이나 합병에 따라 설립되는 법인이 그 영업자의 의무 및 지위를 승계한다. 〈개정 2018. 3. 13.〉

[제목개정 2018. 3. 13.]

제26조의2(행정제재처분 효과의 승계) 제26조에 따라 영업자의 지위를 승계한 경우에 종전의 영업자에 대한 제24조에 따른 행정제재처분의 효과는 그 처분 기간이 끝난 날부터 1년간 해당 영업자의 지위를 승계한 자에게 승계되며, 행정제재처분의 절차가 진행 중일 때에는 해당 영업자의 지위를 승계한 자에 대하여 그 절차를 계속 진행할 수 있다. 다

만, 영업자의 지위를 승계한 자가 지위를 승계할 때에 그 처분 또는 위반 사실을 알지 못하였음을 증명하는 경우에는 그러하지 아니하다.

[본조신설 2018. 12. 11.]

제27조(청문) 식품의약품안전처장은 제3조의8에 따른 자격의 취소, 제14조의2제3항에 따른 인증의 취소, 제14조의5제2항에 따른 인증기관 지정의 취소 또는 업므의 전부에 대한 정지를 명하거나 제24조에 따른 등록의 취소, 영업소 폐쇄, 품목의 제조ㆍ수입 및 판매(수입대행형 거래를 목적으로 하는 알선ㆍ수여를 포함한다)의 금지 또는 업무의 전부에 대한 정지를 명하고자 하는 경우에는 청문을 하여야 한다. 〈개정 2013. 3. 23., 2016. 5. 29., 2018. 3. 13., 2021. 8. 17.〉

제28조(과징금처분) ① 식품의약품안전처장은 제24조에 따라 영업자에게 업무정지처분을 하여야 할 경우에는 그 업무정지처분을 갈음하여 10억원 이하의 과징금을 부과할 수 있다. 〈개정 2013. 3. 23., 2018. 3. 13., 2018. 12. 11.〉

② 제1항에 따른 과징금을 부과하는 위반행위의 종류와 위반정도 등에 따른 과징금의 금액과 그 밖에 필요한 사항은 대통령령으로 정한다.

③ 식품의약품안전처장은 과징금을 부과하기 위하여 필요한 경우에는 다음 각 호의 사항을 적은 문서로 관할 세무관서의 장에게 과세 정보 제공을 요청할 수 있다. 〈신설 2018. 3. 13.〉

1. 납세자의 인적 사항

2. 과세 정보의 사용 목적

3. 과징금 부과기준이 되는 매출금액

④ 식품의약품안전처장은 제1항에 따른 과징금을 내야 할 자가 납부기한까지 과징금을 내지 아니하면 대통령령으로 정하는 바에 따라 제1항에 따른 과징금부과처분을 취소하고

제24조제1항에 따른 업무정지처분을 하거나 국세 체납처분의 예에 따라 이를 징수한다. 다만, 제6조에 따른 폐업 등으로 제24조제1항에 따른 업무정지처분을 할 수 없을 때에는 국세 체납처분의 예에 따라 이를 징수한다. 〈개정 2013. 3. 23., 2018. 3. 13.〉

⑤ 식품의약품안전처장은 제4항에 따라 체납된 과징금의 징수를 위하여 다음 각 호의 어느 하나에 해당하는 자료 또는 정보를 해당 각 호의 자에게 요청할 수 있다. 이 경우 요청을 받은 자는 정당한 사유가 없으면 요청에 따라야 한다. 〈신설 2018. 3. 13.〉

1. 「건축법」 제38조에 따른 건축물대장 등본: 국토교통부장관

2. 「공간정보의 구축 및 관리 등에 관한 법률」 제71조에 따른 토지대장 등본: 국토교통부장관

3. 「자동차관리법」 제7조에 따른 자동차등록원부 등본: 특별시장 · 광역시장 · 특별자치시장 · 도지사 또는 특별자치도지사

제28조의2(위반사실의 공표) ① 식품의약품안전처장은 제22조, 제23조, 제23조의2, 제24조 또는 제28조에 따라 행정처분이 확정된 자에 대한 처분 사유, 처분 내용, 처분 대상자의 명칭 · 주소 및 대표자 성명, 해당 품목의 명칭 등 처분과 관련한 사항으로서 대통령령으로 정하는 사항을 공표할 수 있다.

② 제1항에 따른 공표방법 등 공표에 필요한 사항은 대통령령으로 정한다.

[본조신설 2015. 1. 28.]

제29조(자발적 관리의 지원) 식품의약품안전처장은 영업자가 스스로 표시 · 광고, 품질관리, 국내외 인증 등의 준수사항을 위하여 노력하는 자발적 관리체계가 정착 · 확산될 수 있도록 행정적 · 재정적 지원을 할 수 있다. 〈개정 2013. 3. 23., 2018. 3. 13.〉

제30조(수출용 제품의 예외) 국내에서 판매되지 아니하고 수출만을 목적으로 하는 제품은 제4조, 제8조부터 제12조까지, 제14조, 제15조제1호 · 제5호, 제16조제1항제2호 · 제

3호 및 같은 조 제2항을 적용하지 아니하고 수입국의 규정에 따를 수 있다. 〈개정 2016. 5. 29.〉

제5장 보칙

제31조(등록필증 등의 재교부) 영업자가 등록필증 · 신고필증 또는 기능성화장품심사결과통지서 등을 잃어버리거나 못쓰게 될 때는 총리령으로 정하는 바에 따라 이를 다시 교부받을 수 있다. 〈개정 2013. 3. 23., 2018. 3. 13.〉

제32조(수수료) ① 다음 각 호의 어느 하나에 해당하는 자는 총리령으로 정하는 바에 따라 식품의약품안전처장에게 수수료를 납부하여야 한다. 다만, 제3조의4제3항에 따라 업무를 위탁하는 경우에는 위탁받은 기관(이하 이 조에서 "수탁기관"이라 한다)이 정하는 수수료를 해당 수탁기관에 납부하여야 한다. 〈개정 2021. 8. 17.〉

1. 이 법에 따른 등록 · 신고를 하거나 심사 · 인증을 받으려는 자
2. 이 법에 따른 등록 · 신고사항 또는 심사 · 인증받은 사항을 변경하려는 자
3. 제3조의4에 따른 자격시험에 응시하거나 그 자격증의 발급을 신청하려는 자

② 수탁기관은 제1항 단서에 따라 수수료를 정하는 경우 그 기준을 정하여 식품의약품안전처장의 승인을 받아야 한다. 승인받은 사항을 변경하려는 경우에도 또한 같다. 〈신설 2021. 8. 17.〉

③ 제1항 단서에 따라 수탁기관이 징수하는 수수료는 제3조의4제3항에 따른 수탁업무의 이행 대가로서 수탁기관의 수입으로 한다. 〈신설 2021. 8. 17.〉

[전문개정 2018. 3. 13.]

제33조(화장품산업의 지원) 보건복지부장관과 식품의약품안전처장은 화장품산업의 진흥을 위한 기반조성 및 경쟁력 강화에 필요한 시책을 수립 · 시행하여야 하며 이를 위한

재원을 마련하고 기술개발, 조사 · 연구 사업, 해외 정보의 제공, 국제협력체계의 구축 등에 필요한 지원을 하여야 한다. 〈개정 2013. 3. 23., 2018. 3. 13.〉

제33조의2(국제협력) 식품의약품안전처장은 화장품의 수출 진흥 및 안전과 품질관리 등을 위하여 수입국 · 수출국과 협약을 체결하는 등 국제협력에 노력하여야 한다.

[본조신설 2018. 12. 11.]

제34조(권한 등의 위임 · 위탁) ① 이 법에 따른 식품의약품안전처장의 권한은 그 일부를 대통령령으로 정하는 바에 따라 지방식품의약품안전청장이나 특별시장 · 광역시장 · 도지사 또는 특별자치도지사에게 위임할 수 있다. 〈개정 2013. 3. 23.〉

② 식품의약품안전처장은 이 법에 따른 화장품에 관한 업무의 일부를 대통령령으로 정하는 바에 따라 제17조에 따른 단체 또는 화장품 관련 기관 · 법인 · 단체에 위탁할 수 있다. 〈개정 2013. 3. 23., 2018. 3. 13.〉

[제목개정 2018. 3. 13.]

제6장 벌칙

제35조 삭제 〈2018. 3. 13.〉

제36조(벌칙) ① 다음 각 호의 어느 하나에 해당하는 자는 3년 이하의 징역 또는 3천만원 이하의 벌금에 처한다. 〈개정 2014. 3. 18., 2018. 3. 13., 2021. 8. 17.〉

1. 제3조제1항 전단을 위반한 자

1의2. 거짓이나 그 밖의 부정한 방법으로 제3조제1항 또는 제3조의2제1항에 따른 등록 · 변경등록 또는 신고 · 변경신고를 한 자

1의3. 제3조의2제1항 전단을 위반한 자

1의4. 제3조의2제2항을 위반한 자

2. 제4조제1항 전단을 위반한 자

2의2. 거짓이나 그 밖의 부정한 방법으로 제4조에 따른 심사 · 변경심사를 받거나 보고서를 제출한 자

2의3. 제14조의2제3항제1호의 거짓이나 부정한 방법으로 인증받은 자

2의4. 제14조의4제2항을 위반하여 인증표시를 한 자

3. 제15조를 위반한 자

4. 제16조제1항제1호 · 제1호의2 또는 제4호를 위반한 자

② 제1항의 징역형과 벌금형은 이를 함께 부과할 수 있다.

제37조(벌칙) ① 제3조의6, 제4조의2제1항, 제9조, 제13조, 제16조제1항제2호 · 제3호 또는 같은 조 제2항을 위반하거나, 제14조제4항에 따른 중지명령에 따르지 아니한 자는 1년 이하의 징역 또는 1천만원 이하의 벌금에 처한다. 〈개정 2013. 7. 30., 2014. 3. 18., 2019. 1. 15., 2021. 8. 17.〉

② 제1항의 징역형과 벌금형은 이를 함께 부과할 수 있다.

제38조(벌칙) 다음 각 호의 어느 하나에 해당하는 자는 200만원 이하의 벌금에 처한다. 〈개정 2018. 3. 13., 2018. 12. 11., 2021. 8. 17.〉

1. 제5조제1항부터 제4항까지의 규정에 따른 준수사항을 위반한 자

1의2. 제5조의2제1항을 위반한 자

1의3. 제5조의2제2항을 위반한 자

2. 제10조제1항(같은 항 제7호는 제외한다) · 제2항을 위반한 자

2의2. 제14조의3에 따른 인증의 유효기간이 경과한 화장품에 대하여 제14조의4제1항에 따른 인증표시를 한 자

3. 제18조, 제19조, 제20조, 제22조 및 제23조에 따른 명령을 위반하거나 관계 공무원의 검사 · 수거 또는 처분을 거부 · 방해하거나 기피한 자

제39조(양벌규정) 법인의 대표자나 법인 또는 개인의 대리인, 사용인, 그 밖의 종업원이 그 법인 또는 개인의 업무에 관하여 제36조부터 제38조까지의 어느 하나에 해당하는 위반행위를 하면 그 행위자를 벌하는 외에 그 법인 또는 개인에게도 해당 조문의 벌금형을 과(科)한다. 다만, 법인 또는 개인이 그 위반행위를 방지하기 위하여 해당 업무에 관하여 상당한 주의와 감독을 게을리하지 아니한 경우에는 그러하지 아니하다. 〈개정 2018. 3. 13.〉

제40조(과태료) ① 다음 각 호의 어느 하나에 해당하는 자에게는 100만원 이하의 과태료를 부과한다. 〈개정 2016. 2. 3., 2018. 3. 13., 2018. 12. 11., 2021. 8. 17.〉

1. 삭제 〈2018. 3. 13.〉

1의2. 제3조의7을 위반하여 맞춤형화장품조제관리사 또는 이와 유사한 명칭을 사용한 자

2. 제4조제1항 후단을 위반하여 변경심사를 받지 아니한 자

3. 제5조제5항을 위반하여 화장품의 생산실적 또는 수입실적 또는 화장품 원료의 목록 등을 보고하지 아니한 자

3의2. 제5조제6항을 위반하여 맞춤형화장품 원료의 목록을 보고하지 아니한 자

4. 제5조제7항을 위반하여 교육을 받지 아니한 자

4의2. 제5조제8항에 따른 명령을 위반한 자

5. 제6조를 위반하여 폐업 등의 신고를 하지 아니한 자

5의2. 제10조제1항제7호 및 제11조를 위반하여 화장품의 판매 가격을 표시하지 아니한 자

6. 제18조에 따른 명령을 위반하여 보고를 하지 아니한 자

7. 제15조의2제1항을 위반하여 동물실험을 실시한 화장품 또는 동물실험을 실시한 화장품 원료를 사용하여 제조(위탁제조를 포함한다) 또는 수입한 화장품을 유통 · 판매한 자

② 제1항에 따른 과태료는 대통령령으로 정하는 바에 따라 식품의약품안전처장이 부과·징수한다. 〈개정 2013. 3. 23.〉

부칙〈제18448호, 2021. 8. 17.〉

제1조(시행일) 이 법은 공포 후 6개월이 경과한 날부터 시행한다. 다만, 제3조의4제3항, 제24조제1항제1호의2, 제24조의2, 제32조 및 제36조제1항제1호의2 · 제1호의3 · 제1호의4 · 제2호의2 · 제2호의3 · 제2호의4의 개정규정은 공포한 날부터 시행하고, 제15조제10호의 개정규정은 공포 후 1개월이 경과한 날부터 시행한다.

제2조(식품 모방 화장품에 관한 적용례) 제15조제10호의 개정규정은 같은 개정규정 시행 이후 제조 또는 수입(통관일을 기준으로 한다)되는 품목부터 적용한다.

제3조(동물실험을 실시한 화장품 등에 관한 적용례) 제15조의2의 개정규정은 이 법 시행 이후 맞춤형화장품판매업자가 유통 · 판매하는 화장품부터 적용한다.

제4조(심사취소 등에 관한 적용례) 제24조제1항 및 제24조의2의 개정규정은 같은 개정규정 시행 전에 거짓이나 그 밖의 부정한 방법으로 심사 · 변경심사를 받거나 보고서를 제출하거나 등록 · 변경등록 · 신고 · 변경신고를 한 경우에 대해서도 적용한다.

제5조(수수료에 관한 적용례) 제32조제3항의 개정규정은 같은 개정규정의 시행일이 속하는 회계연도의 다음 회계연도부터 적용한다.

제6조(맞춤형화장품판매업 신고에 관한 경과조치) 이 법 시행 당시 종전의 제3조의2에 따라 맞춤형화장품판매업을 신고한 자는 제3조의2제2항의 개정규정에도 불구하고 이 법 시행일부터 2년이 되는 날까지 같은 개정규정에 따른 시설기준을 갖추어야 한다.

제7조(맞춤형화장품조제관리사의 결격사유에 관한 경과조치) 이 법 시행 당시 맞춤형화장품조제관리사가 이 법 시행 전에 발생한 사유로 제3조의5의 개정규정에 따른 결격사유에 해당하게 된 경우에는 같은 개정규정에도 불구하고 종전의 규정에 따른다.

2 시행령(제33112호, 20221220 기준)

제1조(목적) 이 영은 「화장품법」에서 위임된 사항과 그 시행에 필요한 사항을규정함을 목적으로 한다. 〈개정 2012. 2. 3.〉

제2조(영업의 세부 종류와 범위) 「화장품법」(이하 "법"이라 한다) 제2조의2제1항에 따른 화장품 영업의 세부 종류와 그 범위는 다음 각 호와 같다.

1. 화장품제조업: 다음 각 목의 구분에 따른 영업

가. 화장품을 직접 제조하는 영업

나. 화장품 제조를 위탁받아 제조하는 영업

다. 화장품의 포장(1차 포장만 해당한다)을 하는 영업

2. 화장품책임판매업: 다음 각 목의 구분에 따른 영업

가. 화장품제조업자(법 제3조제1항에 따라 화장품제조업을 등록한 자를 말한다. 이하 같다)가 화장품을 직접 제조하여 유통 · 판매하는 영업

나. 화장품제조업자에게 위탁하여 제조된 화장품을 유통 · 판매하는 영업

다. 수입된 화장품을 유통 · 판매하는 영업

라. 수입대행형 거래(「전자상거래 등에서의 소비자보호에 관한 법률」 제2조제1호에 따른 전자상거래만 해당한다)를 목적으로 화장품을 알선 · 수여(授與)하는 영업

3. 맞춤형화장품판매업: 다음 각 목의 구분에 따른 영업

가. 제조 또는 수입된 화장품의 내용물에 다른 화장품의 내용물이나 식품의약품안전처장이 정하여 고시하는 원료를 추가하여 혼합한 화장품을 판매하는 영업

나. 제조 또는 수입된 화장품의 내용물을 소분(小分)한 화장품을 판매하는 영업

[본조신설 2019. 3. 12.]

제3조 삭제 〈2012. 2. 3.〉

제4조 삭제 〈2012. 2. 3.〉

제5조 삭제 〈2012. 2. 3.〉

제6조 삭제 〈2012. 2. 3.〉

제7조 삭제 〈2012. 2. 3.〉

제8조 삭제 〈2012. 2. 3.〉

제9조 삭제 〈2012. 2. 3.〉

제10조 삭제 〈2012. 2. 3.〉

제11조(과징금의 산정기준) 법 제28조제1항에 따른 과징금의 금액은 위반행위의 종류 · 정도 등을 고려하여 총리령으로 정하는 업무정지처분기준에 따라 별표 1의 기준을 적용하여 산정하되, 과징금의 총액은 10억원을 초과하여서는 아니된다. 〈개정 2008. 2. 29., 2010. 3. 15., 2012. 2. 3., 2013. 3. 23., 2019. 3. 12., 2019. 12. 10.〉

제12조(과징금의 부과 · 징수절차) ① 법 제28조에 따라 식품의약품안전처장이 과징금을 부과하려면 그 위반행위의 종류와 과징금의 금액 등을 적은 서면으로 통지하여야 한다. 〈개정 2012. 2. 3., 2013. 3. 23.〉

② 과징금의 징수절차는 총리령으로 정한다. 〈개정 2008. 2. 29., 2010. 3. 15., 2013. 3. 23.〉

제12조의2(과징금 납부기한의 연기 및 분할납부) ① 식품의약품안전처장은 법 제28조제1항에 따라 과징금을 부과받은 자(이하 "과징금납부의무자"라 한다)가 내야 할 과징금의 금액이 100만원 이상이고, 다음 각 호의 어느 하나에 해당하는 사유로 과징금 전액을 한꺼번에 내기 어렵다고 인정될 때에는 그 납부기한을 연기하거나 분할납부하게 할 수 있다. 이 경우 필요하다고 인정하면 과징금납부의무자에게 담보를 제공하게 할 수 있다.

1. 「자연재해대책법」 제2조제1호에 따른 재해 등으로 재산에 현저한 손실을 입은 경우

2. 사업 여건의 악화로 사업이 중대한 위기에 있는 경우

3. 과징금을 한꺼번에 내면 자금 사정에 현저한 어려움이 예상되는 경우

4. 그 밖에 제1호부터 제3호까지의 규정에 준하는 사유가 있다고 식품의약품안전처장이 인정하는 경우

② 과징금납부의무자가 제1항에 따라 과징금 납부기한의 연기를 받거나 분할납부를 하려는 경우에는 납부기한의 10일 전까지 납부기한의 연기 또는 분할납부의 사유를 증명하는 서류를 첨부하여 식품의약품안전처장에게 신청해야 한다.

③ 제1항에 따라 과징금의 납부기한을 연기하는 경우 그 기한은 납부기한의 다음 날부터 1년 이내로 한다.

④ 제1항에 따라 과징금을 분할납부하게 하는 경우 각 분할된 납부기한 간의 간격은 4개월 이내로 하고, 분할납부의 횟수는 3회 이내로 한다.

⑤ 식품의약품안전처장은 제1항에 따라 납부기한이 연기되거나 분할납부하기로 결정된 과징금납부의무자가 다음 각 호의 어느 하나에 해당하면 납부기한의 연기 또는 분할납부 결정을 취소하고 과징금을 즉시 한꺼번에 징수할 수 있다.

1. 분할납부하기로 결정된 과징금을 납부기한까지 내지 않은 경우

2. 담보 변경이나 그 밖에 담보 보전에 필요한 조치사항을 이행하지 않은 경우

3. 강제집행, 경매의 개시, 파산선고, 법인의 해산, 국세 또는 지방세의 체납처분을 받은 경우 등 과징금의 전부 또는 잔여분을 징수할 수 없다고 인정되는 경우

4. 제1항 각 호에 따른 사유가 해소되어 과징금을 한꺼번에 납부할 수 있다고 인정되는 경우

[본조신설 2021. 4. 27.]

[종전 제12조의2는 제12조의3으로 이동 〈2021. 4. 27.〉]

제12조의3(과징금 미납자에 대한 처분) ①식품의약품안전처장은 과징금납부의무자가 납부기한(제12조의2제5항에 따라 분할납부 결정을 취소한 경우에는 해당 과징금을 한꺼번에 내도록 한 기한을 말한다)까지 과징금을 내지 않으면 납부기한이 지난 후 15일 이내에 독촉장을 발급해야 한다. 이 경우 납부기한은 독촉장을 발급하는 날부터 10일 이내로 해야 한다. 〈개정 2012. 2. 3., 2013. 3. 23., 2019. 3. 12., 2021. 4. 27.〉

② 식품의약품안전처장은 과징금납부의무자가 제1항에 따른 독촉장을 받고도 납부기한까지 과징금을 내지 않으면 과징금부과처분을 취소하고 업무정지처분을 해야 한다. 다만, 법 제28조제4항 단서에 해당하는 경우에는 국세 체납처분의 예에 따라 징수해야 한다. 〈개정 2014. 11. 4., 2019. 3. 12., 2021. 4. 27.〉

③ 제2항 본문에 따라 과징금 부과처분을 취소하고 업무정지처분을 하려면 처분대상자에게 서면으로 그 내용을 통지하되, 서면에는 처분이 변경된 사유와 업무정지처분의 기간 등 업무정지처분에 필요한 사항을 적어야 한다. 〈개정 2012. 2. 3., 2014. 11. 4.〉

[본조신설 2007. 7. 3.]
[제12조의2에서 이동 〈2021. 4. 27.〉]

제13조(위반사실의 공표) ① 법 제28조의2제1항에서 "대통령령으로 정하는 사항"이란 다음 각 호의 사항을 말한다.

1. 처분 사유

2. 처분 내용

3. 처분 대상자의 명칭 · 주소 및 대표자 성명

4. 해당 품목의 명칭 및 제조번호

② 법 제28조의2제1항에 따른 공표는 식품의약품안전처의 인터넷 홈페이지에 게재하는 방법으로 한다.

[본조신설 2015. 7. 24.]

제14조(권한의 위임) 법 제34조제1항에 따라 식품의약품안전처장은 다음 각 호의 권한을 지방식품의약품안전청장에게 위임한다. 〈개정 2012. 2. 3., 2013. 3. 23., 2014. 11. 4., 2015. 7. 24., 2017. 1. 31., 2019. 3. 12., 2021. 4. 27., 2022. 2. 15.〉

1. 법 제3조에 따른 화장품제조업 또는 화장품책임판매업의 등록 및 변경등록

1의2. 법 제3조의2제1항에 따른 맞춤형화장품판매업의 신고 및 변경신고의 수리

1의3. 법 제5조제8항에 따른 화장품제조업자, 화장품책임판매업자 및 맞춤형화장품판매업자(이하 "영업자"라 한다)에 대한 교육명령

1의4. 법 제5조의2제2항에 따른 회수계획 보고의 접수 및 같은 조 제3항에 따른 행정처분의 감경 · 면제

2. 법 제6조에 따른 폐업 등의 신고에 관한 다음 각 목의 권한

가. 법 제6조제1항 각 호에 따른 신고의 수리
나. 법 제6조제2항에 따른 등록의 취소
다. 법 제6조제3항에 따른 정보 제공의 요청
라. 법 제6조제4항에 따른 통지

2의2. 법 제14조에 따른 표시 · 광고 내용의 실증 등에 관한 다음 각 목의 권한

가. 법 제14조제2항에 따른 자료의 제출 요청
나. 법 제14조제3항에 따른 자료의 접수 및 제출기간의 연장
다. 법 제14조제4항에 따른 중지 명령
라. 법 제14조제6항에 따른 다른 기관의 자료요청에 대한 회신

3. 법 제18조에 따른 보고명령 · 출입 · 검사 · 질문 및 수거

3의2. 법 제18조의2에 따른 소비자화장품안전관리감시원의 위촉 · 해촉 및 교육

3의3. 다음 각 목의 경우에 대한 법 제19조에 따른 시정명령

가. 법 제3조제1항 후단에 따른 변경등록을 하지 않은 경우

나. 법 제3조의2제1항 후단에 따른 변경신고를 하지 않은 경우

다. 법 제5조제8항에 따른 교육명령을 위반한 경우

라. 법 제6조제1항에 따른 폐업 또는 휴업신고나 휴업 후 재개신고를 하지 않은 경우

4. 법 제20조에 따른 검사명령

5. 법 제22조에 따른 개수명령 및 시설의 전부 또는 일부의 사용금지명령

6. 법 제23조에 따른 회수 · 폐기 등의 명령, 회수계획 보고의 접수와 폐기 또는 그 밖에 필요한 처분

6의2. 법 제23조의2에 따른 공표명령

7. 법 제24조에 따른 등록의 취소, 영업소의 폐쇄명령, 품목의 제조 · 수입 및 판매의 금지명령, 업무의 전부 또는 일부에 대한 정지명령

8. 법 제27조에 따른 청문

9. 법 제28조에 따른 과징금의 부과 · 징수

9의2. 법 제28조의2에 따른 공표

10. 법 제31조에 따른 등록필증 · 신고필증의 재교부

11. 법 제40조제1항에 따른 과태료의 부과 · 징수

[본조신설 2007. 7. 3.]

제15조(민감정보 및 고유식별정보의 처리) 식품의약품안전처장(제14조에 따라 식품의약품안전처장의 권한을 위임받은 자 또는 법 제3조의4제3항에 따라 자격시험 관리 및 자격증 발급 등에 관한 업무를 위탁받은 자를 포함한다)은 다음 각 호의 사무를 수행하기 위하여 불가피한 경우 「개인정보 보호법」 제23조에 따른 건강에 관한 정보(이하 “건강정보”

라 한다), 같은 법 시행령 제18조제2호에 따른 범죄경력자료에 해당하는 정보(이하 "범죄경력정보"라 한다), 같은 영 제19조제1호 또는 제4호에 따른 주민등록번호 또는 외국인등록번호가 포함된 자료를 처리할 수 있다. 다만, 제2호, 제5호 및 제6호의 사무의 경우에는 범죄경력정보는 제외하고, 제3호 및 제11호의 사무의 경우에는 건강정보와 범죄경력정보는 제외한다. 〈개정 2012. 2. 3., 2013. 3. 23., 2015. 7. 24., 2019. 3. 12., 2019. 12. 10., 2022. 2. 15., 2022. 12. 20.〉

1. 법 제3조에 따른 화장품제조업 또는 화장품책임판매업의 등록 및 변경등록에 관한 사무

1의2. 법 제3조의2제1항에 따른 맞춤형화장품판매업의 신고 및 변경신고에 관한 사무

1의3. 법 제3조의4제1항 및 제4항에 따른 맞춤형화장품조제관리사 자격시험 관리 및 자격증 발급 · 재발급에 관한 사무

2. 법 제4조에 따른 기능성화장품의 심사 등에 관한 사무

3. 법 제6조에 따른 폐업 등의 신고에 관한 사무

4. 법 제18조에 따른 보고와 검사 등에 관한 사무

4의2. 법 제19조에 따른 시정명령에 관한 사무

5. 법 제20조에 따른 검사명령에 관한 사무

6. 법 제22조에 따른 개수명령 및 시설의 전부 또는 일부의 사용금지명령에 관한 사무

7. 법 제23조에 따른 회수 · 폐기 등의 명령과 폐기 또는 그 밖에 필요한 처분에 관한 사무

8. 법 제24조에 따른 등록의 취소, 영업소의 폐쇄명령, 품목의 제조 · 수입 및 판매의 금지명령, 업무의 전부 또는 일부에 대한 정지명령에 관한 사무

9. 법 제27조에 따른 청문에 관한 사무

10. 법 제28조에 따른 과징금의 부과 · 징수에 관한 사무

11. 법 제31조에 따른 등록필증 등의 재교부에 관한 사무

[본조신설 2012. 1. 6.]

제16조(과태료의 부과기준) 법 제40조제1항에 따른 과태료의 부과기준은 별표 2와 같다. 〈개정 2019. 3. 12.〉

[전문개정 2012. 2. 3.]

[제13조에서 이동 〈2012. 2. 3.〉]

부칙〈제33112호, 2022. 12. 20.〉(개인정보 침해요인 개선을 위한 49개 법령의 일부개정에 관한 대통령령)

이 영은 공포한 날부터 시행한다.

별표 / 서식

[별표 1] 과징금 산정기준(제11조 관련)

[별표 2] 과태료의 부과기준(제16조 관련)

3 시행규칙(제01887호, 20230622 기준)

제1조(목적) 이 규칙은 「화장품법」 및 같은 법 시행령에서 위임된 사항과 그 시행에 필요한 사항을 규정함을 목적으로 한다.

제2조(기능성화장품의 범위) 「화장품법」(이하 "법"이라 한다) 제2조제2호 각 목 외의 부분에서 "총리령으로 정하는 화장품"이란 다음 각 호의 화장품을 말한다. 〈개정 2013. 3. 23., 2017. 1. 12., 2020. 8. 5.〉

1. 피부에 멜라닌색소가 침착하는 것을 방지하여 기미・주근깨 등의 생성을 억제함으로써 피부의 미백에 도움을 주는 기능을 가진 화장품
2. 피부에 침착된 멜라닌색소의 색을 엷게 하여 피부의 미백에 도움을 주는 기능을 가진 화장품
3. 피부에 탄력을 주어 피부의 주름을 완화 또는 개선하는 기능을 가진 화장품
4. 강한 햇볕을 방지하여 피부를 곱게 태워주는 기능을 가진 화장품
5. 자외선을 차단 또는 산란시켜 자외선으로부터 피부를 보호하는 기능을 가진 화장품
6. 모발의 색상을 변화[탈염(脫染)・탈색(脫色)을 포함한다]시키는 기능을 가진 화장품. 다만, 일시적으로 모발의 색상을 변화시키는 제품은 제외한다.
7. 체모를 제거하는 기능을 가진 화장품. 다만, 물리적으로 체모를 제거하는 제품은 제외한다.
8. 탈모 증상의 완화에 도움을 주는 화장품. 다만, 코팅 등 물리적으로 모발을 굵게 보이게 하는 제품은 제외한다.
9. 여드름성 피부를 완화하는 데 도움을 주는 화장품. 다만, 인체세정용 제품류로 한정한다.
10. 피부장벽(피부의 가장 바깥 쪽에 존재하는 각질층의 표피를 말한다)의 기능을 회복하

여 가려움 등의 개선에 도움을 주는 화장품

11. 튼살로 인한 붉은 선을 엷게 하는 데 도움을 주는 화장품

제2조의2(맞춤형화장품의 제외 대상) 법 제2조제3호의2나목 단서에서 “고형(固形) 비누 등 총리령으로 정하는 화장품”이란 고체 형태의 세안용 비누(이하 “화장비누”라 한다)를 말한다. 〈개정 2022. 2. 18.〉

[본조신설 2020. 6. 30.]

제3조(제조업의 등록 등) ① 삭제 〈2019. 3. 14.〉

② 법 제3조제1항 전단에 따라 화장품제조업 등록을 하려는 자는 별지 제1호서식의 화장품제조업 등록신청서(전자문서로 된 신청서를 포함한다)에 다음 각 호의 서류(전자문서를 포함한다)를 첨부하여 제조소의 소재지를 관할하는 지방식품의약품안전청장에게 제출하여야 한다. 〈개정 2019. 3. 14.〉

1. 화장품제조업을 등록하려는 자(법인인 경우에는 대표자를 말한다. 이하 이 항에서 같다)가 법 제3조의3제1호 본문에 해당되지 않음을 증명하는 의사의 진단서 또는 법 제3조의3제1호 단서에 해당하는 사람임을 증명하는 전문의의 진단서
2. 화장품제조업을 등록하려는 자가 법 제3조의3제3호에 해당되지 않음을 증명하는 의사의 진단서
3. 시설의 명세서

③ 제2항에 따라 신청서를 받은 지방식품의약품안전청장은 「전자정부법」 제36조제1항에 따른 행정정보의 공동이용을 통하여 법인 등기사항증명서(법인인 경우만 해당한다)를 확인하여야 한다.

④ 지방식품의약품안전청장은 제2항에 따른 등록신청이 등록요건을 갖춘 경우에는 화장품 제조업 등록대장에 다음 각 호의 사항을 적고, 별지 제2호서식의 화장품제조업 등

록필증을 발급해야 한다. 〈개정 2014. 9. 24., 2019. 3. 14., 2023. 6. 22.〉

1. 등록번호 및 등록연월일

2. 화장품제조업자(화장품제조업을 등록한 자를 말한다. 이하 같다)의 성명 및 「개인정보 보호법 시행령」 제19조제1호 또는 제4호에 따른 주민등록번호 또는 외국인등록번호(이하 "주민등록번호등"이라 한다). 이 경우 화장품제조업자가 법인인 경우에는 대표자의 성명 및 주민등록번호등을 적는다.

3. 화장품제조업자의 상호(법인인 경우에는 법인의 명칭)

4. 제조소의 소재지

5. 제조 유형

제4조(화장품책임판매업의 등록 등) ① 삭제 〈2019. 3. 14.〉

② 법 제3조제1항 전단에 따라 화장품책임판매업을 등록하려는 자는 별지 제3호서식의 화장품책임판매업 등록신청서(전자문서로 된 신청서를 포함한다)에 다음 각 호의 서류[전자문서를 포함하며, 「화장품법 시행령」(이하 "영"이라 한다) 제2조제2호라목에 해당하는 경우에는 제출하지 않는다]를 첨부하여 화장품책임판매업소의 소재지를 관할하는 지방식품의약품안전청장에게 제출해야 한다. 〈개정 2019. 3. 14.〉

1. 법 제3조제3항에 따른 화장품의 품질관리 및 책임판매 후 안전관리에 적합한 기준에 관한 규정

2. 법 제3조제3항에 따른 책임판매관리자(이하 "책임판매관리자"라 한다)의 자격을 확인할 수 있는 서류

③ 제2항에 따라 신청서를 받은 지방식품의약품안전청장은 「전자정부법」 제36조제1항에 따른 행정정보의 공동이용을 통하여 법인 등기사항증명서(법인인 경우만 해당한다)를 확인하여야 한다.

④ 지방식품의약품안전청장은 제2항에 따른 등록신청이 등록요건을 갖춘 경우에는 화장품책임판매업 등록대장에 다음 각 호의 사항을 적고, 별지 제4호서식의 화장품책임판매업 등록필증을 발급해야 한다. 〈개정 2014. 9. 24., 2019. 3. 14., 2023. 6. 22.〉

1. 등록번호 및 등록연월일

2. 화장품책임판매업자(화장품책임판매업을 등록한 자를 말한다. 이하 같다)의 성명 및 주민등록번호등(법인인 경우에는 대표자의 성명 및 주민등록번호등을 말한다)

3. 화장품책임판매업자의 상호(법인인 경우에는 법인의 명칭)

4. 화장품책임판매업소의 소재지

5. 책임판매관리자의 성명 및 주민등록번호등

6. 책임판매 유형

[제목개정 2019. 3. 14.]

제5조(화장품제조업 등의 변경등록) ① 법 제3조제1항 후단에 따라 화장품제조업자 또는 화장품책임판매업자가 변경등록을 하여야 하는 경우는 다음 각 호와 같다. 〈개정 2014. 9. 24., 2019. 3. 14.〉

1. 화장품제조업자는 다음 각 목의 어느 하나에 해당하는 경우
   가. 화장품제조업자의 변경(법인인 경우에는 대표자의 변경)
   나. 화장품제조업자의 상호 변경(법인인 경우에는 법인의 명칭 변경)
   다. 제조소의 소재지 변경
   라. 제조 유형 변경

2. 화장품책임판매업자는 다음 각 목의 어느 하나에 해당하는 경우
   가. 화장품책임판매업자의 변경(법인인 경우에는 대표자의 변경)
   나. 화장품책임판매업자의 상호 변경(법인인 경우에는 법인의 명칭 변경)

다. 화장품책임판매업소의 소재지 변경

라. 책임판매관리자의 변경

마. 책임판매 유형 변경

② 화장품제조업자 또는 화장품책임판매업자는 제1항에 따른 변경등록을 하는 경우에는 변경 사유가 발생한 날부터 30일(행정구역 개편에 따른 소재지 변경의 경우에는 90일) 이내에 별지 제5호서식의 화장품제조업 변경등록 신청서(전자문서로 된 신청서를 포함한다) 또는 별지 제6호서식의 화장품책임판매업 변경등록 신청서(전자문서로 된 신청서를 포함한다)에 화장품제조업 등록필증 또는 화장품책임판매업 등록필증과 다음 각 호의 구분에 따라 해당 서류(전자문서를 포함한다)를 첨부하여 지방식품의약품안전청장에게 제출하여야 한다. 이 경우 등록 관청을 달리하는 화장품제조소 또는 화장품책임판매업소의 소재지 변경의 경우에는 새로운 소재지를 관할하는 지방식품의약품안전청장에게 제출하여야 한다. 〈개정 2014. 9. 24., 2016. 9. 9., 2019. 3. 14., 2019. 12. 12.〉

1. 화장품제조업자 또는 화장품책임판매업자의 변경(법인의 경우에는 대표자의 변경)의 경우에는 다음 각 목의 서류

   가. 제3조제2항제1호에 해당하는 서류(제조업자만 제출한다)

   나. 제3조제2항제2호에 해당하는 서류(제조업자만 제출한다)

   다. 양도·양수의 경우에는 이를 증명하는 서류

   라. 상속의 경우에는 「가족관계의 등록 등에 관한 법률」제15조제1항제1호의 가족관계증명서

2. 제조소의 소재지 변경(행정구역개편에 따른 사항은 제외한다)의 경우: 제3조제2항제3호에 해당하는 서류

3. 책임판매관리자 변경의 경우: 제4조제2항제2호에 해당하는 서류(영 제2조제2호라목

의 화장품책임판매업을 등록한 자가 두는 책임판매관리자는 제외한다)

4. 다음 각 목에 해당하는 제조 유형 또는 책임판매 유형 변경의 경우
   가. 영 제2조제1호다목의 화장품제조 유형으로 등록한 자가 같은 호 가목 또는 나목의 화장품제조 유형으로 변경하거나 같은 호 가목 또는 나목의 제조 유형을 추가하는 경우: 제3조제2항제3호에 해당하는 서류
   나. 영 제2조제2호라목의 화장품책임판매 유형으로 등록한 자가 같은 호 가목부터 다목까지의 책임판매 유형으로 변경하거나 같은 호 가목부터 다목까지의 책임판매 유형을 추가하는 경우: 제4조제2항제1호 및 제2호에 해당하는 서류

③ 제1항 및 제2항에 따라 화장품제조업 변경등록 신청서 또는 화장품책임판매업 변경등록 신청서를 받은 지방식품의약품안전청장은 「전자정부법」 제36조제1항에 따른 행정정보의 공동이용을 통하여 법인 등기사항증명서(법인인 경우만 해당한다)를 확인하여야 한다. 〈개정 2019. 3. 14.〉

④ 지방식품의약품안전청장은 제2항 및 제3항에 따른 변경등록 신청사항을 확인한 후 화장품 제조업 등록대장 또는 화장품책임판매업 등록대장에 각각의 변경사항을 적고, 화장품제조업 등록필증 또는 화장품책임판매업 등록필증의 뒷면에 변경사항을 적은 후 이를 내주어야 한다. 〈개정 2019. 3. 14.〉

[제목개정 2019. 3. 14.]

제6조(시설기준 등) ① 법 제3조제2항 본문에 따라 화장품제조업을 등록하려는 자가 갖추어야 하는 시설은 다음 각 호와 같다. 〈개정 2019. 3. 14.〉

1. 제조 작업을 하는 다음 각 목의 시설을 갖춘 작업소
   가. 쥐ㆍ해충 및 먼지 등을 막을 수 있는 시설
   나. 작업대 등 제조에 필요한 시설 및 기구
   다. 가루가 날리는 작업실은 가루를 제거하는 시설

2. 원료 · 자재 및 제품을 보관하는 보관소
3. 원료 · 자재 및 제품의 품질검사를 위하여 필요한 시험실
4. 품질검사에 필요한 시설 및 기구

② 제1항에도 불구하고 법 제3조제2항 단서에 따라 다음 각 호의 경우에는 그 구분에 따라 시설의 일부를 갖추지 아니할 수 있다. 〈개정 2013. 3. 23., 2014. 8. 20., 2019. 3. 14.〉

1. 화장품제조업자가 화장품의 일부 공정만을 제조하는 경우에는 해당 공정에 필요한 시설 및 기구 외의 시설 및 기구
2. 다음 각 목의 어느 하나에 해당하는 기관 등에 원료 · 자재 및 제품에 대한 품질검사를 위탁하는 경우에는 제1항제3호 및 제4호의 시설 및 기구
   가. 「보건환경연구원법」 제2조에 따른 보건환경연구원
   나. 제1항제3호에 따른 시험실을 갖춘 제조업자
   다. 「식품 · 의약품분야 시험 · 검사 등에 관한 법률」 제6조에 따른 화장품 시험 · 검사기관(이하 "화장품 시험 · 검사기관"이라 한다)
   라. 「약사법」 제67조에 따라 조직된 사단법인인 한국의약품수출입협회

③ 제조업자는 화장품의 제조시설을 이용하여 화장품 외의 물품을 제조할 수 있다. 다만, 제품 상호간에 오염의 우려가 있는 경우에는 그러하지 아니하다.

제7조(화장품의 품질관리기준 등) 법 제3조제3항에 따른 화장품의 품질관리기준은 별표 1과 같고, 책임판매 후 안전관리기준은 별표 2와 같다. 〈개정 2019. 3. 14.〉

제8조(책임판매관리자의 자격기준 등) ① 법 제3조제3항에 따라 화장품책임판매업자(영 제2조제2호라목의 화장품책임판매업을 등록한 자는 제외한다)가 두어야 하는 책임판매관리자는 다음 각 호의 어느 하나의 해당하는 사람이어야 한다. 〈개정 2013. 12. 6., 2014. 9. 24., 2016. 9. 9., 2018. 12. 31., 2019. 3. 14., 2021. 5. 14., 2023. 6. 22.〉

1. 「의료법」에 따른 의사 또는 「약사법」에 따른 약사

2. 이공계(「국가과학기술 경쟁력 강화를 위한 이공계지원 특별법」 제2조제1호에 따른 이공계를 말한다) 학과 또는 향장학 · 화장품과학 · 한의학 · 한약학 · 간호학 · 간호과학 · 건강간호학 등을 전공하여 학사 이상의 학위를 취득(법령에서 이와 같은 수준 이상의 학력이 있다고 인정하는 경우를 포함한다)한 사람

2의2. 삭제 〈2023. 6. 22.〉

3. 화학 · 생물학 · 화학공학 · 생물공학 · 미생물학 · 생화학 · 생명과학 · 생명공학 · 유전공학 · 향장학 · 화장품과학 · 한의학 · 한약학 · 간호학 · 간호과학 · 건강간호학 등 화장품 관련 분야(이하 "화장품 관련 분야"라 한다)를 전공하여 전문학사 학위를 취득(법령에서 이와 같은 수준 이상의 학력이 있다고 인정하는 경우를 포함한다)한 후 화장품 제조 또는 품질관리 업무에 1년 이상 종사한 경력이 있는 사람

3의2. 삭제 〈2023. 6. 22.〉

3의3. 식품의약품안전처장이 정하여 고시하는 전문 교육과정을 이수한 사람(식품의약품안전처장이 정하여 고시하는 품목만 해당한다)

3의4. 법 제3조의2제2항에 따른 맞춤형화장품조제관리사(이하 "맞춤형화장품조제관리사"라 한다) 자격시험에 합격한 사람

4. 그 밖에 화장품 제조 또는 품질관리 업무에 2년 이상 종사한 경력이 있는 사람

5. 삭제 〈2014. 9. 24.〉

6. 삭제 〈2014. 9. 24.〉

② 책임판매관리자는 다음 각 호의 직무를 수행한다. 〈개정 2019. 3. 14.〉

1. 별표 1의 품질관리기준에 따른 품질관리 업무

2. 별표 2의 책임판매 후 안전관리기준에 따른 안전확보 업무

3. 원료 및 자재의 입고(入庫)부터 완제품의 출고에 이르기까지 필요한 시험 · 검사 또는 검정에 대하여 제조업자를 관리 · 감독하는 업무

③ 상시근로자수가 10명 이하인 화장품책임판매업을 경영하는 화장품책임판매업자(법인인 경우에는 그 대표자를 말한다)가 제1항 각 호의 어느 하나에 해당하는 사람인 경우에는 그 사람이 제2항에 따른 책임판매관리자의 직무를 수행할 수 있다. 이 경우 책임판매관리자를 둔 것으로 본다. 〈신설 2013. 12. 6., 2016. 6. 30., 2019. 3. 14.〉

[제목개정 2019. 3. 14.]

제8조의2(맞춤형화장품판매업의 신고) ① 법 제3조의2제1항 전단에 따라 맞춤형화장품판매업의 신고를 하려는 자는 별지 제6호의2서식의 맞춤형화장품판매업 신고서에 맞춤형화장품조제관리사의 자격증 사본과 시설의 명세서를 첨부하여 맞춤형화장품판매업소의 소재지를 관할하는 지방식품의약품안전청장에게 제출해야 한다. 다만, 맞춤형화장품판매업을 신고한 자(이하 "맞춤형화장품판매업자"라 한다)가 판매업소로 신고한 소재지 외의 장소에서 1개월의 범위에서 한시적으로 같은 영업을 하려는 경우에는 해당 맞춤형화장품판매업 신고서에 별지 제6호의3서식에 따른 맞춤형화장품판매업 신고필증 사본과 맞춤형화장품조제관리사 자격증 사본을 첨부하여 제출해야 한다. 〈개정 2021. 5. 14., 2021. 10. 15., 2022. 2. 18.〉

② 지방식품의약품안전청장은 제1항에 따른 신고를 받은 경우에는 「전자정부법」 제36조제1항에 따른 행정정보의 공동이용을 통해 법인 등기사항증명서(법인인 경우만 해당한다)를 확인해야 한다.

③ 지방식품의약품안전청장은 제1항에 따른 신고가 그 요건을 갖춘 경우에는 맞춤형화장품판매업 신고대장에 다음 각 호의 사항을 적고, 별지 제6호의3서식의 맞춤형화장품판매업 신고필증을 발급해야 한다. 〈개정 2021. 10. 15., 2023. 6. 22.〉

1. 신고 번호 및 신고 연월일
2. 맞춤형화장품판매업자의 성명 및 주민등록번호등(법인인 경우에는 대표자의 성명 및 주민등록번호등을 말한다)

3. 맞춤형화장품판매업자의 상호 및 소재지

4. 맞춤형화장품판매업소의 상호 및 소재지

5. 맞춤형화장품조제관리사의 성명, 주민등록번호등 및 자격증 번호

6. 영업의 기간(제1항 단서에 따라 한시적으로 맞춤형화장품판매업을 하려는 경우만 해당한다)

④ 맞춤형화장품판매업자가 법 제3조의4제1항에 따른 맞춤형화장품조제관리사 자격시험(이하 "자격시험"이라 한다)에 합격한 경우에는 해당 맞춤형화장품판매업자의 판매업소 중 하나의 판매업소에서 맞춤형화장품조제관리사 업무를 수행할 수 있다. 이 경우 해당 판매업소에는 맞춤형화장품조제관리사를 둔 것으로 본다. 〈신설 2021. 5. 14.〉

[본조신설 2020. 3. 13.]

제8조의3(맞춤형화장품판매업의 변경신고) ① 법 제3조의2제1항 후단에 따라 맞춤형화장품판매업자가 변경신고를 해야 하는 경우는 다음 각 호와 같다.

1. 맞춤형화장품판매업자를 변경하는 경우

2. 맞춤형화장품판매업소의 상호 또는 소재지를 변경하는 경우

3. 맞춤형화장품조제관리사를 변경하는 경우

② 맞춤형화장품판매업자가 제1항에 따른 변경신고를 하려면 별지 제6호의4서식의 맞춤형화장품판매업 변경신고서(전자문서로 된 신고서를 포함한다)에 맞춤형화장품판매업 신고필증과 그 변경을 증명하는 서류(전자문서를 포함한다)를 첨부하여 맞춤형화장품판매업소의 소재지를 관할하는 지방식품의약품안전청장에게 제출해야 한다. 이 경우 소재지를 변경하는 때에는 새로운 소재지를 관할하는 지방식품의약품안전청장에게 제출해야 한다.

③ 지방식품의약품안전청장은 제2항에 따라 맞춤형화장품판매업 변경신고를 받은 경우에는 「전자정부법」 제36조제1항에 따른 행정정보의 공동이용을 통해 법인 등기사항증명서(법인인 경우만 해당한다)를 확인해야 한다.

④ 지방식품의약품안전청장은 제2항에 따른 변경신고가 그 요건을 갖춘 때에는 맞춤형화장품판매업 신고대장과 맞춤형화장품판매업 신고필증의 뒷면에 각각의 변경사항을 적어야 한다. 이 경우 맞춤형화장품판매업 신고필증은 신고인에게 다시 내주어야 한다.

[본조신설 2020. 3. 13.]

제8조의4(맞춤형화장품판매업의 시설기준) 법 제3조의2제2항에 따라 맞춤형화장품판매업을 신고하려는 자는 맞춤형화장품의 혼합 · 소분 공간을 그 외의 용도로 사용되는 공간과 분리 또는 구획하여 갖추어야 한다. 다만, 혼합 · 소분 과정에서 맞춤형화장품의 품질 · 안전 등 보건위생상 위해가 발생할 우려가 없다고 인정되는 경우에는 혼합 · 소분 공간을 분리 또는 구획하여 갖추지 않아도 된다.

[본조신설 2022. 2. 18.]

[종전 제8조의4는 제8조의5로 이동 〈2022. 2. 18.〉]

제8조의5(맞춤형화장품조제관리사 자격시험) ① 식품의약품안전처장은 매년 1회 이상 자격시험을 실시해야 한다. 〈개정 2021. 5. 14.〉

② 식품의약품안전처장은 자격시험을 실시하려는 경우에는 시험일시, 시험장소, 시험과목, 응시방법 등이 포함된 자격시험 시행계획을 시험 실시 90일전까지 식품의약품안전처 인터넷 홈페이지에 공고해야 한다.

③ 자격시험은 필기시험으로 실시하며, 그 시험과목은 다음 각 호의 구분에 따른다.

1. 제1과목: 화장품 관련 법령 및 제도 등에 관한 사항

2. 제2과목: 화장품의 제조 및 품질관리와 원료의 사용기준 등에 관한 사항

3. 제3과목: 화장품의 유통 및 안전관리 등에 관한 사항

4. 제4과목: 맞춤형화장품의 특성 · 내용 및 관리 등에 관한 사항

④ 자격시험은 전 과목 총점의 60퍼센트 이상의 점수와 매 과목 만점의 40퍼센트 이상의 점수를 모두 득점한 사람을 합격자로 한다.

⑤ 자격시험에서 부정행위를 한 사람에 대해서는 그 시험을 정지시키거나 그 합격을 무효로 한다.

⑥ 식품의약품안전처장은 자격시험을 실시할 때마다 시험과목에 대한 전문 지식을 갖추거나 화장품에 관한 업무 경험이 풍부한 사람 중에서 시험 위원을 위촉한다. 이 경우 해당 위원에 대해서는 예산의 범위에서 수당 및 여비 등을 지급할 수 있다.

⑦ 제1항부터 제6항까지에서 규정한 사항 외에 자격시험의 실시 방법 및 절차 등에 필요한 세부 사항은 식품의약품안전처장이 정하여 고시한다.

[본조신설 2020. 3. 13.]
[제8조의4에서 이동, 종전 제8조의5는 제8조의6으로 이동 〈2022. 2. 18.〉]

제8조의6(맞춤형화장품조제관리사 자격증의 발급 신청 등) ① 자격시험에 합격하여 자격증을 발급받으려는 사람은 별지 제6호의5서식의 맞춤형화장품조제관리사 자격증 발급 신청서에 다음 각 호의 서류를 첨부하여 식품의약품안전처장에게 제출해야 한다. 〈개정 2021. 5. 14., 2022. 2. 18.〉

1. 법 제3조의5제1호 본문에 해당되지 않음을 증명하는 최근 6개월 이내의 의사의 진단서 또는 법 제3조의5제1호 단서에 해당하는 사람임을 증명하는 최근 6개월 이내의 전문의의 진단서

2. 법 제3조의5제3호에 해당되지 않음을 증명하는 최근 6개월 이내의 의사의 진단서

② 식품의약품안전처장은 제1항에 따른 발급 신청이 그 요건을 갖춘 경우에는 별지 제6호의6서식에 따른 맞춤형화장품조제관리사 자격증을 발급해야 한다.

③ 자격증을 잃어버리거나 못 쓰게 된 경우에는 별지 제6호의5서식의 맞춤형화장품조제관리사 자격증 재발급 신청서에 다음 각 호의 구분에 따른 서류를 첨부하여 식품의약품안전처장에게 제출해야 한다. 〈개정 2022. 2. 18.〉

1. 자격증을 잃어버린 경우: 분실 사유서

2. 자격증을 못 쓰게 된 경우: 자격증 원본

④ 제1항부터 제3항까지에서 규정한 사항 외에 자격증의 발급 · 재발급 등에 필요한 세부사항은 식품의약품안전처장이 정하여 고시한다. 〈신설 2022. 2. 18.〉

[본조신설 2020. 3. 13.]
[제8조의5에서 이동, 종전 제8조의6은 제8조의7로 이동 〈2022. 2. 18.〉]

제8조의7(시험운영기관의 지정 등) 식품의약품안전처장은 법 제3조의4제3항에 따라 시험운영기관을 지정하거나 시험운영기관에 자격시험의 관리 및 자격증 발급 · 재발급 등의 업무를 위탁한 경우에는 그 내용을 식품의약품안전처 인터넷 홈페이지에 게재해야 한다. 〈개정 2022. 2. 18.〉

[본조신설 2020. 3. 13.]
[제8조의6에서 이동 〈2022. 2. 18.〉]

제9조(기능성화장품의 심사) ① 법 제4조제1항에 따라 기능성화장품(제10조에 따라 보고서를 제출해야 하는 기능성화장품은 제외한다. 이하 이 조에서 같다)으로 인정받아 판매 등을 하려는 화장품제조업자, 화장품책임판매업자 또는 「기초연구진흥 및 기술개발지원에 관한 법률」 제6조제1항 및 제14조의2에 따른 대학 · 연구기관 · 연구소(이하 "연구기관등"이라 한다)는 품목별로 별지 제7호서식의 기능성화장품 심사의뢰서(전자문서로 된 심사의뢰서를 포함한다)에 다음 각 호의 서류(전자문서를 포함한다)를 첨부하여 식품의약

품안전평가원장의 심사를 받아야 한다. 다만, 식품의약품안전처장이 제품의 효능 · 효과를 나타내는 성분 · 함량을 고시한 품목의 경우에는 제1호부터 제4호까지의 자료 제출을, 기준 및 시험방법을 고시한 품목의 경우에는 제5호의 자료 제출을 각각 생략할 수 있다. 〈개정 2013. 3. 23., 2013. 12. 6., 2019. 3. 14., 2021. 9. 10.〉

1. 기원(起源) 및 개발 경위에 관한 자료

2. 안전성에 관한 자료
   가. 단회 투여 독성시험 자료
   나. 1차 피부 자극시험 자료
   다. 안(眼)점막 자극 또는 그 밖의 점막 자극시험 자료
   라. 피부 감작성(感作性: 외부 자극에 의한 면역계 반응성을 말한다. 이하 같다) 시험 자료
   마. 광독성(빛에 의한 독성 반응성을 말한다. 이하 같다) 및 광감작성(빛에 의한 면역계 반응성을 말한다. 이하 같다) 시험 자료
   바. 인체 첩포시험(貼布試驗: 접촉 피부염의 원인을 파악하기 위해 원인 추정 물질을 몸에 붙여 반응을 조사하는 시험을 말한다. 이하 같다) 자료

3. 유효성 또는 기능에 관한 자료
   가. 효력시험 자료
   나. 인체 적용시험 자료

4. 자외선 차단지수 및 자외선A 차단등급 설정의 근거자료(자외선을 차단 또는 산란시켜 자외선으로부터 피부를 보호하는 기능을 가진 화장품의 경우만 해당한다)

5. 기준 및 시험방법에 관한 자료[검체(檢體)를 포함한다]

② 삭제 〈2021. 12. 28.〉

③ 제1항에 따라 심사를 받은 사항을 변경하려는 자는 별지 제8호서식의 기능성화장품 변경심사 의뢰서에 다음 각 호의 서류를 첨부하여 식품의약품안전평가원장에게 제출해야 한다. 〈개정 2013. 3. 23., 2021. 12. 28.〉

1. 먼저 발급받은 기능성화장품심사결과통지서

2. 변경사유를 증명할 수 있는 서류(기능성화장품 심사를 받은 자 간에 법 제4조제1항에 따라 심사받은 기능성화장품에 대한 권리를 양도·양수하여 심사받은 자를 변경하려는 경우에는 양도·양수계약서를 말한다)

④ 식품의약품안전평가원장은 제1항 또는 제3항에 따라 심사의뢰서나 변경심사 의뢰서를 받은 경우에는 다음 각 호의 심사기준에 따라 심사하여야 한다. 〈개정 2013. 3. 23.〉

1. 기능성화장품의 원료와 그 분량은 효능·효과 등에 관한 자료에 따라 합리적이고 타당하여야 하며, 각 성분의 배합의의(配合意義)가 인정되어야 할 것

2. 기능성화장품의 효능·효과는 법 제2조제2호 각 목에 적합할 것

3. 기능성화장품의 용법·용량은 오용될 여지가 없는 명확한 표현으로 적을 것

⑤ 식품의약품안전평가원장은 제4항에 따라 심사를 한 후 심사대장에 다음 각 호의 사항을 적고, 별지 제9호서식의 기능성화장품 심사·변경심사 결과통지서를 발급해야 한다. 〈개정 2013. 3. 23., 2019. 3. 14., 2021. 12. 28.〉

1. 심사번호 및 심사연월일 또는 변경심사 연월일

2. 기능성화장품 심사를 받은 화장품제조업자, 화장품책임판매업자 또는 연구기관등의 상호(법인인 경우에는 법인의 명칭) 및 소재지

3. 제품명

4. 효능·효과

⑥ 제1항부터 제4항까지의 규정에 따른 첨부자료의 범위 · 요건 · 작성요령과 제출이 면제되는 범위 및 심사기준 등에 관한 세부 사항은 식품의약품안전처장이 정하여 고시한다. 〈개정 2013. 3. 23., 2013. 12. 6.〉

제10조(보고서 제출 대상 등) ① 법 제4조제1항에 따라 기능성화장품의 심사를 받지 아니하고 식품의약품안전평가원장에게 보고서를 제출하여야 하는 대상은 다음 각 호와 같다. 〈개정 2013. 3. 23., 2013. 12. 6., 2017. 7. 31., 2019. 3. 14., 2019. 12. 12.〉

1. 효능 · 효과가 나타나게 하는 성분의 종류 · 함량, 효능 · 효과, 용법 · 용량, 기준 및 시험방법이 식품의약품안전처장이 고시한 품목과 같은 기능성화장품

2. 이미 심사를 받은 기능성화장품[화장품제조업자(화장품제조업자가 제품을 설계 · 개발 · 생산하는 방식으로 제조한 경우만 해당한다)가 같거나 화장품책임판매업자가 같은 경우 또는 제9조제1항에 따라 기능성화장품으로 심사받은 연구기관등이 같은 기능성화장품만 해당한다. 이하 제3호에서 같다]과 다음 각 목의 사항이 모두 같은 품목. 다만, 제2조제1호부터 제3호까지 및 같은 조 제8호부터 제11호까지의 기능성화장품은 이미 심사를 받은 품목이 대조군(對照群)(효능 · 효과가 나타나게 하는 성분을 제외한 것을 말한다)과의 비교실험을 통하여 효능이 입증된 경우만 해당한다.

   가. 효능 · 효과가 나타나게 하는 원료의 종류 · 규격 및 함량(액체상태인 경우에는 농도를 말한다)

   나. 효능 · 효과(제2조제4호 및 제5호의 기능성화장품의 경우 자외선 차단지수의 측정값이 마이너스 20퍼센트 이하의 범위에 있는 경우에는 같은 효능 · 효과로 본다)

   다. 기준[산성도(pH)에 관한 기준은 제외한다] 및 시험방법

   라. 용법 · 용량

   마. 제형(劑形)[제2조제1호부터 제3호까지 및 같은 조 제6호부터 제11호까지의 기능성화장품의 경우에는 액제(Solution), 로션제(Lotion) 및 크림제(Cream)를 같은

제형으로 본다]

3. 이미 심사를 받은 기능성화장품 및 식품의약품안전처장이 고시한 기능성화장품과 비교하여 다음 각 목의 사항이 모두 같은 품목(이미 심사를 받은 제2조제4호 및 제5호의 기능성화장품으로서 그 효능 · 효과를 나타나게 하는 성분 · 함량과 식품의약품안전처장이 고시한 제2조제1호부터 제3호까지의 기능성화장품으로서 그 효능 · 효과를 나타나게 하는 성분 · 함량이 서로 혼합된 품목만 해당한다)
   가. 효능 · 효과를 나타나게 하는 원료의 종류 · 규격 및 함량
   나. 효능 · 효과(제2조제4호 및 제5호에 따른 효능 · 효과의 경우 자외선차단지수의 측정값이 마이너스 20퍼센트 이하의 범위에 있는 경우에는 같은 효능 · 효과로 본다)
   다. 기준[산성도(pH)에 관한 기준은 제외한다] 및 시험방법
   라. 용법 · 용량
   마. 제형

② 기능성화장품으로 인정받아 판매 등을 하려는 화장품제조업자, 화장품책임판매업자 또는 연구기관등은 제1항에 따라 품목별로 별지 제10호서식의 기능성화장품 심사 제외 품목 보고서(전자문서로 된 보고서를 포함한다)를 식품의약품안전평가원장에게 제출해야 한다. 〈개정 2013. 3. 23., 2019. 3. 14.〉

③ 제2항에 따라 보고서를 받은 식품의약품안전평가원장은 제1항에 따른 요건을 확인한 후 다음 각 호의 사항을 기능성화장품의 보고대장에 적어야 한다. 〈개정 2013. 3. 23., 2019. 3. 14.〉

1. 보고번호 및 보고연월일
2. 화장품제조업자, 화장품책임판매업자 또는 연구기관등의 상호(법인인 경우에는 법인의 명칭) 및 소재지
3. 제품명

4. 효능 · 효과

제10조의2(영유아 또는 어린이 사용 화장품의 표시 · 광고) ① 법 제4조의2제1항에 따른 영유아 또는 어린이의 연령 기준은 다음 각 호의 구분에 따른다.

1. 영유아: 만 3세 이하

2. 어린이: 만 4세 이상부터 만 13세 이하까지

② 화장품책임판매업자가 법 제4조의2제1항 각 호에 따른 자료(이하 “제품별 안전성 자료”라 한다)를 작성 · 보관해야 하는 표시 · 광고의 범위는 다음 각 호의 구분에 따른다.

1. 표시의 경우: 화장품의 1차 포장 또는 2차 포장에 영유아 또는 어린이가 사용할 수 있는 화장품임을 특정하여 표시하는 경우(화장품의 명칭에 영유아 또는 어린이에 관한 표현이 표시되는 경우를 포함한다)

2. 광고의 경우: 별표 5 제1호가목부터 바목까지(어린이 사용 화장품의 경우에는 바목을 제외한다)의 규정에 따른 매체 · 수단 또는 해당 매체 · 수단과 유사하다고 식품의약품안전처장이 정하여 고시하는 매체 · 수단에 영유아 또는 어린이가 사용할 수 있는 화장품임을 특정하여 광고하는 경우

[본조신설 2020. 1. 22.]

제10조의3(제품별 안전성 자료의 작성 · 보관) ① 법 제4조의2제1항 및 이 규칙 제10조의2제2항에 따라 화장품의 표시 · 광고를 하려는 화장품책임판매업자는 법 제4조의2제1항제1호부터 제3호까지의 규정에 따른 제품별 안전성 자료 모두를 미리 작성해야 한다.

② 제품별 안전성 자료의 보관기간은 다음 각 호의 구분에 따른다.

1. 화장품의 1차 포장에 사용기한을 표시하는 경우: 영유아 또는 어린이가 사용할 수 있는 화장품임을 표시 · 광고한 날부터 마지막으로 제조 · 수입된 제품의 사용기한 만료일

이후 1년까지의 기간. 이 경우 제조는 화장품의 제조번호에 따른 제조일자를 기준으로 하며, 수입은 통관일자를 기준으로 한다.

2. 화장품의 1차 포장에 개봉 후 사용기간을 표시하는 경우: 영유아 또는 어린이가 사용할 수 있는 화장품임을 표시 · 광고한 날부터 마지막으로 제조 · 수입된 제품의 제조연월일 이후 3년까지의 기간. 이 경우 제조는 화장품의 제조번호에 따른 제조일자를 기준으로 하며, 수입은 통관일자를 기준으로 한다.

③ 제1항 및 제2항에서 규정한 사항 외에 제품별 안전성 자료의 작성 · 보관의 방법 및 절차 등에 필요한 세부 사항은 식품의약품안전처장이 정하여 고시한다.

[본조신설 2020. 1. 22.]

제10조의4(실태조사의 실시) ① 식품의약품안전처장은 법 제4조의2제2항에 따른 실태조사(이하 "실태조사"라 한다)를 5년마다 실시한다.

② 실태조사에는 다음 각 호의 사항이 포함되어야 한다.

1. 제품별 안전성 자료의 작성 및 보관 현황
2. 소비자의 사용실태
3. 사용 후 이상사례의 현황 및 조치 결과
4. 영유아 또는 어린이 사용 화장품에 대한 표시 · 광고의 현황 및 추세
5. 영유아 또는 어린이 사용 화장품의 유통 현황 및 추세
6. 그 밖에 제1호부터 제5호까지의 사항과 유사한 것으로서 식품의약품안전처장이 필요하다고 인정하는 사항

③ 식품의약품안전처장은 실태조사를 위해 필요하다고 인정하는 경우에는 관계 행정기관, 공공기관, 법인 · 단체 또는 전문가 등에게 필요한 의견 또는 자료의 제출 등을 요청

할 수 있다.

④ 식품의약품안전처장은 실태조사의 효율적 실시를 위해 필요하다고 인정하는 경우에는 화장품 관련 연구기관 또는 법인 · 단체 등에 실태조사를 의뢰하여 실시할 수 있다.

⑤ 제1항부터 제4항까지에서 규정한 사항 외에 실태조사의 대상, 방법 및 절차 등에 필요한 세부 사항은 식품의약품안전처장이 정한다.

[본조신설 2020. 1. 22.]

제10조의5(위해요소 저감화계획의 수립) ① 법 제4조의2제2항에 따른 위해요소의 저감화를 위한 계획(이하 "위해요소 저감화계획"이라 한다)에는 다음 각 호의 사항이 포함되어야 한다.

1. 위해요소 저감화를 위한 기본 방향과 목표
2. 위해요소 저감화를 위한 단기별 및 중장기별 추진 정책
3. 위해요소 저감화 추진을 위한 환경 여건 및 관련 정책의 평가
4. 위해요소 저감화 추진을 위한 조직 및 재원 등에 관한 사항
5. 그 밖에 제1호부터 제4호까지의 사항과 유사한 것으로서 위해요소 저감화를 위해 식품의약품안전처장이 필요하다고 인정하는 사항

② 식품의약품안전처장은 위해요소 저감화계획을 수립하는 경우에는 실태조사에 대한 분석 및 평가 결과를 반영해야 한다.

③ 식품의약품안전처장은 위해요소 저감화계획의 수립을 위해 필요하다고 인정하는 경우에는 관계 행정기관, 공공기관, 법인 · 단체 또는 전문가 등에게 필요한 의견 또는 자료의 제출 등을 요청할 수 있다.

④ 식품의약품안전처장은 위해요소 저감화계획을 수립한 경우에는 그 내용을 식품의약품

안전처 인터넷 홈페이지에 공개해야 한다.

⑤ 제1항부터 제4항까지에서 규정한 사항 외에 위해요소 저감화계획의 수립 대상, 방법 및 절차 등에 필요한 세부 사항은 식품의약품안전처장이 정한다.

[본조신설 2020. 1. 22.]

제11조(화장품제조업자의 준수사항 등) ① 법 제5조제1항에 따라 화장품 제조업자가 준수하여야 할 사항은 다음 각 호와 같다. 〈개정 2019. 3. 14.〉

1. 별표 1의 품질관리기준에 따른 화장품책임판매업자의 지도 · 감독 및 요청에 따를 것
2. 제조관리기준서 · 제품표준서 · 제조관리기록서 및 품질관리기록서(전자문서 형식을 포함한다)를 작성 · 보관할 것
3. 보건위생상 위해(危害)가 없도록 제조소, 시설 및 기구를 위생적으로 관리하고 오염되지 아니하도록 할 것
4. 화장품의 제조에 필요한 시설 및 기구에 대하여 정기적으로 점검하여 작업에 지장이 없도록 관리 · 유지할 것
5. 작업소에는 위해가 발생할 염려가 있는 물건을 두어서는 아니 되며, 작업소에서 국민보건 및 환경에 유해한 물질이 유출되거나 방출되지 아니하도록 할 것
6. 제2호의 사항 중 품질관리를 위하여 필요한 사항을 화장품책임판매업자에게 제출할 것. 다만, 다음 각 목의 어느 하나에 해당하는 경우 제출하지 아니할 수 있다.
   가. 화장품제조업자와 화장품책임판매업자가 동일한 경우
   나. 화장품제조업자가 제품을 설계 · 개발 · 생산하는 방식으로 제조하는 경우로서 품질 · 안전관리에 영향이 없는 범위에서 화장품제조업자와 화장품책임판매업자 상호 계약에 따라 영업비밀에 해당하는 경우
7. 원료 및 자재의 입고부터 완제품의 출고에 이르기까지 필요한 시험 · 검사 또는 검정을

할 것

8. 제조 또는 품질검사를 위탁하는 경우 제조 또는 품질검사가 적절하게 이루어지고 있는지 수탁자에 대한 관리 · 감독을 철저히 하고, 제조 및 품질관리에 관한 기록을 받아 유지 · 관리할 것

② 식품의약품안전처장은 제1항에 따른 준수사항 외에 식품의약품안전처장이 정하여 고시하는 우수화장품 제조관리기준을 준수하도록 제조업자에게 권장할 수 있다. 〈개정 2013. 3. 23.〉

③ 식품의약품안전처장은 제2항에 따라 우수화장품 제조관리기준을 준수하는 제조업자에게 다음 각 호의 사항을 지원할 수 있다. 〈신설 2014. 9. 24.〉

1. 우수화장품 제조관리기준 적용에 관한 전문적 기술과 교육
2. 우수화장품 제조관리기준 적용을 위한 자문
3. 우수화장품 제조관리기준 적용을 위한 시설 · 설비 등 개수 · 보수

[제목개정 2019. 3. 14.]
[제12조에서 이동, 종전 제11조는 제12조로 이동 〈2020. 3. 13.〉]

제12조(화장품책임판매업자의 준수사항) 법 제5조제2항에 따라 화장품책임판매업자가 준수해야 할 사항은 다음 각 호(영 제2조제2호라목의 화장품책임판매업을 등록한 자는 제1호, 제2호, 제4호가목 · 다목 · 사목 · 차목 및 제10호만 해당한다)와 같다. 〈개정 2013. 3. 23., 2013. 12. 6., 2015. 4. 2., 2019. 3. 14., 2020. 3. 13.〉

1. 별표 1의 품질관리기준을 준수할 것
2. 별표 2의 책임판매 후 안전관리기준을 준수할 것
3. 제조업자로부터 받은 제품표준서 및 품질관리기록서(전자문서 형식을 포함한다)를 보

관할 것

4. 수입한 화장품에 대하여 다음 각 목의 사항을 적거나 또는 첨부한 수입관리기록서를 작성 · 보관할 것
   가. 제품명 또는 국내에서 판매하려는 명칭
   나. 원료성분의 규격 및 함량
   다. 제조국, 제조회사명 및 제조회사의 소재지
   라. 기능성화장품심사결과통지서 사본
   마. 제조 및 판매증명서. 다만, 「대외무역법」 제12조제2항에 따른 통합 공고상의 수출입 요건 확인기관에서 제조 및 판매증명서를 갖춘 화장품책임판매업자가 수입한 화장품과 같다는 것을 확인받고, 제6조제2항제2호가목, 다목 또는 라목의 기관으로부터 화장품책임판매업자가 정한 품질관리기준에 따른 검사를 받아 그 시험성적서를 갖추어 둔 경우에는 이를 생략할 수 있다.
   바. 한글로 작성된 제품설명서 견본
   사. 최초 수입연월일(통관연월일을 말한다. 이하 이 호에서 같다)
   아. 제조번호별 수입연월일 및 수입량
   자. 제조번호별 품질검사 연월일 및 결과
   차. 판매처, 판매연월일 및 판매량

5. 제조번호별로 품질검사를 철저히 한 후 유통시킬 것. 다만, 화장품제조업자와 화장품책임판매업자가 같은 경우 또는 제6조제2항제2호 각 목의 어느 하나에 해당하는 기관 등에 품질검사를 위탁하여 제조번호별 품질검사결과가 있는 경우에는 품질검사를 하지 아니할 수 있다.

6. 화장품의 제조를 위탁하거나 제6조제2항제2호나목에 따른 제조업자에게 품질검사를 위탁하는 경우 제조 또는 품질검사가 적절하게 이루어지고 있는지 수탁자에 대한 관리 · 감독을 철저히 하여야 하며, 제조 및 품질관리에 관한 기록을 받아 유지 · 관리하

고, 그 최종 제품의 품질관리를 철저히 할 것

7. 제5호에도 불구하고 영 제2조제2호다목의 화장품책임판매업을 등록한 자는 제조국 제조회사의 품질관리기준이 국가 간 상호 인증되었거나, 제11조제2항에 따라 식품의약품안전처장이 고시하는 우수화장품 제조관리기준과 같은 수준 이상이라고 인정되는 경우에는 국내에서의 품질검사를 하지 아니할 수 있다. 이 경우 제조국 제조회사의 품질검사 시험성적서는 품질관리기록서를 갈음한다.

8. 제7호에 따라 영 제2조제2호다목의 화장품책임판매업을 등록한 자가 수입화장품에 대한 품질검사를 하지 아니하려는 경우에는 식품의약품안전처장이 정하는 바에 따라 식품의약품안전처장에게 수입화장품의 제조업자에 대한 현지실사를 신청하여야 한다. 현지실사에 필요한 신청절차, 제출서류 및 평가방법 등에 대하여는 식품의약품안전처장이 정하여 고시한다.

8의2. 제7호에 따른 인정을 받은 수입 화장품 제조회사의 품질관리기준이 제11조제2항에 따른 우수화장품 제조관리기준과 같은 수준 이상이라고 인정되지 아니하여 제7호에 따른 인정이 취소된 경우에는 제5호 본문에 따른 품질검사를 하여야 한다. 이 경우 인정 취소와 관련하여 필요한 세부적인 사항은 식품의약품안전처장이 정하여 고시한다.

9. 영 제2조제2호다목의 화장품책임판매업을 등록한 자의 경우 「대외무역법」에 따른 수출·수입요령을 준수하여야 하며, 「전자무역 촉진에 관한 법률」에 따른 전자무역문서로 표준통관예정보고를 할 것

10. 제품과 관련하여 국민보건에 직접 영향을 미칠 수 있는 안전성·유효성에 관한 새로운 자료, 정보사항(화장품 사용에 의한 부작용 발생사례를 포함한다) 등을 알게 되었을 때에는 식품의약품안전처장이 정하여 고시하는 바에 따라 보고하고, 필요한 안전대책을 마련할 것

11. 다음 각 목의 어느 하나에 해당하는 성분을 0.5퍼센트 이상 함유하는 제품의 경우에는 해당 품목의 안정성시험 자료를 최종 제조된 제품의 사용기한이 만료되는 날부터 1년간 보존할 것

가. 레티놀(비타민A) 및 그 유도체

나. 아스코빅애시드(비타민C) 및 그 유도체

다. 토코페롤(비타민E)

라. 과산화화합물

마. 효소

[제목개정 2019. 3. 14.]

[제11조에서 이동, 종전 제12조는 제11조로 이동 〈2020. 3. 13.〉]

제12조의2(맞춤형화장품판매업자의 준수사항) 법 제5조제4항에 따라 맞춤형화장품판매업자가 준수해야 할 사항은 다음 각 호와 같다. 〈개정 2022. 2. 18.〉

1. 맞춤형화장품 판매장 시설 · 기구를 정기적으로 점검하여 보건위생상 위해가 없도록 관리할 것

2. 다음 각 목의 혼합 · 소분 안전관리기준을 준수할 것

가. 혼합 · 소분 전에 혼합 · 소분에 사용되는 내용물 또는 원료에 대한 품질성적서를 확인할 것

나. 혼합 · 소분 전에 손을 소독하거나 세정할 것. 다만, 혼합 · 소분 시 일회용 장갑을 착용하는 경우에는 그렇지 않다.

다. 혼합 · 소분 전에 혼합 · 소분된 제품을 담을 포장용기의 오염 여부를 확인할 것

라. 혼합 · 소분에 사용되는 장비 또는 기구 등은 사용 전에 그 위생 상태를 점검하고, 사용 후에는 오염이 없도록 세척할 것

마. 그 밖에 가목부터 라목까지의 사항과 유사한 것으로서 혼합 · 소분의 안전을 위해 식품의약품안전처장이 정하여 고시하는 사항을 준수할 것

3. 다음 각 목의 사항이 포함된 맞춤형화장품 판매내역서(전자문서로 된 판매내역서를 포함한다)를 작성 · 보관할 것
   가. 제조번호
   나. 사용기한 또는 개봉 후 사용기간
   다. 판매일자 및 판매량

4. 맞춤형화장품 판매 시 다음 각 목의 사항을 소비자에게 설경할 것
   가. 혼합 · 소분에 사용된 내용물 · 원료의 내용 및 특성
   나. 맞춤형화장품 사용 시의 주의사항

5. 맞춤형화장품 사용과 관련된 부작용 발생사례에 대해서는 식품의약품안전처장이 정하여 고시하는 바에 따라 식품의약품안전처장에게 보고할 것

[본조신설 2020. 3. 13.]

제13조(화장품의 생산실적 등 보고) ① 법 제5조제5항 전단에 따라 화장품책임판매업자는 지난해의 생산실적 또는 수입실적을 매년 2월 말까지 식품의약품안전처장이 정하여 고시하는 바에 따라 대한화장품협회 등 법 제17조에 따라 설립된 화장품업 단체(「약사법」 제67조에 따라 조직된 약업단체를 포함한다)를 통하여 식품의약품안전처장에게 보고해야 한다. 〈개정 2013. 3. 23., 2018. 12. 31., 2019. 3. 14., 2020. 3. 13., 2022. 2. 18.〉

② 법 제5조제5항 후단에 따라 화장품책임판매업자는 화장품의 제조과정에 사용된 원료의 목록을 화장품의 유통 · 판매 전까지 보고해야 한다. 보고한 목록이 변경된 경우에도 또한 같다. 〈신설 2019. 3. 14., 2022. 2. 18.〉

③ 제1항 및 제2항에도 불구하고 「전자무역 촉진에 관한 법률」에 따라 전자무역문서로 표준통관예정보고를 하고 수입하는 화장품책임판매업자는 제1항 및 제2항에 따라 수입실적 및 원료의 목록을 보고하지 아니할 수 있다. 〈개정 2019. 3. 14.〉

④ 법 제5조제6항에 따라 맞춤형화장품판매업자는 전년도에 판매한 맞춤형화장품에 사

용된 원료의 목록을 매년 2월 말까지 식품의약품안전처장이 정하여 고시하는 바에 따라 법 제17조에 따라 설립된 화장품업 단체를 통하여 식품의약품안전처장에게 보고해야 한다. 〈신설 2022. 2. 18.〉

제14조(책임판매관리자 등의 교육) ① 책임판매관리자 및 맞춤형화장품조제관리사는 법 제5조제7항에 따른 교육을 다음 각 호의 구분에 따라 받아야 한다. 〈신설 2021. 5. 14., 2022. 2. 18.〉

1. 최초 교육: 종사한 날부터 6개월 이내. 다만, 자격시험에 합격한 날이 종사한 날 이전 1년 이내이면 최초 교육을 받은 것으로 본다.
2. 보수 교육: 제1호에 따라 교육을 받은 날을 기준으로 매년 1회. 다만, 제1호 단서에 해당하는 경우에는 자격시험에 합격한 날부터 1년이 되는 날을 기준으로 매년 1회

② 법 제5조제8항에 따른 교육명령의 대상은 다음 각 호의 어느 하나에 해당하는 화장품제조업자, 화장품책임판매업자 및 맞춤형화장품판매업자(이하 "영업자"라 한다)로 한다. 〈개정 2016. 9. 9., 2019. 3. 14., 2020. 3. 13., 2021. 5. 14., 2022. 2. 18.〉

1. 법 제15조를 위반한 영업자
2. 법 제19조에 따른 시정명령을 받은 영업자
3. 제11조제1항의 준수사항을 위반한 화장품제조업자
4. 제12조의 준수사항을 위반한 화장품책임판매업자
5. 제12조의2의 준수사항을 위반한 맞춤형화장품판매업자

③ 식품의약품안전처장은 제2항에 따른 교육명령 대상자가 천재지변, 질병, 임신, 출산, 사고 및 출장 등의 사유로 교육을 받을 수 없는 경우에는 해당 교육을 유예할 수 있다. 〈개정 2021. 5. 14.〉

④ 제3항에 따라 교육의 유예를 받으려는 사람은 식품의약품안전처장이 정하는 교육유예

신청서에 이를 입증하는 서류를 첨부하여 지방식품의약품안전청장에게 제출하여야 한다. 〈개정 2021. 5. 14.〉

⑤ 지방식품의약품안전청장은 제4항에 따라 제출된 교육유예신청서를 검토하여 식품의약품안전처장이 정하는 교육유예확인서를 발급하여야 한다. 〈개정 2021. 5. 14.〉

⑥ 법 제5조제9항에서 "총리령으로 정하는 자"는 다음 각 호의 어느 하나에 해당하는 자를 말한다. 〈신설 2016. 9. 9., 2019. 3. 14., 2020. 3. 13., 2021. 5. 14., 2022. 2. 18.〉

1. 책임판매관리자

1의2. 맞춤형화장품조제관리사

2. 별표 1의 품질관리기준에 따라 품질관리 업무에 종사하는 종업원

⑦ 법 제5조제10항에 따른 교육의 실시기관(이하 이 조에서 "교육실시기관" 이라 한다)은 화장품과 관련된 기관 · 단체 및 법 제17조에 따라 설립된 단체 중에서 식품의약품안전처장이 지정하여 고시한다. 〈개정 2016. 9. 9., 2019. 3. 14., 2021. 5. 14., 2022. 2. 18.〉

⑧ 교육실시기관은 매년 교육의 대상, 내용 및 시간을 포함한 교육계획을 수립하여 교육을 시행할 해의 전년도 11월 30일까지 식품의약품안전처장에게 제출하여야 한다. 〈개정 2016. 9. 9., 2021. 5. 14.〉

⑨ 제8항에 따른 교육시간은 4시간 이상, 8시간 이하로 한다. 〈개정 2016. 9. 9., 2021. 5. 14.〉

⑩ 제8항에 따른 교육 내용은 화장품 관련 법령 및 제도에 관한 사항, 화장품의 안전성 확보 및 품질관리에 관한 사항 등으로 하며, 교육 내용에 관한 세부 사항은 식품의약품안전처장의 승인을 받아야 한다. 〈개정 2016. 9. 9., 2021. 5. 14.〉

⑪ 교육실시기관은 교육을 수료한 사람에게 수료증을 발급하고 매년 1월 31일까지 전년도 교육 실적을 식품의약품안전처장에게 보고하며, 교육 실시기간, 교육대상자 명부,

교육 내용 등 교육에 관한 기록을 작성하여 이를 증명할 수 있는 자료와 함께 2년간 보관하여야 한다. 〈개정 2016. 9. 9., 2021. 5. 14.〉

⑫ 교육실시기관은 교재비 · 실습비 및 강사 수당 등 교육에 필요한 실비를 교육대상자로부터 징수할 수 있다. 〈개정 2016. 9. 9., 2021. 5. 14.〉

⑬ 제1항부터 제12항까지에서 규정한 사항 외에 교육실시기관 지정의 기준 · 절차 · 변경 및 교육 운영 등에 필요한 세부 사항은 식품의약품안전처장이 정하여 고시한다. 〈개정 2016. 9. 9., 2021. 5. 14.〉

[전문개정 2015. 1. 6.]
[제목개정 2021. 5. 14.]

제14조의2(회수 대상 화장품의 기준 및 위해성 등급 등) ① 법 제5조의2제1항에 따른 회수 대상 화장품(이하 "회수대상화장품"이라 한다)은 유통 중인 화장품으로서 다음 각 호의 어느 하나에 해당하는 화장품으로 한다. 〈개정 2019. 3. 14., 2019. 12. 12., 2020. 1. 22., 2020. 3. 13., 2022. 2. 18.〉

1. 법 제9조에 위반되는 화장품

2. 법 제15조에 위반되는 화장품으로서 다음 각 목의 어느 하나에 해당하는 화장품
   가. 법 제15조제2호 또는 제3호에 해당하는 화장품
   나. 법 제15조제4호에 해당하는 화장품 중 보건위생상 위해를 발생할 우려가 있는 화장품
   다. 법 제15조제5호에 해당하는 화장품 중 다음의 어느 하나에 해당하는 화장품
      1) 법 제8조제1항 또는 제2항에 따른 화장품에 사용할 수 없는 원료를 사용한 화장품
      2) 법 제8조제8항에 따른 유통화장품 안전관리 기준(내용량의 기준에 관한 부분은 제외한다)에 적합하지 아니한 화장품
   라. 법 제15조제9호에 해당하는 화장품

마. 법 제15조제10호에 해당하는 화장품

바. 그 밖에 영업자 스스로 국민보건에 위해를 끼칠 우려가 있어 회수가 필요하다고 판단한 화장품

3. 법 제16조제1항에 위반되는 화장품

② 법 제5조의2제4항에 따른 회수대상화장품의 위해성 등급은 그 위해성이 높은 순서에 따라 가등급, 나등급 및 다등급으로 구분하며, 해당 위해성 등급의 분류기준은 다음 각 호의 구분에 따른다. 〈신설 2019. 12. 12., 2022. 2. 18.〉

1. 위해성 등급이 가등급인 화장품: 제1항제2호다목1)에 해당하는 화장품

2. 위해성 등급이 나등급인 화장품: 제1항제1호 또는 같은 항 제2호다목2)(기능성화장품의 기능성을 나타나게 하는 주원료 함량이 기준치에 부적합한 경우는 제외한다) · 마목에 해당하는 화장품

3. 위해성 등급이 다등급인 화장품: 제1항제2호가목 · 나목 · 다목2)(기능성화장품의 기능성을 나타나게 하는 주원료 함량이 기준치에 부적합한 경우만 해당한다) · 라목 · 바목 또는 같은 항 제3호에 해당하는 화장품

[본조신설 2015. 7. 29.]

[제목개정 2019. 12. 12.]

제14조의3(위해화장품의 회수계획 및 회수절차 등) ① 법 제5조의2제1항에 따라 화장품을 회수하거나 회수하는 데에 필요한 조치를 하려는 영업자(이하 "회수의무자"라 한다)는 해당 화장품에 대하여 즉시 판매중지 등의 필요한 조치를 하여야 하고, 회수대상화장품이라는 사실을 안 날부터 5일 이내에 별지 제10호의2서식의 회수계획서에 다음 각 호의 서류를 첨부하여 지방식품의약품안전청장에게 제출하여야 한다. 다만, 제출기한까지 회수계획서의 제출이 곤란하다고 판단되는 경우에는 지방식품의약품안전청장에게 그 사

유를 밝히고 제출기한 연장을 요청하여야 한다. 〈개정 2019. 3. 14., 2020. 3. 13.〉

1. 해당 품목의 제조 · 수입기록서 사본

2. 판매처별 판매량 · 판매일 등의 기록

3. 회수 사유를 적은 서류

② 회수의무자가 제1항 본문에 따라 회수계획서를 제출하는 경우에는 다음 각 호의 구분에 따른 범위에서 회수 기간을 기재해야 한다. 다만, 회수 기간 이내에 회수하기가 곤란하다고 판단되는 경우에는 지방식품의약품안전청장에게 그 사유를 밝히고 회수 기간 연장을 요청할 수 있다. 〈신설 2019. 12. 12.〉

1. 위해성 등급이 가등급인 화장품: 회수를 시작한 날부터 15일 이내

2. 위해성 등급이 나등급 또는 다등급인 화장품: 회수를 시작한 날부터 30일 이내

③ 지방식품의약품안전청장은 제1항에 따라 제출된 회수계획이 미흡하다고 판단되는 경우에는 해당 회수의무자에게 그 회수계획의 보완을 명할 수 있다. 〈개정 2019. 12. 12.〉

④ 회수의무자는 회수대상화장품의 판매자(법 제11조제1항에 따른 판매자를 말한다), 그 밖에 해당 화장품을 업무상 취급하는 자에게 방문, 우편, 전화, 전보, 전자우편, 팩스 또는 언론매체를 통한 공고 등을 통하여 회수계획을 통보하여야 하며, 통보 사실을 입증할 수 있는 자료를 회수종료일부터 2년간 보관하여야 한다. 〈개정 2019. 12. 12.〉

⑤ 제4항에 따라 회수계획을 통보받은 자는 회수대상화장품을 회수의무자에게 반품하고, 별지 제10호의3서식의 회수확인서를 작성하여 회수의무자에게 송부하여야 한다. 〈개정 2019. 12. 12.〉

⑥ 회수의무자는 회수한 화장품을 폐기하려는 경우에는 별지 제10호의4서식의 폐기신청서에 다음 각 호의 서류를 첨부하여 지방식품의약품안전청장에게 제출하고, 관계 공무원의 참관 하에 환경 관련 법령에서 정하는 바에 따라 폐기하여야 한다. 〈개정 2019.

12. 12.〉

1. 별지 제10호의2서식의 회수계획서 사본

2. 별지 제10호의3서식의 회수확인서 사본

⑦ 제6항에 따라 폐기를 한 회수의무자는 별지 제10호의5서식의 폐기확인서를 작성하여 2년간 보관하여야 한다. 〈개정 2019. 12. 12.〉

⑧ 회수의무자는 회수대상화장품의 회수를 완료한 경우에는 별지 제10호의6서식의 회수종료신고서에 다음 각 호의 서류를 첨부하여 지방식품의약품안전청장에게 제출하여야 한다. 〈개정 2019. 12. 12.〉

1. 별지 제10호의3서식의 회수확인서 사본

2. 별지 제10호의5서식의 폐기확인서 사본(폐기한 경우에만 해당한다)

3. 별지 제10호의7서식의 평가보고서 사본

⑨ 지방식품의약품안전청장은 제8항에 따라 회수종료신고서를 받으면 다음 각 호에서 정하는 바에 따라 조치하여야 한다. 〈개정 2019. 12. 12.〉

1. 회수계획서에 따라 회수대상화장품의 회수를 적절하게 이행하였다고 판단되는 경우에는 회수가 종료되었음을 확인하고 회수의무자에게 이를 서면으로 통보할 것

2. 회수가 효과적으로 이루어지지 아니하였다고 판단되는 경우에는 회수의무자에게 회수에 필요한 추가 조치를 명할 것

[본조신설 2015. 7. 29.]

제14조의4(행정처분의 감경 또는 면제) 법 제5조의2제3항에 따라 법 제24조에 따른 행정처분을 감경 또는 면제하는 경우 그 기준은 다음 각 호의 구분에 따른다.

1. 법 제5조의2제2항의 회수계획에 따른 회수계획량(이하 이 조에서 “회수계획량”이라

한다)의 5분의 4 이상을 회수한 경우: 그 위반행위에 대한 행정처분을 면제

2. 회수계획량 중 일부를 회수한 경우: 다음 각 목의 어느 하나에 해당하는 기준에 따라 행정처분을 경감

가. 회수계획량의 3분의 1 이상을 회수한 경우(제1호의 경우는 제외한다)

1) 법 제24조제2항에 따른 행정처분의 기준(이하 이 호에서 "행정처분기준"이라 한다)이 등록취소인 경우에는 업무정지 2개월 이상 6개월 이하의 범위에서 처분

2) 행정처분기준이 업무정지 또는 품목의 제조 · 수입 · 판매 업무정지인 경우에는 정지처분기간의 3분의 2 이하의 범위에서 경감

나. 회수계획량의 4분의 1 이상 3분의 1 미만을 회수한 경우

1) 행정처분기준이 등록취소인 경우에는 업무정지 3개월 이상 6개월 이하의 범위에서 처분

2) 행정처분기준이 업무정지 또는 품목의 제조 · 수입 · 판매 업무정지인 경우에는 정지처분기간의 2분의 1 이하의 범위에서 경감

[본조신설 2015. 7. 29.]

제15조(폐업 등의 신고) ① 법 제6조에 따라 영업자가 폐업 또는 휴업하거나 휴업 후 그 업을 재개하려는 경우에는 별지 제11호서식의 폐업, 휴업 또는 재개 신고서(전자문서로 된 신고서를 포함한다)에 화장품제조업 등록필증, 화장품책임판매업 등록필증 또는 맞춤형화장품판매업 신고필증(폐업 또는 휴업만 해당한다)을 첨부하여 지방식품의약품안전청장에게 제출해야 한다. 〈개정 2019. 12. 12., 2020. 3. 13.〉

② 제1항에 따라 폐업 또는 휴업신고를 하려는 자가 「부가가치세법」 제8조제7항에 따른 폐업 또는 휴업신고를 같이 하려는 경우에는 제1항에 따른 폐업 · 휴업신고서와 「부가가치세법 시행규칙」 별지 제9호서식의 신고서를 함께 제출해야 한다. 이 경우 지방식품의약품안전청장은 함께 제출받은 신고서를 지체 없이 관할 세무서장에게 송부(정보통신망을 이용한 송부를 포함한다. 이하 이 조에서 같다)해야 한다. 〈신설 2018. 12. 31., 2020.

3. 13.〉

③ 관할 세무서장은 「부가가치세법 시행령」 제13조제5항에 다라 제1항에 따른 폐업 · 휴업신고서를 함께 제출받은 경우 이를 지체 없이 지방식품의약품안전청장에게 송부해야 한다. 〈신설 2018. 12. 31.〉

[전문개정 2019. 12. 12.]

제16조 삭제 〈2019. 3. 14.〉

제17조(화장품 원료 등의 위해평가) ① 법 제8조제3항에 따른 위해평가는 다음 각 호의 확인 · 결정 · 평가 등의 과정을 거쳐 실시한다.

1. 위해요소의 인체 내 독성을 확인하는 위험성 확인과정
2. 위해요소의 인체노출 허용량을 산출하는 위험성 결정과정
3. 위해요소가 인체에 노출된 양을 산출하는 노출평가과정
4. 제1호부터 제3호까지의 결과를 종합하여 인체에 미치는 위해 영향을 판단하는 위해도 결정과정

② 식품의약품안전처장은 제1항에 따른 결과를 근거로 식품의약품안전처장이 정하는 기준에 따라 위해 여부를 결정한다. 다만, 해당 화장품 원료 등에 대하여 국내외의 연구 · 검사기관에서 이미 위해평가를 실시하였거나 위해요소에 대한 과학적 시험 · 분석 자료가 있는 경우에는 그 자료를 근거로 위해 여부를 결정할 수 있다. 〈개정 2013. 3. 23.〉

③ 제1항 및 제2항에 따른 위해평가의 기준, 방법 등에 관한 세부 사항은 식품의약품안전처장이 정하여 고시한다. 〈개정 2013. 3. 23.〉

제17조의2(지정 · 고시된 원료의 사용기준의 안전성 검토) ① 법 제8조제5항에 따른 지정 · 고시된 원료의 사용기준의 안전성 검토 주기는 5년으로 한다.

② 식품의약품안전처장은 법 제8조제5항에 따라 지정·고시된 원료의 사용기준의 안전성을 검토할 때에는 사전에 안전성 검토 대상을 선정하여 실시해야 한다.

[본조신설 2019. 3. 14.]

제17조의3(원료의 사용기준 지정 및 변경 신청 등) ① 법 제8조제6항에 따라 화장품제조업자, 화장품책임판매업자 또는 연구기관등은 법 제8조제2항에 따라 지정·고시되지 않은 원료의 사용기준을 지정·고시하거나 지정·고시된 원료의 사용기준을 변경해 줄 것을 신청하려는 경우에는 별지 제13호의2서식의 원료 사용기준 지정(변경지정) 신청서(전자문서로 된 신청서를 포함한다)에 다음 각 호의 서류(전자문서를 포함한다)를 첨부하여 식품의약품안전처장에게 제출해야 한다.

1. 제출자료 전체의 요약본

2. 원료의 기원, 개발 경위, 국내·외 사용기준 및 사용현황 등에 관한 자료

3. 원료의 특성에 관한 자료

4. 안전성 및 유효성에 관한 자료(유효성에 관한 자료는 해당하는 경우에만 제출한다)

5. 원료의 기준 및 시험방법에 관한 시험성적서

② 식품의약품안전처장은 제1항에 따라 제출된 자료가 적합하지 않은 경우 그 내용을 구체적으로 명시하여 신청인에게 보완을 요청할 수 있다. 이 경우 신청인은 보완일부터 60일 이내에 추가 자료를 제출하거나 보완 제출기한의 연장을 요청할 수 있다.

③ 식품의약품안전처장은 신청인이 제1항의 자료를 제출한 날(제2항에 따라 자료가 보완 요청된 경우 신청인이 보완된 자료를 제출한 날)부터 180일 이내에 신청인에게 별지 제13호의3서식의 원료 사용기준 지정(변경지정) 심사 결과통지서를 보내야 한다.

④ 제1항부터 제3항까지에서 규정한 사항 외에 원료의 사용기준 지정신청 및 변경지정신청에 필요한 세부절차와 방법 등은 식품의약품안전처장이 정한다.

[본조신설 2019. 3. 14.]

제18조(안전용기 · 포장 대상 품목 및 기준) ① 법 제9조제1항에 따른 안전용기 · 포장을 사용해야 하는 품목은 다음 각 호와 같다. 다만, 일회용 제품, 용기 입구 부분이 펌프 또는 방아쇠로 작동되는 분무용기 제품, 압축 분무용기 제품(에어로졸 제품 등)은 제외한다. 〈개정 2021. 9. 10.〉

1. 아세톤을 함유하는 네일 에나멜 리무버 및 네일 폴리시 리무버
2. 어린이용 오일 등 개별포장 당 탄화수소류를 10퍼센트 이상 함유하고 운동점도가 21센티스톡스(섭씨 40도 기준) 이하인 에멀션 형태가 아닌 액체상태의 제품
3. 개별포장당 메틸 살리실레이트를 5퍼센트 이상 함유하는 액체상태의 제품

② 제1항에 따른 안전용기 · 포장은 성인이 개봉하기는 어렵지 아니하나 만 5세 미만의 어린이가 개봉하기는 어렵게 된 것이어야 한다. 이 경우 개봉하기 어려운 정도의 구체적인 기준 및 시험방법은 산업통상자원부장관이 정하여 고시하는 바에 따른다. 〈개정 2013. 3. 23.〉

제19조(화장품 포장의 기재 · 표시 등) ① 법 제10조제1항 단서에 따라 다음 각 호에 해당하는 1차 포장 또는 2차 포장에는 화장품의 명칭, 화장품책임판매업자 또는 맞춤형화장품판매업자의 상호, 가격, 제조번호와 사용기한 또는 개봉 후 사용기간(개봉 후 사용기간을 기재할 경우에는 제조연월일을 병행 표기하여야 한다)만을 기재 · 표시할 수 있다. 다만, 제2호의 포장의 경우 가격이란 견본품이나 비매품 등의 표시를 말한다. 〈개정 2016. 9. 9., 2019. 3. 14., 2020. 3. 13.〉

1. 내용량이 10밀리리터 이하 또는 10그램 이하인 화장품의 포장
2. 판매의 목적이 아닌 제품의 선택 등을 위하여 미리 소비자가 시험 · 사용하도록 제조 또는 수입된 화장품의 포장

② 법 제10조제1항제3호에 따라 기재·표시를 생략할 수 있는 성분이란 다음 각 호의 성분을 말한다. 〈개정 2013. 3. 23., 2020. 3. 13.〉

1. 제조과정 중에 제거되어 최종 제품에는 남아 있지 않은 성분

2. 안정화제, 보존제 등 원료 자체에 들어 있는 부수 성분으로서 그 효과가 나타나게 하는 양보다 적은 양이 들어 있는 성분

3. 내용량이 10밀리리터 초과 50밀리리터 이하 또는 중량이 10그램 초과 50그램 이하 화장품의 포장인 경우에는 다음 각 목의 성분을 제외한 성분
   가. 타르색소
   나. 금박
   다. 샴푸와 린스에 들어 있는 인산염의 종류
   라. 과일산(AHA)
   마. 기능성화장품의 경우 그 효능·효과가 나타나게 하는 원료
   바. 식품의약품안전처장이 사용 한도를 고시한 화장품의 원료

③ 법 제10조제1항제9호에 따라 화장품의 포장에 기재·표시하여야 하는 사용할 때의 주의사항은 별표 3과 같다.

④ 법 제10조제1항제10호에 따라 화장품의 포장에 기재·표시하여야 하는 사항은 다음 각 호와 같다. 다만, 맞춤형화장품의 경우에는 제1호 및 제6호를 제외한다. 〈개정 2013. 3. 23., 2017. 11. 17., 2018. 12. 31., 2019. 3. 14., 2020. 1. 22., 2020. 3. 13., 2022. 2. 18.〉

1. 식품의약품안전처장이 정하는 바코드

2. 기능성화장품의 경우 심사받거나 보고한 효능·효과, 용법·용량

3. 성분명을 제품 명칭의 일부로 사용한 경우 그 성분명과 함량(방향용 제품은 제외한다)

4. 인체 세포 · 조직 배양액이 들어있는 경우 그 함량

5. 화장품에 천연 또는 유기농으로 표시 · 광고하려는 경우에는 원료의 함량

6. 수입화장품인 경우에는 제조국의 명칭(「대외무역법」에 따른 원산지를 표시한 경우에는 제조국의 명칭을 생략할 수 있다), 제조회사명 및 그 소재지

7. 제2조제8호부터 제11호까지에 해당하는 기능성화장품의 경우에는 "질병의 예방 및 치료를 위한 의약품이 아님"이라는 문구

8. 다음 각 목의 어느 하나에 해당하는 경우 법 제8조제2항에 따라 사용기준이 지정 · 고시된 원료 중 보존제의 함량

   가. 만 3세 이하의 영유아용 제품류인 경우

   나. 만 4세 이상부터 만 13세 이하까지의 어린이가 사용할 수 있는 제품임을 특정하여 표시 · 광고하려는 경우

⑤ 제1항 및 제2항제3호에 따라 해당 화장품의 제조에 사용된 성분의 기재 · 표시를 생략하려는 경우에는 다음 각 호의 어느 하나에 해당하는 방법으로 생략된 성분을 확인할 수 있도록 하여야 한다.

1. 소비자가 법 제10조제1항제3호에 따른 모든 성분을 즉시 확인할 수 있도록 포장에 전화번호나 홈페이지 주소를 적을 것

2. 법 제10조제1항제3호에 따른 모든 성분이 적힌 책자 등의 인쇄물을 판매업소에 늘 갖추어 둘 것

⑥ 법 제10조제2항 각 호 외의 부분 단서에서 "고형비누 등 총리령으로 정하는 화장품"이란 화장비누를 말한다. 〈신설 2022. 2. 18.〉

⑦ 법 제10조제4항에 따른 화장품 포장의 표시기준 및 표시방법은 별표 4와 같다. 〈개정 2022. 2. 18.〉

제20조(화장품 가격의 표시) 법 제11조제1항에 따라 해당 화장품을 소비자에게 직접 판매하는 자(이하 "판매자"라 한다)는 그 제품의 포장에 판매하려는 가격을 일반 소비자가 알기 쉽도록 표시하되, 그 세부적인 표시방법은 식품의약품안전처장이 정하여 고시한다. 〈개정 2013. 3. 23.〉

제21조(기재 · 표시상의 주의사항) 법 제12조에 따른 화장품 포장의 기재 · 표시 및 화장품의 가격표시상의 준수사항은 다음 각 호와 같다.

1. 한글로 읽기 쉽도록 기재 · 표시할 것. 다만, 한자 또는 외국어를 함께 적을 수 있고, 수출용 제품 등의 경우에는 그 수출 대상국의 언어로 적을 수 있다.
2. 화장품의 성분을 표시하는 경우에는 표준화된 일반명을 사용할 것

제22조(표시 · 광고의 범위 등) 법 제13조제2항에 따른 표시 · 광고의 범위와 그 밖에 준수하여야 하는 사항은 별표 5와 같다.

제23조(표시 · 광고 실증의 대상 등) ①법 제14조제1항에 따른 표시 · 광고 실증의 대상은 화장품의 포장 또는 별표 5 제1호에 따른 화장품 광고의 매체 또는 수단에 의한 표시 · 광고 중 사실과 다르게 소비자를 속이거나 소비자가 잘못 인식하게 할 우려가 있어 식품의약품안전처장이 실증이 필요하다고 인정하는 표시 · 광고로 한다. 〈개정 2013. 3. 23.〉

② 법 제14조제3항에 따라 영업자 또는 판매자가 제출하여야 하는 실증자료의 범위 및 요건은 다음 각 호와 같다. 〈개정 2019. 3. 14., 2020. 3. 13.〉

1. 시험결과: 인체 적용시험 자료, 인체 외 시험 자료 또는 같은 수준 이상의 조사자료일 것
2. 조사결과: 표본설정, 질문사항, 질문방법이 그 조사의 목적이나 통계상의 방법과 일치할 것
3. 실증방법: 실증에 사용되는 시험 또는 조사의 방법은 학술적으로 널리 알려져 있거나 관련 산업 분야에서 일반적으로 인정된 방법 등으로서 과학적이고 객관적인 방법일 것

③ 법 제14조제3항에 따라 영업자 또는 판매자가 실증자료를 제출할 때에는 다음 각 호의 사항을 적고, 이를 증명할 수 있는 자료를 첨부해 식품의약품안전처장에게 제출해야 한다. 〈개정 2020. 3. 13.〉

1. 실증방법

2. 시험 · 조사기관의 명칭 및 대표자의 성명 · 주소 · 전화번호

3. 실증내용 및 실증결과

4. 실증자료 중 영업상 비밀에 해당되어 공개를 원하지 않는 경우에는 그 내용 및 사유

④ 제1항부터 제3항까지에서 규정한 사항 외에 표시 · 광고 실증에 필요한 사항은 식품의약품안전처장이 정하여 고시한다. 〈개정 2013. 3. 23.〉

제23조의2(천연화장품 및 유기농화장품의 인증 등) ① 법 제14조의2제1항에 따라 천연화장품 또는 유기농화장품으로 인증을 받으려는 화장품제조업자, 화장품책임판매업자 또는 연구기관등은 법 제14조의2제4항에 따라 지정받은 인증기관(이하 "인증기관"이라 한다)에 식품의약품안전처장이 정하여 고시하는 서류를 갖추어 인증을 신청해야 한다.

② 인증기관은 제1항에 따른 신청을 받은 경우 천연화장품 또는 유기농화장품의 인증기준에 적합한지 여부를 심사를 한 후 그 결과를 신청인에게 통지해야 한다.

③ 제1항에 따라 천연화장품 또는 유기농화장품의 인증을 받은 자(이하 "인증사업자"라 한다)는 다음 각 호의 사항이 변경된 경우 식품의약품안전처장이 정하여 고시하는 바에 따라 그 인증을 한 인증기관에 보고를 해야 한다.

1. 인증제품 명칭의 변경

2. 인증제품을 판매하는 책임판매업자의 변경

④ 법 제14조의3제2항에 따라 인증사업자가 인증의 유효기간을 연장받으려는 경우에는

유효기간 만료 90일 전까지 그 인증을 한 인증기관에 식품의약품안전처장이 정하여 고시하는 서류를 갖추어 제출해야 한다. 다만, 그 인증을 한 인증기관이 폐업, 업무정지 또는 그 밖의 부득이한 사유로 연장신청이 불가능한 경우에는 다른 인증기관에 신청할 수 있다.

⑤ 법 제14조의4제1항에서 "총리령으로 정하는 인증표시"란 별표 5의2의 표시를 말한다.

⑥ 인증기관의 장은 식품의약품안전처장의 승인을 받아 결정한 수수료를 신청인으로부터 받을 수 있다.

⑦ 제1항부터 제6항까지 규정한 사항 외에 인증신청 및 변경보고, 유효기간 연장신청 등 인증의 세부 절차와 방법 등은 식품의약품안전처장이 정하여 고시한다.

[본조신설 2019. 3. 14.]

제23조의3(천연화장품 및 유기농화장품의 인증기관의 지정 등) ① 법 제14조의2제4항에 따른 인증기관의 지정기준은 별표 5의3과 같다.

② 천연화장품 또는 유기농화장품의 인증기관으로 지정받으려는 자는 식품의약품안전처장이 정하여 고시하는 서류를 갖추어 인증기관의 지정을 신청해야 한다.

③ 식품의약품안전처장은 제1항에 따른 지정기준에 적합하여 인증기관을 지정하는 경우에는 신청인에게 인증기관 지정서를 발급해야 한다.

④ 제3항에 따라 지정된 인증기관은 다음 각 호의 사항이 변경된 경우에는 변경 사유가 발생한 날부터 30일 이내에 식품의약품안전처장이 정하여 고시하는 서류를 갖추어 변경신청을 해야 한다.

1. 인증기관의 대표자

2. 인증기관의 명칭 및 소재지

3. 인증업무의 범위

⑤ 인증기관은 업무를 적절하게 수행하기 위하여 다음 각 호의 사항을 준수해야 한다.

1. 인증신청, 인증심사 및 인증사업자에 관한 자료를 법 제14조의3제1항에 따른 인증의 유효기간이 끝난 후 2년 동안 보관할 것

2. 식품의약품안전처장의 요청이 있는 경우에는 인증기관의 사무소 및 시설에 대한 접근을 허용하거나 필요한 정보 및 자료를 제공할 것

⑥ 법 제14조의5제3항에 따른 인증기관에 대한 행정처분의 기준은 별표 5의4와 같다.

⑦ 제1항부터 제6항까지에서 규정한 사항 외에 인증기관의 지정 절차 및 준수사항 등 인증기관 운영에 필요한 세부 절차와 방법 등은 식품의약품안전처장이 정하여 고시한다.

[본조신설 2019. 3. 14.]

제24조(관계 공무원의 자격 등) ① 법 제18조제1항에 따른 화장품 검사 등에 관한 업무를 수행하는 공무원(이하 "화장품감시공무원"이라 한다)은 다음 각 호의 어느 하나에 해당하는 사람 중에서 지방식품의약품안전청장이 임명하는 사람으로 한다. 〈개정 2020. 3. 13.〉

1. 「고등교육법」 제2조에 따른 학교에서 약학 또는 화장품 관련 분야의 학사학위 이상을 취득한 사람(법령에서 이와 같은 수준 이상의 학력이 있다고 인정한 사람을 포함한다)

2. 화장품에 관한 지식 및 경력이 풍부하다고 지방식품의약품안전청장이 인정하거나 특별시장 · 광역시장 · 특별자치시장 · 도지사 · 특별자치도지사 또는 시장 · 군수 · 구청장(자치구의 구청장을 말한다)이 추천한 사람

② 법 제18조제4항에 따른 화장품감시공무원의 신분을 증명하는 증표는 별지 제14호서식에 따른다.

제25조(수거 등) 법 제18조제2항에 따라 화장품감시공무원이 물품 또는 화장품을 수거하는 경우에는 별지 제15호서식의 수거증을 피수거인에게 발급하여야 한다.

제26조(화장품 판매 모니터링) 식품의약품안전처장은 법 제18조제3항에 따라 법 제17조에 따른 단체 또는 관련 업무를 수행하는 기관 등을 지정하여 화장품의 판매, 표시 · 광고, 품질 등에 대하여 모니터링하게 할 수 있다. 〈개정 2013. 3. 23.〉

제26조의2(소비자화장품안전관리감시원의 자격 등) ① 법 제18조의2조제1항에 따라 소비자화장품안전관리감시원(이하 "소비자화장품감시원"이라 한다)으로 위촉될 수 있는 사람은 다음 각 호의 어느 하나에 해당하는 사람으로 한다.

1. 법 제17조에 따라 설립된 단체의 임직원 중 해당 단체의 장이 추천한 사람
2. 「소비자기본법」 제29조제1항에 따라 등록한 소비자단체의 임직원 중 해당 단체의 장이 추천한 사람
3. 제8조제1항 각 호의 어느 하나에 해당하는 사람
4. 식품의약품안전처장이 정하여 고시하는 교육과정을 마친 사람

② 소비자화장품감시원의 임기는 2년으로 하되, 연임할 수 있다.

③ 법 제18조의2제2항제3호에서 "총리령으로 정하는 사항"이란 다음 각 호의 사항을 말한다.

1. 법 제23조에 따른 관계 공무원의 물품 회수 · 폐기 등의 업무 지원
2. 제29조에 따른 행정처분의 이행 여부 확인 등의 업무 지원
3. 화장품의 안전사용과 관련된 홍보 등의 업무

④ 법 제18조의2제3항에 따라 식품의약품안전처장 또는 지방식품의약푼안전청장은 소비자화장품감시원에 대하여 반기(半期)마다 화장품 관계법령 및 위해화장품 식별 등에

관한 교육을 실시하고, 소비자화장품감시원이 직무를 수행하기 전에 그 직무에 관한 교육을 실시하여야 한다.

⑤ 식품의약품안전처장 또는 지방식품의약품안전청장은 소비자화장품감시원의 활동을 지원하기 위하여 예산의 범위에서 수당 등을 지급할 수 있다.

⑥ 제1항부터 제5항까지에서 규정한 사항 외에 소비자화장품감시원의 운영에 필요한 사항은 식품의약품안전처장이 정하여 고시한다.

[본조신설 2019. 3. 14.]

제27조(회수 · 폐기명령 등) 법 제23조제1항부터 제3항까지의 규정에 따른 물품 회수에 필요한 위해성 등급 및 그 분류기준과 물품 회수 · 폐기의 절차 · 계획 및 사후조치 등에 관하여는 제14조의2제2항 및 제14조의3을 준용한다. 〈개정 2019. 12. 12.〉

[본조신설 2015. 7. 29.]

제28조(위해화장품의 공표) ① 법 제23조의2제1항에 따라 공표명령을 받은 영업자는 지체 없이 위해 발생사실 또는 다음 각 호의 사항을 「신문 등의 진흥에 관한 법률」 제9조제1항에 따라 등록한 전국을 보급지역으로 하는 1개 이상의 일반일간신문[당일 인쇄 · 보급되는 해당 신문의 전체 판(版)을 말한다] 및 해당 영업자의 인터넷 홈페이지에 게재하고, 식품의약품안전처의 인터넷 홈페이지에 게재를 요청하여야 한다. 다만, 제14조의2제2항 제3호에 따른 위해성 등급이 다등급인 화장품의 경우에는 해당 일반일간신문에의 게재를 생략할 수 있다. 〈개정 2019. 12. 12.〉

1. 화장품을 회수한다는 내용의 표제
2. 제품명
3. 회수대상화장품의 제조번호
4. 사용기한 또는 개봉 후 사용기간(병행 표기된 제조연월일을 포함한다)

5. 회수 사유

6. 회수 방법

7. 회수하는 영업자의 명칭

8. 회수하는 영업자의 전화번호, 주소, 그 밖에 회수에 필요한 사항

② 제1항 각 호의 사항에 대한 구체적인 작성방법은 별표 6과 같다.

③ 제1항에 따라 공표를 한 영업자는 다음 각 호의 사항이 포함된 공표 결과를 지체 없이 지방식품의약품안전청장에게 통보하여야 한다.

1. 공표일

2. 공표매체

3. 공표횟수

4. 공표문 사본 또는 내용

[본조신설 2015. 7. 29.]

제29조(행정처분기준) ① 법 제24조제1항에 따른 행정처분의 기준은 별표 7과 같다.

② 삭제 〈2014. 8. 20.〉

제30조(과징금의 징수절차) 「화장품법 시행령」 제12조제1항에 따른 과징금의 징수절차는 「국고금관리법 시행규칙」을 준용한다. 이 경우 납입고지서에는 이의제기 방법 및 기간을 함께 적어 넣어야 한다.

제31조(등록필증 등의 재발급 등) ① 법 제31조에 따라 화장품제조업 등록필증, 화장품책임판매업 등록필증, 맞춤형화장품판매업 신고필증 또는 기능성화장품심사결과통지서(이하 "등록필증등"이라 한다)를 재발급받으려는 자는 별지 제18호서식 또는 별지 제19

호서식의 재발급신청서(전자문서로 된 신청서를 포함한다)에 다음 각 호의 서류(전자문서를 포함한다)를 첨부하여 각각 지방식품의약품안전청장 또는 식품의약품안전평가원장에게 제출하여야 한다. 〈개정 2013. 3. 23., 2017. 7. 31., 2019. 3. 14., 2020. 3. 13.〉

1. 등록필증등이 오염, 훼손 등으로 못쓰게 된 경우 그 등록필증등

2. 등록필증등을 잃어버린 경우에는 그 사유서

② 등록필증등을 재발급 받은 후 잃어버린 등록필증등을 찾았을 때에는 지체 없이 이를 해당 발급기관의 장에게 반납하여야 한다.

③ 법 제3조 및 제3조의2에 따른 영업자의 등록 또는 신고 등의 확인 또는 증명을 받으려는 자는 확인신청서 또는 증명신청서(각각 전자문서로 된 신청서를 포함하며, 외국어의 경우에는 번역문을 포함한다)를 식품의약품안전처장 또는 지방식품의약품안전청장에게 제출하여야 한다. 〈개정 2013. 3. 23., 2019. 3. 14., 2020. 3. 13.〉

第32조(수수료) ① 법 제32조제1항 본문에 따른 수수료의 금액은 별표 9와 같다. 〈개정 2022. 2. 18.〉

② 제1항에 따른 수수료는 현금, 현금의 납입을 증명하는 증표 또는 정보통신망을 이용한 전자화폐나 전자결제 등의 방법으로 내야 한다.

[전문개정 2020. 3. 13.]

第33조(규제의 재검토) 식품의약품안전처장은 다음 각 호의 사항에 대하여 다음 각 호의 기준일을 기준으로 3년마다(매 3년이 되는 해의 기준일과 같은 날 전까지를 말한다) 그 타당성을 검토하여 개선 등의 조치를 하여야 한다. 〈개정 2019. 3. 14., 2020. 3. 13., 2022. 2. 18.〉

1. 제3조에 따른 화장품 제조업의 등록: 2014년 1월 1일

2. 제4조에 따른 화장품책임판매업의 등록: 2019년 3월 14일

3. 삭제 〈2023. 6. 22.〉

4. 제8조의2 및 제8조의3에 따른 맞춤형화장품판매업의 신고 및 변경신고: 2020년 3월 14일

5. 제29조제1항 및 별표 7에 따른 행정처분의 기준: 2022년 7월 1일

[본조신설 2014. 4. 1.]

부칙〈제1887호, 2023. 6. 22.〉

제1조(시행일) 이 규칙은 공포한 날부터 시행한다.

제2조(등록대장 또는 신고대장의 주민등록번호등의 기재에 관한 적용례) 제3조제4항, 제4조제4항 및 제8조의2제3항의 개정규정은 이 규칙 시행 전에 화장품제조업 또는 화장품책임판매업을 등록하거나 맞춤형화장품판매업을 신고한 자의 등록대장 또는 신고대장에 대해서도 적용한다.

별표 / 서식

[별표 1] 품질관리기준(제7조 관련)

[별표 2] 책임판매 후 안전관리기준(제7조 관련)

[별표 3] 사용할 때의 주의사항(제19조제3항 관련)

[별표 4] 화장품 포장의 표시기준 및 표시방법(제19조제7항 관련)

[별표 5] 화장품 표시 · 광고의 범위 및 준수사항(제22조 관련)

[별표 5의2] 천연화장품 및 유기농화장품의 인증표시(제23조의2제5항 관련)

[별표 5의3] 인증기관의 지정기준(제23조의3제1항 관련)

[별표 5의4] 인증기관에 대한 행정처분의 기준(제23조의3제6항 관련)

[별표 6] 위해화장품의 공표문(제28조제2항 관련)

[별표 7] 행정처분의 기준(제29조제1항 관련)

[별표 8] 삭제 〈2014.8.20〉

[별표 9] 수수료(제32조 관련)

[별지 제1호서식] 화장품제조업 등록신청서

[별지 제2호서식] 화장품 제조업 등록필증

[별지 제3호서식] 화장품책임판매업 등록신청서

[별지 제4호서식] 화장품책임판매업 등록필증

[별지 제5호서식] 화장품제조업 변경등록 신청서

[별지 제6호서식] 화장품책임판매업 변경등록 신청서

[별지 제6호의2서식] 맞춤형화장품판매업 신고서

[별지 제6호의3서식] 맞춤형화장품판매업 신고필증

[별지 제6호의4서식] 맞춤형화장품판매업 변경신고서

[별지 제6호의5서식] 맞춤형화장품조제관리사 자격증(발급, 재발급)신청서

[별지 제6호의6서식] 맞춤형화장품조제관리사 자격증

[별지 제7호서식] 기능성화장품 심사의뢰서(제조, 수입)

[별지 제8호서식] 기능성화장품 변경심사 의뢰서

[별지 제9호서식] 기능성화장품(심사,변경심사)결과통지서

[별지 제10호서식] 기능성화장품 심사 제외 품목 보고서(제조,수입)

[별지 제10호의2서식] 회수계획서

[별지 제10호의3서식] 회수확인서

[별지 제10호의4서식] 폐기신청서

[별지 제10호의5서식] 폐기확인서

[별지 제10호의6서식] 회수종료신고서

[별지 제10호의7서식] 평가보고서

[별지 제11호서식] [화장품 제조업,화장품책임판매업, 맞춤형화장품판매업(폐업,휴업,재개)]신고서

[별지 제12호서식] 삭제 〈2019. 3. 14.〉

[별지 제13호서식] 삭제 〈2019. 3. 14.〉

[별지 제13호의2서식] 원료 사용기준(지정, 변경지정)신청서

[별지 제13호의3서식] 원료 사용기준(지정,변경지정) 심사 결과통지서

[별지 제14호서식] 화장품감시공무원증

[별지 제15호서식] 수거증

[별지 제16호서식] 삭제 〈2014.8.20〉

[별지 제17호서식] 삭제 〈2014.8.20〉

[별지 제18호서식] (화장품제조업 등록필증,화장품책임판매업 등록필증, 맞춤형화장품판매업 신고필증)재발급 신청서

[별지 제19호서식] 기능성화장품심사결과통지서 재발급신청서

4 화장품 안전기준 등에 관한 규정

제1장 총칙

제1조(목적) 이 고시는 「화장품법」 제2조제3호의2에 따라 맞춤형화장품에 사용할 수 있는 원료를 지정하는 한편, 같은 법 제8조에 따라 화장품에 사용할 수 없는 원료 및 사용상의 제한이 필요한 원료에 대하여 그 사용기준을 지정하고, 유통화장품 안전관리 기준에 관한 사항을 정함으로써 화장품의 제조 또는 수입 및 안전관리에 적정을 기함을 목적으로 한다.

제2조(적용범위) 이 규정은 국내에서 제조, 수입 또는 유통되는 모든 화장품에 대하여 적용한다.

제2장 화장품에 사용할 수 없는 원료 및 사용상의 제한이 필요한 원료에 대한 사용기준

제3조(사용할 수 없는 원료) 화장품에 사용할 수 없는 원료는 별표 1과 같다.

제4조(사용상의 제한이 필요한 원료에 대한 사용기준) 화장품에 사용상의 제한이 필요한 원료 및 그 사용기준은 별표 2와 같으며, 별표 2의 원료 외의 보존제, 자외선 차단제 등은 사용할 수 없다.

제3장 맞춤형화장품에 사용할 수 있는 원료

제5조(맞춤형화장품에 사용 가능한 원료) 다음 각 호의 원료를 제외한 원료는 맞춤형화장품에 사용할 수 있다.

1. 별표 1의 화장품에 사용할 수 없는 원료
2. 별표 2의 화장품에 사용상의 제한이 필요한 원료
3. 식품의약품안전처장이 고시한 기능성화장품의 효능 · 효과를 나타내는 원료(다만, 맞

춤형화장품판매업자에게 원료를 공급하는 화장품책임판매업자가 「화장품법」 제4조에 따라 해당 원료를 포함하여 기능성화장품에 대한 심사를 받거나 보고서를 제출한 경우는 제외한다)

제4장 유통화장품 안전관리 기준

제6조(유통화장품의 안전관리 기준) ① 유통화장품은 제2항부터 제5항까지의 안전관리 기준에 적합하여야 하며, 유통화장품 유형별로 제6항부터 제9항까지의 안전관리 기준에 추가적으로 적합하여야 한다. 또한 시험방법은 별표 4에 따라 시험하되, 기타 과학적 · 합리적으로 타당성이 인정되는 경우 자사 기준으로 시험할 수 있다.

② 화장품을 제조하면서 다음 각 호의 물질을 인위적으로 첨가하지 않았으나, 제조 또는 보관 과정 중 포장재로부터 이행되는 등 비의도적으로 유래된 사실이 객관적인 자료로 확인되고 기술적으로 완전한 제거가 불가능한 경우 해당 물질의 검출 허용 한도는 다음 각 호와 같다.

1. 납 : 점토를 원료로 사용한 분말제품은 50㎍/g이하, 그 밖의 제품은 20㎍/g이하
2. 니켈: 눈 화장용 제품은 35㎍/g 이하, 색조 화장용 제품은 30㎍/g이하, 그 밖의 제품은 10㎍/g 이하
3. 비소 : 10㎍/g이하
4. 수은 : 1㎍/g이하
5. 안티몬 : 10㎍/g이하
6. 카드뮴 : 5㎍/g이하
7. 디옥산 : 100㎍/g이하
8. 메탄올 : 0.2(v/v)%이하, 물휴지는 0.002%(v/v)이하

9. 포름알데하이드 : 2000㎍/g이하, 물휴지는 20㎍/g이하

10. 프탈레이트류(디부틸프탈레이트, 부틸벤질프탈레이트 및 디에칠헥실프탈레이트에 한함) : 총 합으로서 100㎍/g이하

③ 별표 1의 사용할 수 없는 원료가 제2항의 사유로 검출되었으나 검출허용한도가 설정되지 아니한 경우에는 「화장품법 시행규칙」 제17조에 따라 위해평가 후 위해 여부를 결정하여야 한다.

④ 미생물한도는 다음 각 호와 같다.

1. 총호기성생균수는 영 · 유아용 제품류 및 눈화장용 제품류의 경우 500개/g(mL)이하

2. 물휴지의 경우 세균 및 진균수는 각각 100개/g(mL)이하

3. 기타 화장품의 경우 1,000개/g(mL)이하

4. 대장균(Escherichia Coli), 녹농균(Pseudomonas aeruginosa), 황색포도상구균(Staphylococcus aureus)은 불검출

⑤ 내용량의 기준은 다음 각 호와 같다.

1. 제품 3개를 가지고 시험할 때 그 평균 내용량이 표기량에 대하여 97% 이상(다만, 화장비누의 경우 건조중량을 내용량으로 한다)

2. 제1호의 기준치를 벗어날 경우 : 6개를 더 취하여 시험할 때 9개의 평균 내용량이 제1호의 기준치 이상

3. 그 밖의 특수한 제품 :「대한민국약전」(식품의약품안전처 고시)을 따를 것

⑥ 영 · 유아용 제품류(영 · 유아용 샴푸, 영 · 유아용 린스, 영 · 유아 인체 세정용 제품, 영 · 유아 목욕용 제품 제외), 눈 화장용 제품류, 색조 화장용 제품류, 두발용 제품류(샴푸, 린스 제외), 면도용 제품류(셰이빙 크림, 셰이빙 폼 제외), 기초화장용 제품류(클렌

징 워터, 클렌징 오일, 클렌징 로션, 클렌징 크림 등 메이크업 리무버 제품 제외) 중 액, 로션, 크림 및 이와 유사한 제형의 액상제품은 pH 기준이 3.0~9.0 이어야 한다. 다만, 물을 포함하지 않는 제품과 사용한 후 곧바로 물로 씻어 내는 제품은 제외한다.

⑦ 기능성화장품은 기능성을 나타나게 하는 주원료의 함량이 「화장품법」제4조 및 같은 법 시행규칙 제9조 또는 제10조에 따라 심사 또는 보고한 기준에 적합하여야 한다.

⑧ 퍼머넌트웨이브용 및 헤어스트레이트너 제품은 다음 각 호의 기준에 적합하여야 한다.

1. 치오글라이콜릭애씨드 또는 그 염류를 주성분으로 하는 냉2욕식 퍼머넌트웨이브용 제품 : 이 제품은 실온에서 사용하는 것으로서 치오글라이콜릭애씨드 또는 그 염류를 주성분으로 하는 제1제 및 산화제를 함유하는 제2제로 구성된다.

가. 제1제 : 이 제품은 치오글라이콜릭애씨드 또는 그 염류를 주성분으로 하고, 불휘발성 무기알칼리의 총량이 치오글라이콜릭애씨드의 대응량 이하인 액제이다. 단, 산성에서 끓인 후의 환원성물질의 함량이 7.0%를 초과하는 경우에는 초과분에 대하여 디치오디글라이콜릭애씨드 또는 그 염류를 디치오디글라이콜릭애씨드로서 같은량 이상 배합하여야 한다. 이 제품에는 품질을 유지하거나 유용성을 높이기 위하여 적당한 알칼리제, 침투제, 습윤제, 착색제, 유화제, 향료 등을 첨가할 수 있다.

1) pH : 4.5 ~ 9.6

2) 알칼리 : 0.1N염산의 소비량은 검체 1mL 에 대하여 7.0mL이하

3) 산성에서 끓인 후의 환원성 물질(치오글라이콜릭애씨드) : 산성에서 끓인 후의 환원성 물질의 함량(치오글라이콜릭애씨드로서)이 2.0 ~ 11.0%

4) 산성에서 끓인 후의 환원성 물질이외의 환원성 물질(아황산염, 황화물 등) : 검체 1mL 중의 산성에서 끓인 후의 환원성 물질이외의 환원성 물질에 대한 0.1N 요오드액의 소비량이 0.6mL이하

5) 환원후의 환원성 물질(디치오디글라이콜릭애씨드) : 환원후의 환원성 물질의 함량은 4.0%이하

6) 중금속 : 20㎍/g이하

7) 비소 : 5㎍/g이하

8) 철 : 2㎍/g이하

나. 제2제

1) 브롬산나트륨 함유제제 : 브롬산나트륨에 그 품질을 유지하거나 유용성을 높이기 위하여 적당한 용해제, 침투제, 습윤제, 착색제, 유화제, 향료 등을 첨가한 것이다.

가) 용해상태 : 명확한 불용성이물이 없을 것

나) pH : 4.0 ~ 10.5

다) 중금속 : 20㎍/g이하

라) 산화력 : 1인 1회 분량의 산화력이 3.5이상

2) 과산화수소수 함유제제 : 과산화수소수 또는 과산화수소수에 그 품질을 유지하거나 유용성을 높이기 위하여 적당한 침투제, 안정제, 습윤제, 착색제, 유화제, 향료 등을 첨가한 것이다.

가) pH : 2.5 ~ 4.5

나) 중금속 : 20㎍/g이하

다) 산화력 : 1인 1회 분량의 산화력이 0.8 ~ 3.0

2. 시스테인, 시스테인염류 또는 아세틸시스테인을 주성분으로 하는 냉2욕식 퍼머넌트웨이브용 제품 : 이 제품은 실온에서 사용하는 것으로서 시스테인, 시스테인염류 또는 아세틸시스테인을 주성분으로 하는 제1제 및 산화제를 함유하는 제2제로 구성된다.

가. 제1제 : 이 제품은 시스테인, 시스테인염류 또는 아세틸시스테인을 주성분으로 하고 불휘발성 무기알칼리를 함유하지 않은 액제이다. 이 제품에는 품질을 유지하거나 유용성을 높이기 위하여 적당한 알칼리제, 침투제, 습윤제, 착색제, 유화제, 향료 등을 첨가할 수 있다.

1) pH : 8.0 ~ 9.5

2) 알칼리 : 0.1N 염산의 소비량은 검체 1mL에 대하여 12mL이하

3) 시스테인 : 3.0 ~ 7.5%

4) 환원후의 환원성물질(시스틴) : 0.65%이하

5) 중금속 : 20㎍/g이하

6) 비소 : 5㎍/g이하

7) 철 : 2㎍/g이하

나. 제2제 기준 : 1. 치오글라이콜릭애씨드 또는 그 염류를 주성분으로 하는 냉2욕식 퍼머넌트웨이브용 제품 나. 제2제의 기준에 따른다.

3. 치오글라이콜릭애씨드 또는 그 염류를 주성분으로 하는 냉2욕식 헤어스트레이트너용 제품 : 이 제품은 실온에서 사용하는 것으로서 치오글라이콜릭애씨드 또는 그 염류를 주성분으로 하는 제1제 및 산화제를 함유하는 제2제로 구성된다.

가. 제1제 : 이 제품은 치오글라이콜릭애씨드 또는 그 염류를 주성분으로 하고 불휘발성 무기알칼리의 총량이 치오글라이콜릭애씨드의 대응량 이하인 제제이다. 단, 산성에서 끓인 후의 환원성물질의 함량이 7.0%를 초과하는 경우, 초과분에 대해 디치오디글라이콜릭애씨드 또는 그 염류를 디치오디글라이콜릭애씨드로 같은 양 이상 배합하여야 한다. 이 제품에는 품질을 유지하거나 유용성을 높이기 위하여 적당한 알칼리제, 침투제, 착색제, 습윤제, 유화제, 증점제, 향료 등을 첨가할 수 있다.

1) pH : 4.5 ~ 9.6

2) 알칼리 : 0.1N 염산의 소비량은 검체 1mL에 대하여 7.0mL이하

3) 산성에서 끓인 후의 환원성물질(치오글라이콜릭애씨드) : 2.0 ~ 11.0%

4) 산성에서 끓인 후의 환원성물질 이외의 환원성물질(아황산, 황화물 등) : 검체 1mL중의 산성에서 끓인 후의 환원성물질 이외의 환원성물질에 대한 0.1N 요오드액의 소비량은 0.6mL이하

5) 환원후의 환원성물질(디치오디글리콜릭애씨드) : 4.0%이하

6) 중금속 : 20㎍/g이하

7) 비소 : 5㎍/g이하

8) 철 : 2㎍/g이하

나. 제2제 기준 : 1. 치오글라이콜릭애씨드 또는 그 염류를 주성분으로 하는 냉2욕식 퍼머넌트웨이브용 제품 나. 제2제의 기준에 따른다.

4. 치오글라이콜릭애씨드 또는 그 염류를 주성분으로 하는 가온2욕식 퍼머넌트웨이브용 제품 : 이 제품은 사용할 때 약 60℃이하로 가온조작하여 사용하는 것으로서 치오글라이콜릭애씨드 또는 그 염류를 주성분으로 하는 제1제 및 산화제를 함유하는 제2제로 구성된다.

가. 제1제 : 이 제품은 치오글라이콜릭애씨드 또는 그 염류를 주성분으로 하고 불휘발성 무기알칼리의 총량이 치오글라이콜릭애씨드의 대응량 이하인 액제이다. 이 제품에는 품질을 유지하거나 유용성을 높이기 위하여 적당한 알칼리제, 침투제, 습윤제, 착색제, 유화제, 향료 등을 첨가할 수 있다.

1) pH : 4.5 ~ 9.3

2) 알칼리 : 0.1N 염산의 소비량은 검체 1mL에 대하여 5mL이하

3) 산성에서 끓인 후의 환원성물질(치오글라이콜릭애씨드) : 1.0 ~ 5.0%

4) 산성에서 끓인 후의 환원성물질 이외의 환원성물질(아황산, 황화물 등) : 검체 1mL중의 산성에서 끓인 후의 환원성물질 이외의 환원성물질에 대한 0.1N 요오드액의 소비량은 0.6mL이하

5) 환원후의 환원성물질(디치오디글라이콜릭애씨드) : 4.0%이하

6) 중금속 : 20㎍/g이하

7) 비소 : 5㎍/g이하

8) 철 : 2㎍/g이하

나. 제2제 기준 : 1. 치오글라이콜릭애씨드 또는 그 염류를 주성분으로 하는 냉2욕식 퍼머넌트웨이브용 제품 나. 제2제의 기준에 따른다.

5. 시스테인, 시스테인염류 또는 아세틸시스테인을 주성분으로 하는 가온 2욕식 퍼머넌트웨이브용 제품 : 이 제품은 사용 시 약 60℃ 이하로 가온조작하여 사용하는 것으로서 시스테인, 시스테인염류, 또는 아세틸시스테인을 주성분으로 하는 제1제 및 산화제를 함유하는 제2제로 구성된다.

가. 제1제 : 이 제품은 시스테인, 시스테인염류, 또는 아세틸시스테인을 주성분으로 하고 불휘발성 무기알칼리를 함유하지 않는 액제로서 이 제품에는 품질을 유지하거나 유용성을 높이기 위해서 적당한 알칼리제, 침투제, 습윤제, 착색제, 유화제, 향료 등을 첨가할 수 있다.

1) pH : 4.0 ~ 9.5
2) 알칼리 : 0.1N염산의 소비량은 검체 1mL에 대하여 9mL이하
3) 시스테인 : 1.5 ~ 5.5%
4) 환원후의 환원성물질(시스틴) : 0.65%이하
5) 중금속 : 20㎍/g이하
6) 비소 : 5㎍/g이하
7) 철 : 2㎍/g이하

나. 제2제 기준 : 1. 치오글라이콜릭애씨드 또는 그 염류를 주성분으로 하는 냉2욕식 퍼머넌트웨이브용 제품 나. 제2제의 기준에 따른다.

6. 치오글라이콜릭애씨드 또는 그 염류를 주성분으로 하는 가온2욕식 헤어스트레이트너 제품 : 이 제품은 시험할 때 약 60℃이하로 가온 조작하여 사용하는 것으로서 치오글라이콜릭애씨드 또는 그 염류를 주성분으로 하는 제1제 및 산화제를 함유하는 제2제로 구성된다.

가. 제1제 : 이 제품은 치오글라이콜릭애씨드 또는 그 염류를 주성분으로 하고 불휘발성 알칼리의 총량이 치오글라이콜릭애씨드의 대응량 이하인 제제이다. 이 제품에는 품질을 유지하거나 유용성을 높이기 위하여 적당한 알칼리제, 침투제, 습윤제, 유화제, 점증제, 향료 등을 첨가할 수 있다.

1) pH : 4.5 ~ 9.3

2) 알칼리 : 0.1N 염산의 소비량은 검체 1mL에 대하여 5.0mL이하

3) 산성에서 끓인 후의 환원성물질(치오글라이콜릭애씨드) : 1.C ~ 5 0%

4) 산성에서 끓인 후의 환원성물질 이외의 환원성물질(아황산염, 황화물 등) : 검체 1mL중의 산성에서 끓인 후의 환원성물질 이외의 환원성물질에 더한 0.1N 요오드액의 소비량은 0.6mL이하

5) 환원 후의 환원성물질(디치오디글라이콜릭애씨드) : 4.0%이하

6) 중금속 : 20㎍/g이하

7) 비소 : 5㎍/g이하

8) 철 : 2㎍/g이하

나. 제2제 기준 : 1. 치오글라이콜릭애씨드 또는 그 염류를 주성분으로 하는 냉2욕식 퍼머넌트웨이브용 제품 나. 제2제의 기준에 따른다.

7. 치오글라이콜릭애씨드 또는 그 염류를 주성분으로 하는 고온정발용 열기구를 사용하는 가온2욕식 헤어스트레이트너 제품 : 이 제품은 시험할 때 약 60℃ 이하로 가온하여 제1제를 처리한 후 물로 충분히 세척하여 수분을 제거하고 고온정발용 열기구(180℃ 이하)를 사용하는 것으로서 치오글라이콜릭애씨드 또는 그 염류를 주성분으로 하는 제1제 및 산화제를 함유하는 제2제로 구성된다.

가. 제1제 : 이 제품은 치오글라이콜릭애씨드 또는 그 염류를 주성분으로 하고 불휘발성 알칼리의 총량이 치오글라이콜릭애씨드의 대응량 이하인 제제이다. 이 제품에는 품질을 유지하거나 유용성을 높이기 위하여 적당한 알칼리제, 침투제, 습윤제,

유화제, 점증제, 향료 등을 첨가할 수 있다.

1) pH : 4.5 ~ 9.3
2) 알칼리 : 0.1N 염산의 소비량은 검체 1mL에 대하여 5.0mL이하
3) 산성에서 끓인 후의 환원성물질(치오글라이콜릭애씨드) : 1.0 ~ 5.0%
4) 산성에서 끓인 후의 환원성물질 이외의 환원성물질(아황산염, 황화물 등) : 검체 1mL중의 산성에서 끓인 후의 환원성물질 이외의 환원성물질에 대한 0.1N 요오드액의 소비량은 0.6mL이하
5) 환원 후의 환원성물질(디치오디글라이콜릭애씨드) : 4.0%이하
6) 중금속 : 20㎍/g이하
7) 비소 : 5㎍/g이하
8) 철 : 2㎍/g이하

나. 제2제 기준 : 1. 치오글라이콜릭애씨드 또는 그 염류를 주성분으로 하는 냉2욕식 퍼머넌트웨이브용 제품 나. 제2제의 기준에 따른다.

8. 치오글라이콜릭애씨드 또는 그 염류를 주성분으로 하는 냉1욕식 퍼머넌트웨이브용 제품 : 이 제품은 실온에서 사용하는 것으로서 치오글라이콜릭애씨드 또는 그 염류를 주성분으로 하고 불휘발성 무기알칼리의 총량이 치오글라이콜릭애씨드의 대응량 이하인 액제이다. 이 제품에는 품질을 유지하거나 유용성을 높이기 위하여 적당한 알칼리제, 침투제, 습윤제, 착색제, 유화제, 향료 등을 첨가할 수 있다.

1) pH : 9.4 ~ 9.6
2) 알칼리 : 0.1N 염산의 소비량은 검체 1mL에 대하여 3.5 ~ 4.6mL
3) 산성에서 끓인 후의 환원성 물질(치오글라이콜릭애씨드) : 3.0 ~ 3.3%
4) 산성에서 끓인 후의 환원성물질 이외의 환원성물질(아황산염, 황화물 등) : 검체 1mL 중인 산성에서 끓인 후의 환원성물질 이외의 환원성 물질에 대한 0.1N 요오드액의 소비량은 0.6mL이하

5) 환원후의 환원성물질(디치오디글라이콜릭애씨드) : 0.5%이하

6) 중금속 : 20㎍/g이하

7) 비소 : 5㎍/g이하

8) 철 : 2㎍/g이하

9. 치오글라이콜릭애씨드 또는 그 염류를 주성분으로 하는 제1제 사용시 조제하는 발열2욕식 퍼머넌트웨이브용 제품 : 이 제품은 치오글라이콜릭애씨드 또는 그 염류를 주성분으로 하는 제1제의 1과 제1제의 1중의 치오글라이콜릭애씨드 또는 그 염류의 대응량 이하의 과산화수소를 함유한 제1제의 2, 과산화수소를 산화제로 함유하는 제2제로 구성되며, 사용시 제1제의 1 및 제1제의 2를 혼합하면 약 40℃로 발열되어 사용하는 것이다.

가. 제1제의 1 : 이 제품은 치오글라이콜릭애씨드 또는 그 염류를 주성분으로 하는 액제로서 이 제품에는 품질을 유지하거나 유용성을 높이기 위하여 적당한 알칼리제, 침투제, 습윤제, 착색제, 유화제, 향료 등을 첨가할 수 있다.

1) pH : 4.5 ~ 9.5

2) 알칼리 : 0.1N 염산의 소비량은 검체 1mL에 대하여 10mL이하

3) 산성에서 끓인 후의 환원성물질(치오글라이콜릭애씨드) : 8.0 ~ 19.0%

4) 산성에서 끓인 후의 환원성물질 이외의 환원성물질(아황산염, 황화물 등) : 검체 1mL중의 산성에서 끓인 후의 환원성물질 이외의 환원성물질에 대한 0.1N 요오드액의 소비량은 0.8mL이하

5) 환원후의 환원성물질(디치오디글라이콜릭애씨드) : 0.5%이하

6) 중금속 : 20㎍/g이하

7) 비소 : 5㎍/g이하

8) 철 : 2㎍/g이하

나. 제1제의 2 : 이 제품은 제1제의 1중에 함유된 치오글라이콜릭애씨드 또는 그 염류의 대응량 이하의 과산화수소를 함유한 액제로서 이 제품에는 품질을 유지하거나 유용성을 높이기 위하여 적당한 침투제, pH조정제, 안정제, 습윤제, 착색제, 유화제, 향료 등을 첨가할 수 있다.

1) pH : 2.5 ~ 4.5

2) 중금속 : 20㎍/g이하

3) 과산화수소 : 2.7 ~ 3.0%

다. 제1제의 1 및 제1제의 2의 혼합물 : 이 제품은 제1제의 1 및 제1제의 2를 용량비 3 : 1로 혼합한 액제로서 치오글라이콜릭애씨드 또는 그 염류를 주성분으로 하고 불휘발성 무기알칼리의 총량이 치오글라이콜릭애씨드의 대응량 이하인 것이다.

1) pH : 4.5 ~ 9.4

2) 알칼리 : 0.1N 염산의 소비량은 검체 1mL 에 대하여 7mL이하

3) 산성에서 끓인 후의 환원성물질(치오글라이콜릭애씨드) : 2.0 ~ 11.0%

4) 산성에서 끓인 후의 환원성물질 이외의 환원성물질(아황산염, 황화물 등) : 산성에서 끓인 후의 환원성물질 이외의 환원성물질에 대한 0.1N 요오드액의 소비량은 0.6mL이하

5) 환원후의 환원성물질(디치오디글라이콜릭애씨드) : 3.2 ~ 4.0%

6) 온도상승 : 온도의 차는 14℃ ~ 20℃

라. 제2제 : 1. 치오글라이콜릭애씨드 또는 그 염류를 주성분으로 하는 냉2욕식 퍼머넌트웨이브용 제품 나. 제2제의 기준에 따른다.

⑨ 유리알칼리 0.1% 이하(화장 비누에 한함)

제7조(규제의 재검토) 「행정규제기본법」제8조 및 「훈령 · 예규 등의 발령 및 관리에 관한 규정」에 따라 2014년 1월 1일을 기준으로 매 3년이 되는 시점(매 3년째의 12월 31일까

지를 말한다)마다 그 타당성을 검토하여 개선 등의 조치를 하여야 한다.

부칙〈제2023-17호, 2023. 2. 21.〉

제1조(시행일) 이 고시는 고시 후 6개월이 경과한 날부터 시행한다.

제2조(안전기준 등의 변경에 따른 적용례) 이 고시는 고시 시행 후 화장품 제조업자 또는 화장품책임판매업자가 제조 또는 수입(통관일을 기준으로 한다)하는 화장품부터 적용한다.

제3조(기능성화장품의 심사에 따른 적용례) 이 고시는 고시 시행 후 최초로 식품의약품안전평가원장에게 제출되는 기능성화장품 심사의뢰서(변경을 포함한다)부터 적용한다.

제4조(안전기준 등의 변경에 따른 화장품의 제조 · 수입에 대한 경과조치) 이 고시 시행 전에 종전 규정에 따라 제조 또는 수입된 화장품은 고시 시행일로부터 2년이 경과한 날까지만 판매하거나 판매의 목적으로 진열 또는 보관할 수 있다.

별표 / 서식

[별표 1] 사용할 수 없는 원료

[별표 2] 사용상의 제한이 필요한 원료

[별표 3] 인체 세포 · 조직 배양액 안전기준(별표 1 관련)

[별표 4] 유통화장품 안전관리 시험방법(제6조 관련)

참고 문헌

2020 화장품 산업 분석 보고서, 한국보건산업진흥원.

2023 화장품 업종 분석 리포트, 메조미디어, 업종 분석 리포트 No.2.

전완길(1980), 멋 5000년, 교문사.

전완길(1987), 한국화장문화사(韓國化粧文化史), 열화당.

황완균(중앙대학교 약학대학), 줄기세포유래화장품, 약학정보원.

인터넷사이트

네이버백과사전(naver.com)

대한비만미용치료학회 (koat.kr)

두산백과(doopedia.co.kr)

법제처(moleg.go.kr)

약학정보원(health.kr)

한국민족문화대백과사전(https://encykorea.aks.ac.kr/Article/E0064855)